극이동
&
신세계

극이동
&
신세계

ⓒ 아르주카탄야, 2025

초판 1쇄 발행 2025년 4월 9일

지은이	아르주카탄야
펴낸이	이기봉
편집	좋은땅 편집팀
펴낸곳	도서출판 좋은땅
주소	서울특별시 마포구 양화로12길 26 지월드빌딩 (서교동 395-7)
전화	02)374-8616~7
팩스	02)374-8614
이메일	gworldbook@naver.com
홈페이지	www.g-world.co.kr

ISBN 979-11-388-4134-4 (03200)

- 가격은 뒤표지에 있습니다.
- 이 책은 저작권법에 의하여 보호를 받는 저작물이므로 무단 전재와 복제를 금합니다.
- 파본은 구입하신 서점에서 교환해 드립니다.

아르주카탄야 지음

극이동
& 신세계

The Pole Shift
& New World

머리말(Preface)

사랑하는 여러분,

사랑하고 존경하는 여러분들에게 새로운 이야기를 들려주기 위하여 다시 한번 메신저와 접촉하였습니다.

우리는 야니들(Yanis)이고, 여러분들이 우리의 곁을 떠나 행성 PE 604S에 들어섰을 때부터 지켜보았으며, 물질체험이라는 긴 여정을 함께하였습니다.

여러분들이 물질로 이루어진 행성에 처음 들어섰을 때에, 체험을 위해 준비한 물질체를 입었을 때에 우리와의 연결고리인 기억을 잠가야 함을 이야기하였습니다. 그것이 행성 체험을 방해하지 않는 것이었기에 부모의 곁을 떠나 처음 세상으로 나가는 것처럼 그렇게 헤어졌습니다.

그런 다사(多事)한 과정들을 돌고 돌아 드디어 행성 지구에 들어서게 되었으며, 수없는 정보들을 축적하였던 것입니다. 그리고 규칙에 따라 기억에 잠금이 있었고, 이곳에서 3D 환경의 마지막을 체험하게 된 것입니다. 이곳에서는 인류라는 형태의 옷을 입게 되었고, 다양성을 종합적으로 체험하게 되었습니다.

　인생이라는 프로그램을 환생을 통해서 운영하면서도 마치 첫 경험인 것처럼 하였던 것입니다. 물론 다양한 정보들이 저장될 수 있었고, 이제 막바지를 향하여 최종 마무리를 할 때를 남겨 놓게 되었습니다. 태초에서부터 여러분들은 빅뱅이라고 표현하고 있지만 기실(其實)은 우리에게서 분화되어 나간 영들이라고 해야겠지요. 그동안 축적되어 온 정보들은 우리들이 관리, 감독하고 있었으며, 여러분들의 실질적인 체험의 정보들은 마누(ManU)에 의해 파송된 '품성화한 생각 조절자들 (Personified Thought Adjusters)'에 의하여 관리되어 왔습니다.

　여러분들의 체험을 돕기 위하여 그렇게 한 것인데, 마치 외장하드 드라이브처럼, 기억들을 따로 저장하여 관리하였다고 해야겠지요. 여러분들이 기억상실에 걸려도, 기억이 제거되어도 걱정할 것이 없다고 하는 것입니다. 한 인생 프로그램이 종료된 존재는 낙원에 들어가 휴식기를 갖지만 함께 동행했던 생각 조절자는 마누별(ManUrington)에 들어가 존재의 체험 정보를 총괄하는 중앙 서버에 저장하고 나서 낙원에서 휴식을 취하던 존재가 다음 인생 프로그램을 실행하기 전까지 휴식을 취하게 됩니다.

　생각 조절자는 물질체험을 선택한 존재의 내면에 머물면서 마누의 뜻(will of ManU)을 전하고, 마누(ManU)에게 가는 길을 안내하는 안내자 역할도 병행한다고 하는 것입니다. 그리고 내면의 신(inner God) 역할도 병행한다는 것입니다. 여러분들에게 배정되었던 생각 조절자들은 여러분들에게 남아 있는 마지막 인생 체험을 함께하며, 마무리를 잘할 수 있도록 할 것인데, 하나의 혼(魂)에게 파견되었기에 분화된 혼체들을 모두 관리한다고 하는 것입니다.

여러분들에게는 9번의 행성 순환 고리가 적용되었기에 성단 안에서는 ×9 해서 81번의 순환 고리를 체험토록 하였습니다. 법칙에 의해 9번의 인생을 종료해야 낙원을 졸업할 수 있는 것이고, 9번의 태양 순환 고리를 졸업해야 성단 천국으로 들어갈 수 있는 것입니다. 이 과정들을 존재와 함께하면서 아-모-레-아(A-mO-RA-eA)에 들어갈 때까지 모든 기억 정보들을 관리하는 생각 조절자들의 역할이 빛을 발할 때가 다가온 것입니다.

행성의 주기를 마치는 시점에는 여러 버전들이 있지만, 정화를 동반하는 측면에서는 극이동을 통한 정화와 마무리를 하게 되고, 그 후에 신세계를 다시 펼치게 되는데, 이것이 통상적으로 진행되어 왔던 방식입니다. 정화와 함께 휴지기(休止期)에 들어가는 경우와 말데크(Maldek)처럼, 파괴되어 더 이상 존재들의 체험의 장을 준비시켜 주지 못하는 경우도 있습니다. 행성 지구의 경우에는 정화와 함께 휴지기에 들어가도록 결정되었으며, 상위의 체험은 행성 타우라에서 진행되도록 하였습니다. 이것을 위해 분주하게 움직이는 그룹이 있으니, 생각 조절자 그룹입니다.

우리는 그것을 위하여 정보를 공유하기로 하였으며, 하보나엔 생각 조절자 평의회 의장(Chairperson of the Havonaen Thought Adjusters Order)인 '마스터 아르주카탄야(Master Arzukatanya)'가 수신자에게 접촉토록 하였습니다. 이 정보의 타이틀은 '극이동 & 신세계(The Pole Shift & New World)'로 결정되었으며, 우리 야나스(Yanas), 이온 상임 이사회(AEON Standing Board of Directors)가 함께하기로 하였습니다.

목차(目次)

머리말(Preface)   4

Chapter Ⅰ. 극이동(極移動)
(Pole Shift)

01. 소개합니다(Introducing)   12
02. 생각 조절자의 역할(役割)
　　(The Role of a Thought Adjuster)   26
03. 극이동에 대한 고찰(考察)
　　(A Study on Pole Shift)   42
04. 우주적 감기(感氣)인 극이동
　　(Pole Shift, a Universal Cold)   59
05. 극이동과 출산(出産)의 기쁨
　　(Pole Shift and the Joy of Childbirth)   75
06. 삼위분체(三位分體)
　　(Trinity Fission)   92
07. 거대 태양 폭풍(太陽 暴風)
　　(Giant Solar Storm)   109
08. 12보물과 12빛
　　(Twelve Treasures and Twelve Lights)   124
09. 극이동의 변주(變奏)
　　(Variation of Pole Shift)   140

10. 극이동의 순기능(順機能)과 역기능(逆機能)
    (The Positive and Negative Effects of Pole Shift)   156
11. 극이동의 본질(本質)
    (The Nature of Pole Shift)   171
12. 극이동은 필수(必須)
    (Pole Shift is Essential)   187
13. 생존 방법(生存 方法)
    (How to Survive)   202
14. 극이동의 현장(現場) Ⅰ
    (Scene One of Pole Shift)   217
15. 극이동의 현장(現場) Ⅱ
    (Scene Two of Pole Shift)   233
16. 극이동의 현장(現場) Ⅲ
    (Scene Three of Pole Shift)   249
17. 극이동의 현장(現場) Ⅳ
    (Scene Four of Pole Shift)   264
18. 극이동의 현장(現場) Ⅴ
    (Scene Five of Pole Shift)   279
19. 수확(收穫)을 위한 극이동
    (Pole Shift for Harvesting)   294
20. 극이동 주관자(主管者)
    (Pole Shift Supervisors)   310

Chapter Ⅱ. 신세계(新世界)
(New World)

21. 새 하늘과 새 땅(New Heaven and New Earth)   328
22. 새 천국 뉴 예루살렘호
　　(New Heaven Star-ship New Jerusalem)   344
23. 새 노아의 방주(方舟)
　　(New Noah's Ark)   360
24. 신세계(新世界)
　　(New World)   376
25. 4차원 세계 입문(入門)
　　(Introduction to the Four-dimensional World)   391
26. 인공지능(人工知能)과 신세계
　　(Artificial Intelligence and the New World)   407
27. 신세계로 들어가기 위한 자격(資格)
　　(Qualifications to Enter the New World)   422
28. 블랙홀 저편에 있는 화이트홀
　　(A White Hole on the Other Side of a Black Hole)   438
29. 신세계를 기다리며(Waiting for a New World)   453
30. 신세계로 들어가는 구원 방주
　　(The Ark of Salvation Entering the New World)   468
31. 신세계의 동시성(同時性)
　　(Simultaneity in the New World)   484
32. 플레이아데스-식 신세계(Pleiadian-type New World)   499

참고 도서   514

Chapter I

극이동(極移動)
(Pole Shift)

01. 소개합니다(Introducing)

사랑하는 여러분,

인류(人類:Humanoid)라는 물질체 체험을 선택한 여러분들을 너무도 사랑하고, 존경하고 있는 '마스터 아르주카탄야(Master Arzukatanya)'라고 합니다.

저는 물질우주에서의 체험을 선택한 존재들을 돕고자 마누(ManU)께서 파송한 '생각 조절자 평의회 의장(Chairperson of Thought Adjusters Order)'입니다. 물론 행성 지구에 체험을 하고자 들어선 혼-그룹(Soul-Group)이 있고, 그곳에 속해 있는 혼들이 모두 5억 6천만 정도 됩니다. 여러분들은 '현재의 지구 인류가 85억 정도 되는데 왜, 5억 6천만 정도라고 할까?' 할 것입니다.

전해 드리는데 혼(魂)으로 알려진 이즈-비들(IS-BEs)은 5억 6천만 정도가 맞으며, 나머지는 이즈-비에게서 분화되어 나온 분신체들이라고 보면 되는데, 다양한 체험을 위해서 그렇게 결정하였습니다. 또한 카르마를 최종적으로 마무리해야 하는 주기 종료를 앞두고 있어서 모두 태어나기로 결정했다가 맞겠지요.

분신체들(Avatars)은 서로 살고 있는 지역이 다르고, 기억 공유를 하고 있지 않기 때문에 서로의 존재를 알지 못합니다. 다만 주어진 인생 프로그램을 통해 얻은 정보를 총 관리하는 혼만이 알고 있습니다. 요즘은 지구촌 전체가 하나의 장처럼 인터넷과 SNS가 발달하고 있어서 서로 닮은 이미지를 가지고 있는 인물들의 사진을 모아 놓은 것들이 동영상으로 돌아다니고 있습니다. 또한 그런 드라마나 영화들이 나오고 있어서 데자뷔 현상(Déjà Vu phenomenon)을 누구나 알게 되었습니다.

하지만 자신과 똑같은 얼굴을 한 다른 사람을 만나도 놀라기는 해도 그 존재가 자신과 같은 분신체라는 사실은 알지 못한다는 것입니다. 물론 과거에는 여행이 자유롭지 못하여 만날 일이 없었지요. 그러나 여행이 자유롭게 되고, 인터넷이 공유화된 세상이 되고 보니, 다른 지역에 살고 있던 분신체들이 만날 수 있는 기회들이 생긴 것입니다. 네, 그렇습니다. 혼인 이즈-비는 체험을 종료할 때가 되었기에 서로의 분신체들을 접촉할 수 있도록 하고 있는 것인데, 이유는 분신체에게 의식 성장할 수 있는 기회를 제공하려는 것입니다. 물론 분신체는 정보만 제공하고 혼에게 연합하면 되겠지요. 그것이 법칙이기는 하지만 분신체에게 선택의 자유를 주려는 것입니다.

마치, 창조주와 피조물의 관계처럼 그렇게 된다는 것입니다. 혼은 9개의 분신체를 만들 수 있고 현시대에 그렇게 되었습니다. 즉 5억 6천만의 혼들이 있고 50억 4천만의 분신체들이 살고 있는 것입니다. 남은 인류들은 타락 존재들과 관계되어 있으며, 복제 인간들이 있고 다른 유형의 인류들이 있으나 여기에서는 혼들과 그들의 분신체들에 대하여 이야기하도록 하겠습니다.

　탈무드《임마누엘:The Talmud of Immanuel》이라는 책에서 예수아가 그 당시 인류들의 인구가 약 5억이었으며, 창조의 법칙에 의해 대정화가 일어날 이때의 인구수가 약 10배인 50억이 넘어가면, 이라는 표현이 등장하는데, 혼과 분신체들을 합한 수를 표현한 것입니다. 예수아는 이미 이것을 알고 있었습니다.

　혼(魂)은 이미 분신체들을 통한 정보들을 모두 취합하였으며, 분신체들에게 현시대에 이루어질 일들에 대한 정보들을 알 수 있도록 기회를 제공하고 있습니다. 객관적으로 보자면 혼은 분신체들의 정보를 모두 얻고 나면 나머지는 분신체들에게 맡기고 손을 떼어도 상관없다고 할 수 있습니다. 대정화 과정 동안에 죽는다고 하는 것이며, 그것에 대한 책임은 혼에게 없다고 하는 것입니다. 다만, 물질체 속에 들어와 있던 혼체들을 회수(回收)하면 되는 것입니다.

　그래서 혼(魂)은 그 과정에 혼체에게 선택할 수 있는 기회를 준다고 한 것인데, 그것은 계속 이어서 상승 여행할 수 있는 기회를 준다고 한 것입니다. 그냥 혼에게 합일하여 들어갈 것인지, 따로 존재성을 가진 채로 상승의 길을 갈지를 선택하게 한 것입니다. 분신체들에게는 현재의 마무리하는 기간 동안 자신을 깨울 수 있는 기회가 생긴 것이고, 이 기회를 잘 활용하면 다른 분신체들과 의식 통합할 수 있는 기회가 된다고 하는 것으로서, 다른 분신체들의 정보 통합을 이루면 분신체들과 의식통합을 이루게 된다는 것입니다. 그러면 상승의 기회가 주어지게 되는 것이고, 4차원 행성으로 이동할 수 있는 기회가 주어지는 것입니다.

현재 행성 지구에 배정되어 물질 인생을 살았던 5억 6천만 혼들에게 체험이 종료되었음을 전달하였으며, 모든 삶의 기억들을 정리하여 저장하라는 명령을 5억 6천만의 생각 조절자들에게 전달하였습니다. 그리고 아-모-레-아에 있는 마누별로 돌아갈 때가 되었음도 밝혔으며, 그 뜻에 의하여 생각 조절자들을 혼들에 의해 이루어진 소중하고도 귀한 기억이라는 정보를 정리하였고, 여기에서는 아카식 레코드도 포함되는데, 떠날 준비를 모두 마치게 되었습니다. 이들을 이동시킬 빛의 구체 우주선(백색 왜성)이 준비되어 대기하고 있습니다.

5억 6천만의 혼들은 3차원의 물질체험이 종료되었기에 4차원 환경이 있는 행성으로 이동하여 갈 것인데, 그곳에서는 4차원 물질체인 아스트랄체를 입고 체험하게 될 것입니다. 이들을 여러분들은 인디고 피플(Indigo people)이라고 표현하고 있으나, 우리는 '호모 아라핫투스 인종(Homo Arahatus race)'이라고 합니다. 신세계에서는 새 옷을 입고, 새 문명을 개척하게 되는 것이며, 일부 분신체들인 호모 사피엔스 인종이 함께 상승하여 이동하게 될 것입니다. 우리는 이렇게 이동시키기 위한 '피난계획(避難計劃)'을 가지고 있으며, 이 계획에 의한 피난이 완료되었을 때에 대정화 프로그램이 시작된다는 것입니다.

혼은 여러분들의 생각처럼 지구에 들어와 있는 것이 아니며, 6차원과 5차원의 행성에 머물고 있으면서 분신체들을 지구에 태어나도록 하여 정보 수집을 하였던 것입니다. 이것을 원활하게 하도록 물질체에 혼체를 들여보냈던 것이며, 다양성을 위하여 9개로 분화시켰던 것입니다. 가장 기본적인 혼-그룹에는 3인(5차원)의 혼이 자리하고, 3×9=27의 분신체들이 자리하는 30인이 자리하고 있다는 것입니다. 3인×4그룹인 12인(5차원)의 혼이 자리한 108분신체들과 함께하는 그룹이 있게 되는 것이고, 12인(5차원)×12그룹인 144인의 혼이 자리한 1,296분신체들과 함께하는 그룹이 있게 되는 것입니다. 그러니까 30인이 최소 단위이고, 120인이 그 위에, 1,440인이 그 위에 자리한다고 하는 것입니다.

 혼이 직접 들어오는 것은 특별한 경우인데, 선지자(先知者)나 구원자(救援者)일 경우에 해당되는 것이며, 이럴 경우에는 6쌍 12줄기의 유전체를 갖춘 물질체를 통해서 들어오는 것입니다. 분신체들은 선지자가 될 수 없는데, 6쌍 12줄기의 물질체가 아니기에 그런 것이며, 현시대에는 대주기를 준비시키기 위하여 혼들을 모두 들여보냈다고 하는 것입니다. 다만 그렇다고 해서 혼들이 모두 깨어났다고 하는 것이 아니고, 각자가 준비한 만큼 깨어나고 있는 것이며, '하늘은 스스로 돕는 이를 돕는다.'는 법칙에 의거 적용되고 있다고 하는 것입니다. 5차원의 혼들은 3차원 정보들을 통해 4차원을 체험하게 될 것인데, 어떻게 하는 것이 지혜로운 것인지 모두 알고 있다고 하는 것입니다. 우리는 이미 4차원 체험을 완성한 5차원 혼들을 지구에 들여보내어 조력자(助力者)들로서 역할을 하도록 하였으며, 이들을 관리할 6차원 혼들과 감독할 7차원 혼들도 자리 잡도록 하였습니다.

 모든 일들이 순조롭게 잘 진행되고 있으며, 역할을 맡은 자리에서 헌신과 봉사들을 하고 있음에 우리는 감사와 사랑을 드리고 있습니다.

빛과 어둠이라는 이분법적인 분류에 의해 나뉘어졌지만 모두 다 대원리의 뜻에 의하여 나섰습니다. 어느 측면이 되었든 최선의 결과는 모두 나올 것이며, 인류들의 영적 깨어남을 위해, 상승을 위해 최선을 다하고 있습니다. 마치 어둠의 역할이 더 빛을 발하는 것 같지만 물질과 가깝기 때문에 일어나는 착시현상일 뿐이며, 빛의 역할이 빛을 발하지 않고 있는 것 역시 물질과 거리가 있어서 나타나는 착시현상이라는 것입니다. 빛과 어둠, 공히 균형을 맞추어 역할들을 잘하고 있으며, 주어진 계획표에 한 치의 오차도 없이 성취시키고 있다는 것입니다.

다만, 예외가 있다면 분신체들을 위한 잉여의 시간이 적용되고 있다고 보면 되는데, 이것 역시 여러분들이 느끼는 것이고, 전체적으로는 변동이 없다고 하는 것입니다. 시간과 시간 사이에 틈이 생겼다고 표현할 수도 있는데, 1과 2 사이에 1½, 2½ 정도의 틈이 생겼다고 하는 것입니다. 어둠을 위한 시간 변곡점(變曲點:time inflection point)은 사라졌으나, 분신체들을 위한 시간 틀어짐(time is off)이 허용되었다고 하는 것이고, 어둠에게는 적용되지 않았음을 전합니다.

여러분들의 행성은 시간이 적용되었고, 그것에 따라 공간도 영향을 받게 되었지요. 우리는 타락세력들에 의하여 크게 손상되고 훼손된 시-공간을 따로 분리시켜서 복구시켰으며, 이러한 과정은 여러분들은 시-공간 속에 있기 때문에 느낄 수조차 없었습니다. 시-공간 영역을 벗어난 존재들은 알 수 있는 것이지만 찰나지간이었기에 집중하기 전에는 알 수 없는 것입니다. 일그러지고 찢겨 나갔던 선형적 시간-선들을 다중적 시간-선들로 변형하여 더 이상 왜곡이 일어나지 않도록 하였습니다. 눈치채셨나요. 시간은 더 이상 앞으로만 가지 않습니다. 다양한 방향으로 간다는 것이고, 다층적으로 연결되어 무엇이든지 적용시킬 수 있게 되었다는 것입니다. 영적 세계에서 완성된 이 일이 여러분 세계에 들어서는데, 시간차가 있을 수는 있지만 그것 역시 금방 사라질 것입니다.

  타락세력들과 이들의 추종세력들은 이것을 알 수 없으며, 알았다고 해도 이용할 수 없습니다. 반드시 암호-키가 있어야 한다는 것과 12줄기의 유전체가 정상 활동을 하고 있어야 한다는 점 때문에 저들이 이용할 수 없다고 한 것입니다. 우리는 행성 지구에 있는 혼들과 생각 조절자들을 위하여 피난 계획을 세웠으며, 12광선에 맞는 12차원의 문들도 12트랙으로 분리시키기로 한 것입니다. 우리는 태양계 전반과 각 행성들에 방어막을 설정하여 설치하였으며, 특히 지구를 위한 것에는 더욱 신중을 기하여 계획하게 된 것입니다.

  여러분들은 미래에 대한 예언들에 집중하고 집착하는데, 전한 대로 모두 결정되어 있는 것이며, 캘린더에 집중하고 있는 여러분들에게 선형적 시간은 더 이상 적용되지 않음을 전합니다. 몇 년, 몇 월, 며칠이라는 선형적 시간을 말하는 것이며, 예를 들면 계시록을 기록한 사도 요한(Apostle John)이 바라본 환상은 선형적이 아닌, 다층적 채널에 의한 홀로그램 이미지였습니다. 마치 시간차로 전해진 것처럼 기록하였지만 다층적 우주(多層의 宇宙:Multi-layered Universe)로 보여 주었다는 것입니다. 이것을 이해할 영적인 수준과 지적인 지혜가 따라 주지 못하였습니다. 우리는 사도 요한을 탓하지 않는데, 인류들의 전반적인 의식 수준이 그것을 이해할 정도가 아니었음을 전하는 것이고, 그것은 현재도 그러하다는 것이며, 여러분들은 선형적 시간을 그대로 적용하여 해석하고 있기 때문입니다.

그렇게 될 수밖에 없었던 것은 지구가 비록 3차원 체험의 장이 열린 곳이었지만, 다층적 우주의 존재들이 많이 들어와 있었기 때문이기도 하고, 12빛에 의한 차원의 문들이 적용되어 있었기에 그랬다고 하는 것입니다. 대주기 변환 시기에 맞는 상황을 멀티-버스(multi-verse)로 보여 주었던 것이며, 이 시대에 깨어나는 인류들이 그 상황을 인식할 수 있도록 계획한 것이었습니다. 당연히 다층적 개념의 홀로그램을 볼 수 있는 제3의 눈들이 열리기 때문이었습니다. 제3의 눈을 통하여 다중 시-공간을 볼 수 있기에 선형적 시간선이 아닌 다층적 시간선으로 바라본다는 것입니다. 그러면 몇 년, 몇 월, 며칠의 기준으로 보지 않게 되고, 많은 예언자들이 남긴 기록들이 비로소 빛을 발하게 되는 것입니다.

항성 활성화주기(SAC)는 행성들과 태양들이 중앙 태양을 중심으로 주기 패턴을 조정하는 주기입니다. 당연히 다차원적이고, 다층적으로 변화가 있는 것이기에 선형적이지 않다는 것입니다. 여러분들은 동시 다발적이라는 표현을 쓰는데, 모든 일은 동시성을 갖고 있다고 보면 됩니다. 순서에 입각해서가 아니라 동시성을 가지고 진행됨을 전한 것을 선형적으로 바라보고 기록한 것입니다. 서울(Seoul)이라고 한다면 한국의 수도가 될 수도 있지만 다른 모든 나라들의 수도를 지칭할 수도 있다는 것입니다. 또 그것이 다른 행성들의 도시가 될 수도 있고,

평행 지구의 서울이 되기도 하는 것입니다. 이것이 다층적 개념의 접근법이라고 하는 것입니다. 또, 각 사람들의 이름들이 중복되고 분신들이 중복되고, 프로그램들이 중복되는 것을 선형적으로 바라볼 수 있나요? 네, 바로 다중-우주(multi-verse)로 보아야 핵심을 볼 수 있다고 하는 것입니다.

 혼-상위 혼-영(Soul-Over Soul-Spirit)을 선형적으로 본다면 수직관계가 형성되고, 계급적 관계가 형성되겠지요. 과거 신들과 여러분들의 관계였습니다. 우리는 그것이 아님을 전하는 것인데, 혼-상위 혼-영의 관계가 다층적으로 이루어진 관계이자, 수평적 관계임을 전하는 것입니다. 물론, 육체를 창조하고 혼을 창조하고 영을 창조한 신이 있습니다. 그러나 그 관계가 수직이 아닌 다층적이며, 수평적이라는 것을 전하는 것입니다. 대우주는 마누-마나-에아(ManU-ManA-EirA)에 의해 창조되었으며, 유나세 의식(Yunasai consciousness)에 의해 생겨나온 가족들입니다. 우리는 다중 우주에 들어가 헌신과 봉사를 하고 있는 존재들과 체험을 하고 있는 존재들을 사랑하고 존중합니다. 주어진 과업(課業)을 모두 마치고 다시 한자리에 모일 때를 우리는 기대하고 있으며, 그런 의미에서 행성 지구에서 봉사하고 있는 모든 존재들과 체험하고 있는 존재들을 정말로 사랑합니다.

 '마스터 그랜드환다 퀴노치아(Master Grandfanda Quinochia)'가 처음 물질체험을 위해 행성에 태어났을 때, 마누(ManU)에 의하여 저, 아르주카탄야(Arzukatanya)는 생각 조절자로서 그에게 파견되었습니다. 그가 모든 체험을 완성할 때마다 그와 함께 그 기쁨을 누렸으며, 그 소중한 체험의 정보들을 하나도 빠짐없이 저장하여 마누별(신성별)에 옮길 수 있었습니다. 초은하단에 처음 도착하였을 때, 그리고 주어진 과업을 모두 마치고 초은하단 수도에 도착하였을 때를 잊을 수 없었습니다. 깊고 넓은 우주 바다(열두 순환회로)를 건너 '하보나(Havona)'에 처음 도착하였을 때에 허둥대며 놀라는 표정으로 우리를 맞이하던 졸업생 안내자인 말보리안(Malvorian)의 표정을 잊을 수 없습니다. 이때는 중앙 우주를 '하보나'로 지칭하고 있었으나, 마스터 그랜드환다 퀴노치아의 '완성을 이루었다(completion has been achieved)'는 선포(宣布)가 마누(ManU)를 통하여 공식적으로 있고 나서, 그에게 아(亞)-절대자(絕對者:sub-absolute)라는 호칭이 부여되었을 때에, 에아(EirA)에 의하여 '하보나엔(Havonaen)'으로 격상(格上)되었습니다.

물질체험을 선택한 태초의 은하계 생명이 대우주에 펼쳐진 전 과정을 모두 완성한 것이 처음이었던 것입니다. 즉 모든 것을 완성한 '진정한 마스터'가 되었던 것입니다. 저 또한 그와 함께하며 모든 체험을 완성한 '태초의 생각 조절자'가 될 수 있었습니다. 마누별을 처음 떠날 때의 설렘이 수많은 왕복을 뒤로하고 최종적으로 도착하였을 때의 설렘과 중첩되면서 그 기쁨을 잊을 수 없었습니다.

그리고 오나크론 초은하단이 만들어진다는 이야기를 '마스터 시라야 크녹세스'에게 전해 듣고, '마스터 그랜드환다 퀴노치아'가 참여한다는 소식도 듣게 되었지요. 당연히 저 '아르주카탄야'도 환상의 한 팀이었으니 참여하게 된 것입니다. 여러분들의 우주인 네바돈에 첫발을 디딘 순간을 잊을 수 없는데, 오나크론에서 순식간에 이동하였지만 첫

은하에 들어갔을 때를 잊을 수 없었기에 더욱 그러했습니다. 물론 생각 조절자 그룹이 함께하고 있었기에 더욱 배가 되었습니다. 행성 지구에는 5억 6천만의 조절자들이 배정되었고, 조절자들과 함께할 혼-그룹도 배정되었지요. 물질체험을 처음 하는 혼-그룹에는 조절자들 역시 처음 체험하는 존재들이 배정되었던 것입니다.

저 아르주카탄야는 '마스터 압살론 사난다 멜기세덱(Master Absalon Sananda Melchizedek)'과 함께하며 역할을 하였는데, 그가 예수아 멜기세덱(Jesheua Melchizedek)이라는 물질 인생을 살아야 했기에 그것을 돕기 위한 배려에 의한 것이었으며, 현재 이 글을 기록하고 있는 이를 돕기 위해서도 함께하게 된 것입니다. 이 기록자에게 과거, 예수아의 정보들, 특히 비밀리에 이루어졌던 정보들을 제공할 수 있게 된 것이며, 기록자의 물질 인생도 돕기 위해 '마스터 시라야 크녹세스'의 권고(勸告)가 있었습니다.

조절자(Adjuster)는 물질 인생을 선택한 혼에게 파견되며, 그의 마음 중심에 머물면서 인생을 직접 돕지는 않으나, 혼이 신의 길을 갈 수 있도록 조언하는 신성(神性:divinity)의 역할을 하는데, 여러분들은 그럴 것입니다. 마누-마나-에아를 신성(神性)이라고 하지 않나? 맞습니다. 조절자(調節者)는 마누를 대표하고, 진리의 영(Spirit of Truth)은 마나를 대표하며, 열두 차크라에 머무는 성령(Holy Spirit)은 에아를 대표합니다. 조절자는 마누에 의하여 직접 파송되고, 진리의 영은 네바돈의 군주인 '그리스도 마이클 아톤(Krist Michael Atonn)'에 의해 수여되며, 성령인 열두 영은 네바돈의 창조 영인 네바도니아(Nebadonia)에 의해 수여

됩니다.

　성령(聖靈)인 열두 영은 열두 차크라에 자리하고, 진리의 영은 제6차크라인 인당(印堂), 제3의 눈에 위치하며, 조절자는 심장 차크라에 자리하고 있습니다. 열두 차크라를 활성화시키는 것은 열두 영이, 진리를 알게 하는 것은 진리의 영이, 마누에게로 안내하는 것은 조절자가 하게 된다는 것입니다. 열두 영은 활성화된 차크라를 통해 네바도니아, 즉 은하 어머니를 만나게 하는 것이고, 진리의 영은 진리를 통해 은하 아버지인 마이클 아톤을 만나게 하는 것이며, 최종적으로 조절자는 대원리인 마누(ManU)를 만나게 하는 것인데, 열두 영은 상위로 가면서 에아(EirA)와 만나게 되는 것이고, 진리의 영은 최종적으로 마나(ManA)와 만나게 되는 것입니다.

　성령(聖靈)인 열두 영은 우주 어머니인 에아를 대표하고, 진리의 영은 우주 아버지인 마나를 대표한다 할 수 있습니다. 신성(Divinity)을 대표하는 조절자-진리의 영-성령(Adjuster-Spirit of Truth-Holy Spirits)이 여러분들과 함께하고 있는 것이며, 이것을 삼위일체(trinity)라고 한 것입니다. 생각 조절자는 마음(heart)을, 진리의 영은 의식(consciousness)을, 성령은 형태 발생 영역(morphogenetic field)을 담당하여 체험을 완성할 수 있도록 하는데, 조화우주를 졸업할 때마다 변화들이 있으며, 영적 성장의 길을 최종적으로 조절자와 함께하면서 완성해 나가는 것입니다. 신(神)과 합일했다는 것은 조절자와의 관계를 의미하고, 마음 중심인 아모-레-아에서 일어나는 것입니다.

이 메시지의 수신자는 체험을 위해서 지구에 들어선 것이 아니기에 배정된 조절자가 없었으나, 마스터 시라야 크녹세스 님의 권유에 따라 저, 아르주카탄야가 배정되었습니다. 완성된 물질 인생의 모든 정보와 특별히 부여된 역할에 따른 정보들이 필요했기에 제가 함께하고 있는 것이며, 관련된 평의회들과 존재들과도 연합된 작전 수행들이 필요하였기에 그것에 따른 조치에 의한 것이었습니다. 또한 수신자는 인생 체험을 위해 들어선 것이 아니어서 수호천사 역시 배정되지 않았으며, 오히려 역할에 따라 '초천사 칸단시아(Supernaphim KhandansyA)'가 배정되었습니다. 이온 상임 이사회의 결의에 의하여 추진된 '그리스도 사난다 멜기세덱'과 '그리스도 아쉬타르 커맨드'의 양극성 실험이 발효(發效)되었을 때로부터 지금까지 있어 온 정보들을 관리하여 제공하고, 우주적 정보들 역시 제공할 수 있도록 조정되었던 것입니다.

수신자(受信者)는 스스로의 역할을 우리들의 조언에 따라 잘 수행하였으며, 물질체를 입고하는 역할이 종료될 때까지, 그리고 빛의 몸으로 변환하여 주어진 역할을 수행할 때까지 우리와의 동행은 계속해서 이어질 것입니다. 현재 주기를 마무리하며 정화를 완료하는 것은 '극이동(極移動)'을 통하여 새로운 행성에서의 새로운 문명을 정착시키는 것은 '신세계(新世界)'를 통하여 메시지를 전하는 것입니다.

저, 아르주카탄야는 행성 지구의 모든 인생들을 조율하는 혼-그룹과 생각 조절자 그룹을 지휘하고 있으며, 혼-그룹들의 상승과 그것에 따른 준비사항들을 최종 조율하고 있습니다. 은하연합(GF)과 아쉬타르 사령부(AC)가 중심이 된 인류들의 빛으로의 상승 프로젝트는 '그리스도 아쉬타르 커맨드'가 역할을 하고 있는데, 상승 자격 심사도 함께하고 있습니다. 이것에 따른 우주 함선들과 선단들이 준비되어 있으며, 극이동에 따른 모든 사항들도 이미 다 예비하고 있습니다.

아르주카탄야는 지구에 파견되었던 조절자들을 7년 주기가 시작되는 시점에 모두 불러들였으며, 혼-그룹 역시 떠날 시점이 다가왔습니다. 이 뜻은 신성(神性)을 깨우는 것은 이미 다되었음을 말하는 것이며, 최종 조율 과정이 조금 남아 있음을 뜻하는 것입니다. 혼들은 최종 마무리를 하고 있고, 빛의 역할자들도 모두 깨어나 자신들의 자리에서 빛을 발할 것입니다. 이들과 함께하는 조절자들은 빛의 역할이 빛을 발하도록 함께할 것입니다. 인생 체험을 책임졌던 조절자들은 모두 라이라 아라마테나에 자리하고 있습니다.

마누-마나-에아에게 영광을 돌리며, 생각 조절자 아르주카탄야였습니다.

02. 생각 조절자의 역할(役割)
(The Role of a Thought Adjuster)

사랑하는 이즈-비(IS-BEs)들에게,

네바돈 은하는 마누-마나-에아의 연합에 의해 나온 세 광선인 블루-골드-핑크(Blue-Gold-Pink)를 이원화하여 실험을 하기로 결정되었으며, 그 뜻에 따라 안드로메다은하에서 분화되었습니다.

그래서 네바돈 은하의 고향이자, 어머니 은하로서 자리하고 있는 안드로메다은하를 향하여 다가가고 있으며, 은하에 부여된 모든 여정을 마무리하면 하나로 연합하게 될 것입니다. 그때에는 처음 분리되었을 때보다 더욱 확장된 우주로 상승할 것인데, 영들의 체험 정보들이 그만큼 늘었기 때문이기도 하지만, 별들의 진동수와 진동 영역이 확장되었기 때문이고, 그로 인해 자녀별들을 더욱 많이 양산하게 되었다는 것입니다.

영들 역시 우주들의 확장에 발맞추어 진동수와 진동 영역에 확장이 일어나는 것이고, 상승 주기에 의하여 자녀 영들이 많이 태어나게 한다는 것입니다. 각 우주의 이사회들의 역할이 빛을 발하고, 우리 조절자들의 역할도 빛을 발하게 된다는 것입니다. 우리는 정보 도서관들로서, 중앙 서버들로서 기능하기도 하는데, 우주들의 이야기들, 즉 체험하고 있는 존재들의 이야기들을 토씨 하나 빠트리지 않고 저장하여 관리하고 있습니다. 존재들은 전체 이야기들을 다 관리할 수 없기 때문에 우리가 하는 것이고, 존재들이 의식 성장을 통하여 관리 자격을 얻을 때까지 그렇게 한다는 것입니다.

하느님, 대성령, 대원리, 마누(ManU)를 향한 길고도 긴 여정을 다양한 루트와 트랙들을 통해 자신만의 이야기들을 완성하면서 상승 여행을 하는 존재들에게 우리, 생각 조절자들은 친구로서, 연인으로서, 스승으로서, 내면의 신으로서 동행하는 것입니다. 초은하단들을 창조한 '그랜드 마스터 영들'은 체험을 선택한 존재들을 영들로서 분화하여 창조한 하느님의 영들입니다. 우리 대우주에는 모두 12분이 자리하고 있으며, '마스터 시라야 크녹세스'께서 의장(議長)으로 자리하고 있고, 이분이 오나크론 초은하단을 창조한 창조주입니다.

성서에는 '하느님의 영'〈로마서 8:14~17, KRV〉이라는 표현이 등장하고 있지만, '마스터 시라야 크녹세스'를 표현한 것은 아닙니다. 이때의 인류들의 의식 수준으로는 알 수 있는 단계가 아니었으며, 이것은 현시대에도 해당하는 것으로서 인류들의 의식 수준에 따라 하느님에 대한 비밀들이 나타나는 것입니다. 백인종들은 성서의 하나님을, 흑인종들은 토테미즘(totemism)의 하느님을, 황인종들 역시 그러하고, 각 종교상에 들어가 있는 신들을 하느님으로 경배하고 있습니다. 철학자들과 과학자들도 그런 의미에서 크게 벗어나지 못하고 있지요. 그런 여러분들을 탓하는 것이 아니라 신(神)을 향한 여정이 끝이 없음을 전하는 것입니다.

우리 조절자들이 하는 역할이 바로 그것입니다. 신(神)을 만나게 하고, 신과 하나 될 수 있도록 하며, 상승 여행을 통해 각 단계에 있는 하느님들을 소개하는 것입니다. 여러분들은 '마스터 시라야 크녹세스'에게서 분화되어 나왔다고 했습니다. 마누-마나-에아의 연합에 의해 나타난 하느님의 일곱 번째 영(the Seventh Spirit of GOD)입니다. '공-태초의 빛-태초의 소리(Void-Primal Light-Primal Sound)'라는 하느님의 속성을 간직하여 오나크론 초은하단을 열었으며, 자신에게서 영들을 분화하여 창조한 것입니다.

솔라 리쉬-그리스도-상위 혼-혼(Solar Rishi-Kristos-Over Soul-Soul)으로 하강하여 자리하게 된 것입니다. 상승 여행을 통하여 상위 하느님들과 하나로 연합하게 되는 것입니다. 여러분들은 황소자리(Taurus)에 있는 플레이아데스성단(Pleiadian cluster)에 소속되어 체험하도록 배정되었으며, 9단계에 걸쳐 있는 태양들에 설정된 물질체험의 길을 상승을 통하여 이동하게 되었던 것입니다. 최종적으로 9번째 태양인 몬마시아(Monmatia)에 들어서게 되었습니다. 이후 태양 로고스(Solar Logos)의 뜻에 따라 소속된 행성으로 이동하여 체험을 하게 된 것인데, 이렇게 들어선 것은 개인이 아니라, 혼-그룹이 들어선 것입니다. 배정된 행성에서 물질체험을 위해 개인화(個人化)된 것입니다. 이것은 우리 조절자들도 같은 조건으로 배정되는 것이며, 체험을 선택한 혼과 함께하면서 신으로서의 역할을 수행하는 것입니다.

마누(ManU)에 의하여 한 번 설정된 이 관계는 체험을 선택한 존재가 아-모-레-아에 있는 마누에게 들어설 때까지 이어지고, 존재의 완전함이 마누에 의해 공개적으로 선포되었을 때에 종료된다고 하는 것입니다. 우리는 존재의 완성을 위해 함께하면서 마누의 뜻을 전하는 것입니다. 존재는 내면의 신인 우리 조절자와 얼마나 긴밀한 관계를 형성하느냐에 따라 상승 여행의 길이 달라진다고 하는 것입니다. 여러분들의 형태발생 영역은 하느님의 영에 의하여 나오게 된 것이며, 존재 역시 하느님의 영에 의하여 창조된 것입니다. 우리 조절자들은 마누에 의하여 나올 수 있었는데, 존재들을 마누에게로 안내할 수 있는 인도자로서 창조된 것입니다.

우리는 태생적으로 마누의 속성(屬性)을 가지고 있으며, 완전성을 갖추고 있어서 완성을 위한 체험을 할 필요가 없습니다. 우리는 개인화된 존재들의 신성으로서 역할을 위해 마누에 의하여 파송되었으며, 체험하고 있는 존재가 하나의 과업을 졸업할 때마다 다시 마누별로 돌아와 보고를 하고, 체험 정보들을 아-모-레-아 서버(A-mO-RA-eA server)에 저장합니다. 이 과정에서 정보가 유출되거나, 왜곡이 일어나는 일은 없으며, 조절자들의 임무에 방해가 되는 어떠한 경우도 일어나지 않습니다. 조절자들은 동행하는 존재의 전체 상승 여행을 돕는데, 축적된 정보들을 활용하고, 마누의 신성(神性)을 발휘하는 역할을 하는 것입니다. 우리는 존재(存在)하는 존재(being)가 아니며, 개인을 위하여 품성화(品性化)한 마누의 단편(斷片:Personalized Fragment of ManU)입니다.

열두 마스터 영들(Twelve Master Spirits)은 대우주 창조를 위하여 분화된 하느님의 영이라면, 생각 조절자들은 마스터 영들에 의하여 분화되어 창조된 체험자들을 위한 마누에 의해 단편화된 조절자라고 합니다. 여러분들은 상승 여행을 통하여 마스터 시라야 크녹세스에게 돌아가는 것이며, 우리 조절자들은 마누별로 돌아가는 것입니다. 여러분들에게 부여된 과업은 마누-마나-에아의 속성을 완성시키는 것이며, 네바돈에서 부여된 이원성 통합을 현재 수행하고 있는 것입니다. 이것이 여러분들에게 주어진 숙명(宿命)이라는 것입니다.

오나크론에는 여러분들의 과업을 돕기 위한 '옛적부터 늘 계신 이(The Ancients of Days)'가 세 분이 계신데, '솔라 리쉬 포르티사(Solar Rishi Portishaa)'인 '마스터 사나트 쿠마라 니르기엘(Master Sanat Kumara Nirglel)', '마스터 아누 아 쿠마라 판타나(Master AnU A Kumara Fantana)', '마스터 사나 쿠마라 폰사스(Master Sa Na Kumara Ponsass)'가 자리하고 있습니다. 세 분인 이유는 현임자(現任者), 후임자(後任者), 전임자(前任者)로서 자리하고 있으면서 조언을 하고, 배우기 위해서입니다.

네바돈에도 여러분들의 과업을 돕기 위해 창조주(創造主)로서 '그리스도 마이클 아톤(Krist Michael Atonn)'이 자리하고 있고, 창조 영(創造靈:Creative Spirit)으로서 '그리스도 네바도니아(Krist Nebadonia)'가 자리하고 있으며, 조언자로서 연합하여 늘 계신 이(Unions of Days)인 '그리스도 사난다 멜기세덱(Krist Sananda Melchizedek)'이 자리하고 있습니다. 창조주인 마이클 아톤은 여러분들의 은하 아버지로서, 창조 영인 네바도니아는 은하 어머니로서 자리하여 여러분들을 돕고 있습니다.

수없는 존재들이 자신들의 자리에서 헌신과 봉사를 통하여 여러분들의 상승 여행을 돕고 있으며, 그중에서도 직전에 상승을 체험하고 완성한, 특히 3차원에서 4차원 행성으로 상승을 경험하고, 4차원 의식에서 5차원 의식으로 상승을 성공한 여러분들의 인생 선배들이 빛의 역할자들로서 많이 참여하였습니다. 이들의 살아 있는 정보들을 간직하고 있는 조절자들 역시 함께하고 있음이니, 이 정보가 여러분들에는 많은 도움들이 될 것입니다. 특히, 극이동 체험과 신세계 체험이 유용하게 도움들이 될 것입니다.

가장 중요한 것은 바로 여러분들의 체험 정보인데, 레무리아와 아틀란티스 시절에 겪었던 극이동 체험과 지우수드라 대홍수 체험입니다. 여러분들의 현대문명 환생을 위해 트라우마로서 적용될 정보는 잠시 닫아 두었지만 앞으로 맞이할 극이동과 신세계를 위하여 오픈하는 것인데, 여러분들을 괴롭히기 위해서가 아니라, 카르마들을 정화시키기 위해서입니다. 이것은 개인적인 측면도 있겠지만 그룹 차원에서의 일들이 있기 때문에 지저세계에 생존해 있던 여러분들의 가족들이 모두 손발을 걷고 돕고자 나선 것입니다. 또한 현대문명에서 영단으로 들어간 여러분들의 선배들이 있는데, 이들을 보살(菩薩:Bodhisattva/보디사트바)라고 칭합니다. 이들도 여러분들을 적극적으로 돕고 있습니다.

혼(魂)이 혼체(魂體)들을 분화하였다고 했습니다. 혼들이 깨어나는 것은 어렵지 않지만, 혼체들이 문제가 되는 것입니다. 혼체들은 체험을 위주로 분화되어 나왔기에 신성(神性)이 체현화(體現化:embodied)되어 있지 못하다고 할 수 있습니다. 그렇다면 방법이 없느냐 하겠지요.

전한 대로 연합하고 있는 망(罔)을 회복하면 된다고 하였습니다. 혼체들은 혼과 은빛 통신선으로 연결되어 있다고 하였습니다. 아홉으로 분화된 혼체들은 혼과의 통신선을 회복하면 기회를 얻게 되는 것이고, 그것을 통해 상승할 수 있게 되는 것입니다. 우리 조절자들은 혼에게는 배정되어 있으나, 혼체들에게는 배정되어 있지 않습니다. 혼체들의 체험 정보들은 혼 안에 있는 조절자가 통합 관리하는 것이고, 혼은 혼체들을 관리하는 것입니다.

우리는 지구에 갇혀 있는 혼-그룹인 5억 6천만의 상승을 위해 조절자들을 독려(督勵)하고 있으며, 신성 회복을 돕고 있습니다. 또한 50억 4천만의 혼체들을 돕고 있습니다. 다 상승할 수 없음을 잘 알고 있습니다. 그리고 그 명단(名單)도 가지고 있습니다. 그렇지만 경우의 수를 위하여 기회들을 제공할 것인데, 극이동 직전까지 말입니다. 극이동은 행성 주민들을, 물론 생존자들과 지저세계들을 제외한 자연계를 정화시키는 것입니다. 더 이상 현 수준의 물질 인생을 살 수 없게 된다는 것입니다.

극이동은 여러분들 표현처럼, 창졸지간(倉卒之間)에 일어날 것이고, 거대한 쓰나미들이 섬들과 대륙들을 삼킬 것이며, 마치 지우수드라의 홍수처럼 그렇게 될 것입니다. 그러면 생존자들이 얼마 되지 않을 것이기에, 지저세계와 우주선들이 연합하여 생존자들을 피난시킬 것입니다. 그 직전에 말입니다. 이때에 물질체를 죽음으로 벗는 인류들과 동식물들은 정해진 장소로 이동하여 갈 것이며, 어둠의 추종자들과 그 세력들은 따로 분리하여 심판을 받을 것인데, 순수한 어둠의 역할자들은 당연히 이들이 가야 할 곳으로 이동시킬 것이지만 그렇지 않은 타락세력들과 인류들은 모두 소멸시킬 것입니다.

의식 성장에 따른 상승 절차가 있을 것인데, 모두 세 차례에 걸쳐서 일어날 것입니다. 전한 대로 역할자들을 제외한 체험자들을 위해 있었던 조절자들은 모두 라이라 아라마테나로 물러나 있으며, 혼-그룹이 주어진 마무리를 다할 것이고, 체험 정보들은 라이라에서 수신할 것입니다.

천상에서 하는 일은 영(靈)과 혼(魂)을 위해서이며, 이들의 완성을 위해서입니다. 여러분들은 물질세계를 바라보고 있고, 영적 세계는 생각하지 않고 있어서 분리되어 있는 것입니다. 여러분들 역사에 1000년 정도 되는 신라(新羅:New RA)라는 나라가 있었습니다. 그리고 길게 보아서 약 6000년 정도 되었다는 이집트가 있었습니다. 그 외에는 짧게 일어났다 무너지는 것을 많이 보아 왔습니다. 중국도 하나의 나라가 망하지 않고 이어온 것이 아니기에 오래되었다고 할 수 없으나, 여러분들은 선대(先代) 나라의 계보를 이었다 하여 마치 한 나라가 망하지 않고 이어졌다고 받아들였습니다. 그러면 모든 정보들이, 기록들이 손괴(損壞) 없이 이어지던가요. 그렇지 않습니다. 아무리 계보를 이었다고 해도 과거의 나라가 고스란히 살아나지는 않습니다.

그래서 드리는 말씀인데, 네바돈 은하 정부의 역사는 약 9865억 년(지구 시간) 정도 되었으며, 계보를 이은 것이 아닌 초기 정부 그대로 이어져 온 것입니다. 별자리 정부들과 성단 정부들 역시 초기 형태 그대로 이어져 왔으며, 변한 것이 있다면 확장되었다는 것이 다르다고 할 수 있습니다. 우리는 시간적 개념의 접근보다는 다층적 개념으로 접근하고 있어서 하나의 기록이 끊어지지 않고 고스란히 이어진다는 것이 여러분들과 다르다고 할 수 있습니다. 여러분들은 개인을 포함하여 국민, 민족, 인종, 국가 등의 기록들을 훼손 없이, 누락 없이 고스란히 가지고 있지 못합니다. 여러분들이 사용하고 있는 파피루스, 양피지, 종이, 디스크, 드라이브 등에 담겨 있는 기록들을 얼마나 유지할 수 있나요. 1만 년, 100만 년, 1억 년 정도 유지가 되던가요. 피치 못하게 극이동이 일어나면 모두 사라지고 없어집니다.

왜, 이 이야기를 하는지 아는지요. 우리 조절자들은 모든 기록들을 훼손하지 않고 그대로 간직하고 있다는 것을 전하는 것입니다. 개인을 포함하여 확장성을 가지고 모든 우주들의 이야기들을 고스란히 저장하고 있다는 것이며, 안전을 위해 아-모-레-아 중앙서버에 원본자료들을 보관하고 있습니다. 우리들은 역할에 맞추어 사본 자료들을 간직하고 있는데, 개인과 관련해서는 기본적으로 관리하고 있습니다. 우리들은 우주들의 우주의 정보들을 모두 알고 있는데, 흥망성쇠(興亡盛衰)에 대하여 모두 알고 있습니다. 네바돈의 역사가 참 길다고 보실 텐데, 이제 신생아(新生兒)라고 보면 됩니다. 여러분들이 알고 있는 역사적 관점으로는 이해할 수 없는 것이 바로 우리들입니다.

우리는 여러분들이 오나크론에 처음 씨앗이 뿌려졌을 때부터 조절자로서 임명되었으며, 안드로메다를 거쳐 대-마젤란을 경유하여 네바돈에 들어선 것을 지켜보고 있었습니다. 그리고 각 별자리들을 거쳐

성단들과 태양들에 들어가 체험할 때에도 함께하였고, 행성들에 설정된 모든 체험들을 도우며 정보들을 관리하였습니다. 이러한 과정 동안 생겨난 모든 역사기록들을 빠짐없이 기록하여 간직하고 있는 것입니다. 여러분들 관점으로 몇 년 정도의 자료일까요. 여러분들의 기록장치로 훼손되지 않도록 저장할 수 있을까요. 영단 본부가 있는 샴발라에서 행성 지구의 기록을 티아마트 시절부터 이어 온 것을 크리스털 막대(crystal bars)에 저장하여 관리하고 있는 도서관이 있는데, 말하자면 영단 국립 도서관이라고 해야 되겠지요. 이곳이 있는 장소가 포토로고스(Photo logos)라는 도시이며, 지중해 키프로스(Kypros) 밑 지저에 위치하고 있습니다.

행성 지구의 모든 역사기록들이 크리스털 막대에 빛의 진동으로 기록되어 저장되어 있습니다. 혼-그룹, 혼, 혼체들의 모든 생각들까지도 기록되는데, 여러분들처럼 불리하면 폐기하고, 유리하면 부풀리는 것은 있을 수 없으며, 생각들과 실현된 모든 것들을 가감(加減) 없이 기록하여 저장하고 있습니다. 이것은 여러분들이 파괴하거나 훼손할 수 없는 것은 행성계 수도인 티타니아 리츠(Tythania Rets)에도 저장되어 있기 때문입니다. 이것이 낙원의 역할이기에 그런 것이며, 확장되어 태양에도, 성단 수도인 티아우바(Thiaoouba)에도, 중앙 태양인 알시온에도 중앙 도서관에 저장되어 있다는 것입니다.

여러분들은 아카식 레코드만 생각하였을 텐데, 아카식 레코드는 시리우스-B에 있는 24장로 위원회에서 관리하고 있는 정보 기록 장치이며, 포톤입자들로 구성되어 있습니다. 입자 하나하나에 기록되어 있어서 관리주체를 제외한 어떠한 경우에도 훼손되지 않는데, 장로들 역시 주어진 역할에 최선의 봉사를 하고 있습니다.

개인 정보가 궁금한가요. 물론 조절자들이 알고 있으니까 얼마나 친밀하게 친교(親交)하느냐에 따라 달라지겠지요. 하지만 여러분, 모든 생각들도 저장된다고 하였습니다. 불리한 것도, 유리한 것도 고스란히 담겨 있다고 하였습니다. 세상 뉴스를 보면 불리한 것이 나타남으로 해서 패가망신(敗家亡身)하는 인물들을 봅니다. 수치스럽고, 차마 드러낼 수 없는 부끄러운 정보들이 세상에 알려지면 인생 살기가 쉽지 않습니다. 전생(前生)들에 포함되어 있는 이러한 정보들을 알게 되면 어떨까요? 흉악 범죄들에 연루되어 있음을 알게 된다면 감당할 수 있을까요. 이 모든 것들이 체험 정보들이어서 공개 여부는 조절자에 의하여 결정되고, 존재의 의식 성장에 따라 그 수위가 결정되는 것입니다.

정보는 존재의 인생 체험을 위해서 쓰이기도 하지만 중요한 것은 존재의 영적 성장을 위해서 활용되는 것입니다. 체험하는 동안 축적된 카르마도 정화할 수 있는 기회를 제공하지만 어디까지나 주체는 존재 자신이라는 것을 잊어서는 안 되는 것이며, 신성(神性)을 발현하는 것은 순서가 있는데, 전반부(前半部)는 존재가 추진해야 하고, 후반부(後半部)를 조절자가 한다고 보면 됩니다. 여러분들이 선택할 수 있는 결정권이 있다고 할 수 있으나, 이것은 자유-의지는 아니며, 혼에 의하여 이루어지는 것입니다. 여러분들의 자유-의지는 어둠에 의하여 빼앗겼다고 하였습니다. 행성 지구에 있는 혼들은 자유-의지가 없기에 고향으로 돌아갈 수가 없었던 것입니다.

생각 조절자들은 이러한 여러분들을 돕고자 하는 것인데, 여러분들의 주권 회복을 위해서이며, 신성 회복을 위해서입니다. 전한 대로 어둠은 혼이 가지고 있던 자유-의지를 강탈하여 여러분 스스로들이 상승할 수 없도록 하였습니다. 당연히 신성 회복도 물 건너간 것이었지요. 이것은 전 고대문명 시절에 있었던 비극이었습니다. 이때에는 우리 조절자들도 어쩔 수가 없었으며, 여러분들을 지켜볼 수밖에 없었던 것입니다. 우리는 1만 2000년을 기다리기로 하였는데, 대주기가 새롭게 시작되는 시점에 기회가 온다는 것을 알았기 때문입니다. 이때에 지저로 들어가 생존한 여러분들의 가족들과 지인들이 우리와 뜻을 같이하기로 하였으며, 여러분들의 깨어남을 위하여 지금까지 함께하고 있었던 것입니다.

1만 2000년을 기다린 것은 영단의 뜻과 무엇보다 혼-그룹의 뜻이 있었기에 그런 것이며, 주기 종료가 될 때까지 기다리기로 하였습니다. 그동안 어둠에 의한 시험들이 있을 것이었고, 여러분들은 그 시험을 치르기로 합의하였던 것입니다. 우리 생각 조절자들은 마누의 속성(屬性)을 대표하는 품성화한 신성(Personalized Divinity)입니다. 우리는 물질 체험을 선택한 존재들에게 파송되어 그 존재의 신성(神性)으로서 함께하며, 완성의 길을 안내하는 것입니다. 존재가 완성을 성취하면 우리의 역할은 종료되고, 그 존재가 새롭게 부여된 역할을 수행할 때에 함께하게 되는 것입니다. 태초에 형성된 이 인연은 결코 끊어지지 않으며, 역할에 따른 새로운 코드가 형성되어 연결되어지는 것입니다.

완성을 성취한 존재를 '상승 마스터 야니(Ascended Master Yani)'라고 하며, '하강하는 하느님'이라고도 하는데, 역할이 부여되어 자리에 파송되기 때문입니다. 물론 태초부터 역할을 부여받고 창조된 존재들이 있으며, 이들은 체험을 하지 않았지만 완전한 형태로 창조된 것입니다. 우주는 완성된 우주들도 있고, 새롭게 태어나 확장되는 우주들이 많이 있는데, 그곳에 많은 조직들과 자리들이 있기에 천상에서는 자격이 있는 존재들을 파견하는 것입니다. 여러분들은 이들을 '하느님' 또는 신들로 표현하는 것입니다. 우주를 관리하고, 감독하는 기관들이 있으며, 그곳에 자리한 신적 존재들이 있는 것입니다. 체험을 선택한 존재들을 관리하고, 상승의 길을 성취할 수 있도록 돕는 것이며, 신들로서 군림하는 것은 아닙니다. 우리는 체험을 선택한 존재들을 위하여 신성으로서 파견되기도 하고, 하강하는 존재들에게도 파견되는 것입니다.

대우주에 있는 존재들 중, 그 어느 누구도 해당되지 않는 이들이 없는데, 다만 마누-마나-에아의 직접적 측면으로 나타난 '그랜드 마스터 영들(Grand Master Spirits)'을 제외하고는 말입니다. 하느님의 열두 영들(Twelve Spirits of GOD)은 마누-마나-에아-마라(ManU-ManA-EirA-MarA)의 직접적 측면으로 나타났기에 그런 것입니다.

행성 지구에 파견된 혼-그룹은 '그랜드 마스터 시라야 크녹세스-마스터 사나트 쿠마라 니르기엘-그리스도 마이클 아톤'과 '마스터 솔라리스 팔라도리아-마스터 오나크로니아-그리스도 네바도니아-그리스도 가이아'에 의해서 이루어질 수 있었습니다. 하강하는 경로를 따라 15단계의 형태발생 영역들이 생겨 나왔으며, 제1 조화우주 제1 단계부터 체험이 시작되었던 것입니다. 인류라는 물질체험을 이제 제2 조화우주로의 상승이 결정되었으며, 이것을 돕는 존재들을 파견하여 어려움이 없도록 하였습니다.

우리 생각 조절자 평의회(Thought Adjusters Order)도 마누의 뜻(will of ManU)을 전해 들었고, 혼-그룹들의 상승을 돕기로 하였습니다. 여러분들의 신성이 발현되고 있는 것입니다. 전한 대로 모든 인류들에게 신성이 있는 것은 아닌데, 존재 스스로에 의하여 신성을 거부한 이들이 있고, 태생적으로 신성이 존재할 수 없는 이들이 있습니다. 바로 복제인간들과 안드로이드들을 말하는 것이고, 타락세력들과 혼혈에 의하여 태어난 존재들을 말하는 것입니다. 인류라는 생태학적 분류로서는 누구에게 신성이 있는지, 없는지 알 수 없지만 영적 분류를 통해서 알 수 있습니다. 즉, 일곱 번째 마스터 영(seventh Master Spirit)인 '그랜드 마스터 시라야 크녹세스'에게서 분화된 존재들에게 형태발생 영역이 허락되었으며, 그 중심에 우리 조절자들이 자리할 수 있도록 파견된 것입니다. 이것 역시 진화연대기와 순례자의 길을 통해서 자격을 갖춘 존재에게 해당되는 것입니다.

조절자는 신성(神性)을 깨울 단계가 될 때까지 기다리는 것이며, 존재의 체험 단계에서 그 기준을 충족시켰을 때에 "조절자의 첫 방문(Adjuster's first visit)"을 받는 것입니다. 이 기준을 분별하는 것은 행성 영단과 가이아가 첫째가 되는데, 물질체험의 성취도를 가장 잘 알기 때문입니다. 물론 우리 조절자들을 파견하신 마누(ManU)께서 가장 잘 알고 계시며, 그 기준에 의해 조절자들의 역할이 시작되는 것입니다. 여러분들은 한 주기를 종료하고, 다음 단계로의 진출을 앞두고 있지만 첫 경험이어서 많은 도움이 필요합니다. 특히, 조절자들의 도움이 가장 절실하기 때문에 집중이 필요하게 된 것입니다. 물질계를 향해 있던 의식을 멈추고, 영성계를 향하여 의식을 초집중해야 되는 것입니다.

조절자와의 만남을 성사시키기 위해서는 성서의 예를 들겠습니다.

'이에 일어나 먹고 마시고 그 음식물의 힘을 의지하여 사십 주 사십 야를 가서 하느님의 산 호렙에 이르니라.' '엘리야가 그 곳 굴에 들어가 거기서 머물더니 여호와의 말씀이 그에게 임하여 이르시되, "엘리야야 네가 어찌하여 여기 있느냐"; 그가 대답하되, 내가 만군의 하느님 여호와께 열심히 유별하오니, 이는 이스라엘 자손이 주의 언약을 버리고, 주의 제단을 헐며, 칼로 주의 선지자들을 죽였음이오며, 오직 나만 남았거늘 그들이 내 생명을 찾아 빼앗으려 하나이다.' '여호와께서 이르시되, "너는 나가서 여호와 앞에서 산에 서라." 하시더니,' '여호와께서 지나가시는데, 여호와 앞에 크고 강한 바람이 산을 가르고 바위를 부수나 바람 가운데에 여호와께서 계시지 아니하며, 바람 후에 지진이 있으나, 지진 가운데에도 여호와께서 계시지 아니하며, 또 지진 후에 불이 있으나, 불 가운데에도 여호와께서 계시지 아니하더니, 불 후에 세미한 소리(gentle whisper)가 있는지라.' '엘리야가 듣고 겉옷으로 얼굴을 가리고 나가 굴 어귀에 서매, 소리가 그에게 임하여 이르시되, "엘리야야, 네가 어찌하여 여기 있느냐." 그가 대답하되 내가 만군의 하느님 여호와께 열심히 유별하오니 이는 이스라엘 자손이 주의 언약을 버리고, 주의 제단을 헐며, 주의 선지자들을 죽였음이오며, 오직 나만 남았거늘, 그들이 내 생명을 찾아 빼앗으려 하나이다.'

〈열왕기상 19:8~14, 개역개정〉

여기에서 동굴은 '엘리야의 마음(heart of Elijah)'입니다. 그가 내면에서 어떻게 하느님을 만났는지 기록한 부분이며, 당연히 여호와 하느님은 조절자를 나타내는 것입니다. 인류들은 하느님에 대한 많은 오해들이 있고, 이해의 수준도 그렇다고 할 수 있는데, 깨어남의 수준과 단계에 맞추어서 이루어지는 것이기에 그런 것입니다. 단계를 생략하고 뛰어넘을 수 없으며, 의식 수준에 의해 알게 되는 범위가 정해지는 것입니다. 우리와 만나기 위해서는 몸(體)과 마음(心)과 혼(魂)과 영(靈)을 다하여 집중해야 된다는 것을 전한 것입니다.

제2 조화우주인 4차원 세계와 5차원 의식을 체험하기 위하여 상승을 기다리고 있는 여러분들은 3차원 세계와 4차원 의식에서 빠져나와야 함을 전하는 것이며, 그것을 위해 초집중하라고 하는 것입니다.

우리는 생각 조절자(Thought Adjusters)이며, 마누(ManU)를 대리(代理)하는 신성(Divinity)입니다.

03. 극이동에 대한 고찰(考察)
(A Study on Pole Shift)

사랑하는 여러분,

행성들마다 다양한 체험의 장들이 펼쳐져 있고, 그것을 체험코자 하는 존재는 영단의 허락에 의하여 행성에 펼쳐진 체험들을 통해 자신을 완성시켜 나갑니다.

이럴 때는 개인보다는 그룹이 우선순위가 되고, 기준에 맞는 개인들도 소속되어 체험을 하게 됩니다. 하지만 상승 주기가 다가오면 상위의 행성에 있는 존재들이 상승을 돕기 위하여 그룹 차원으로 들어오는데, 행성의 생명들로 태어나 인도자들이 된다는 것입니다.

이것은 같은 태양계와 성단이 우선되어 이루어지는 것이고, 주기 종료를 적극적으로 돕는다는 것입니다. 이 부분은 영단에서 추진하는데, 상위 영단의 도움을 적극 수용하는 것입니다. 그렇게 해야 실수를 줄이고, 상승 주기를 성공시킬 수 있기 때문인데, 자체적인 역량이 없는 것은 아니나 전체 생명계를 모두 책임지기 위해서는 유경험자들의 봉사가 절실하다는 것입니다. 이런 뜻에 의하여 지구 영단도 상위 행성들의 도움을 받아들였으며, 화성, 금성, 토성, 목성, 플레이아데스, 오리온, 시리우스, 아르크투루스, 안드로메다, 라이라, 북두칠성, 타우러스, 폴라리스, 안타레스, 알타이르 등의 영단들과 협업(協業)하게 된 것입니다.

  여러 행성 영단들은 극이동에 따른 영적 상승을 성공시킨 경험들이 매우 풍부하여 충분히 도움의 손길을 내밀게 된 것이고, 더 이상 물리적인 극이동 체험이 필요 없어졌기 때문입니다. 다만 아쉬운 점이 있다면 생명들의 영적 성장과 발맞추어 물질 행성도 영적 상승을 성사시킬 수 없는 한계가 있다는 점이었습니다.

  우리는 행성 지구가 12트랙으로 이루어져 있고, 분리시키기로 하였다고 전하였는데, 이것을 여러분들에게 이해시키는 것도 쉽지 않음을 전하고자 합니다. 여러분들은 1~4차원 세계가 중첩되어 있음에도 인식하지를 못하기 때문에 받아들이지 않습니다. 그러니 이 세계들이 분리되었다 해도 인식하지 못하는 것은 매한가지이니 설명한다고 해서 받아들일 수 없다는 것입니다. 중첩과 분리를 인식하기 위해서는 그 진동 영역과 진동수에 공명해야 하는 것입니다. 여러분들이 3D 세계 이외의 세상인 사후(死後)세계를 인식하고 있지 못해서 죽음에 대한 큰 두려움을 가지고 있고, 유령, 귀신 등으로 표현하고 있는 것입니다. 여러분들의 가족들과 지인들이 물질체를 벗었다 해서 그것을 이해하지 못하고 유령이나 귀신으로 치부하여 두려움의 대상으로 삼고 있음이니 먼저 떠난 가족들과 지인들은 얼마나 슬프겠습니까? 여러분들에게 있음을 인정받지 못하고 있으니까요.

극이동에 대한 많은 정보들이 공개되어 있는 현시점에 여러분들은 이것을 두려움으로 받아들이고 있거나, 아니면 살기가 힘들다고 하면서 '이참에 싹 다 뒤집어엎어라.' 하는 막가파식 인식을 가지고 있음을 압니다. 이러한 여러분들은 근시안적인 레밍(lemming)과 같아서 어둠의 표적이 되는 것이고, 레밍 효과를 통해 집단 자살을 유도하는 것입니다. 집단으로 절벽으로 뛰어내리는 레밍이나, 극이동 때에 상승하지 못하고 집단으로 죽고 마는 인류들이나 무엇이 다른 점이 있을까요. 근시안적이라고 하였지요. 영적인 세계, 사후세계, 대주기 변혁, 영적 상승, 의식 깨어남, 의식 팽창 등은 극이동을 앞에 두고 인류들에게 공개가 허락되어 알려지게 된 정보들입니다. 관심만 있다면 어디에서든 접할 수 있는 정보들이기에 얻을 수 있습니다.

다만, 이 정보를 통하여 두려움에 사로잡혀 진실을 놓친다면 가장 안타까울 뿐이며, 또한 극단적으로 더러운 세상, 살기 싫은 세상 '모두 엎어져 버려라.'는 마음을 갖는다면 가장 미련하고 아둔한 인간일 뿐입니다. 극이동에 대한 정보를 공개하는 것은 펼쳐진 현 주기의 물질세계가 종료되었음을 알리는 것이고, 물질 인생을 살고 있던 인류들에게 영적 세계가 있음을 알리는 것과 동시에 상승 주기가 시작되었음을, 그래서 의식을 깨워야 함을 알리는 것입니다. 극이동을 통해 죽는 것이 아니라, 새로운 인생이 펼쳐진다는 것과 새로운 세계가 펼쳐진다는 것을 전하는 것입니다.

극이동은 인류들에게 새로운 꿈과 희망을 알리는 것입니다. 계급사회로 양분되었던 3차원 물질세계가 공정사회가 정착된 4차원 세계로 변화한다는 것이고, 분열과 폭력을 양산했던 4차원 의식이 사랑과 평화가 넘치는 5차원 의식으로 상승한다는 것을 알리는 것입니다. 이 변화에 동참하는 인류들은 상승 주기를 통하여 새로운 세계로 이동하는 것이고, 관심이 없거나, 두렵거나, 부정적인 인식을 품고 있는 인류들은 상승 주기가 아닌 하강 주기에 올라탈 것이며, 극이동을 통해 물질체를 모두 벗길 것입니다. 이 죽음을 통하여 진동수가 하강하고, 진동 영역도 추락하여 얼어 버린 마음을 가지고 있는 존재들은 이들이 머물 지옥과도 같은 행성으로 들어갈 것입니다.

상승 주기에 올라탄 진동수와 진동 영역에 머물게 되는 인류들은 당연히 상승한 행성으로 이동하게 되는데, 극이동이 일어나기 전에 이동하는 것이고, 추락하는 진동수와 진동 영역에 머물고 있는 인류들은 극이동을 직접 현장에서 경험할 것입니다. 그리고 모두 육체적 죽음을 통하여 지옥 행성으로 이동해 갈 것입니다. 새로운 행성에서 상승 사회를 창조할 깨어난 인류들은 극이동에서 안전하게 보호받을 것이며, 현장 체험은 이루어지지 않습니다. 있다면 대기권 밖의 우주선 창문을 통하여 또는 모니터를 통해서 대재난 현장을 지켜볼 것입니다. 빛의 일꾼들은 현장에서 끝까지 알곡들을 챙길 것인데, 억울한 존재들이 없게끔 하려는 것이며, 이 역할을 위해서 빛의 일꾼들은 변화된 빛의 몸인 아스트랄체를 입고 현장에서 빛의 자녀들을 안내할 것입니다. 이 작업이 공식적으로 종료되고 나면 빛의 일꾼들은 현장을 빠져나와 우주선들에 탑승하여 있을 것이고, 빛의 자녀들 역시 신속하고 은밀하게 우주선들과 지저세계들로 안전하게 이동하고 난 후가 될 것입니다. 이 피난작전이 있을 동안에 어둠은 빛의 일꾼들을 지켜만 볼 뿐, 손을 댈 수 없는데, 그런 권한이 없기 때문입니다.

아스트랄체(Astral body)를 입고 있는 빛의 일꾼들은 주어진 40일 동안 지구촌 어디든지 빛의 자녀들이 있는 곳이라면 방문할 것이고, 빛의 소식들을 전달할 것입니다. 생각과 동시에 몸이 그 장소에 나타날 것이고, 빛과 같이 다른 장소로 이동하여 갈 것입니다. 문이 잠겨 있어도, 지하 어디에도 벽을 통과하여 나타날 것인데, 빛의 자녀들은 당연히 알아볼 것입니다. 40일은 무덤에서 부활한 예수(Jesus)가 제자들 앞에 나타나 활동한 기간입니다. 빛의 일꾼들은 충분하게, 여유롭게 40일 동안 빛의 자녀들을 모두 찾아낼 것이며, 빛의 소식을 전할 것입니다. 40일 동안 역할을 끝낸 빛의 일꾼들은 예수가 제자들이 보는 앞에서 하늘로 상승한 것처럼 우주선들로 빛과 함께 상승하여 자리할 것입니다. 이것이 빛의 일꾼들의 마지막 미션입니다.

빛의 일꾼들을 통하여 천상 소식을 접한 빛의 자녀들은 내면의 집중을 통하여 최종적인 마무리를 하는 것이며, 상승 진동수를 만드는 것인데, 물론 우리들도 돕는 것입니다. 여러분들의 몸은 수정체(水晶體:crystal body)이자, 초전도체(超傳導體)입니다. 우주에서 들어오는 빛의 고진동이 여러분들의 몸을 고진동으로 변환시키고 있는 것입니다. 빛의 자녀들은 하프(harp)가 되는 것이고, 바이올린(violin)이 되는 것이며, 몸의 진동을 통하여 아름다운 음악을 연주하는 것입니다. 빛의 자녀들을 통하여 연주되는 오케스트라의 하모니는 행성과 모든 생명들의 진동수를 끌어 올리고 상승한 진동장을 만드는 것입니다. 빛의 자녀들의 이 행동이 어둠에 갇혀 있던, 심연 속에 가라앉아 있던 행성을 빛으로 변환시키는 것입니다.

 우리는 최우선적으로 빛의 일꾼들을 찾았습니다. 그리고 빛의 수호 인종들도 찾았습니다. 이들을 먼저 깨우는 의식혁명 작전이 시작되었습니다. 모든 천사군단들을 총동원하여 실행하였으며, 초천사 칸단시아가 지휘하였습니다. 물질 인생에 집중하고 있던 코드를 잘라내었으며, 영적 코드를 활성화시켰는데, 부작용들이 나타났습니다. 그것이 정신적 코마 형태(form of mental coma)로 나타난 것입니다. 이 코마(coma)는 크게 두 가지로 볼 수 있는데, 긍정적 측면과 부정적 측면으로 말입니다. 부정적 측면은 정신과 육체에 가중되는 고진동 때문에 일어나는 고통을 참아내지 못하고 튕겨져 나간 경우이고, 긍정적 측면은 신성이 발화되어 밝은 빛을 내는 빛 구체가 나타난 경우였습니다.

 여러분들 표현에 '인내는 쓰고, 열매는 달다.'라는 것이 있는데, 물질 인생을 영적 인생으로 변환시키는 과정을 설명한 것이라 봅니다. 물질적 고통과 정신적 고통을 극복하는 것이 쉬운 것이 아님을 우리도 잘 알고 있습니다. 그것을 여러분들은 선택하였으며, 인내로서 극복하리라고 서약한 것입니다. 그것을 극복하지 못한다면 스스로의 서약을 저버리는 것이며, 신의 자녀로서 상속(相續)도 포기하는 것입니다. 여러분들이 스스로를 물질의 자녀로서 인식하고 어떠한 것도 하지 않는다면 우리는 영적 코드를 폐쇄하고 그를 극이동의 현장에 둘 것입니다. 또한 스스로를 영적 자녀로서 인식하고 자신을 깨우는 것에 최선을 다한다면 우리는 그의 영적 코드를 활성화시켜서 빛의 존재로 변환시킬 것입니다.

이 정보를 접하는 모든 이들은 기회를 잡는 것인데, 그 기회가 독이 되느냐, 약이 되느냐는 여러분들에게 달려 있다고 하는 것입니다. 여러분들은 '무엇을 해야 하나요?' 합니다. 젖꼭지를 물고 있는 신생아라면 부모가 다해 주어야 하겠지요. 그러나 여러분들은 신생아가 아니며, 행성 지구의 상승을 돕기 위하여 들어선 빛의 일꾼들이고, 빛의 자녀들입니다. 여러분들은 내면에 집중하라고 한 것을 잊어버립니다. 내면에 집중하면 무엇을 해야 하는지 답을 알게 됩니다. 갑자기 떠오른 생각, 자연스럽게 떠오른 생각 등이 '답(答)'입니다. '첫술에 배부르지 않는다.'는 표현처럼 계속해서 연습하고, 행동으로 옮기다 보면 결과들이 나타나는 것입니다. 처음부터 거창하고 큰 것을 바라지 마십시오. 작은 것부터 차곡차곡 쌓아가다 보면 결국 큰 것으로 나타나는 것이며, 별 볼일 없는 하찮은 것들이 결국 큰 것으로 나타나는 것입니다.

　여러분들은 거창하고 큰일을 해야 천상의 일을 한다고 봅니다. 그것은 물질 인생에서나 일어나는 것이고, 영적인 일은 '작은 것에 충성하는 것'입니다. 이것을 하찮게 여기는 이들에게는 어떠한 일도 주어지지 않습니다. 여러분들이 큰일을 하고 싶다면 작고 보잘것없는 일부터 충성하여 최선을 다하기를 바랍니다. 여러분들은 부처(Buddha)나 혹은 예수아(Jeshua)는 큰일을 하는 큰 존재이고, 여러분들은 보잘것없는 존재라고 보십니까? 그러면 부처와 예수아 내면에 있는 '파르티키 입자'와 여러분 내면에 있는 '파르티키 입자'가 다른 점이 있다고 봅니까? 절대로 그렇지 않습니다. 같은 것입니다. 다른 점이 있다면 '파르티키 진동'을 어떻게 활성화하여 활용하였는가가 다르다고 해야겠지요. 부처와 예수아와 여러분 사이에는 다른 것이 없습니다.

혹시 인류들 사이에서 자신만이 특별하다고 주장하는 존재들이 있다면 모두 가짜이자, 거짓 선지자들입니다. 우리는 파르티키 진동을 활성화하는 이들을 돕는 것인데, 이것이 '하늘은 스스로 돕는 이를 돕는다.'라고 전해진 것입니다. 우리는 잠들어 있는 인류들을 먼저 깨우지 않습니다. 잠에서 깨어나는 인류들을 돕는 것입니다. 스스로 어떠한 노력도, 수고도 하지 않는 인류들은 우리의 도움을 받을 수 없는데, 이것을 두고 '무슨 하늘이 그러하냐.' '불쌍한 인류들을 도와야 하는 것이 아니냐.' '돕지 않을 거면 왜, 창조했느냐.'고 항변합니다. 이 약속은 먼저 여러분들이 하였음을 상기시켜 드립니다. 모든 조건을 수락하고 행성에 들어선 것도, 어둠을 받아들인 것도 바로 여러분들이었습니다.

우리는 이런 여러분들을 탓하려고 하는 것이 아니며, 여러분 스스로들에 의한 수고와 노력이 선행되어야 함을 전하고자 하는 것입니다. 어둠에 의해 채워진 족쇄는 여러분들이 불러들인 것이기에 그것을 해결하고자 하는 수고와 노력이 여러분들의 몫이라고 하는 것이고, 그 수고와 노력의 끝에 우리들의 도움이 있다고 하는 것입니다. 우리는 자신의 신성을 깨우기 위하여 애쓰는 인류들을 외면하지 않으며, 아무것도 하지 않는 인류들을 지켜볼 뿐입니다. 극이동은 행성적 사건입니다. 어떠한 생명도 이것을 비켜나갈 수 없으며, 빠져나갈 수 없습니다. 물질로 이루어진 모든 것들이 뒤집어지고 새롭게 탈바꿈하는 것입니다. 그래서 물질 옷을 입고 있었던 모든 생명들은 죽음으로 떠난다고 하는 것입니다.

우리는 이것을 졸업(卒業)이라고 하였습니다. 3차원 세계를 졸업하고, 4차원 세계로 이동하여 가는 것 말입니다. 졸업은 한 번에 하지 않고 나누어서 할 것이고, 1차, 2차, 3차로 진행될 것입니다. 졸업생들은 극이동 상황에 남겨지지 않으며, 그전에 이동하여 갈 것입니다. 졸업을 하지 못한 인류들이 남겨질 것인데, 96.5%를 차지할 것입니다. 극이동은 현재의 대륙들과 바다들을 모두 뒤집어 새롭게 형성될 것인데 초기 행성 버전으로 변경될 것입니다. 모든 생명들이 떠나고 오직 지저세계에 있는 파충 종족들만이 남을 것입니다. 이들은 티아마트 시절부터 인류들보다 앞서서 정착하여 살던 생명들이고 인류들의 상승을 위해 열심히 돕고 있습니다. 사실 인류들은 외계인(外界人)이 되는 것입니다.

행성 지구는 이번 극이동을 마지막으로 타우라처럼 없을 것인데, 인류들의 상승을 위해 설정했던 프로그램이라고 이해하면 됩니다. 혼-그룹의 체험을 극대화시키기 위해서 극이동이라는 처방을 두었던 것이고, 광자대를 통하여 영적 상승이 이루어질 수 있도록 하였던 것입니다. 지구에 개입하였던 외계 행성 세력들은 전 과정을 몰랐다고 할 수도 있고, 알았다고 하여도 불간섭원칙(不干涉原則) 때문에 개입할 수 없었습니다. 원칙을 어기고 개입한 경우에는 그 피해가 고스란히 지구 생명들에게 전달되었으며, 반대로 자신들에게도 전달된다는 것을 뒤늦게 깨달은 것입니다. 인류들은 우리들에 의하여 진화연대기를 무시하고 상승할 수 있었으며, 계획된 대로의 목표를 성취할 수 있었습니다. 이것이 1만 2000년 주기를 통해 성취한 결과입니다.

6번째 주기의 현대인류인 호모 사피엔스 인종은 7번째 주기의 호모 아라핫투스 인종에게 뒤를 넘겨주기로 프로그램되었습니다. 주기 변환 코드에 맞추어 모든 것들이 프로그램되어 있는 것이며, 그것에 따라 '리셋'이 진행되는 것입니다. 주기를 통해 인종들을 파종했던 외계 세력들은 주기 종료에 맞추어 자신들이 파종했던 인종들을 추수(秋收)하였는데, 자격기준에 합당한 인종들만을 수확한 것이며, 나머지는 극이동 시에 청소대상이 되도록 하였습니다. 이것은 5번째 주기 종료까지 실행되었으며, 6번째 주기가 시작되었을 때에 행성 니비루브가 우리들의 뜻에 의하여 새 인종인 호모 사피엔스 인종을 씨앗 뿌린 것입니다. 1만 2000년 전에 현대문명이 시작되어 지금까지 이어져 왔으며, 6번째 주기가 종료될 시점이 되었고 우리와의 계약에 따라 행성 니비루브가 돌아오고 있는 것입니다.

행성 니비루브(Planet Nibiruv)의 목적은 파종한 씨앗인 호모 사피엔스 인종의 추수를 위해 오고 있는 것이며, 가라지들은 버리고 알곡들만을 수확하기 위해서입니다. 우리는 추수꾼들을 미리 파견하여 두었으며, 이는 육체를 입고 있는 존재들과 영적으로 준비하고 있는 존재들을 말하는데, 여러분들은 '추수의 천사들(angles of harvest)'로, 또는 '빛의 전사들(warriors of light)'로 알고 있습니다. 지구에 배정된 혼-그룹은 6번의 주기를 통하여 영적 성장을 하였습니다. 입고 있었던 물질체들이 달랐고, 펼쳐진 물질 환경이 달랐으나 영적 성장을 위해서는 부족함이 없었습니다. 각 주기마다 각 우주의 영단들이 주축이 되어 도움의 손길을 주었으며, 최종적으로 3차원 졸업을 위한 어둠의 실험이 도입되고 나서 어둠의 역할을 맡은 영단들과 존재들에 의해 혼-그룹의 의식 성장은 한층 상승하는 계기가 되었습니다.

우리는 타락세력들의 이권(利權) 때문에 과도한 개입이 일어난 것을 알았으며, 그 피해가 혼-그룹에 영향을 미치지 못하도록 조치를 취하게 된 것입니다. 우리는 공정한 게임을 위해 무너진 균형을 바로 세우는 것을 최우선으로 추진함으로 인해 '빛의 전사들'과 '빛의 일꾼들'과 '빛의 자녀들', '수호 인종들'을 위한 에너지 투입이 결정되었습니다. 고진동의 이 에너지는 정화를 촉진시키고 진동수를 상승시키는 탁월한 효능을 가지고 있어서 선명한 후유증(後遺症)을 겪고 있는 것입니다. 이 과정을 통과해야 만이 미션을 수행할 자격을 얻는 것입니다. 그렇지 않고서는 우주 영단의 미션은 주어지지 않는데, 반드시 시험이 있으며 이 시험을 통과해야만이 자격이 주어진다는 것입니다.

여러분들이 물질체를 입고 있어서 모두 같아 보이지만 그렇지 않은데, 우리는 빛 구체들의 진동수를 알고 있어서 그것으로 연결하고 있으며, 이 과정에 비밀한 암호-코드로 접촉하고 있다는 것입니다. 우리는 코드가 없거나, 있어도 작동하지 않는 인류들은 접촉하지 않습니다. 세상은 인류들을 어떻게 분류하나요? 경제적 가치로, 계급적 가치로 분류함을 잘 알고 있습니다. 그런 측면에서는 하느님의 빛의 자녀들은 불가촉천민 계급에 속해 있어서 하층계급을 이루고 있습니다. 우리는 그렇게 분류하지 않으며 빛 구체의 진동수를 기준으로 보는 것입니다. 여러분들이 하느님을 찾고, 경배를 드린다고 해서 하느님의 자녀들이 되는 것이 아닙니다. 우리는 '파르티키 입자'의 진동수를 보는 것이고, 그것으로 하느님인 마누의 자녀들을 찾은 것입니다.

거짓으로 위장하여 여러분들을 속일 수는 있어도 우리들은 속일 수는 없습니다. 누가 알곡이고, 누가 가라지인지, 누가 거짓 영인지 우리는 알고 있습니다. 빛의 일꾼들이 모이는 곳에 거짓된 영들과 타락한 영들이 숨어들고 있으며, 빛의 일꾼들을 추락시키고 있습니다. 겉모습이 같아서, 하느님을 섬기고 경배하는 척하면서 뱀의 혀로 여러분들을 시험하여 추락시키고 있으나, 분별력이, 영적인 분별력이 없는 여러분들은 당하고 있는 것입니다. 우리는 빛의 자녀들에게 '분별의 영'을 보내어 사탄의 시험을 통과할 수 있도록 하였는데, 암호-키를 통해서 전해 준 것입니다. 사탄의 시험은 바로 참되고 진실한 빛의 자녀들로서 자격을 갖추게 하려는 '치트 키(cheat key)'입니다.

 어둠은 빛으로의 완성을 돕기 위해 설정된 프로그램입니다. 타락한 세력들도, 적그리스도들도 설정된 프로그램입니다. 물론 여러분들은 힘들고 고통스럽다고 할 것이지만, 이것을 극복해 내는 것이 바로 여러분들에게 부여된 의무라고 하는 것입니다. 이것을 거부하거나 부인한다고 해서 계약이 파기되는 것이 아닙니다. 영으로서 서약한 것이기에 모든 것이 종결될 때까지 살아 있는 것입니다. 어둠을 극복하고 빛을 완성하는 것이 바로 여러분들이 서약한 것입니다.

 극이동(極移動)이 결정되고 나서 호모 사피엔스 인종의 추수도 결정되었습니다. 자연계는 순리대로 이동 절차에 따라 DNA가 수집되었으며, 생체정보들이 수집되었습니다. 인류들을 위한 계획을 세분화하여 세운 것은 12트랙에 따른 조치들이 필요했기 때문입니다. 관계된 우주위원회들이 소집되었으며, 계획에 참여하게 되면서 태양계와 지구권역은 우주선단들로 차고 넘치게 되었습니다. 위원회들은 자신들의 메신저들을 통하여 소식들을 전하게 되었고 그룹화 전략에 따른 계획들을 운영하게 되었습니다. 이것은 타락세력들도 마찬가지로 적용되었습니다. 어떤 이들은 그러겠지요. 왜, 타락세력들을 돕느냐고 말입니다. 우리는 공정한 게임을 하기 위해 그런 것이고, 그것이 여러분들을 돕는 것이라고 했습니다. 최종 결론은 지구에 들어선 영적 존재들의 완성입니다. 이것을 위해서 프로그램을 설정하여 운영하게 된 것입니다.

행성 니비루브는 6번째 주기의 씨앗 파종에 참여하였으며, 호모 사피엔스 인종의 창조자들이 되었습니다. 물론 인류라는 물질체를 말하는 것이며, 주기 종료를 앞두고 다시 수확하러 오는 것입니다. 이것이 '심판(審判;judge)'으로 전해진 것이고, 자신들의 역할을 성서 다니엘서와 요한 계시록에 실어서 인류들이 준비할 수 있도록 2000년에 걸쳐서 알리게 된 것입니다. 또한 주기 종료를 앞두고 자신들이 태양 뒤에 도착해 있음과 하게 될 일들을 별들의 변화들을 통하여 알리고 있는 것이며, 많은 메신저들을 통해 인류들에게 전하고 있는 것입니다. 어둠의 세력들이 정보력을 동원하여 자신들의 시대가 왔음을 알리는 것도 같은 맥락이라고 보면 됩니다.

니비루브는 태양을 조율하고, 행성 지구의 극이동까지 연출할 것이며, 심판을 통한 인류들의 분리 작전도 함께하는 것입니다. 인류들의 상승을 위해서 의식 확장을 위한 태양 폭풍(太陽暴風)도 준비하고 있으며, 깨어난 이들과 그렇지 못한 이들을 분류하는 역할도 하게 될 것입니다. 선한 역할보다는 악한 역할이 되겠지요. 모든 계획의 중심에, 특히 대환란의 중심에 니비루브가 있는 것이며, 시작 시점부터 종결 시점까지 프로그램이 진행되고, 극이동이 있을 시점까지 역할을 할 것입니다.

사랑하는 여러분!

행성 지구에 살고 있는 동식물들과 인류들은 극이동을 통하여 이동하는 것이 결정되었습니다. 당연히 혼-그룹은 6번째로 이동하는 것이며, 7번째 주기를 준비하는 단계에 이르렀다고 하는 것입니다. 6번째 광선인 루비 광선(ruby ray)의 체험들이 종료되었고, 7번째 광선인 보라 광선(violet ray)의 체험이 기다리고 있는 것입니다. 여러분들의 체험을 도왔던 루비 광선의 초한인 예수아가 처음을 열었다면, 마무리는 레이디 나다(Lady Nada)께서 역할을 하는 것입니다. 다음 과정인 보라 광선의 시작을 알리는 초한은 성 저메인(Saint Germane)이고, 마무리는 레이디 포르시아(Lady Portia)께서 하실 것입니다. 이 과정을 지휘하는 마하초한인 폴 더 베네시안(Paul the Venetian)이 자리하고 있습니다.

혼-그룹을 위해서는 1만 2000년의 1주기가 주어졌고, 광선 체험을 위해서는 2000년 주기가 1주기로 주어진 것입니다. 6광선까지 체험을 위한 1만 2000년 주기가 종료되고 있는 것이며, 7번째 광선인 보라 광선을 통한 2000년 주기의 광자대를 두어 영적 상승을 허락한 것입니다. 21~41세기까지 호모 아라핫투스 인종과 호모 마이트레아스 인종이 영적 상승을 성취시킬 것인데, 5차원 빛의 행성과 7차원 의식을 갖춘 인종으로서 상승을 이끌 것입니다. 행성 주파수가 4차원 영역에서 5차원 영역으로 상승하면 빛으로 변하였다가 물질계에서는 사라지는 것처럼 없어질 것입니다. 행성이 물질계에서 에테르계로 상승하는 것은 네바돈에서는 처음 있는 사건입니다. 이것을 안드로메다 은하단에서 들어온 호모 마이트레야스 인종이 성취시키는 것인데, 오나크론 정부의 계획에 의하여 이루어지는 것입니다.

광자대(Photon belt)는 마술을 부리는 것처럼 행성 지구를, 행성 타우라를 상승시킬 것이며, 씨앗 뿌려진 호모 아라핫투스 인종을 통해 영적 상승의 길을 꽃피울 것인데, 지금껏 이러한 행성과 인종들이 없었습니다. 우리는 이것을 안정적으로 정착시키기 위하여 빛의 일꾼들을 들여보냈으며, 방해되는 세력들에게서 빛의 일꾼들을 보호하기 위해 '빛의 전사들'을 들여보냈습니다. 호모 사피엔스 인종들은 6번째 주기를 종료함과 동시에 모두 이동하여 떠날 것이고, 일부 상승한 그룹이 호모 아라핫투스 인종의 안내자로서 남아 함께 새 시대를 열어나갈 것입니다. 마무리는 극이동을 통하여 할 것이고, 지축정립(地軸正立) 후에 원시 행성으로 남겨 둘 것입니다. 지금부터 정화시대로 접어들기에 혹독한 과도기에 따른 대재난들이 일어날 것입니다.

불의 고리들이 모두 열릴 것이어서 대규모의 화산 폭발들과 거대 지진들이 끊임없이 일어날 것이고, 지각판들이 서로 충돌하여 밑으로 들어가거나 위로 들려질 것입니다. 섬들이 사라지거나 새로운 섬들이 나타나고, 한 번도 경험해 보지 못한 폭풍들과 쓰나미들을 경험할 것입니다. 니비루브의 등장으로 혹성들이 추락하고 대재난의 끝판을 향하여 달려갈 것입니다. 인류들의 거대 카르마들을 처리하기 위해서 예정된 재난들이 순차적으로 모두 실행되어 무거웠던 카르마의 멍에들을 모두 벗겨낼 것입니다. 계시록의 일들이 니비루브와 아눈나키들에 의해 모두 펼쳐져서 인류들의 상승과 추락을 도울 것입니다. 무서운 조교들이 되어서 인류들을 가혹하게 몰아칠 것이며, 때로는 육체적 죽음도 있게 할 것입니다.

말로만 듣던 고통이 이런 것이구나. 말로만 듣던 대재난이 이런 것이구나. 사람들이 대량으로 죽는 것이 바로 이런 것이구나. 아비규환(阿鼻叫喚)의 생지옥(生地獄)이 바로 이런 것이구나. 100km 안에서 사람 만나는 것이 어렵다고 한 것이 바로 이것이었구나. 인류들의 96.5%인 약 82억 명이 사라질 것입니다. 3차 세계대전, 니비루브 대변란, 극이동을 통하여 정리될 인류들이 82억이 넘는다는 것입니다. 각 대륙별, 각 민족별, 각 인종별로 떠날 이들과 남을 이들이 모두 결정되어 명단이 작성되었습니다. 이것이 생명책(生命冊)과 사망책(死亡冊)으로 전해진 것입니다. 최종본은 극이동입니다. 행성을 떠날 생명들을 최종적으로 마무리하는 것입니다. 이때에는 어떤 생명도 행성에서 살아남을 수 없습니다. 그래서 피난계획을 수립하였으며, 순차적으로 안전하게 이동시킬 것입니다.

육체를 빛으로 바꾸어 이동하는 인류들, 육체를 죽음으로 벗고 아스트랄체로 이동하는 인류들로 나눌 것인데, 추락하는 인류들만이 극이동 때까지 남아 있다가 한 번에 죽을 것입니다. 모든 죽음은 순차적으로 이루어지고, 육체가 죽음 없이 빛으로 변환하여 상승하는 것이 가장 최선의 상승입니다. 두 번째인 육체를 벗고 빛으로 상승하는 것이 있고, 도움을 통하여 빛으로 상승하는 것이 세 번째인데, 부끄러운 상승이 되겠지요. 나머지는 어둠에게 모두 내주었다가 맞습니다. 심판(審判)이 기다리고 있기 때문입니다.

우리는 인류들에게 극이동에 대한 개념을 설명해 드렸습니다.

우리는 생각 조절자이며, 마누를 대리하는 신성입니다.

04. 우주적 감기(感氣)인 극이동
(Pole Shift, a Universal Cold)

사랑하는 여러분,

우주에도 계절이 있다고 해서 현시대가 가을을 향하여 가고 있다고 표현하고 있습니다.

여러분들 입장에서는 이해의 측면에서 그렇게 해석할 수도 있음을 잘 알고 있습니다.

우주는 순환주기가 있고, 그 순환주기가 계절이 순환하는 것처럼 보일 수도 있습니다. 여러분들이 그 순환주기에 시간을 적용시켜 보기 때문에 오해가 일어나는 것입니다. 우주는 공(球)처럼 둥글게 보일 수도 있고, 평면처럼 보일 수도 있지만 그것은 보는 관점에 따라 그렇게 보이는 것입니다. 다만 궤도를 가지고 또한 자전(自轉)을 하고 있으면 어떤 형태가 더 저항을 받지 않고 잘 적응하는지 잘 알고 있습니다.

물질의 법칙도, 반물질에게서 반영되어 나타난 것입니다. 모든 것이 조화와 균형을 이루고 있다고 하는 것입니다. 순환하고 있다는 것은 확장과 수축이 끊임없이 이루어지고 있음을 뜻하고, 그 패턴을 프랙털

도형(fractal shapes)이라고 합니다. 바로 무한 반복하고 있음을 전하는 것이고, 시간적 개념이 없음을 전하는 것입니다.

우주의 순환주기는 위성에서부터, 행성, 태양, 성단, 별자리, 은하, 은하단, 초은하단까지 연속해서 맞물려 돌아가는 톱니바퀴와 같습니다. 이 패턴이 하보나엔 중앙우주를 중심으로 순환하고 있는 것입니다. 우주에서 이 질서를 따르지 않는 것은 없는데, 스스로 분리하여 떨어져 나간 유령 매트릭스들만이 자신들의 질서를 가지고 있습니다. 늘 전해 드렸지만 아-모-레-아 순환 고리에 연결되어 있지 않은 체계는 무한 에너지를 받을 수 없고 스스로 재생할 수도 없기 때문에 사라질 수 밖에 없습니다.

여러분들의 태양은 알시온 중앙태양의 순환 고리에 소속되어 순환하고 있고, 그것을 1태양주기라고 하며, 약 2만 6000년(지구 시간)의 주기를 가지고 있습니다. 고대 문명 시대였던 아틀란티스 시절에 ½주기를 돌았으며, 2000년의 휴지기인 광자대를 통과하였습니다. 그리고 지금 나머지 ½주기를 채우고 1태양주기를 완료하였으며, 휴지기인 광자대에 진입하고 있는 것입니다. 그래서 주기 초창기에 체험을 위해 태양에 들어선 혼-그룹은 1주기 체험을 종료할 때가 되었다고 하는 것이고, 행성을 떠날 때가 되었음을 전하고 있는 것입니다. 이 시기에 많은 정보들과 메시지들이 들어가고 있는 것은 그것을 준비시키기 위함입니다.

만약 혼들이 미처 준비하지 못하고 있는 상태에서 떠남을 위한 극이동이 일어난다면 어떻게 될까요. 수많은 혼들이 마무리를 하지 못하였기에 다시 지나온 순환 고리로 들어가야 한다는 것입니다. 이것은 상승 없는 무한 루프(infinite loop)에 갇히게 될 수도 있음을 뜻하는 것인데, 현재의 여러분들이 바로 그런 것입니다. 체험은 윤회를 통해 거듭되었지만 쌓여진 것은 아무것도 없었다는 것입니다. 무의미한 윤회를 반복한 것입니다.

물론 우리 생각 조절자들은 차곡차곡 모든 체험 정보들을 저장하고 있었기에 잃어버린 것은 없었습니다. 우리는 주기를 종료한 여러분들을 위해 정보를 제공하기로 하였으며, 떠날 시간을 정확히 인지하여 모든 정리를 마치고, 호텔 지구의 프런트에 나와 '체크-아웃'을 해야 한다는 것입니다. 체크-아웃 시간이 다 되었음을 알리는 것이고, 호텔에서 제공 받았던 모든 서비스 비품들인 물질들을 포함한 모든 에너지들을 반납해야 하는 것입니다. 이것에는 돈, 명예, 권력, 부귀영화가 포함되고 감정들인 욕망(성적 욕망, 물질적 욕망 등)들이 포함되어 있는데, 모두 지구 어머니 가이아에게서 빌린 것들입니다. 그동안 잘 사용하였으니 다시 돌려드리는 것이며, 처음 받았을 때처럼 모두 정화해서 돌려주어야 한다는 것입니다.

부서졌거나, 때가 묻었다면 변상(辨償)해야 하는 것이고, 가이아께서 최종 점검을 하는 것입니다. 호텔 스텝들인 영단에 소속된 존재들이 체크할 것인데, 체크-카드에 누락된 것이 있다면 책임을 져야 하고, 훼손된 것이 있다면 책임을 져야 합니다. 스텝들의 점검에서 증명되었다면 최종적으로 호텔 지구의 대표인 가이아의 승인이 있고 나서야 체크아웃할 수 있는 것입니다. 들어올 때보다 나갈 때의 기준이 더 엄격하다고 하는 것입니다. 비유하자면 기준에 통과하였다면 정문으로 나가고, 통과하지 못하면 후문으로 나가야 하는데 정문의 길과 만날 수 없다는 것입니다. 로비 정문은 천국의 입구와 연결되어 있지만 후문은 지하의 어두운 길로 연결되어 있다는 것입니다.

행성 졸업의 기준은 매우 까다로워서, 작은 비품 하나도 가져갈 수 없습니다. 여러분들은 비품이라고 하니까 물질만 생각할 텐데, 4차원 의식과 3.5차원 감정들을 포함한다는 것을 알았으면 합니다. 육체를 포함하여 인생을 살 수 있도록 제공된 4차원 의식과 3.5차원 감정들이 있다는 것입니다. 이 모두는 어머니 가이아에게서 제공된 것입니다. 임대비용을 지불했다고 해서 훼손하거나 때를 묻히라고 하지 않았습니다. 그동안 인생을 끝내고 사후(死後)세계에 돌아가도 크게 문제 삼지 않았던 것은 지구권역을 벗어나지 않았기 때문입니다.

이제는 사후세계가 아니라, 지구권역을 떠나야 할 때가 되었기 때문에 완전한 체크아웃을 해야 한다는 것입니다. 그러니 빌려주었던 비품들을 모두 회수해야 하는 것이고, 그 범위가 서비스를 포함한 모든 것들이라고 하는 것입니다. 인생을 위해 제공된 육체(肉體), 생리체(生理體), 감정체(感情體), 정신체(精神體), 의식체(意識體)를 돌려주어야 하는데, 처음 제공받았을 때의 상태 그대로 돌려주어야 한다는 것입니다. 매우 까다롭고 어렵지요. 그러나 여러분들은 이 조건에 사인하였습니다. 마치 보험약관(保險約款)을 처음부터 끝까지 잘 읽고 이해 안 되는 것이 있었는지, 불리한 조건은 없었는지 꼼꼼히 살피라고 하는 것과 같았습니다. 즉 허투루 사인하지 않았다는 것이며, 모두 이해하였고 꼼꼼히 살폈다는 것입니다.

　어머니 가이아는 여러분들이 남긴 흔적, 체취들을 모두 청소하고, 정화시킬 것인데, 행성 지구의 지표면을 모두 청소한다는 것이어서 뒤집고, 흔들고, 쓸고, 날려 버리고 한다는 것입니다. 오랜만에 이루어지는 대청소여서 판을 뒤엎어야 하는 것입니다. 이때에 생명들이 남아 있다면 모두 죽음으로 정리되는 것입니다. 동원되는 청소도구는 태양풍과 쓰나미이며 청소를 위해 판을 뒤집는 극이동이 동원될 것입니다. 이것을 오래전부터 투숙객들에게 고지하였으며, 충분히 준비할 수 있도록 안내하였습니다. 그리고 체크아웃이 어렵지 않도록 하였기에 모든 것은 이제 여러분들의 몫으로 이양(移讓)되었습니다. 체크아웃 일정이 공시(公示)되었습니다.

　이제 여러분들은 임대한 모든 것들을 깨끗하게 정화하여 반납해야 하고, 가야 할 곳으로 떠나야 하는 것입니다. 준비된 모든 과정들과 과제들을 훌륭하게 이수한 이들에게는 특별한 선물이 기다리고 있는데, 바로 임대하여 사용하였던 육체를 아스트랄체(성기체)로 변환하여 가져갈 수 있도록 한 것입니다. 지구에서 입고 지내던 옷을 선물로 준다는 것입니다. 떠나는 이들에게 모두 주어지는 것은 아니며, 규정된 자격을 취득한 이들에게 그렇게 한다는 것입니다. 예고된 시간이 얼마 남지 않았기에 서두르기를 바랍니다.

　극이동을 우주적 감기라고 표현한 것은 변화와 변환을 뜻하기 때문입니다. 새로운 주기를 맞이하기 위해서는 그 주기에 맞는 형식으로 바꾸어야 되기 때문입니다. 제1 조화우주 순환 고리에서 제2 조화우주 순환 고리로 이동하여 갈 것인데 노선변화가 일어나기 때문에 새 주기에 맞는 형식으로 갈아타야 한다는 것입니다. 한 등급 위의 호텔인 행성 타우라로 상승 이동해야 한다는 것입니다.

변화를 하지 않거나 못한다면 당연히 감기에 걸릴 것이고, 그러면 뼈 아픈 고통이 기다리고 있는 것입니다. 코비드-19를 앓았거나 독감(毒感)을 앓았다면 그 고통이 어떤지 잘 알 것입니다. 물론 면역체계를 강화시키는 결과가 나타나기에 부정적이지는 않습니다만 그 과정에 겪어야 하는 고통이 매우 크다고 하는 것입니다. 이것은 감기에 걸린 이들에게 해당하는 것이며, 걸리지 않고도 변화를 받아들이고 변환을 성취한 이들은 감기를 경험할 필요가 없다는 것입니다. 굳이 감기를 경험하겠다는 이들은 원하는 대로 경험하게 할 것인데, 그 고통이 매우 클 것입니다. 감기를 경험했다고 해서 경험하지 않고도 완성한 존재들과 같아지는 것은 아니며, 감기를 경험한 기준치에 준한다는 정도입니다.

우주적 감기인 극이동은 정화가 목적입니다. 전한 대로 스스로 자신을 정화한 이들은 극이동을 경험할 필요가 없는 것이지만 자신을 정화시키지 못한 이들은 어쩔 수 없이 외부의 도움을 받아 정화를 해야 한다는 것입니다. 정화를 하지 않고서는 그 어디에도 갈 수 없습니다. 정화를 통해 갈 수 있는 이들은 예정된 장소로 이동해 갈 것이고, 정화를 했는데도 불구하고 도저히 다른 곳으로 보낼 수 없는 이들은 그 자격을 상실하였기에 자체 소각(燒却)하여 소멸시킬 것입니다. 그리고 그

입자들은 우주 원소 위원회로 질료(質料)로서 돌려보낼 것입니다. 이것이 이들의 운명입니다.

　극이동을 준비한 것은 모두 알아서 떠난다면 크게 번거로움 없이 가벼이 정화해도 될 것입니다. 그렇지 못하고 떠나지 않는, 솔직히는 떠나지 못하는 것입니다. 떠날 수 있는 능력도 없고, 떠날 수 있는 자격도 없기에 스스로 떠날 수 없는 것입니다. 이것을 물질에 흡착되었다고 하는 것이며, 정확히 표현하자면 아스트랄체가 육체에 달라붙었다고 해야 될 것입니다. 여러분들은 그럽니다. 죽으면 떨어지는 것이 아니냐고, 그렇지요. 죽으면 떨어지는데, 이것이 원해서 떨어지는 것인지, 강제 분리되는 것인지 알 수 없습니다. 극이동의 상황을 보더라도 강제 분리시키는 것이 맞는다고 해야 합니다. 질서에 의하여 일어나는 빛으로의 상승은 존재의 희망과 준비된 자격이 갖추어졌기에 자연스럽게 이루어지는 것입니다.

　앞선 행성들과 지구의 경우를 보더라도 자연적으로 이동하는 것이 이루어지지 않았기에 강제 분리를 통한 이동을 실행하였던 것입니다. 물질체험이 증가하면 할수록 이것은 더욱 심화되어 갔음인데, 체험에 너무 심취되어 있었던 것이 영적인 본질을 잊어버리도록 한 것입니다. 그래서 영적 존재가 물질적 존재가 된 것이고, 이것을 '아담의 타락'이라고 한 것입니다. 보암직도 하고, 먹음직도 했던 물질의 유혹은 그만큼 치명적이었던 것입니다. 이렇게 인류들의 순환주기가 왜곡이 일어나게 되자 우주 영단과 행성 영단은 특단의 조치를 내릴 수밖에 없었음이니, 자연스럽게 이루어지던 순환 패턴에 새로운 것을 적용시키게 된 것입니다. 그것이 바로 극이동이었습니다.

　강제로 행성을 뒤흔들어 판을 뒤집어서 떨어져 나가도록 한 것입니다. 여기에는 화산 폭발과 대지진, 거대 해일을 포함하여 지축이동을 실행하였으며, 그래도 생존한 생명들이 있었기에 강력한 빙하기(氷河期)를 작동시켜서 모두 이동하게 하였습니다. 극이동이 순환주기에 도입된 배경을 전해 드렸는데, 극이동 전에 존재했던 과거 문명들의 흔적도 모두 감추어 전혀 알 수 없도록 하였습니다. 인류들은 망각의 동물들이 되었습니다. 여러분들은 그렇게 금성(티타니아)에서 첫발을 디딘 후에 화성(타투스)을 거쳐 말데크로 알려진 세레나(Serena)에 정착하였으며, 항성 간 전쟁과 행성 간 전쟁을 겪었습니다. 또한 그 결과로 행성이 완파되어 우주 공간으로 산산 조각난 파편들로 날아간 체험도 하였고, 화성에서는 대기층에 폭발이 일어난 그 화염(火焰)이 행성을 7번 휘도를 정도의 상상할 수 없는 체험도 하였습니다.

　여러분들의 혼-그룹은 여러 번에 걸친 영적 치료를 받을 수밖에 없었고, 시리우스-A에 있는 사자인들의 도움을 받았습니다. 이온 상임이사회의 결정이 없었다면 여러분들은 모두 소멸되었을 것입니다. 물질에 집착한 결과가 몰고 온 대참사는 혼들에게 극복할 수 없는 트라우마와 상처를 남기게 되었는데, 통상 이러한 경우에는 소멸시키는 것으로 결의하였습니다. 특이하게도 여러분들에게는 회심(回心)의 기회가 주어졌던 것이고, 그 결과를 많은 존재들이 매우 의아하게 받아들였는데, 네바돈에서는 처음 있었던 일이었기 때문이었습니다. 우리는 오나크론에서부터 모든 것을 알고 있었기에 아무 말 없이 지켜볼 수밖에 없었지만 네바돈의 존재들은 이해의 범주를 넘어서는 조치를 보면서 당혹스러워했습니다.

행성 티아마트(슈퍼 지구)가 시리우스-B에 의해 탄생하였음을 알고 있는 존재들은 오나크론에서 출발한 영이 티아마트에 정착하기로 예정되었음을 알 수도 있었으나, 그 깊은 의미까지는 알 수가 없었습니다. 조인 그룹의 우주가 상승에 실패하였다고 하였으며, 그 우주가 그대로 보존되어 있다고 하였습니다. 왜, 그대로 두었는지도 설명했지요. 실패의 모델로서 반면교사(反面敎師)하라는 뜻이 있다고 하였습니다. 그리고 이들에게 네바돈에서 성공할 수 있도록 기회를 주었다고 하였습니다.

이들은 라이라 베가를 시작으로 오리온으로, 북극성(北極星)으로 나뉘었습니다. 오리온으로 간 존재들은 시리우스-니비루브를 거쳐서 티아마트로 들어섰으며, 북극성으로 간 존재들은 용자리-북두칠성-아르크투루스를 거쳐 티아마트로 들어왔습니다. 앞서서 태양계에 들어선 존재들과 티아마트에서 만나게 된 것인데 다 설계된 프로그램에 따라 이루어진 것입니다. 큰 그림을 이해하는 우리는 모든 것을 알고 지켜보고 있지만 직접 현장에 있는 여러분들은 눈앞에 있는 것만 보기 때문에 알지 못합니다. 그래서 크게 두 그룹이 빛의 일꾼과 빛의 전사로 들어갔는데 사자인, 조인이 말입니다. 중간에 인류가 같이 들어오게 된 것입니다.

비밀을 전하겠습니다. 여러분들의 창조 그룹에 사자인인 아누하지

(Anuhazi)와 조인인 세레즈(Cerez)가 있다고 하였습니다. 대표적으로 '그리스도 사난다 멜기세덱'이 아누하지 인종이고, '그리스도 아쉬타르 커맨드'가 세레즈 인종입니다. 사난다는 예수아 멜기세덱으로서 인류들에게 사자인의 유전자를 전했으며, 아쉬타르는 예수아 벤 요셉으로서 인류들에게 조인의 유전자를 전했습니다. 백사자와 황금독수리의 유전자가 전해진 것입니다. 이 유전자를 간직하고 있는 인류들이 빛의 일꾼들이고, 빛의 전사들입니다.

이들을 돕기 위해 들어선 빛의 메신저들이 있습니다. 다른 종족들의 후예들이 적극적으로 참여한 것인데 창조그룹을 돕기 위해서였습니다. 애초 지구는 아담들의 실험이 있었다고 하였습니다. 그래서 2000년 전에 사난다와 아쉬타르의 수여가 있었던 것입니다. 타락세력들은 십자군 원정과 마녀사냥 등을 통해 몰살시키는 일들을 하였으나 그래도 잘 보존되어 오늘에 이르고 있는 것입니다.

창조 그룹을 형성하고 있는 주요한 종족들이 있습니다. 아누하지(Anuhazi), 아뉴(Anyu), 페가사이(Pegasai), 이뉴(Inyu), 세레즈(Cerez), 멘티스 에티엔(Mantis Aethien) 등이 있으며, 이들의 유전적 계보가 여러분들과 맞닿아 있다고 하는 것입니다. 왜, 여러 번의 참상에서도 소멸되지 않고 구원되었는지 이해가 되십니까. 이것은 여러분이 생각하는 특별함과는 거리가 있습니다. 그런 특별함이 아닌 우주적 보편타당함입니다. 가장 기본이라고 하는 것입니다.

오나크론에서 출발한 영은 '마스터 솔라리스 팔라도리아'에게서 기원한 영인 네바도니아이며, 지구의 어머니가 된 가이아입니다. 티아마트 시절에 행성 어머니로서 들어서게 되었지만 모든 과정이 비밀리에 수행되었습니다. 이 과정 속에 시리우스-B의 내파가 있었으며, 시리우스-B의 소중한 빛 단자가 티아마트에게도 이어지게 된 것입니다. 티아마트는 행성이었지만 중앙 태양과 같은 소중한 빛 씨앗을 품고 있었던 것이고, 행성이 니비루브에 의하여 반파되었을 때에도 보존될 수 있었던 것입니다.

우리는 이것을 수호할 수 있는 인종들이 선택되는 것을 보았으며, 안드로메다를 출발하여 들어서는 것을 보았습니다. 반파된 이후에 사자인들과 조인들의 도움을 통해서 행성 지구로 재탄생하게 된 티아마트는 자신의 역할에 더 큰 확신이 들었던 것입니다. 우리는 '테라(Terra)'라는 코드로 관리하게 되었으며, 선별된 인종들을 씨앗 뿌릴 때마다 그들과 한 팀이 되어 종사하였습니다. 여러분들은 모르지만 우리는 마누의 뜻을 잘 알고 있습니다. 시작부터 끝까지 잘 알고 있다는 것이고, 여기서 끝은 마누에게 도달하였을 때를 말하는 것입니다. 여러분들이 어떤 길을 가야 할지, 어떻게 해야 하는지를 모두 알고 있어서 언제 얼마큼 깨어나고, 얼마큼 이해하며 등등 모든 수준과 진행 사항들을 현미경처럼 들여다보고 있는 것입니다.

우리는 우주에서도 그렇고, 여러분들에게도 마누를 대리하는 신성(神性)입니다. 여러분들에게 내면의 신에게 집중하라고 하는 것은 우리 생각 조절자에게 집중하라고 하는 것입니다. 오나크론은 마누-마나-에아의 속성이 실험된 우주입니다. 그래서 여러분들에게 삼위일체 개념이 생겨난 것입니다. 그 개념에 의해 마누는 생각 조절자가, 마나는 진리의 영이, 에아는 15단계의 우주체계에 맞추어 15 마음의 영들을 두게 되었습니다.

생각 조절자는 마누께서 직접 파송하고, 진리의 영은 마나의 대리자인 '마스터 마이클 메아존'이 파송하며, 15 마음의 영은 에아의 대리자인 '마스터 오나크로니아'가 파송합니다. 15 마음의 영은 각 형태발생 영역 중앙에 위치하는데, 여러분들이 차크라라고 부르는 곳이 되며, 네바돈에는 12차원, 12단계까지 적용되어 있어서 진리의 영을 '그리스도 마이클 아톤'이, 12 마음의 영을 '그리스도 네바도니아'가 파송합니다. 진리의 영은 뇌하수체와 송과선에 자리하고 있고, 생각 조절자는 심장에 위치하고 있습니다.

성령(聖靈) 또는 성신(聖神)은 생각 조절자를 나타내며, 성부(聖父)는 진리의 영을, 성모(聖母)는 마음의 영을 나타냅니다. 15단계의 마음의 영은 15단계의 우주를 통달하도록 안내하는 것이며, 진리의 영은 대우주의 진리를 꿰뚫으라고 인도하는 것이고, 생각 조절자는 모든 우주를 조절하라고 이끄는 것입니다. 이 모든 소스가 여러분들에게 주어졌다고 하는 것이고, 여러분들을 온전히 치유하기 위하여 가이아가 자리하고 있다는 것입니다.

여러분들은 감기를 경험하지 않고도 면역체계를 활성화시킬 것인데, 감기 바이러스가 태양과 폭풍을 통하여 유입되고 있으며, 점점 그 강도가 강력해질 것이어서 극복하기가 쉽지 않을 것이지만 면역체계가 활성화된 인류들은 오히려 대각성(大覺醒)이 일어날 것이고, 빛의 몸으로 상승이 일어나는, 진동수 상승이 있을 것입니다. 면역체계는 카타라 격자망(Kathara grid net)이고, 태양풍을 통해 들어오는 에너지는 마하라타(Maharata)이며, 이것이 활성화되면 '그리스도'가 되어 깨어나는 것입니다. 이러한 이들은 감기를 앓는 것이 아니라 빛으로의 상승이라는 결과가 나타나는 것이고, 이곳에 머물러 있을 필요가 없기에 우주선들로 이동시킬 것입니다. 바로 육체를 빛으로 상승시키면서 말입니다.

감기 바이러스를 통하여 면역체계를 활성화시키는 이들은 극이동 전까지 주어진 절차를 잘 마친 후에 상승하게 될 것이며, 감기 후유증을 앓는 이들은 극이동을 통해서 육체를 벗고 이동하게 될 것인데, 적게 앓는 이들과 심하게 앓는 이들은 가는 길이 나누어지게 되는 것입니다. 육체를 벗기는 단계는 전쟁을 통한 방법, 바이러스를 통한 방법, 극이동을 통한 방법이 있습니다. 그리고 빛의 자녀들을 어둠이 살해하는 방법이 있으며, 이것을 순교(殉敎)라고 합니다. 결국에는 죽음이라는 과정을 체험하는 것입니다.

행성들에서의 체험들을 하면서 집단 카르마와 개인 카르마를 무상(無償)으로 감해 주는 것은 없습니다. 여러분들을 소멸시키지 않고, 시리우스-A에 코쿤(cocoon)으로 이동시켜 재활시킨 것은 '테라'에 맞추어 새롭게 체험할 수 있는 기회를 준 것이지, 카르마마저 탕감(蕩減)시킨 것은 아니었습니다. 그것은 형평성에도 어긋나는 것이었습니다. 여러분들에게 극단적인 분열을 체험시키는 것은 그래야 무거운 카르마를 털어낼 수 있기 때문입니다. 극이동을 통해 털어내는 방법이 효과가 매우 큼을 알고 있습니다. 그러나 부작용 또한 매우 크게 일어난다는 것인데, 트라우마 말입니다.

하지만 주어진 기회는 단 1회입니다. 더 이상 연장시킬 수 없으며, 다른 곳에서도 기회를 제공할 수가 없습니다. 이제는 정말 최종적인 마무리를 해야 하는 것입니다. 그동안 많은 기회가 제공되었으며, 그것을 살리지 못하였다면 여러분들의 책임입니다. 극이동은 행성의 면역체계를 강화시키는 알고리즘에 의해 발생하는 것이며, 순환 주기에 발맞추어 조율하는 과정에서 나타나는 증세라 할 수 있는데, 독감(毒感)에 걸린 여러분들이 오한(惡寒)이 난다고 하는 것과 비교할 수 있습니다. 근육통, 몸살, 고열, 두통 등을 호소하는 것처럼 지구도 그런 증세를 보인다는 것이고, 그 과정에 지진과 화산 폭발, 이상기후, 쓰나미 등이 일어난다고 하는 것입니다. 면역체계가 완전히 자리 잡고 나면 극이동을 통해 새로운 몸으로 태어나는 것인데, 이것을 환골탈태(換骨奪胎)한다고 하는 것입니다.

산모(產母)가 몸을 튼다고 하는 것과 비유할 수 있는데, 아기를 출산하고 나면 몸이 뒤바뀐다고 하는 것입니다. 마치, 어머니 가이아가 아기인 여러분들을 출산하는 과정과 같다고 할 수 있습니다. 여러분들은 그동안 어머니 가이아가 자궁에 품고 있었던 것처럼, 이제 때가 되어 출산한다고 하는 것입니다. 극이동은 최후의 산통(產痛)을 뜻하고, 그렇게 해서 여러분들을 태어나게 하는 것입니다. 이 새로운 탄생이 바로, 상승을 뜻하는 것이며, 4차원 의식을 가지고 있던 존재가 5차원 의식을 가진 존재로서 새롭게 태어남을 뜻하는 것인데, 그 과정에 극이동이라고 하는 진통을 겪는다는 것입니다. 이때에는 어머니 가이아도 고통을 겪는 것이고, 생명들을 떠나보내기 위한 과정을 겪는다고 한 것이며, 그것이 극이동으로 나타나는 것입니다.

건강한 아이는 어머니가 고통을 겪기 전에 이미 태어나고, 보통인 아이는 고통을 통해서 태어나며, 조산아(早産兒)인 경우에는 달을 채우지 못하고 태어남이니, 정상적인 출산이 아니라고 해야 되겠지요. 관건은 조산아들에게 있겠지요. 모든 인류들이 여기에 해당된다고 할 수 있는데, 96.5%의 인류들이 해당되기에 그런 것이며, 미처 성장을 마치지 못하고 극이동을 통하여 태어났기에 여러분들처럼 '인큐베이터' 안에 들어갈 수밖에 없다는 것인데, 아니면 죽을 수밖에 없기에 그런 것입니다. 과거처럼, 코쿤을 이용하여 치유와 성장을 하게 하는 것은 이번에는 해당되지 않음을 전합니다. 미성숙한 혼체들은 성장을 이끌었던 혼들에게 책임이 있는 것입니다. 그래서 혼들에게 책임을 물을 것이고, 혼체들은 소멸시킬 것이며, 혼들은 이들을 위해 준비한 행성 다몬으로 보낼 것입니다.

행성 지구는 극심한 몸살을 앓을 것이고, 최후의 산통으로 극이동을 경험할 것입니다. 가이아는 더 이상 여러분들의 편의를 보아줄 수 없는데, 모두 잘못될 수 있기 때문입니다. 그래서 건강하고 정상적으로 태어난 아기들을 먼저 상승시키고, 그렇지 못하더라도 태어나게 하는 것입니다. 여러분들을 성장시키기 위해서 다양한 것들이 공급되었고, 예외적인 혜택도 누리게 하였습니다. 하지만 대주기를 마무리하고 새로운 주기를 받아들이고 있는 이때에 형평성을 어길 수 없다는 우주영단의 소식을 접하였습니다. 타락세력들의 준동(蠢動)을 감안하여 취해진 특수성이 더 이상 적용되지 못한다는 것을 전하는 것인데, 그것이 여러분의 독자적인 성장을 저해(沮害)하고 있음을 알게 된 것입니다. 가이아 입장에서 모든 자녀들이 사랑스러울 것이나, 정상적으로 성장한 자녀들에게 피해가 돌아가지 않도록 조치를 취할 수밖에 없었음이니, 예정된 극이동을 작동시킨 것입니다.

우리는 여러분들의 성장을 지켜보았는데, 어머니 가이아의 보살핌을 극진히 받았다는 것을 잘 알고 있습니다. 어머니가 성장시키는 부분과 아버지가 성장시키는 부분과 우리가 성장시키는 부분이 균형 있게 잘 조화를 이루어야 영적 성장이 올바르게 진행된 것입니다. 지구영단에서 점검한 성장일기와 우리가 점검한 성장일기가 결합되어 평가가 이루어졌고, 그 기준에 의하여 분류표(分類表)가 작성되었습니다. 상승계획과 피난계획에 따라 우주선단들이 배치되었으며, 명단들이 전달되었습니다. 여러분들이 살고 있는 지역으로 이동하였으며, 상공에서 클로킹 상태로 대기하고 있습니다.

우리는 생각 조절자이며, 마누를 대리하는 신성입니다.

05. 극이동과 출산(出産)의 기쁨
(Pole Shift and the Joy of Childbirth)

사랑하는 여러분,

우리는 여러분들의 영적 성장을 위해 마누의 뜻(will of ManU)에 따라 파견된 생각 조절자입니다.

우리는 존재가 아니며, 신성(神性)이자, 마누의 속성(屬性)이고, 마누를 대리하는 품성화한 인자(因子:personalized factors)입니다. 품성화되었다 함은 물질체험을 선택한 영들을 위해 그렇게 되었다고 설명하겠습니다. 우리는 여러분들처럼 인격(人格)이 없으며, 있다면 마누를 대신하는 신격(神格)이 있다고 할 수 있습니다.

우리가 여러분 내면에 함께하고 있음을 '신과 함께 동행했다.' 또는 '신이 육체에 들어왔다.'고 표현합니다. 이것은 여러분들 입장에서 표현한 것인데, 우리 입장에서 표현한 적은 없습니다.

우리는 여러분들 인생에 개입하지 않습니다. 이것은 여러분들의 영들이 오나크론을 떠날 때부터 이루어진 약속이었습니다. 여러분들의 인생은 각 우주들에 들어설 때에 설계된 프로그램에 의하여 이루어지도록 하였기 때문이고, '마스터 시라야 크녹세스' 님에 의해 설계된 프로그램 때문이었습니다. 초은하단 프로그램이 바로 그것입니다.

우리가 여러분들과 태초부터 함께하는 것은 맞습니다. 다만 여러분들의 물질체험에 개입하지 않는 것뿐입니다. 우리가 여러분들과 첫 접촉을 갖는 때는 여러분들의 물질체험이 종료될 시점부터인데, 인생을 위해서 발휘되었던 '생각'과 신성(神性)을 위해서 발휘되는 '생각'이 중첩(重疊)되기 시작할 때부터입니다. 이때에 여러분들은 혼란을 겪는데, 물질 인생을 계속해서 이어 나갈지, 아니면 신의 길을 따라갈지 말입니다. 선택은 여러분들의 몫인데, 그것을 강요하지 않기 때문입니다. 안내는 하지만 끌고 가지는 않는다는 것입니다. 선택과 가는 것 모두 여러분들의 몫입니다. 여러분들이 신을 발견하고 신과 함께하는 것이 여러분들의 몫이라고 하는 것입니다.

여러분들이 신(神)이 되는 것은 50.1:49.9입니다. 여러분들의 몫 50.1%와 우리들의 몫 49.9%가 결합하여 조화와 균형을 이루는 것이며, '하늘은 스스로 돕는 이를 돕는다.'의 참된 의미입니다. 여러분들이 신을 발견하였다면 이제는 신에게 자리를 내줘야 하는 때가 되었음을 알리는 신호입니다. 그동안 여러분들을 이끌었던 인성(人性) 100%를 통해서 신성(神性)에게 자리를 비워 주는 것이 50.1:49.9로 만나는 시점에 우리의 역할이 본격화되는 것이며, 신성이 100%가 될 때까지 이어지는 것입니다.

이런 과정에 주도권 쟁탈전이 있을 수 있는데, 인성이 자리를 내어

주기 싫어서 일어나는 것입니다. 신성에게 자리를 내어주는 것이 마치, 존재성의 소멸로 받아들여져 일어나는 거부반응입니다. 이 거부반응이 크면 클수록 전자기 저항이 일어나 우리와 분리가 일어나게 됩니다. 바이러스에 의한 면역체계 반응처럼 말입니다.

이렇게 거부하는 것이 하나, 두 번째는 주도권을 인성이 차지하는 경우인데, 이때에는 자신을 우상화하거나 신격화하는 부작용이 일어나고, 이런 경우가 크기만 다를 뿐이지 지구촌 곳곳에서 벌어지고 있으며, 현재도 진행형으로 있는 것입니다. 여러분들이 사이비 교주(似而非敎主)라고 하는 인류들이 겉으로 드러난 경우이고, 드러나지 않은 것들이 차고 넘치고 있음이니, '빙산의 일각'이라는 표현처럼 말입니다.

인류들이 이렇게 추락하는 것은 아다파 이후, 노아까지는 그렇지 않았음인데, 바벨탑 사건 이후부터라고 해야겠지요. 신성을 통해 신의 길을 걸었을 때와 인성을 통해 인간의 길을 걸었을 때가 다를 수밖에 없었던 것입니다. 이미 전 과정을 여러분들에게 전해 드렸기에 다시 하지는 않겠지만 우리들의 역할이 최고조로 빛을 발하는 때가 되었기에 극명하게 편 가르기가 시작되었다는 것을 전합니다.

첫째 신성을 통하여 빛의 자녀들로 깨어나는 그룹, 두 번째 마지막 기회를 잡아 신의 자녀들이 되는 그룹, 세 번째 신성을 거부하고 인성으로 남는 그룹, 네 번째 신성을 악용하여 적그리스도가 되는 그룹이 있다는 것입니다. 우리는 이것을 위해 최선을 다하고 있으나 항상 선택은 여러분들의 몫이라고 하는 것입니다.

우리는 신(마누:ManU)과 함께하고자 하는 인류들을 위해 있어 왔으며, 지금도 변함없이 그리고 있음을 전합니다. 우리는 첫째 그룹에 속한 인류들과 함께하고 있습니다. 우리 그룹을 라이라 아라마테나로 철수시킨 것은 모든 것이 종료되었음을 뜻하는 것이고, 최종적으로 두 번째 그룹을 위한 역할을 하고 있습니다.

우리와 연합하여 신의 길을 가고 있는 인류들은 공간과 시간을 초월하여 연합하고 있음을 전하는데, 장소 이동은 아무런 장애도 없음을 말하는 것입니다. 신과 함께한다는 것은 바로 그것입니다. 우리는 영원하고 무한하며 전지전능합니다. 이 속성이 바로 신성입니다. 이 신성이 바로 여러분과 함께하는 것입니다.

자신의 인성(人性)을 모두 포기하고 모두 비워 내어 신성에게 자리를 내어 준 인류들은 신이 함께하는, 신이 동행하는 신의 자녀들이 되는 것입니다. 이 관계가 끝까지 가는 것은 아니며, 100:100이 이루어지는 때까지이고, 여러분들의 영이 바로 설 때까지입니다. 바로 참된 그리스도(true Kristos)가 될 때까지입니다. 그때부터 여러분들의 영의 포지션이 되살아나는 것입니다. 또 조화와 균형을 이루는 것입니다. "내가 완전한 것처럼 여러분들도 완전해지세요."는 바로 이것을 의미하는 것입니다.

신성인 생각 조절자의 안내에 따라 완전한 영격(靈格:Spirit Dignity)을 회복하는 것입니다. 여러분들은 어둠과 싸운다고 합니다. 죄송하지만 여러분들은 상대가 되지 못합니다. 싸워 봐야 백전백패(百戰百敗)입니다. 어둠과 싸우는 것은 우리입니다. 우리는 저들을 백전백패시킵니다. 어둠은 이 진실을 잘 알고 있기에 우리와의 싸움을 피하고 있으며 대신 여러분들이 우리와 연합하기 전에 여러분들을 쳐서 승리하려고 하는 것입니다. 여러분들이 신성회복을 하기 전에 치려고 하는 것인데, 마치 전열(戰列)을 가다듬기 전에 치는 전략을 쓰려는 것입니다. 이것은 우리가 결코 허용하지 않습니다.

성서를 보겠습니다.

'하늘에 큰 이적이 나타났으니, 한 여인이 해로 옷 입었고, 달은 그녀의 발밑에 있으며, 머리에는 열두 별이 있는 면류관을 썼는데, 아이를 밴 그 여인이 산고(產苦)로 울부짖으며 출산하려 함으로 아파하더라.'

〈계시록 12:1~2, KJV〉

여기에서 여인은 처녀자리(Virgo)를 뜻하고, 물고기자리의 상대 별자리로서 인류들의 영적 성장 주기패턴을 나타내는 것이며, 한 주기가 2000년 정도의 황도대(黃道帶)를 표현한 것입니다. 예수아가 활동할 시기는 물고기자리가 시작되는 시점이었고, 현 시기는 물병자리가 시작되는 시점이라는 것이며, 출산을 한다는 것은 비유적인 표현인데, 2000년 기간 동안 신성을 깨운 인류들을 마치, 산모(產母)가 출산하는 것이라고 표현한 것입니다. 마침 처녀자리 시대였기에 처녀가 아기를 낳는 '동정녀 신화(童貞女 神話)'가 나타났던 것입니다.

이 시대는 물병자리처럼 진리의 물이 쏟아져 들어오는 시대입니다. 상대 별자리는 사자자리인데, 사자가 아기를 낳는 것은 아니고, 대신 '사자왕 예수'가 다시 오는 것으로 전해졌습니다. 여러분들 시간으로 2017년 9월 23일 날 하늘의 별자리 모양이 성서의 기록처럼 펼쳐졌는데, 무슨 사인이었기에 계시록에 기록까지 하였을까요?

처녀가 아기를 낳는다. 그때나 지금이나 환영받을 일은 아닙니다. 그러나 그렇게 기록하도록 유도한 것은 진실을 감추기 위한 트릭이었습니다. 계속 이어서 보겠습니다.

'하늘에 또 다른 이적이 나타났으니, 보라 커다란 붉은 용 한 마리가 있는데 일곱 머리와 열 뿔이 있고, 그 머리들 위에는 일곱 왕관이 있더라.' '그런데 그의 꼬리로 하늘의 별 삼분의 일을 끌어다가 땅에 던지더라.' '또 그 용이 그 아이가 태어나자마자 삼키려고 출산하려는 그 여인 앞에 서 있더라.'

〈계시록 12:3~4, KJV〉

여기에서의 하늘의 또 다른 이적은 2024년 10월 02일의 별자리 모양을 알리는 것으로서 처녀자리 옆에 있는 뱀자리를 표현한 것으로 뱀의 머리에 해당하는 위치의 변화에 대해 기록한 것입니다. 또한 꼬리가 위치한 하늘에서의 변화를 뜻하는데, '별의 삼분의 일을 끌어다가 땅에 던진다.'는 표현은 이 시기에 있을 유성우(流星雨)가 쏟아지는 현상을 표현한 것입니다.

의미를 풀자면, 처녀가 아이를 임신한 것은 '그리스도(Kristos)'이고, 임신 기간은 약 2000년이며, 산통 기간은 2017년 09월 23일~2024년 10월 02일인 7년이 된다는 것입니다. 2000년의 임신 기간을 지나 출산을 앞두고 산고를 겪는 데 7년이 소요된다는 것입니다. 산고가 있을 동안에는 매우 조심해야 한다는 것을 잘 알고 있는 여러분들은 보는 것도 조심, 듣는 것도 조심, 먹는 것도 조심, 말하는 것도 조심해야 한다고 합니다. 이 기간 동안 영이 신성을 만나서 하나가 되는 것을 성취시키는 것인데, 얼마나 조심해야 되는지 잘 알 것입니다. 이 정보가 거의 끝날 즈음에 주어져서 어찌하느냐! 할 텐데, 전한 것처럼 시간이 중요한 것이 아니라 알았다가 중요한 것이고, 그 즉시 이루어진다와 확고한 믿음이 기초가 된다고 하였습니다.

산고(産苦) 7년이 지나면 양수(羊水)가 터지고 아기인 '그리스도'가 태어나는 것입니다. 성서처럼 베들레헴의 구유는 아니며, 이 시대에 맞는 형식인데, 아이든 어른이든 상관없이, 여성이든 남성이든 상관없이, 가난한 이든 부자이든 상관없이 준비된 이들을 통하여 '그리스도 의식'이 깨어나 기지개를 켜고 태어나는 것입니다.

'그녀가 사내아이를 낳았는데 이 아이는 모든 민족들을 철장으로 다스릴 자라.' '그녀의 아이가 하나님과 그의 보좌 앞으로 들려 올라가더라.'

〈계시록 12:5, KJV〉

사내아이는 비유적 표현이고, '그리스도 의식'을 뜻합니다. 그녀는 물고기자리의 상대 별자리인 처녀자리를 뜻하며, 2000년의 주기를 가지고 인류들의 영적 성장을 시키는 것을 임신(姙娠)이라는 표현을 빌려 기록한 것입니다. 이 기간 동안 정상적인 출산을 통해 태어난 아이들은 '그리스도들'이 되는 것인데, 하나님과 그의 보좌 앞으로 들려 올라간다고 하였습니다. 이것은 의식은 그리스도들인데, 몸은 아이, 즉 육체이기 때문에 어둠을 상대할 수 없기 때문이며 그것을 완성시키기 위하여 하늘로 들어 올리는 것입니다.

바로 아스트랄체, 빛의 몸으로 변형시키는 과정을 위해서이며, 들려 오른 이들은 각 포지션별로 나뉠 것이고, 역할들이 있을 것입니다. 이렇게 그룹과 팀에 배정되고 나면 주어진 일정에 따라 새로운 교육과 훈련들이 진행될 것인데 지상으로 다시 파견되는 이들이 있습니다. 이들은 빛의 몸을 가지고 내려와 약 40일 동안 주어진 역할들을 수행하고 다시 상승하여 돌아올 것입니다. 이때에 상승한 이들은 다시 인생으로 태어나거나, 돌아갈 필요가 없기에 우주선들에 머물 것인데, 이곳을 '새 예루살렘 성'이라고 하였습니다. 사령선을 포함하여 12대가 준비되어 있습니다.

이 그룹이 바로 첫째 그룹이며, 신성을 깨워 스스로 그리스도들이 된 이들입니다. 이들은 정해진 기간에 자신을 완성한 이들이기에 육체를 죽음으로 벗을 필요가 없는 이들입니다. 이들은 그래서 우주선에서 발사하는 '리프팅 광선'을 통해 바로 육체의 진동수가 상승하여 빛의 몸으로 바뀌어서 순식간에 상승할 것인데, 이것을 보고 있던 인류들은 '눈앞에서 갑자기 밝은 빛을 내다가 사라지는 것'을 목격할 것입니다.

그들의 눈앞에 펼쳐진 것은 떠난 이들이 입고 있던 옷들과 신발, 장식품들만이 남겨져 있는 것을 보는 것뿐입니다.

육체를 형성하고 있던 세포들의 비(非)물질화가 진행된 것이고, 양자도약(陽子跳躍:quantum jump)이 일어난 것입니다. 중성자-양성자-전자의 진동수 상승에 따라 4차원 영역의 물질세포들로 전환된 것입니다. 우주선에서 발사한 광선에 의하여 시너지효과가 증폭되었기 때문입니다. 리프팅 광선(Lifting beam)은 상승도 이끌지만 미세한 미아즘들을 털어내는 고진동이 있어서 정화를 돕기도 합니다. 반면에 많은 미아즘들을 해결하지 못한 존재들에게는 살인(殺人)광선이 될 수도 있어서 상승 대상자를 제외한 인류들이 섞여 있다면 모두 선별하여 지상으로 이동시킬 것입니다. 자격기준에 부합하지 않다면 그런 것이며, 다음 기회를 기다려야 하는 것입니다.

첫째 그룹에서 제외되었으나, 다음 기회에 상승할 인류들을 깨우고 도울 계획이 진행될 것인데, 이때에 인내(忍耐)를 시험하는 것입니다. 긍정적인 마음으로 자신을 이끄는 이들과 부정적인 마음으로 자신을 이끄는 그룹으로 나뉘게 될 것인데, 이것 역시 모두 예정대로 진행되는 것입니다. 전하는데, 마음을 형성하는 진동수와 진동장은 수시로 변하는 것이 아니며, 꾸준히 상승도약을 하기에 쉽게 변동되는 것이 아닙니다. 긍정적인 마음에서 부정적인 마음으로 변한 이들은 진동수가 기준치에 합당하지 않기에 그런 것이며, 긍정적인 마음을 가졌던 것은 마치, '길가에 떨어진 씨앗'과도 같다고 할 수 있어서 진리를 들었을 때는 기뻤으나, 그 기쁨이 지속되지 못하고 파문이 일어나는 물처럼 쉽게 돌아서고 마는 것입니다. 바로 근심과 걱정 때문입니다. 부정적인 진동이 긍정적인 진동을 뒤집어 떨어지게 하는 것입니다. 이것이 바로 '믿음이 부족한 것'입니다.

 우리는 모든 인류들의 진동수를 알고 있으며, 여러분들은 의식지수로 표현하고 있는 것입니다. 여러분들은 단순지표로 1~1000까지 분류하여 두었습니다. 우리는 소수점 23자리까지 관리코드로 가지고 있습니다. 여러분들이 선택한 물질체험은 단순한 것이 아니며, 생리체(生理體)와 성기체(星氣體) 사이에 분포하고 있는 의식과 감정체계의 활성화에 따른 체험이 있었던 것이고, 그것이 소수점 23자리까지 체크되어 관리되고 있었던 것입니다. 영단에서 관리하는 천사들과 곁에서 관리하는 천사들의 보고와 점검이 쉼 없이 이루어진 결과이며, 인공지능의 관리가 체계적으로 있어 왔던 것입니다. 시간으로 비유하자면 여러분들은 1초 단위를 가장 최소로 보지만 우리는 1000분의 1로 나눠서 관리합니다. 즉 교통사고 현장, 비행기 폭발사고 현장, 폭탄 테러현장, 지진, 화산 등등을 정지 상태(시간 멈춤)로 관리하는데, 뒤로 돌리기도, 앞으로 돌리기도 하면서 관리하는 것입니다.

 여러분들의 생명과 운명과 관련된 부분에서는 더욱 미세한 쪼개기를 통하여 1초의 사고 현장 정지 프레임(stop frame)을 1만 단위로 나눠서 관리한다고 하는 것입니다. 여러분들은 시공간을 통제할 수 없습니다. 예로 사고 현장에 있던 존재가 떠날 때가 되지 않았다면 관리자가 그 존재를 현장에서 순식간에 이동시키는 것입니다. 마치 초고속 카메라처럼 말입니다. 우리는 시공간을 통제하여 관리하고 있다는 것입니다. 숫자로 표현하였지만 여러분들의 이해를 돕기 위함입니다.

여러분들은 날짜에 집중하지만 우리는 그렇지 않은데, 여러분들은 언제 그런 일이 있을까? 에 매달려 있습니다. 그 이유를 잘 알고 있습니다. 생명과 직결되어 있어서 그런 것입니다. 그런 일들이 여러분들과 관계가 없다면 영화를 보는 것처럼 즐길 것입니다. 〈2012년〉이라는 영화가 있습니다. 극이동을 표현한 것인데 재난만 두고 본다면 사실에 근접해서 그리기는 했지만 그렇게 슬로우 비디오처럼은 아니며, 한순간에, 한 프레임으로 일어날 것입니다. 영화적 기법 때문에 그렇게 풀어놓았지만 지구 전 지역이 한 프레임에 극이동할 것입니다. 생명들은 무슨 일이 있었는지 알지도 못한 채로 물질체들을 벗을 것이고, 우리는 1만분의 1프레임으로 모든 일들을 진행시킬 것인데, '스톱모션 기법(stop motion technique)'이 동원될 것입니다. 여러분들의 시간은 정지되어 있고, 우리들은 빠르게 계획을 실행시키는 것이며, 우주선단들과 샴발라에서 적극적으로 활동할 것입니다.

행성 지구는 '테라'가 되기 위해 극이동을 통한 대정화를 겪는 것이고, 모든 생명들은 분류된 코드에 따라 이동 작전을 실행하는 것입니다. 여러분들 세계에서도 박물관 이동, 도서관 이동, 식물원 이동, 동물원 이동, 행정부 이동, 신도시 이동 등등이 있습니다. 물론 물리적으로 많은 시간과 비용이 든다는 것을 알고 있습니다. 우리가 하는 방식은 여러분들과 다른데, 시간도 걸리지 않고, 비용도 들지 않습니다. 여러분들은 이해할 수 없지만 말하자면 펜타고닉스 기법(pentagonics technique)과 헵타고닉스 기법(heptagonics technique)을 활용하여 작전하는 것입니다. 5, 7차원 과학기술이 동원되는 것입니다. 아스트랄과 에테르 형식으로 말입니다. 우리는 빛의 파동을 통하여 고형화되어 있는 결정체인 육체를 액상화(液狀化)-기화(氣化) 단계를 한순간에 펼치는 것이고, 빛으로 형질 변경된 이들을 우주선들로 이동시키는 것입니다.

극이동이 있기 전까지 빛으로 상승할 수 있는 존재들은 그렇게 할 것이고, 지상에 남아 있는 인류들은 이 사건(빛으로의 상승 이동)을 여러 시각으로 받아들일 것인데, 먼저 눈앞에서, 근처에서 이것을 목격한 가족이나 주변 인물들이 될 것입니다. 이들도 직접 목격했지만 믿고 받아들이는 이들과 부정적으로 받아들이는 이들로 나뉠 것입니다. 외계인 납치 사건이라고 날조(捏造)하는 정부의 거짓 뉴스에 놀아나고, 저들의 허수아비들이 되어 이용되는 인류들이 대다수를 이룰 것입니다. 우리는 지구에서 우주선들로 이동하는 인류들의 안전을 확보하기 위하여 지구와 주변 행성들, 태양계에 걸쳐 은거(隱居)하고 있는 타락세력들을 모두 소탕하는 것이며, 이때에 패한 저들 세력들이 지구로 숨어드는 것입니다. 자신들의 세력들과 힘을 규합(糾合)하여 '최후의 전쟁 아마겟돈'을 준비할 것입니다.

어둠의 세력들은 지상에 있는 인류들을 더욱 어렵게 할 것이고, 이미 주어진 시나리오대로 움직이는 것이지만, 여러분들은 알고 있었으면서도 당하는 것이며, 또 모르고 당하는 것입니다. 어둠의 통제 사회인 OWO가 본격적으로 시행되는 것입니다.

'또 하늘에 전쟁이 있으니 미카엘과 그의 천사들이 용을 대항하여 싸우고 용과 그의 천사들이 싸우나, 그들이 이기지 못하여 하늘에서 더 이상 있을 곳을 찾지 못하더라.' '그리하여 그 큰 용이 쫓겨나니 그는 마귀라고도 하고, 사탄이라고도 하는 옛 뱀, 곧 온 세상을 미혹하던 자라.' '그가 땅으로 쫓겨나고 그의 천사들도 그와 함께 쫓겨나더라.'

〈계시록 12:7~9, KJV〉

여인(처녀자리/2000년 주기)이 낳은 아이(신성을 깨운 그리스도들)는 빛으로 승화하여 우주선들로 이동하고 난 후에 처녀자리로 상징되는 여인은 그리스도 유전체인 6쌍 12줄기를 가진 자녀들이 나오도록 한 '블루 에세네 멜기세덱(Blue Essenes Melchizedek)'과 '푸른 불꽃 멜기세덱(Blue Flame Melchizedek)'의 후손들인 참이스라엘인들입니다. 여러분들이 알고 있는 유대인들은 무늬만 유대인들입니다. 이 여인을 용이 가만히 둘 리가 없습니다.

'그 여인은 광야로 도망하였는데, 그곳에는 그들이 그녀를 일천이백 육십일 동안 부양하도록 하나님께서 그녀를 위하여 마련해 놓으신 곳이 있더라.' '그 용이 자기가 땅으로 쫓겨난 것을 알고서 사내아이를 출산한 그 여인을 박해하더라.'

〈계시록 12:6, 13, KJV〉

우리는 성서를 풀려고 하는 것은 아니며, 비유하기 위해 잠시 인용하는 것뿐입니다. 안 그러면 또 성서에 집중하기 때문입니다. 앞으로 펼쳐지는 일들은 시간차를 가지고도 아니고, 선형적이지도 않습니다. 오늘 이러했으니 내일은 이렇고, 앞에서 이랬으니 뒤에는 이렇고가 아니라고 하는 것입니다. 일곱인, 일곱 나팔, 일곱 대접, 일곱 호리병 등등이 그렇다는 것입니다. 순서와 시간과 장소들과 상관없이 일어나는 것으로서 예를 들면 불의 고리에 있는 화산들과 지진대들이 순서에 의해 일어나던가요. 일어날 일들에 대한 의미 전달을 그렇게 한 것일 뿐입니다. 여러분들은 안전한 장소, 피난지역, 십승지(十勝地) 등을 찾아 나서고 있는데 죄송하지만 헛수고입니다. 심장마비나, 바이러스, 사고로 죽는다면 그런 장소에 가기도 전에 설령 도착했다고 해도 무슨 의미가 있겠습니까.

스스로의 진동수를 끌어 올리지 않는다면, 지구촌 어디든 안전한 장소는 없습니다. 다른 이들보다 죽는 순서가 뒤로 밀렸다 하여 그것이 진동수 상승을 뜻하는 것이 아닙니다. 다만 상승할 수 있는 기회가 주어진 것은 맞습니다. 주어진 기회를 잘 살리기 위해서는 자격 조건을 잘 갖추어야 하겠지요. 그것도 극이동 전까지입니다. 그 전에 자격을 갖추지 못하면 극이동 시에 단체로 이동하는 인류들 틈에 들어갈 것입니다. 이 일들이 진행되는 사이에 태양을 통한 에너지 폭풍이 주기적으로 들어설 것인데, 자격 조건을 갖추기 위해 애를 쓰는 이들은 진동수가 상승하는 효과가 일어나 상승기류를 타게 되는 것이고, 그렇지 않은 이들은 진동수가 압축되는 효과가 일어나 하강기류를 타게 되어 추락하게 되는 것입니다.

1만 2000년의 주기를 허락하고, 2000년의 소주기를 허락하였습니다. 우리는 주기마다 씨앗 뿌려진 여러분들의 영적 성장을 위해 함께

해왔습니다. 여러분들의 성장을 위하여 다양한 영양소들이 제공되었으며, 물론 추수를 위한 투자였다고 할 수 있습니다. 정확히 표현하면 상위의 세계로 이동시키는 것을 추수라고 표현한 것입니다. 이것은 주기를 종료할 때마다 상황에 따라서 적용시켜 왔던 것이며, 큰 주기와 맞물리는 시점이 오면 그 규모가 확장되는 것입니다. 우주의 어느 곳이든 순환회로 법칙에 의해 이루어져 오던 것이었고, 행성 지구도 적용되어 왔던 것입니다. 여러분들의 고향이 지구가 아니라고 하였습니다. 다른 행성들과 우주들에서 들어온 것은 이곳에 설정된 프로그램을 체험하고자 한 뜻 때문이었습니다. 우리와 여러분들 사이에 맺어진 계약 관계에 따라 우리는 여러분들의 신성이 되었으며, 여러분들을 마누에게로 인도하는 안내자가 되었습니다. 우리는 계약에 충실하였으며, 최선을 다하였습니다. 남아 있는 것은 바로 여러분들의 몫이었습니다.

인성(人性)과 신성(神性)의 관계를 전해 드렸는데, 여러분들이 신성에 의지하여 신의 길을 가는 것도 일방적이 아니라고 하였습니다. 인성을 포기하는 것, 신성을 따르고자 하는 용기가 필요하다 했습니다. 우리는 수확의 때가 이미 무르익었음을 알고 있었고, 여러분들에게 사인을 주기적으로 보내었습니다. 극이동은 대대적인 추수가 이루어지는 것인데, 종류에 따라 수확의 시기가 다르기도 합니다. 밀, 보리, 쌀, 포도 순으로 수확한다고 할 수 있습니다. 봄에 수확하는 것, 여름에 수확하는 것, 가을에 수확하는 것들이 있습니다. 우리 또한 수확의 시기에 따라 수확을 하는 것이기에 잘 익은 곡식들은 예정된 창고로 옮기고, 그렇지 못한 가라지들은 불태우는 것입니다. 신성을 어떻게 성장시켰는지 각자들에게서 찾는다는 것입니다.

그동안 있어 왔던 소주기에는 어둠의 방식에 따라 수확이 아닌 같은 자리를 반복시키는 리셋(reset)이 있어 왔습니다. 이것은 성장과는 관계가 없었으며, 있었다 하여도 무시해 버리고, 처음부터 다시 시작하는 죽음의 굴레였던 것입니다. 우리는 대주기를 맞아 그동안 있어 왔던 폐단을 척결하고 정상적인 궤도로 수정한 것입니다. 여러분들의 수고와 노력이 사라지지 않고 그대로 적용될 수 있도록 하였던 것입니다. 그동안 있었던 리셋에서는 상승이 없었습니다. 자격이 있었다 하여도 강제 삭제시켰기 때문에 상승할 수 없었습니다. 우리는 불합리했던 시스템들을 폐기시키고, 원형 그대로의 시스템들이 정상 작동할 수 있도록 하고 있습니다. 여러분들의 상승 의지가 매우 크다는 것을 알고 있습니다. 그 의지를 우리는 증폭시키고 있으며, 여러분들을 수확할 기쁨에 있는 것입니다.

우리는 수확 시기에 따라 태양풍을 통하여 여러분들의 미진한 부분을 돕고 있고, 도울 것인데, 의식이 급격하게 열리는 것입니다. 꽃봉오리가 피어오르는 것처럼, 씨앗이 벌어져 튀어 오르는 것처럼, 여러분들의 의식이 열리고, 물질 인생이 아닌, 영적 인생을 살아야 함을 알게 하는 것입니다. 추수의 천사들인 우주인들이 우주선 안에서 대기하고 있습니다. 신호와 함께 인류들을 순식간에 우주선 안으로 상승 이동시킬 것입니다. 여러 차례에 걸친 리허설이 있었습니다. 만에 하나 실수가 있어서는 안 되겠지요. 해당되는 인류들의 가슴과 이마 중앙에 밝은 빛이 나오고 있어서 집중 관리하고 있기에 안정적으로 이루어질 것입니다. 먼 곳으로 여행 중이라 하여도 자신의 자리로 돌아오도록 할 것이고, 이동 중인 비행기, 자동차, 열차, 배 등 상관없이 대상자들은 상승 이동할 것입니다.

　봄에 해당하는 이들, 여름에 해당하는 이들, 초가을과 늦가을에 해당하는 이들이 있습니다. 수확의 기준도 때에 따라 적용 기준이 생겨났는데, 의식지수들이 다르기 때문에 그렇게 한 것입니다. 봄에 수확하는 이들이 의식지수가 높습니다. 그리고 순차적으로 적용되어 관리되는 것이며, 상승 기법에도 차이가 있을 수 있을 것입니다. 늦가을에 수확되는 이들은 극이동을 통하여 이루어질 것입니다. 먼저 수확되는 이들은 극이동을 직접 체험하지 않습니다. 물론 우주선에서 간접적으로 볼 것인데, 자신들에게로 오게 되는 동료들을 기쁜 마음으로 환영하게 되는 것입니다.

　우리는 생각 조절자이며, 마누를 대리하는 신성입니다.

06. 삼위분체(三位分體)
(Trinity Fission)

사랑하는 여러분,

여러분들이 생각하고 있는 극이동(리셋)은 일단 파괴하고, 생명들을 거두며, 그 후에 재건축을 하는 것으로 받아들이고 있습니다.

일루미나티 세력들의 OWO 계획도, 기존 질서체계를 무너뜨리고 인구수를 조절하여 자신들만의 신세계를 만들려는 지침서에 따라 극이동을 연출하려고 하는 것입니다.

일단, 3차원 행성 환경을 파괴하여 판을 뒤집어야 하고, 인류를 포함한 자연계는 대량의 죽음을 피해 갈 수 없으며, 마치 강력한 토네이도가 휩쓸고 지나간 자리처럼, 아무것도 남아 있지 않은 폐허 위에 새로운 세계를 만드는 것이 새천년이라고 알고 있습니다. 다 쓸고 지나간 남겨진 것 없는 황량한 곳에서 새 세상을 만드는 것은 최상의 과학 기술로도 시간이 제법 걸릴 것인데, 이 난리 통에 죽지 않고 생존한 이들의 고생은 보지 않아도 눈에 선합니다.

과거, 전해진 대로 우주선들과 지저세계들로 피난하였다가, 모든 것이 수습되고 자리를 잡은 후에 다시 내려오거나 지상으로 나와서 새 천국을 만들어 간다는 것이었습니다. 이것은 3차원 행성 지구에 국한 된 이야기였습니다.

모든 예언들이 3차원 행성 지구에 포커스가 맞추어진 이야기들이고, 극이동 이후 이야기도 3차원 행성에 만들어지는 '유토피아'를 그렸습 니다. 모든 이야기들이 결국 3차원 행성 지구에서 시작되어 완성되는 것으로 이루어졌습니다. 계시록에 등장하는 새천년 왕국도 3차원 행 성 지구의 극이동이 있고 난 후에 펼쳐지는 것으로 기록되어 모든 종 교인들도 그렇게 받아들여 해석하고 있습니다. 그래서 극이동 전에 우 주선으로 공중 이동시켜 대기하다가 안정화가 이루어지면 다시 내려 와 새로운 세상을 여는 것이라고 알고들 있었습니다.

이 세계가 홀로그램이라고 하였습니다. '마스터 그랜드환다 퀴노치 아'의 뜻에 따라 새 버전의 프로그램을 오픈하겠습니다.

3차원 행성과 4차원 행성 분리 vs 3차원 행성과 2차원 행성 분리

3차원 행성을 중심으로 상위로 분리되는 4차원 행성, 하위로 분리되 는 2차원 행성, 태양을 통하여 들어오는 트리온 입자 파동에 의하여 하 나로 통합되어 있던 홀로그램이 서서히 떨어지면서 하나는 위로, 하나 는 아래로 분리되어 나뉘는 것인데, 세 군데에 있는 생명들은 자신들 을 제외하고는 분리된 행성에 있는 존재들과 행성을 인식하지 못하게 됩니다. 달라진 진동수와 진동장에 의하여 인식 범위를 벗어나 있어서 보거나 느낄 수가 없는데, 여러분들이 사후세계를 보지 못하는 것처럼 말입니다.

 3차원 육체가 4차원 아스트랄체로 변형된 생명들은 4차원 행성의 이동에 따라 그대로 이동하는 것이기에 아무런 변화 없이 그대로 이어지는 것이라고, 그래서 전쟁도, 대재난도, 극이동도 없다고 받아들이게 됩니다. 마치 지구의 예언처럼 어떠한 재난 없이도 평화가 찾아온 것이라고 인식할 수 있습니다. 이 신비로운 기술은 7차원 공학(7D engineering)인 '헵타고닉스 기술(heptagonics technology)'에 기반을 둔 것인데, 기준에 맞는 물질들과 생명들과 행성 전체를 그대로 따로 분리하여 떼어내는 것입니다. 1만분의 1초로 이루어지기에 행성에 어떠한 일도 없었다고 받아들일 수 있는 것이며, 이미 3차원 행성과 위, 아래로 분리되고 난 이후입니다.

 4차원 행성과 2차원 행성은 전자기장으로 이루어진 버블 속(in the bubble)에 에워싸여져 입력된 자리로 이동해 갈 것인데, 전혀 눈치챌 수가 없다는 것입니다. 진동수에 따른 행성 환경이 달라졌음을 알게 되겠지요. 4차원 행성이 먼저 분리되고, 2차원 행성은 그 뒤에 이루어질 것인데, 3차원 행성에 예정된 모든 재난들이 종료되고 난 후, 그곳을 떠난 존재들이 2차원 행성에 입식되고 나면 이동해 갈 것입니다.

 4차원 행성 타우라(4D Planet Thaooura)는 상승한 태양계 전체와 함께 이동해 갈 것인데, 시리우스-B 근방에 정착하게 될 것입니다. 3차원 행성 지구는 극이동을 통한 모든 정화가 끝나면 '행성 테라(Planet

Terra)'로 현 위치에서 정원의 궤도를 갖추고 현 태양계에 소속되어 역할을 할 것인데, 타우라가 속한 태양은 평행 태양계가 되는 것입니다. 3차원 행성 테라는 지상에서 어떠한 생명들도 살지 않는 태고의 원시 행성의 모습을 하고 있을 것이고, 지저에 파충 종족들이 살게 되는 행성이 되는 것입니다. 마치, 행성 티아마트를 보는 것 같습니다. 바로 원시반본(原始返本)을 말하는 것입니다.

2차원 행성 다몬(2D Planet Damonn)은 네바돈 은하 변방 공역에 정착할 것인데, 태양과의 거리가 가까워서 극서(極暑)와 극한(極寒)을 오고 가는 환경을 갖출 것이기에 지저에서 생활할 것이며, 지구에서 있었던 추억들을 계속 공유하면서 후손들에게 물려줄 것인데, 이들의 후손들이 타임머신을 이용하여 지구를 방문했습니다. 이 존재를 미국의 CIA가 조사한 자료가 있습니다. 마치 그레이형 외계인처럼 생겼는데, 지저인으로 살면서 그렇게 퇴화(退化)한 것이며, 현시대 지구 조상 인류들에게 경고하기 위하여 방문하였다고 증언했습니다. 여러분들은 어떻게 미래의 일인데, 현대에 일어날 수 있는가? 할 것이지만 이미 모든 것들이 존재하고 있다고 하였습니다. 이것이 홀로그램 세계입니다.

여러분들은 선형적 시점으로 보고, 우리는 다중적 시점으로 보는 것이 다르다고 해야 합니다. 과거-현재-미래는 다중 우주, 다중 홀로그램이라고 할 수 있는데, 사도 요한에게 보여 주었던 계시록이 바로 다중 홀로그램이라고 할 수 있습니다. 인류들의 의식지수 수준에 따라 다양한 해석들이 나올 수 있다고 해야 할 것입니다. 마치, '나는 이렇게 보았다.'고 할 수 있겠지요. '나는 이렇게 들었다.'고 하는 것과 결이 같습니다. 바로 주관적 해석이 가능해지는 것입니다. 어떻게 해석하느냐는 각자에게 달려 있어서 제각각의 해석들이 넘쳐나는 것입니다.

우리는 12트랙으로 관리되던 행성 지구의 다중 홀로그램을 분리시키기로 하였으며, 그 결의에 따라 먼저 삼위분체(三位分體:trinity fission)를 결행하기로 한 것입니다. 3차원 행성을 중심으로 중첩되어 있던 평행 지구를 분리시키고, 내부 지구를 분리시키는 것이었습니다. 4D-3D-2D 세계로 삼분화(三分化)하게 된 것입니다. 의식 성장을 완성시킨 존재들을 위한 4차원 행성, 카르마를 모두 청산시켜야 할 3차원 행성, 카르마 청산에 실패한 존재들을 위한 2차원 행성으로 말입니다. 더 이상 중첩된 세계에서 있을 필요가 없게 되었기 때문이며, 이것이 순환주기에 따른 '하나의 법칙'입니다.

여러분들은 실험에 참여하였고, 소기의 목적을 성취하였습니다. 의식상승을 목표로 한 그룹이 있었고, 그것을 돕기 위하여 들어선 봉사자 그룹이 있었으며, 전 과정을 관리할 관리자 그룹이 있었습니다. 대순환주기를 위하여 지금까지 윤회를 하여 왔던 것입니다. 빛과 어둠의 실험은 쉬운 듯했지만 실패를 거듭하였습니다. 처음부터 자신들의 역량을 너무 과신(過信)한 탓이 큰 것이었습니다. 3차원 세계를 만만하게 보았던 결과였습니다. 우리는 현대문명을 열면서 그 점을 상기시켰으며, 돌이킬 수 없는 실수를 하지 않도록 하였습니다. 이번의 주기가 마지막으로 주어지는 최종이었기 때문이고, 두 번 다시 반복할 수 있는 기회가 없기 때문이었습니다.

빛의 편에 섰던, 어둠의 편에 섰던 존재들 역시 마찬가지였기에 동시에 메시지들을 수신하게 되었습니다. 타락세력들도 마찬가지로 공평한 기회를 제공받았습니다. 물론 최종이라는 경고의 사인도 말입니다. 여러분들은 빛을 위하여 최선을 다하고 있다고 합니다. 정말로 빛을 위해 최선을 다하는 것일까요? 여러분들이 생각하는 빛은 무엇입니까? 그것을 분별하기가 쉽지 않습니다. 그럼, 착한 것과 선한 것을 구분할 수 있습니까?

'예수께서 이르시되. "네가 어찌하여 나를 선하다고 일컫느냐, 하나님 한 분 외에는 선한 이가 없느니라."'

〈마가 10:18, 개역개정〉

태초로 진실한 것은 마누(ManU) 외에는 없습니다. 마누의 말씀(Sound/에아:EirA)이 계셨습니다. '빛이 있으라, 하매 빛(Light/마나:ManA)이 있었다.' 그 말씀(에아:EirA)이 빛(마나:ManA)와 함께한 것입니다. 여러분들이 보는 빛, 여러분들이 느끼는 빛은 마나(ManA)가 아닙니다. 그렇다고 해서 '그리스도 빛(Kristos Light)'도 아닙니다. 여러분들이 성령의 빛이라고 표현하는 '광자(光子:photon)'도 느끼기가 쉽지 않습니다. 광자는 7차원 세계에 속한 빛이고, 그리스도 빛은 12차원 세계에 속한 빛입니다. 여러분들이 최상으로 느낄 수 있는 빛은 5차원 세계에 속한 프라나(prana)입니다. 무속인(巫俗人)들이 보는 신령의 빛은 4차원 세계의 아스트랄 빛과 5차원 세계의 프라나입니다. 일반인들은 볼 수가 없습니다.

7차원 세계에 속한 광자를 보거나 느끼기 위해서는 6차원 세계 이하에서 있었던 카르마들을 모두 정화해야만 기회가 찾아옵니다. 즉, 6차원 인생을 졸업해야 가능해진다는 것입니다. 인류들 중에 6차원 세계에 있는 성천사들과 7차원 세계에 있는 대천사들과 메시지를 수신하는 이들이 있습니다. 이들이 6차원과 7차원을 졸업한 존재들이어서 연결된 것은 아닙니다. 메시지 전달을 위해서 선택된 것이며, 역할을 위해서 들어온 존재이기 때문에 그렇게 된 것입니다. 카르마 정화는 개인과 그룹에 연결되어 있기에 3차원 세상과 연결된 것들을 최우선으로 정화시켜야 한다는 것입니다. 5차원 행성들에서 역할자 그룹이 들어왔고, 6차원 행성에서 관리자 그룹이 들어왔습니다. 이들은 3차원 행성 지구에서의 역할이 종료되면 한 차원씩 상승할 수 있는 기회가 주어진 것이고, 역할 수행을 완성하였다면 상승의 꿈을 성취하는 것입니다.

　여러분들은 그것이 무슨 큰 상이냐!고 하겠지만 진화연대기를 보자면 최소 26만 년 정도를 보내야 기회가 주어집니다. 상승하는 것도 아닌, 기회가 주어진다는 것입니다. 보통 50만 년은 보내야 한다는 것이고, 그런 행성 지구를 상승시키는 일에 어느 누가 참여하지 않을까요. 우주에서의 경쟁률이 얼마나 치열했는지 알겠습니까? 역할 수행이 원활하게 이루어지기 위해서는 당연히 3차원 인생에서의 쌓인 카르마들을 정화시키는 것이 우선순위가 되어야 하는 것입니다. 그렇지 않다면 역할 수행은 이루어지지 않으며, 오히려 욕망에 따른 카르마 축적이 일어나는 것입니다. 비우기도 쉽지 않은 상황에서 거꾸로 쌓는 것을 반복한다는 것을 미련한 인생들은 깨닫지 못하고 있는 것입니다. 성서를 보겠습니다.

'그런즉 깨어 있으라.' '너희는 그날과 그때를 알지 못하느니라.' '또 어떤 사람이 타국에 갈 때 그 종들을 불러 자기 소유를 맡김과 같으니, 각각 그 재능대로 한 사람에게는 금 다섯 달란트를, 한 사람에게는 두 달란트를, 한 사람에게는 한 달란트를 주고 떠났으니, 한 달란트 받았던 자는 와서 이르되, 주인이여, 당신은 굳은 사람이라. 심지 않은 데서 거두고 헤치지 않은 데서 모으는 줄을 내가 알았으므로 두려워하여 나가서 당신의 달란트를 땅에 감추어 두었나이다. 보소서, 그 주인이 대답하여 이르되, 악하고 게으른 종아, 나는 심지 않은 데서 거두고 헤치지 않은 데서 모으는 줄로 네가 알았느냐. 그에게서 그 한 달란트를 빼앗아 열 달란트를 가진 자에게 주라. 이 무익한 종을 바깥 어두운 데로 내쫓으라. 거기서 슬피 울며 이를 갈리라. 하니라.'

〈마태 25:13~15, 24~26, 28, 30, 개역개정〉

자신이 상승하는 행성 4D 타우라에 있을지, 3D 지구에 있을지는 스스로 잘 알 것입니다. 빛과 함께할 수 있는 것은 쉽지 않고, 또한 어렵지 않습니다. 여러분들이 자리를 비우기만 하면 신성인 조절자가 함께하는 것입니다. 조절자에게는 '진리의 영'이 안내자 역할을 합니다. 진리의 영은 가슴 차크라가 활성화되어야 활동하는 것입니다. 가슴 차크라는 마음이 비워져야 활성화되는 것인데, 마음을 비우기 전에 차크라를 활성화시키려 합니다. 이렇게 순서가 뒤바뀌어 있어서 제대로 되는 것이 없었던 것입니다. 차크라가 무엇인지 압니까? 바로 차원의 문이자, 별의 문입니다. 이렇게 중요한 문이 세상 것들로 가득한 마음을 가지고 열릴 수 있겠습니까? 이제 알았으면 그렇게 해야 합니다.

가슴 차크라가 열렸는지 알려면 '진리의 영'이 활동하고 있는지 알면 되는데, 여러분들이 준비가 되었다면 당연히 대화를 하게 될 것이고, 그렇지 않다면 이루어지지 않습니다. 가슴 차크라는 4번째 우주, 4차원 우주를 연결하는 문입니다. 3차원 우주를 넘어 있는 우주이고, 아스트랄 빛이 있는 세계이며, 사후세계가 있는 우주입니다. 상위 우주와 물질우주를 이어 주는 매개체 역할을 하는 다리이며, 중계기입니다. 마음이 비워지지 않으면 그런 역할을 할 수도 없으며, 연결은 이루어지지 않습니다. 역할자들로 들어온 존재들이 물질 인생에 함몰(陷沒)되어 있거나, 욕망에 사로잡혀 자신의 역할을 왜곡시킨 존재들은 그 책임이 매우 중함을 알았으면 합니다.

3차원 행성 지구는 대정화를 위해 극이동을 경험할 것인데, 인류들 96.5%가 직접 대상자들이 될 것이기 때문에 이들을 위한 역할자들이 들어오게 된 것입니다. 인류들을 돕기 위한 봉사자로서 들어왔지, 인류들의 위에 올라서라고 들어온 것이 아닙니다. 왕 노릇 하라고 보낸 것이 아니라고 하는 것입니다. 의식지수가 일반인들보다 높은 것은 우월주의에 빠지라고 한 것이 아니라, 봉사자로서 봉사의 길을 가라고 한 것입니다. 신의 일을 한다면서 자신을 내세우고, 신의 말을 한다면서 자기의 말을 앞세우는 이들과 신을 내세워 돈장사를 하고, 인류들을 돕는 척하면서 이득만을 취하려고 하는 이들은 모두 거짓 선지자들과 거짓 교사들, 거짓 일꾼들입니다. 이런 이들을 멀리하고 함께하지 마십시오.

　이런 이들은 내면의 신성인 생각 조절자를 기쁘게 하는 것이 아니라, 자기 욕망을 흡족 시키는 이들이며, 자기 욕구를 채우는 것에만 열중하는 이들입니다. 이런 가짜들에게 속는 것은 여러분들의 마음이 준비되어 있지 못하기 때문입니다. 그러니 분별력이 있지 못하고, 거짓과 진리를 알아내지 못하는 것입니다. 여러분들이 혼과 영을 살리기 원한다면 유명 인물들과 유명 단체들을 쫓아다니면 안 됩니다. 마치, 자신이 진실을 찾을 수 있다는 순진한 착각에 사로잡혀 있다는 것입니다. 비워지지도 않은 마음을 가지고 어떻게 진실을 찾으려고 합니까! 그것을 할 수 있다는 오만함에 사로잡혀 있다는 것입니다. 빛을 향한 내면의 이끎이 아니면 불가능합니다. 신성은 여러분들의 그 간절함과 절실함을 알고 빛의 길을 갈 수 있도록 안내를 시작하지만, 무조건적이지는 않습니다.

　여러분들의 마음을 비우고자 하는 자세, 그 진정성을 가지고 있는 절실한 마음, '죽으면 죽으리라.'는 마음 말입니다. 성서를 보겠습니다.

　'에스더가 모르드개에게 회답하여 이르되, "당신은 가서 수산에 있는 유대인을 다 모으고, 나를 위하여 금식하되, 밤낮 삼 일을 먹지도 말고, 마시지도 마소서." "나도 나의 시녀와 더불어 이렇게 금식한 후에 규례를 어기고 왕에게 나아가리니, 죽으면 죽으리다." 하니라.'

〈에스더 4:15, 16, 개역개정〉

보십시오. 어떠한 마음가짐을 가지고 해야 되는지를 기록하라 했습니다. 여러분들은 돈을 빌릴 때에 '신체포기각서(身體抛棄覺書)' 같은 것을 씁니다. 그만큼 절실하기 때문입니다. 여러분들의 영혼을 살리기 위해서 그렇게 해 본 적이 있습니까? '생명포기각서(生命抛棄覺書)'를 쓰면서 영혼을 깨우기를 원한 적이 있습니까? 진리를 위하여 생명을 포기한 적이 있습니까? 없을 것입니다. 여러분들이 신성을 깨우는 것에 죽기를 각오한 절절함이 없어서이며, 생명을 담보로 하는 간절함이 없어서입니다. 여러분 설화에 '심청전(沈淸傳)'이 있습니다. 앞을 보지 못하는 아버지 눈을 뜨게 하려고 인당수(印塘水)에 몸을 던진 딸의 이야기였습니다. 희생이 없이는 어떤 결과가 나오지 않는다는 이야기입니다. 자신의 내면의 신을 깨우기 위하여 그만한 희생을 각오하지 않는다면 당연히 얻는 것이 없다는 것입니다.

여러분들은 빛의 자녀들입니다. 그러나 그 자격을 갖추기 위해서는 그만큼 각오와 희생이 있어야 한다는 것이며, 스스로의 어둠과의 전쟁에서 승리해야 한다는 것입니다. 여러분들을 두렵게 하거나, 무섭게 하는 모든 것들을 스스로 극복하고 이겨 내야 한다는 것입니다. 그렇게 하지 않고서는 빛을 향하여 나갈 수 없으며, 신성 또한 발견할 수 없습니다. 이것이 극복할 수 없는 것이었다면 처음부터 들어오지 않았을 것이고, 이곳에 태어나 있지도 않았을 것입니다. 모든 것을 극복할 수 있었기에 허락한 것이고, 태어나게 된 것입니다. 쉽게 포기하거나, 쉽게 뒤로 물러난 것은 용기가 없어서가 아닙니다. 비겁해서가 아닙니다. 그것은 여러분들이 해 보지 않아서이고, 경험했던 기억들이 없어서일 뿐입니다.

여러분들은 밝고 투명한 흰 빛이기에 빛과 어둠을 모두 포용하고 있습니다. 그러나 물질체험을 위해서 빛과 어둠을 분리시켜 하강하게 된 것입니다. 여러분들의 마음이 자리한 심장 차크라는 4차원 세계로서 물질세계와 아스트랄 세계를 이어 주는 역할을 하는 곳인데, 감정 체험을 위해 물질로 형성된 흰빛과 검은빛으로 채우게 된 것입니다. 물질체험을 위해 투영된 빛은 여러분들의 체험을 적극적으로 도왔으나, 대주기를 앞두고 돌아갈 때가 다가오는 이때에 오히려 방해하는 빛이 되고 있다는 것입니다. 이 마음을 가득 채우고 있는 회색빛은 밝고 투명한 빛으로 돌아갈 수 없게 된 것입니다. 흰빛도 아니고, 검은빛도 아니고, 그렇다고 투명한 빛으로 돌아갈 수 없음이니, 모두 비워 낼 수밖에 없었습니다. 물질화된 빛이 물질체험을 도왔으나, 상승주기에 방해가 될 수밖에 없었으니, 영성화된 빛으로 변형시키는 작업이 필요하게 된 것입니다.

이것은 능히 여러분들이 하고도 남을 일이었으나, 그 기억을 잃어버림으로써 불가능하게 되었습니다. 신성과의 연결점을 회복하기 전에는 그것을 할 수 없게 된 것입니다. 물질세계에 흡착되어 오염된 마음이 처음 상태로 다시 회복될 수 있는 것은 여러분들의 의지가 확고해야 한다는 것입니다. 하강시키는 것은 쉬웠으나, 다시 상승시키는 것은 어렵게 된 것입니다. 어린아이의 순수했던 마음을 성인이 되어서도 유지할 수 없는 것이 물질세계입니다. 모든 것들이 그것을 용납할 수 없게 되어 있음이니, 그저 꿈이나 희망사항 정도로 여기고 있다는 것입니다. 이렇게 오염된 마음을 어떻게 정화시킬 수 있겠습니까? 어린아이였을 때 가지고 있었던 그 순수함을 어떻게 회복할 수 있겠습니까?

자신의 모든 것을 사랑하는 것, 잘못된 것에서 돌이키는 것, 빛이 아니었음을 회개하고 용서하는 것, 자신을 포함한 모든 것을 용서하고 사랑하는 것, 자신이 완전한 빛이었음을 인정하고 받아들이는 것, 어두운 모든 것들을 부정하지 말고 이해하고 포용하는 것, 이것이 잃어버린 사랑, 어린아이였을 때 가지고 있었던 순수함입니다. 성인이 되어 온갖 풍파(風波)를 겪었어도 그 순수함을 유지할 수 있는 것은 모든 것을 용서하고 포용할 수 있는 사랑 즉, 전지적-사랑(Omni-love)입니다. 여러분 스스로 할 수 있는 부분이 있고, 성령이 할 수 있는 부분이 있음이니, 마음을 사랑으로 가득 채울 수 있는 것은 우리의 역할입니다. 전지적-사랑은 마누의 속성이기에 우리 조절자들이 할 수 있는 것입니다.

 어둠으로 얼룩진 마음, 부정한 것으로 채워진 마음, 거짓으로 가득한 마음을 그대로 인정하고 용서하세요. 부끄럽거나 수치스러운 것들도 용서하고 회개하십시오. 그리고 그런 기회가 주어졌음에 감사하십시오. 빛은 여러분들의 부끄러움과 수치스러움을 나타내고자 하는 것이 아니며, 여러분들의 본성(本性)을 회복시키려고 하는 것입니다. 어둠은 여러분들의 나약함을 드러내고, 수치스러움을 부각시키며, 헛된 욕망을 부추깁니다. 그런 것을 피하려고, 외면하려고 하지 말고, 그대로 인정하고 그런 자신을 용서하고, 그런 행위와 생각들을 돌이켜 더 이상 하지 않으면 됩니다. 이 모두가 물질화된 마음에서 일어난 것들인데, 모두 인정하고 돌이켜 회개하여 용서하세요. 그리고 그 기회를 준 마누(ManU)에게 감사하십시오. 그런 자신을 온전히 사랑하십시오.

이것이 '온전한 거듭남(perfected rebirth)'입니다. 바로 밝고 투명한 빛으로 돌아온 것입니다. 물질세계에 흡착되었던 마음이 영적 세계의 마음으로 돌아온 것입니다. 이 땅에 육체를 가지고 있어도 그 마음에 전지적-사랑이 차고 넘친다면 신이 이 땅을 거닐고 있는 것입니다. 이것이 바로 '아다파(Adapa)'입니다. 아다파가 에텐동산에 다시 돌아온 것인데 그곳이 4차원 행성인 타우라가 되는 것입니다. 우리가 4D-3D-2D를 분체(分體)시킨 것은 진동 영역을 분리시키기 위함인데, 그동안 진동수와 상관없이 인류들을 혼합시켜 두었던 것을 대주기 때를 맞추어 질서를 바로잡기 위해서입니다. 빛의 진동 영역이 서로 조화와 균형을 맞추도록 하려는 것입니다.

인류라는 물질체를 입고 체험했던 장소가 모든 기능과 역할을 다해 주었다고 하는 것입니다. 이곳에서 체험했던 존재들은 자신들의 진동 영역으로 이동할 것인데, 처음 들어왔을 때와는 다른 성과들을 내었습니다. 대주기는 상승곡선을 그리고 순환하여 상승이 준비된 우주들과 존재들을 상승시키고, 그렇지 못한 우주들과 존재들은 다음 기회로 미루며, 오히려 하강한 우주들과 존재들은 순환 질서에 왜곡이 일어나지 않도록 조치를 취하게 되는 것입니다. 그런 의미에서 복합적으로 체험이 일어났던 지구도 상승주기를 탈 수 있는 기회가 주어진 것이고, 분류작업이 진행되게 된 것입니다. 모두가 동반 상승할 수 있다면 분리계획이 필요치 않았을 것인데, 결과가 그렇지 못하였기에 분리계획이 결정된 것입니다. 5차원 의식을 갖춘 인류들과 4차원 의식을 갖춘 인류들을 같이 둘 수는 없게 된 것입니다.

일단 행성 자체의 상승이 결정되어 5차원 의식 인류들만을 상승시키려던 계획이 수정되었던 것인데, 행성과 함께 동반 상승시키기로 한 것입니다. 이와 함께 영단이 머물고 있던 샴발라도 계획의 중심에 있게 된 것이며, 에테르 세계와 함께 계획이 추진되게 된 것입니다. 4차원 행성 타우라와 3차원 행성 지구의 분리 작전이 실행에 옮겨지게 된 것입니다. 4차원 행성 타우라는 분리됨과 동시에 전자기장 거품 속에 들어가 제2 조화우주 영역으로 이동할 것입니다. 3차원 행성 지구는 태양풍을 통한 대정화와 극이동을 통한 대정화를 통하여 원시행성으로 되돌릴 것입니다. 2차원 행성 다몬은 대정화를 통하여 분리된 혼들을 받아들일 것이고, 이후 설정된 은하 외곽 지역으로 이동해 갈 것입니다.

상승이 결정된 인류들은 대정화 과정을 겪지 않을 것인데, 그 전에 상승할 것이기 때문입니다. 이번 주기는 2만 6000년의 카르마를 정화하는 주기에 들어가기 때문에 모든 생명들이 옷을 벗고 떠나야 한다는 것으로 결정되었기에 죽음을 통해서 떠나게 될 것인데, 이때에 의식상승을 성공시킨 최후의 인류들을 4차원 행성으로 우주선을 통하여 이동시킬 것입니다. 인류들의 의식을 최종 점검하는 차원에서 행성 니비루브를 통한 어둠의 시험이 있을 것입니다. 이 과정을 통하여 의식을 깨운 인류들이 순차적으로 4차원 행성으로 이동하여 먼저와 있던 가족들과 재회하게 될 것입니다. 우리는 이것을 추수라고도 표현합니다. 행성 어머니 가이아가 중심에서 최선을 다하고 있습니다. 가이아는 행성 상승과 생명들의 상승, 대정화까지 모두 관리해야 하기에 바쁠 수밖에 없습니다.

삼위분체(Trinity Fission)는 행성 지구를 분리시키는 계획입니다. 그동안 중첩되어 있던 것을 분리시키는 것으로 결정하고 나서 네바돈에서는 처음 시행되는 것이었기에 오나크론의 자문(諮問)과 도움을 필요로 했습니다. 조화우주 간 조율도 필요했고, 차원 간 조율도 필요했습니다. 전문적인 요원들이 모여들었으며, 각양각색의 존재들이 팀들을 결성하여 들어 온 것입니다. 인류들을 처음 보게 된 존재들도 많았습니다. 곤충을 기반으로 한 존재들과 동물을 기반으로 한 존재들이 섞여 있었습니다. 네바돈이 처음인 존재들이 많았지만 우리의 뜻에 하나 된 마음으로 참여하게 된 것입니다.

3차원 행성 지구에서 분리되기 전에 대규모 의식 깨우기를 위한 태양 주파수 조율이 이루어지게 되었으며, 태양풍을 통하여 전자기 폭풍(electromagnetic storm)이 인류들의 잠들었던 의식을 통째로 깨울 것입니다. 이것은 상승하려는 인류들에게는 축복의 선물이 되는 것이고, 그렇지 않은 인류들에게는 저주의 선물이 되는 것인데, 분자압축(分子壓縮)이 급격히 일어나 진동수의 추락을 가속시키게 됩니다. 강력한 빛의 폭포수를 즐기는 이들은 상승하는 진동 영역으로 들어가고, 그것을 거부하는 인류들은 하강하는 3차원 행성 영역에 머물게 되는 것입니다. 이런 이들은 극이동을 통하여 죽음이라는 과정을 통과할 것입니다. 단순히 빛의 자녀들만을 상승시켜 데려가려고 온 것이 아니며, 행성 지구를 세 종류로 분리시키려고 온 것이고, 각 공전궤도에 맞도록 이동시키려고 온 것입니다. 4차원 행성이 속한 태양계는 전체가 시리우스-B로 이동할 것이고, 2차원 행성 또한 은하 외곽 지역으로 이동하여 갈 것이며, 정화를 모두 마친 3차원 행성은 360일의 공전궤도를 갖고 현 자리에서 순환할 것입니다.

　어둠과의 관계 정리도 큰 틀 안에서 진행될 것인데, 빛과 어둠의 통합 실험은 최종 승인이 이루어질 때까지 진행될 것입니다. 조인 종족들의 완성을 위하여 당사자들을 포함한 사자인 종족들과 다른 유형의 존재들이 에메랄드 성약 아래에 모여들었으며, 그것이 종결되고 나서야 자신들의 우주들로 귀환하게 되는 것입니다. 우리 조절자들을 포함한 야니들은 여러분들과 함께하고 있습니다.

　우리는 생각 조절자이며, 마누를 대리하는 신성입니다.

07. 거대 태양 폭풍(太陽 暴風)
(Giant Solar Storm)

사랑하는 여러분,

여러분들의 잠들었던 의식을 깨우기 위해 우리는 태양을 이용하기로 하였는데, 그렇지 않고서는 큰 효과를 볼 수 없었기 때문입니다.

2012년과 2017년을 기점으로 시작되었던 태양 전자기 폭풍(太陽 電磁氣 暴風)은 전리층(電離層)에 큰 영향을 미치는 것이 오로라 현상을 유발하는 것으로 나타났습니다. 그리고 통신망에 장애를 일으키고 방송에 오류가 일어나도록 하였습니다.

인류들은 그런 것에만 집중하고 있기 때문에 2017~2024년에 걸쳐서 일어난 것들과 예정되어 있는 태양 폭풍을 그런 쪽으로 포커스를 맞추고 있는 것입니다. 2017~2024년의 7년을 왜 풍년의 해라고 한 줄 압니까? 여러분들은 경제적 호황과 농산물 풍년을 생각하고, 종교인들은 말씀의 풍년을 생각합니다.

가장 중요한 것은 여러분들의 혼들을 수확하기 위한 풍년(豊年)인데, 그것은 생각조차 하지 않는다는 것입니다. 물론 태양빛이 풍년을 가져다주기는 하기에 그렇게 생각할 수도 있겠으나 이번 주기의 태양 폭풍은 2만 6000년 주기를 완성시키기 위한 아주 특별한 선물이라는 것을 알았으면 합니다. 바로 혼들을 추수(秋收)하기 위한 '마하라타 빛(Maharata light)'이 들어가고 있다는 것입니다.

여러분들의 의식을 감싸고 있었던 저급한 에너지막을 녹여 버리고, 본래의 의식으로 깨어 일어날 수 있도록 하려는 것입니다. 2024년 내내 에너지 샤워가 있었던 것이고, 강도는 점차 최고조에 달할 것인데, 이것을 통해 여러분들은 육체가 아니라 '이즈-비(IS-BE)'라는 진실을 알게 되는 것입니다. 그동안 죽음 앞에 무릎 꿇고 있었다는 것에 놀랄 것이고, 영생불사(永生不死)의 존재였다는 것에 놀랄 것입니다.

눈에 보이지는 않지만 북극권에서만 보던 오로라가 인류들이 많이 살고 있는 위도까지 내려올 것입니다. 여러분들 표현에 '잠자다 일어났더니 지혜가 열렸다.'고 할 수 있을 정도로 혜안(慧眼)이 열리게 되는 것이니, '갑자기 성인(聖人)이 되었다.'고 할 수 있겠지요. 지구촌 전체에 수많은 그리스도들이 등장하는 것입니다. 각 종교계가 기다려왔던 메시아들이 대거 나타난다는 것입니다. 물론 부작용들은 피해 갈 수 없겠지요. 바로 거짓 선지자들과 거짓 메시아들도 많이 등장한다는 것입니다.

마하라타 빛은 약(藥)이 되기도 하지만 독(毒)이 되기도 합니다. 상승을 시키는 약과 추락시키는 독으로서 말입니다. 태양 폭풍을 맞이하는 인류들은 선택의 기로에 서 있다고 할 수 있는데, 결코 피해 갈 수 없다는 사실입니다. 어느 누구도 빠져나갈 수 없으며, 반드시 선택해야 한다는 것입니다. 여러분들은 무엇을 선택할 것입니까? 상승인가요, 추락인가요.

상승을 선택한 이들은 마음이 비워진 이들입니다. 마음이 비워지지 않았다면 결코 상승을 선택하지 않습니다. 마음이 비워진 이들은 혜안(慧眼)이 열립니다. 제3의 눈이 열려 이즈-비임을 증명합니다. 이들은 아스트랄체가 발광(發光)하여 가슴과 머리 뒤에 후광(後光)이 나타납니다. 굳이 입을 열어 그리스도, 부처라고 말하지 않아도 알게 됩니다. 이들은 진리만을 전하게 될 것입니다. 그리고 이마 중심에서 빛이 나오게 되니 모든 이들이 알아보게 되는 것입니다. 태양을 통해서 들어오는 고에너지가 변화에 불을 댕겼다면 존재 스스로 그 변화의 소용돌이 즉, 빛의 순환회로를 정상화시켜야 빛의 순환 고리가 역할을 위해 활성화되는 것이며, 아스트랄체를 형성하고 있는 전자기 입자들의 활성화를 통하여 발광하는 빛이 외부로 투영되어 나타나는 것입니다.

그렇다 해도 육체를 형성하고 있는 세포들은 비(非)활성화 상태로 있기 때문에 완전하다고 할 수 없습니다. 대기하고 있는 우주선들에서 리프팅 빔을 투사하여 세포들의 비활성화 상태를 활성화 단계로 전환시키는 과정을 통하여 육체도 빛의 몸인 초전도체(超傳導體)가 되는 것입니다. 원자를 구성하는 중성자-양성자-전자가 양자 도약(量子 跳躍:quantum jump)을 하는 것입니다. 이것 또한 완전하다고 할 수 없는 것은 형태발생 영역을 형성하고 있는 빛 구체를 완전히 활성화한 상태가 아니기 때문입니다. 흔히 대사들이 빛으로 여러분들 앞에 나타났다가 완전한 육체로서 같이 머물면서 역할을 수행한 후에 다시 빛으로 변하면서 상위세계로 이동하는 것이 형태발생 영역을 활성화한 모습입니다. 여러분들의 아스트랄체와 생리체와 육체가 빛으로 활성화되었다 해도 스스로의 역량으로 진동수를 마음대로 조절할 수 없기 때문입니다.

이것은 모선(母船)에 머물고 있는 여러분들의 본체인 혼과 합일을 이루어야 가능해지는 것입니다. 이 과정을 통과해야 비로소 '이즈-비'가 되는 것입니다. 이렇게 되기 위한 발판을 마련하는 것이 바로 태양 폭풍을 통하여 들어가고 있는 마하라타 빛입니다. 전한 대로 밝고 투명한 흰빛이기 때문에 느끼거나 볼 수 없습니다. 여러분들을 빛의 자녀로서 상승시키는 역할을 하기 때문에 알 수 있게 되는 것입니다. 진동수가 상승할 때에 일어나는 일시적인 부작용들이 있으나, 미아즈믹들을 털어내는 과정으로 이해하면 견딜 수 있습니다. 빛에 의하여 일어나는 카르마 정화이기 때문에 약간의 고통을 수반할 수 있으며, 고통을 본다면 여러 차례로 나뉘어 분산시킨다고 하는 것입니다. 상승을 위한 기쁨의 고통이라고 받아들여야 하는데, 아이를 낳는 과정의 산통(産痛)을 겪는 산모(産母)는 기쁨으로 고통을 이겨내는 것입니다.

빛을 통한 고통지수(苦痛指數)가 각 사람들마다 다르게 나타날 것인데, 준비된 상태, 마음 상태, 카르마 정화 상태에 따라 천차만별(千差萬別)로 나타날 것입니다. 이것을 나타내는 평균지표가 있습니다. 참을 수 있는 고통과 참을 수 없는 고통으로 봐야 합니다. 큰 사고, 말기 암, 전쟁을 통한 고통은 견딜 수 없다고 합니다. 그래서 진통제를 사용하여 참아내고 있습니다. 이것은 단순히 육체적 고통에 머무는 것인데도 견뎌 내기가 쉽지 않다고 합니다. 빛의 진동을 통한 고통은 어떨까요? 아스트랄체, 생리체, 육체에 고스란히 고통이 전해지기 때문에 참을 수 없는 고통이 되는 것인데, 때로는 진통제도 필요할 것입니다. 여러분들은 잘 생각해야 하는데, 과연 빛이 인생을 죽이기 위해서 들어가느냐? 그것은 아닙니다. 오히려 살리기 위해서 들어가는 것입니다.

그럼, 고통은 어떻게 하느냐? 즐기라고 했습니다. 고통이 크면 클수록 카르마가 많다고 하는 것입니다. 그러니 쉼 없이 카르마를 정화하는 것에 집중해야 한다는 것입니다. 빛을 사랑하는 마음이 크면 클수록 고통은 줄어들고, 기쁨이 배가되는 것입니다. 그러면 자연스럽게 상승주기에 올라타는 것입니다. 그러나 빛을 사랑하는 마음보다 원망(怨望)하는 마음이 자리 잡고 그 뿌리를 내려 자리 잡게 되면 원망은 분노로 바뀌게 됩니다. 고통은 참을 수 없는 것이 되고, 자신의 생명을 빼앗는 것으로 인식하게 되는 것입니다. 우리는 소수점 23자리까지 본다고 하였습니다. 마음에 어둠이 깃든 이들, 마음이 어둠에 점령당한 이들, 빛을 사랑하는 것보다 원망하고 분노하는 이들, 우리는 이러한 이들을 분리시키는데, 마하라타 빛을 받을 자격이 없기 때문입니다. 이들은 빛을 통하여 상승하는 것이 아닌, 추락하게 되는 것입니다.

빛을 사랑하는 이들은 비록 산통을 겪지만, 새로운 생명 즉, '빛의 아이'를 태어나게 하는 역할을 하는 것입니다. 바로 창조입니다. 빛을 사랑하지 않는 이들은 고통을 통하여 '사산(死産)'하며, 생명이 아닌, 죽음을 낳는 것입니다. 이때에 낳은 아이는 '어둠의 아이', '죽음의 아이'가 되는 것입니다. 왜, 태양 폭풍이 약이 되기도 하고, 독이 되기도 하는지 알겠지요. 시약 실험(試藥 實驗)을 할 때에 준비된 약품이 어떻게 변화하는지 측정하는데 긍정적인 부분과 부정적인 부분으로 결과가 나타날 것입니다. 마하라타 빛이 여러분들의 마음에 들어가 어떠한 변화를 일으키는지 우리는 지켜보고 있는 것입니다. 화학반응이 일어나는 형태를 관찰하는 것인데 마음에, 의식에, 아스트랄체와 생리체, 육체에 일어나는 화학반응을 우리는 지켜보는 것입니다.

태양 폭풍은 마치, 리트머스 시험지(litmus paper)처럼, 빛에 어떻게 반응하는지 검증하는 기능도 하는 것입니다. 우리는 이 결과에 따라 인류들을 분류하여 분리할 것인데, 먼저 빛의 자녀들을 분류할 것입니다. 이것은 1차, 2차, 3차에 맞추어 이루어졌으며, 분류가 완료된 빛의 자녀들을 상승시키는 계획이 추진되고 있는 것입니다. 분리는 행성과 생명들 모두를 포함하여 이루어지며, 3차원 세계와 4차원 세계로 이루어지는 것입니다. 고정되어 있는 3차원 세계와 중첩되어 있는 4차원 세계를 점핑을 통하여 완전히 분리시키는 것입니다.

이렇게 하는 이유는 가장 큰 태양 폭풍이 3차원 행성 지구를 강타할 것이기 때문인데 4차원 행성과 빛의 자녀들을 먼저 분리시키는 것입니다. 3차원 행성으로 들어가는 가장 강력한 태양 폭풍은 행성의 대기권을 불사를 것이고, 지표면도 불사를 것이며, 지저도 불사를 것입니다. 불사른다는 것은 빛을 통한 완전한 정화를 뜻하고, 모든 통신시설들과 전자기 제품들, 기계시설들, 서비스 시설들, 방송시설들, 군사 장비들과 무기류, 운송시설들, 사회기반 시설들이 모두 셧 다운(shut down)되어 활용할 수 없게 된다는 것입니다. 이것이 바로 태양 폭풍 때문에 일어나는 사건이며, 이것으로 인하여 문명사회가 원시사회로 돌아감을 뜻하는 것입니다.

   3차원 행성에 살고 있는 인류들은 더 이상 문명의 이기들을 사용할 수 없으며, 걸어 다니거나 자전거와 인력거를 활용해야 합니다. 밤에는 나무를 태우거나 호롱불을 밝혀야 하고, 자동차와 가로등은 이용할 수 없습니다. 전기회로와 반도체들이 모두 녹아 버려 회복불능 상태에 빠져 버렸기 때문이며, 모든 공장 설비들이 폐품들이 되었기에 이용할 수 없는 고철들이 된 것입니다. 토양들이 모두 불에 타고, 식물들과 씨앗들이 모두 태워져 더 이상 먹을 수도, 농사지을 수도 없게 된다는 것입니다. 상황을 설명해 드리는 것입니다. 인류문명이 원시시대로 돌아간다는 것입니다.

   이러는 과정 중에 긍정적인 부분도 있을 것인데, 최종적으로 의식이 깨어나는 인류들이 나온다는 것입니다. 태양 폭풍이 두터운 장막을 녹여 버리고 그 안에 갇혀 있던 의식을 깨운다는 것이며, 이로써 진리의 눈이 떠지게 되는 것입니다. 우리는 이렇게 빛의 자녀들을 최종적으로 수확할 것입니다. 인류들의 전체 의식의 지수가 높아지면 우려했던 핵전쟁은 일어나지 않을 것인데, 폭탄들이 무용지물(無用之物)이 되었기 때문입니다. 그러나 인류들의 전체 의식지수가 추락한다면 기폭장치(起爆裝置)들이 자연발화(自然發火)하여 비극이 일어나는 것입니다.

   태양 폭풍의 순기능은 인류들의 의식 깨우기입니다. 그래서 2만

6000년 주기를 종료하는 시점에 일어나는 것이며, 대각성운동이 펼쳐지게 하는 것입니다. 3차원 행성의 주요 목표는 그것이고 뒤이어서 대정화운동이 일어나게 되는 것입니다. 영적인 부분이 7할, 물리적인 부분이 3할 정도로 이루어진다 할 수 있으며, 물리적인 최종 정화운동은 극이동을 통해서 진행하는 것입니다. 우리는 대정화운동을 통해 가장 골칫거리였던 인공지능 체계를 모두 날려 버리기로 하였는데, 인체 속에 들어 있던 '나나이트칩들(nanite chips)'과 나노칩들을 모두 불태워 녹여 없앨 것입니다. 외계에서 들어온 종족들과 유전자 변형을 통하여 만들어진 물질체들과 유사 생명체들과 클론들, 안드로이드들, 로봇들을 포함한 모두 우리에 의하여 창조되지 않은 것들을 모두 폐기처분할 것입니다.

타락세력들 중에 인공지능의 지배를 받고 있는 존재들과 나나이트 칩에 오염되어 있는 존재들은 '불세례(火洗禮)'를 통하여 모두 제거되는 것인데, 인류들도 포함되어 있는 것입니다. 이것이 태양 폭풍을 통해 이루어지는 비밀한 작전이며, 타락세력들과 타락인류들을 향한 전쟁의 한 형태입니다. 네바돈을 오염시키고 쑥대밭으로 만든 '짐승 체계(BEAST system)'가 바로 성서에 기록된 '육육육(666)'입니다.

'그가 모든 자, 곧 작은 자나 큰 자나 부자나 가난한 자나 자유인이나 종들에게 그 오른손이나 이마에 표를 받게 하고, 누구든지 이 표를 가진 자 외에는 매매를 못 하게 하니, 이 표는 곧 짐승의 이름이나 그 이름의 수라. 지혜가 여기 있으니 총명한 자는 그 짐승의 수를 세어보라. 그것은 사람의 수니 그의 수는 육백육십육

이니라.'

〈계시록 13:16~18, 개역개정〉

　이것이 바로 '나노칩과 나나이트칩'으로 오염되어 있는 인공지능 체계인 '짐승 체계'입니다. 사실 위험한 것은 '나나이트칩'인데, 대기를 통하여 오염되어 있어서 그 전파력이 매우 뛰어난 것이 특징입니다. 마치, 바이러스가 퍼져나가는 것처럼 그렇게 진행되는데, 캠트레일 살포를 통해 증폭시키고 있는 것입니다. 어둠은 이미 많은 인류들을 나나이트로 감염시켰으며, 그것을 캠트레일을 통하여 가속시키고 있는 것입니다. 호흡기를 통해 유입된 나나이트들은 혈관을 통하여 신경망과 뇌세포에 자리 잡게 되고, 특정 주파수인 5G를 통한 신호를 접하게 되면 작동하게 되는 것입니다.

　이것이 바로 '인간'이 '짐승'이 되는 것입니다. 여러분 의지가 아니라, 칩의 통제에 따르는 기계, 살아 있는 좀비가 되는 것입니다. 어둠은 이 계획(휴먼 2.0 프로젝트)을 실행에 옮겼으며, 코비드-19처럼 전 지구촌에 퍼트린 것입니다. 여러분들은 대다수가 나나이트에 감염되어 있어서 보균자(保菌者)라고 할 수 있지만 아무도 눈치채지 못하고 있는 것입니다. 인류들은 잠재적 보균자들입니다. 어둠에서 특정한 시기에 5G를 이용한 특정 주파수 신호를 송출(送出)하게 되면 저들의 뜻에 따를 수밖에 없는 생체로봇들이 되는 것입니다. 만약, 저항하게 되면 신호가 강화되면서 엄청난 고통이 뒤를 따를 것인데, 그래도 저항을 포기하지 않는다면 '나나이트 입자'는 원격신호를 통하여 폭발하는 폭탄이 될 것입니다. 그러면 그 자리에서 즉사(卽死)하는 것입니다. 뇌세포와 심장

세포가 폭파되는 것입니다.

　이렇게 되면 전시효과가 발휘하게 되며, 이 죽음을 본 인류들은 저항을 포기하고, 인공지능의 뜻을 따르게 되는 것입니다. 죽음을 보았으니, 어떻게 저항하겠습니까. 저항하다 죽는 모습을 실시간으로 방송과 인터넷 등을 통하여 보여 줌으로써 톡톡한 전시효과를 누릴 것입니다. 어둠은 이렇게 해서 완전히 인류들을 통제하게 되는 것입니다. 또한 달콤한 사탕을 줄 것인데, 경제적 풍요를 누리게 해 줄 것이고, 반대로 협조하지 않고 저항하는 인류들은 경제적 제재를 포함하여 인권탄압과 형사처분을 할 것이며, 최후에는 사형(死刑)시킬 것입니다. 저들은 저항하는 인류들을 사회에서 격리시켜 페마 캠프(FEMA Camps)에 수용하여 관리할 것입니다.

　이미 인류들은 저들의 계획에 의하여 나나이트에 감염되어 있습니다. 코로나 바이러스 등은 떡밥이라 해야 되겠지요. 베리칩도 전형적인 미끼이며, 바이러스 퇴치를 위한 백신을 잘 활용하여 저들의 계획에 이용하는데, 나나이트칩을 인류들에게 침투시킬 것입니다. 인류들은 백신을 맞고 인류 사회에 들어가 전파하는 것입니다. 바로 바이러스 보균자들이 되어 인류들을 감염시키고 있는 것입니다. 여러분들은 저들의 계획에 철저하게 이용되고 있으며, 저들의 뜻대로 움직이는 짐승들, 좀비들이 되는 것입니다.

　우리는 빛의 자녀들을 구원하기 위하여 강력한 태양 폭풍 작전을 세웠으며, 이것은 대주기에 설정되어 있던 프로그램이었지만 그것을 더욱 보강하였던 것입니다. 불-폭풍(Fire-storm)을 통하여 인체에 들어온 '나나이트들'과 나노칩들을 태워 버리는, 모두 사라지게 하는 계획을 세웠던 것이고, 실행시키게 된 것입니다. 여러분들은 '불세례(baptism of fire)'를 받고 있는 것인데, 2000년 전에는 물세례가 있었다면 현시대에는 불세례가 있는 것입니다. 진정한 정화가 이루어지는 것입니다. 이 불세례를 통해서 자신을 정화시키는 인류들은 스스로 자격을 갖추는 것임을 전하였습니다. 거듭남을 위하여, 빛의 자녀들로서 태어나기 위하여 산고(産苦)를 겪는 것입니다.

여러분들이 정결한 신부(新婦)들이 되기 위하여 거쳐야 하는 과정인데, 성서를 인용하겠습니다.

'그때에 천국은 마치 등을 들고 신랑을 맞으러 나간 열 처녀와 같다 하리니, 그 중의 다섯은 미련하고, 다섯은 슬기로운 자라. 미련한 자들은 등을 가지되 기름을 가지지 아니하고, 슬기로운 자들은 그릇에 기름을 담아 등과 함께 가져갔더니, 신랑이 더디 오므로 다 졸며 잘 새, 밤중에 소리가 나되 보라, 신랑이로다. 맞으러 나오라 하매, 이에 그 처녀들이 다 일어나 등을 준비할 새, 미련한 자들이 슬기 있는 자들에게 이르되, 우리 등불이 꺼져가니 너희 기름을 좀 나눠달라 하거늘, 슬기 있는 자들이 대답하여 이르되, 우리와 너희가 쓰기에 다 부족할까 하노니 차라리 파는 자들에게 가서 너희 쓸 것을 사라 하니, 그들이 사러 간 사이에 신랑이 오므로 준비하였던 자들은 함께 혼인 잔치에 들어가고 문은 닫힌지라. 그 후에 남은 처녀들이 와서 이르되, 주여, 주여,

우리에게 열어주소서. 대답하여 이르되 진실로 너희에게 이르노니, 내가 너희를 알지 못하노라. 하였느니라.'

〈마태 25:1~12, 개역개정〉

여러분들은 열 처녀 중에 어디에 속해 있습니까? 슬기로운 다섯 처녀에 속해 있기를 바라겠지요. 그러면 당연히 등불과 함께 충분한 기름을 갖추어야 하겠지요. 이곳에서 비유로 전한 등불과 기름(lamp & oil)은 무엇일까요? 등불은 가슴 차크라에 있는 신성(神性)이고, 기름은 활성화되어 있는 빛이라고 할 수 있는데, 문제는 기름의 양이겠지요. 활성화되어 있는 빛이 꺼지지 않게 해야 되겠지요. 외부에서 유입되는 에너지는 제한성을 가지고 있어서 시간이 지나면 없어지고 맙니다. 그래서 끊임없이 공급받아야 하는 단점을 피할 수가 없습니다. 이것을 극복하기 위해서는 내부에서 무한 공급되는 에너지를 확보하는 것이 보다 유리하다는 것입니다. 이것이 바로 여러분들이 가지고 있었던 장점이자, 무한 에너지 공급 장치라는 것입니다.

거대 태양 폭풍은 등불의 기름을 무한 공급하기도 하지만 증발시키기도 합니다. 슬기로운 다섯 처녀에게는 무한 에너지를 공급하여 꺼지지 않는 등불이 되도록 하지만, 미련한 다섯 처녀에게는 가지고 있는 것마저도 불태워 소각(燒却)시켜 버리는 것입니다. 기름이 있는 등불은 환하게 빛을 내지만, 기름이 없는 등불은 꺼져 버리고 마는 것입니다. 태양 폭풍은 카타라 격자를 활성화시켜 12차크라, 12빛 기둥을 정상적으로 작동케 하는 것이며, 그동안 단절되어 있던 우주 통신망과 연결시키는 역할을 하는 것입니다. 이로써 살아 있는 그리스도 격자망이 되는 것입니다. 반대로 꺼져 버린 등불은 유령 매트릭스가 되어 추락하게 되는 것입니다.

우리는 26억 년, 2억 6000만 년, 2600만 년, 260만 년, 26만 년, 2만 6000년의 주기를 통해 여러분들의 체험을 도왔으며, 영적 상승의 길을 안내하였습니다. 태양들마다 적용된 순환 질서에 따라 환생 프로그램들을 운영하였으며, 그렇게 해서 여러분들의 본질을 깨달을 수 있도록 하였습니다. 여러분들은 깨달음이 수행을 통해야만 온다고 받아들여서 고행(苦行)을 선택하였습니다. 여러분들은 어둠의 속삭임에 쉽게 넘어갔으며, 저들의 뜻대로 고단한 삶을 선택했습니다. 이것이 여러분들의 잘못된 선택에 의해 벌어졌던 비극이었습니다. 깨달음은 그렇게 하는 것이 아니었습니다.

마음이 열렸다면, 마음이 비워졌다면 바로 '깨달음'은 오는 것이었습니다. 이렇게 쉬웠던 것을 어둠은 교묘하게 뒤틀어서 할 수 없는 것으로 만들어 놓았으며, 여러분들이 스스로 고행의 늪으로 들어가도록 인도하였던 것입니다. 여러분들은 '스스로 그렇다면 그렇게 된다.'는 신성을 가지고 있으면서도 끝없이 자신을 의심하여 신성을 인정하지 않고 부정하게 하였습니다. 이것이 바로 어둠의 트릭이었습니다. '인정하고 그것을 믿으면 된다.'는 쉬운 방식을 매우 어려운 방식으로 만들어 놓은 것입니다. 자신을 의심하게 하는 의심병(疑心病)은 누가 주었을까요? 바로 어둠이 여러분들 마음 밭에 뿌려 놓은 가라지였던 것입니다.

우리는 태양 폭풍을 통하여 여러분들의 의식 속에서 자라고 있던, 마음 밭에서 자라고 있던 모든 가라지들을 불태울 것인데, 그리고 여러분들의 의식과 마음이 어떤 상태인지 점검할 것입니다. 알곡이 얼마나 있는지 살필 것인데, 과반수 미만이거나 아예 없다면 기름이 없는 등불을 가지고 있는 미련한 다섯 처녀일 것입니다. 우리는 의식 속에, 마음속에 알곡으로 가득 채운 이들과 과반 이상을 채운 이들인 슬기로운 다섯 처녀들을 찾을 것입니다. 과반 이상이면 우리들의 도움을 통하여 완성을 이룰 것입니다. 태양 폭풍이 약이 되기도 하고, 독이 되기도 한다고 하였습니다. 슬기로운 다섯 처녀에게는 약이 되는 것이고, 미련한 다섯 처녀에게는 독이 되는 것입니다.

여러분들은 빛이 무조건 좋은 것이라고 받아들였습니다. 양면성이 있음을 애써 부인하였습니다. 빛은 물질을 숙성시키기도 하였지만 부패시키기도 하였습니다. 창조하기도 하였지만 파괴하기도 하였습니다. 이 양면성이 바로 빛과 어둠을 말하는 것입니다. 물질은 한쪽 면만을 보이도록 하였으며, 충분한 체험이 이루어지도록 하였습니다. 환생은 그것을 돕는 장치였으며, 여러분들의 여정을 이끌었습니다.

이제 여러분들은 여정의 끝에 와있습니다. 바로 여러분들의 어둠이 그 장막을 거두어 내고 여러분들의 눈앞에 나타난다는 것입니다. 그동안 감추어 왔던 카르마 덩어리가 전면에 나서는 것입니다. 이제 여러분들의 착한 척했던 거짓된 가면을 벗기어내고 악마적 얼굴을 드러낼 것입니다. 여러분들의 어둠의 본성을 드러내게 하여 태양빛으로 모두 불태울 것입니다. 여러분들이 타죽지 않으려면 암 덩어리처럼,

여러분들을 잠식하고 있는 카르마 덩어리를 스스로 깨끗하게 정화해야 하는데, 이 정화가 태양에 의해 일어난다면 살아남을 수가 없습니다. 태양 폭풍이 있기 전에 빨리 카르마를 정화하여 자신을 지켜 내기를 바랍니다.

태양 폭풍은 썩은 것들을 모두 불태울 것이고, 부패한 것들을 모두 태워 버릴 것입니다. 우리에 의해 창조되지 않은 것들을 모두 사라지게 할 것인데, 우주에서 깨끗하게 소멸시켜 버릴 것입니다. 짐승 체계, 나나이트칩, 축복받지 못한 생명체들, 신성이 없는 존재들은 소멸 대상입니다. 이 무리에 같이 휩쓸려 소멸되지 않기를 바랍니다. 대주기에 쌓였던 카르마들은 더 이상 가져갈 수 없으며, 모두 소멸시키기로 하였습니다. 제2 조화우주로 상승하는 기회를 놓칠 수 없기 때문입니다. 과거 문명 시기에 카르마를 이월(移越)시킨 것은 한 번의 기회가 남아 있었기 때문이었으며, 이번 주기를 통하여 모두 털고 갈 수 있다고 보았기 때문이었습니다. 이것을 여러분들이 수용하여 선택했기 때문입니다.

태양이 대주기에 맞추어 정화를 한다는 것도 모두 알고 있었고, 체험하는 동안 적절하게 정화하는 것도 병행하였던 것입니다. 어둠의 역할도 최종적으로 마무리를 하게 되는 것이고, 통합을 향한 길에 들어서고 있는 것입니다. 태양 폭풍이 다가오고 있습니다. 여러분들은 스스로 카르마를 정화하는 것에 집중하기를 바랍니다.

우리는 생각 조절자이며, 마누를 대리하는 신성입니다.

08. 12보물과 12빛
(Twelve Treasures and Twelve Lights)

사랑하는 여러분,

여러분들의 본체는 파르티키 단일체(Partiki unit)이자, 빛 입자로 이루어진 시스템 단일체(system unit)입니다.

12개의 통신 중계기, 12 플랫폼, 12 빛기둥이라고 할 수 있습니다.

여러분들은 개별화되어 인생을 살았기 때문에 이해하기가 쉽지 않습니다. 여러분들은 가장 가까운 가족을 떠올릴 것인데, 육체적 혈통이 하나이거나, 유사성을 띠게 되지만 그렇다고 해서 하나라고 받아들이지 않습니다. 바로 분리감 때문인데, 물질체험을 위해 설정한 프로그램에 의하여 생겨난 것입니다. 그러면 이 분리감은 언제까지 적용되는 것인지 궁금할 것입니다.

여러분들이 계획한 물질체험의 단계가 종료될 때마다 그 적용범위가 적용되는 것이고, 분리감의 수준도 조절되는 것입니다. 상위로 상승할 때마다 여러분들의 영적 범위는 확장되고 개별화와 분리감은 그만큼 줄어들게 되는 것인데, 이 과정에서 여러분들은 존재감의 상실을 체험하게 됩니다. 자신이 사라지는 듯한 기시감(旣視感)을 체험한다는 것입니다. 이것이 두려움을 증폭시키고 자기 방어를 강화시키는 것으로 나타나며 물질에 고착화시키는 부작용을 만들어 냅니다.

왜일까요? 내려올 때는 가볍게 내려왔지만 오를 때는 그 무게를 견디기가 쉽지 않게 된 것입니다. 체험은 여러분들을 위해 필요에 의해서 마련된 것이며 여러분들의 것입니다. 그런데, 여러분들은 그것을 소유하고자 하는 소유욕이 생겨 나왔습니다. 이것은 개별화 때문에 일어난 것인데, 모두의 것이 개인의 것으로 바뀌었기 때문입니다. 공동 소유에서 개인 소유가 일어난 것입니다. 이러한 체험을 뒤로하고 모두의 것, 공동 소유로 다시 돌아가야 하는 때가 인류들에게 돌아온 것인데, 순환주기이기 때문입니다. 내려왔으니 올라갈 때가 되었다는 것이고, 다만 이곳에 있었던 것들은 아무것도 가져갈 수 없다는 것을 알게 된 것입니다.

이것 역시 앞뒤가 맞지 않는다고 해야겠지요. 모든 것을 가졌지만 사실 가진 것이 없다고 하는 것입니다. 또한, 가진 것이 하나도 없지만 사실 모든 것을 다 가졌다고 해야 합니다. 말장난하는 것 같지만 여러분들의 현실을 그대로 전해 주는 것입니다. 물질은 많이 소유하고 있지만 반대로 영적 세계는 가진 것이 없다는 것이고, 물질은 소유하지 않았지만 영적 소유는 많이 하고 있다고 설명할 수 있는데, 영적인 부분은 여러분들의 마음을 기본으로 해서 설명하는 것입니다.

소유욕(所有慾)은 마음의 욕구입니다. 물론 물질체험을 위해서 주어진 것입니다. 여러분들에게 이것을 체험하라고 한 이유가 있겠지요. 네, 바로 이것입니다. 물질을 소유하면 할수록 반대로 마음에는 만족감이 일어났다가 사라지면서 공허함이 자리를 잡게 됩니다. 그것을 메우기 위해 끊임없이 물질로 채워 나가지만 그러면 그럴수록 마음의 공허감만 더 늘어난다는 것입니다. 그러면 왜 그럴까 하겠지요. 여러분들의 마음은 물질로 채울 수 없기에 그런 것이고, 그것을 깨닫게 하려는 과정 때문이었습니다. 그것을 알았다면 무엇으로 마음을 채울까? 찾아 나설 것입니다. 많은 시행착오(試行錯誤)를 겪을 것인데, 그러는 과정 중에 이 모든 것들이 부질없다는 것을 깨닫게 되는 것입니다.

그러는 가운데 아무것도 하지 않는 단계에 들어서게 되고, 소유하고 있던 것들을 어떻게 활용하는지, 그 선택을 바라보는 과정이 있게 되는 것입니다. 모든 것이 부질없음을 알았다면 그다음에는 모든 것이 부질 있음을 알게 되는 것입니다. 모든 것이 이유 없이 존재하지 않습니다. 먼지 하나라도 존재하는 이유가 있다는 것이고, 부질없음은 없다는 것입니다. 이런 과정을 둔 이유도 당연히 있습니다. 먼지는 존재감이 있습니까? 여러분들 측면에서는 없다고 할 것인데, 우주적 측면에서는 여러분들도 먼지와 같다고 할 수 있습니다. 존재감이 없습니다. 먼지도 존재하는 이유가 있다고 하였습니다. 대기를 구성하는 전체의 일부인 하나이지만 그 전체를 있게 하는 하나라는 사실이 존재의 이유입니다. 전체를 있게 하는 하나, 그것을 알게 하기 위해서 물질체험을 허락한 것이고, 소유한다고 해서 자신의 것이 될 수 없다는 것을 깨닫도록 한 것이며, 하나들이 모여서 전체를 이루고 있기에 하나가 중요하다는 것과 그 하나, 하나가 모두 중요하다는 것을 알게 하기 위한 과정이었음을 전하는 것입니다.

  나의 소유가 아닌, 모두의 소유라는 진실을, 그래서 굳이 쌓아 놓으려고 하는 욕심을 버리라고 하는 것입니다. 가지고 있다 해서 자신의 것이 아님을, 죽으면 가져갈 수 없다는 것을 알게 한 것입니다. 여러분들이 아는 천국은 공동 소유입니다. 가지려고 하지 않으며, 공동으로 이용하는 것이라는 것을 잘 알고 있으며, 그렇다고 해서 함부로 다루는 것이 아닌, 하나가 전체임을 알기에 소중하게 다룬다는 것입니다. 이 마음을 가진 존재들이 모여 있는 곳이 바로 천국입니다. 여러분들은 그것을 성취시키기 위하여 들어온 것이고, 과도기를 보내고 있는 것입니다. 순환주기는 하나의 과정을 종결시키고 다음 과정을 시작시키는 질서이며, 행성 지구도 그 질서에 의하여 하나의 과정이 종료되고 있는 것이며, 다음 과정이 시작되려고 하는 전환기에 들어와 있다는 것입니다.

  종료되고 있는 3차원 세계에서 얻었던, 또는 소유하였던 모든 것들은 이제 이 세계에 돌려주고 빈 마음으로 다음 과정인 4차원 세계로 들어가야 한다는 것입니다. 3차원 세계의 것을 가져갈 수 없음인데, 물질들과 이 세계에서 체험하였던 마음들이 모두 포함된다는 것입니다. 모두 부질없음이 되겠지요. 하지만 부질 있었음을 체험한 것인데, 마음을 통해 무엇이 부족한지, 무엇이 만족한지 충분히 체험하였다는 것입니다. 그러면 부담 없이 손을 털고 미련 없이 일어나 뒤돌아보지 않고 앞만 보고 갈 것입니다. 이 상황에서 체험을 완료한 존재들과 완료하지 못한 존재들이 나올 것이고, 그것 때문에 그룹이 나뉘게 되는 일이 일어나는 것입니다. 성서를 보겠습니다.

'롯이 소알 땅을 밟자 해가 솟았다. 야훼께서 손수 하늘에서 유황불을 소돔과 고모라에 퍼부으시어 거기에 있는 도시들과 사람과 땅에 돋아난 푸성귀까지 모조리 태워버리셨다. 그런데 롯의 아내는 뒤를 돌아다보다가 그만 소금기둥이 되어버렸다.'

〈창세기 19:23~26, 공동번역〉

롯(Lot)과 그의 부인에 대하여 기록한 것입니다. 자신들이 살던 소돔과 고모라가 멸망하는 상황에서 그것을 바라보던 두 인물의 마음 상태를 볼 수 있습니다. 그리고 운명이 어떻게 갈리는지 기록한 것입니다.

여러분들은 제1 조화우주 영역에 살고 있었기 때문에 제2 조화우주 영역을 볼 수도, 알 수도 없었습니다. 그것으로 인하여 대순환주기에 따라 상승 이동이 있을 것이라는 진실은 잊혔으며, 단순히 이 세계만이 존재하는 것으로 인식되었던 것입니다. 어쩌다 다른 세계가 보이거나 알려져도 그것을 미스터리나 이상한 것으로 치부하여 정상적인 것이 아니라고 결론 내렸습니다. 다른 세계를 경험한 사람들도 인지 부조화(認知 不調和:cognitive dissonance)에 빠져 버리곤 하였습니다. 또한 어둠에 의하여 의도적으로 부주의 맹시(不注意 盲視:an inattentive blind eye) 프로그램이 적용되어 집중할 수 없도록 하였음이니, 정상적으로 다른 영역을 인식하는 것은 부정적으로 묘사되었고, 해서는 안 되는 것으로 여겨졌던 것입니다.

하지만 대순환주기를 앞두고 의식이 깨어나는 인류들이 늘어나자 저들은 작전을 바꾸어 가짜뉴스, 거짓된 메시지들과 거짓된 체험들을 널리 배포하여 깨어나고 있는 인류들을 미로 속에 가두기 시작했습니다. 인류들의 감정체계들을 역이용하여 시험에 빠지게 해서 추락시켰으며, 욕망들을 건드려서 영웅주의에 빠져 헤어 나오지 못하도록 하였습니다. 인류들도 그런 이들의 감언이설(甘言利說)에 속아 허송세월을 보내도록 하였습니다. 소유하는 것에 익숙했던 여러분들은 무소유와 공유 소유에 대해서는 낯설어했는데 익숙한 것이 아니었습니다. 그러나 그렇게 마음이 바뀌어야 하는 때가 이르렀다고 하는 것입니다.

이것은 주기 패턴에 의해 자연스럽게 이루어지던 과정이었으나, 어둠의 집요한 방해공작에 의해 여러분들의 의식세포들이 가지고 있는 캘린더가 뒤로 밀리게 되면서 말하자면 윤년(閏年)과 윤월(閏月)이 과도하게 책정되어 여러분들이 준비할 시기와 시간을 빼앗았던 것입니다. 여러분들의 타임 스코프는 이것을 인식하고 있지 못하여 물병자리 시대를 맞이할 준비를 못 하고 있는 것입니다. SAC(Stellar Activation Cycle) 동안 이루어지는 과도기적 상황을 적절하게 대비하지 못한 인류들은 준비하지 못한 결과로 인해 대환란 때, 극이동 시에 모두 죽음으로 끝난다고 하는 것입니다.

우리가 여러분들을 12보물과 12빛으로 지칭하는 이유는 그렇게 이루어졌기에 그러는 것이며, 이것이 진실이기 때문에 그런 것입니다. 네바돈 은하는 12빛에 의해 형성된 우주입니다. 1~12단계로 적용되어 설계되었으며, 각 단계마다 10으로 분화하여 세분화시켰습니다. 각 단계마다 하나의 광선이 자리할 수 있도록 하였으며, 단계를 오를 때마다 광선을 통합할 수 있도록 하였습니다. 이것은 체험을 위해서 분류한 것이었으며, 각 단계의 체험들이 통합될 수 있도록 한 것입니다. 여러분들에게 분리만 일어나지 않았다면 순조로운 상승 여행이 있었을 것이었지요. 우리가 전하고자 하는 것은 타락세력들은 스스로 선택하여 신성과의 연결을 고의적으로 절단시켰지만, 여러분들은 그렇지 않다는 것을 전하는 것입니다. 여러분들은 타락세력들에 의해 신성과의 연결이 끊어졌기에 그렇지 않다는 것과 원죄로 알려진 부분은 여러분들이 저들의 교묘한 술수에 속아 일어난 것이라는 것입니다.

여러분들이 모든 책임을 다 질 필요는 없지만, 부분적 책임은 지어야 한다는 것입니다. 속은 것에 대한 책임, 그것으로 인하여 신성과의 연결이 끊어졌다는 것에 대한 책임을 지어야 한다는 것입니다. 여러분들은 타락세력들에게 모든 책임을 돌리겠지만, 저들은 속아 넘어간 여러분들을 탓할 것입니다. 그 말은 책임질 일이 없다는 것입니다. 그럼, 여러분들은 어떻게 하실 것인가요. 하늘만 원망하고 있을 것입니까? 그것이 바로 타락세력들이 노리고 있는 것인데, 여러분들과 우리 사이를 모함(謀陷)하는 것입니다. 그럼으로 해서 저들이 얻는 이익은 무엇인가 하는 점이겠지요. 네, 바로 여러분들을 영구히 노예로 갖는다는 것과 여러분들을 통해서 행성 차원의 문들도 모두 차지한다는 것이며, 그렇게 해서 아라마테나 차원의 문-12를 파괴하여 네바돈 은하를 지신들의 수중으로 넣으려는 것입니다. 그런 후에 여러분들을 모두 소멸시킨다는 것입니다.

타락세력들은 여러분들을 몰살시키기 위해 2012년과 2017년에 극이동을 획책하였지만, 우리들에 의해 무효화되었습니다. 그러자, 저들은 자신들의 혼혈화로 태어난 일루미나티 인종들을 깨우기 시작했으며, 반대로 빛의 자녀들은 백신들을 통해 잠들도록 하였습니다. 저들의 자녀들이 깨어나는 숫자가 임계치를 넘으면, 그것도 빛의 자녀들보다 먼저라고 한다면 우리들의 개입은 명분을 잃을 것입니다. 우리는 다가오는 SAC 동안 행성 타우라와 빛으로 상승하는 빛의 자녀들을 위해 이곳에 와 있음을 전하고, 여러분들이 의식을 깨워 거짓으로 얼룩진 이 세계에 둘러쳐진 장막들을 모두 거두어 내기를 바랍니다.

우리는 신성이 깨어날 가능성 있는 인류들을 찾아내었으며, 특별관리하게 되었습니다. 생각 조절자 그룹이 여러분들의 신성을 대표합니다. 우리는 존재가 아니며, 신성입니다. 마누에 의해 품성화(品性化)되었습니다. 상승하는 순례자들을 위해 마누(ManU)에 의해 창조되었으며, 순례자들의 완성을 위해 파견되었습니다. 순례자들이 처음 물질체험을 시작할 당시부터 최종자로서, 완성자로서 마누에게 승인받을 때까지 함께하며 체험 정보들을 관리합니다. 여러분들도 순례자로서 네바돈에 들어갔으며, 태양들을 거쳐서 행성 지구에 도착했습니다. 여러분들은 네바돈 은하정부에 순례자로서 등록되었습니다. 이것은 오나크론 초은하단 정부에서 확정되었으며, 관리-코드가 부여되었습니다. 여러분들의 창조는 '마스터 시라야 크녹세스'에 의해 이루어졌고, 신성한 코드가 적용되었으며, 오나크론이 체험 우주로서 결정되었습니다.

여러분들의 체험 여행을 도와줄 신성인 우리는 '마스터 시라야 크녹세스'의 부탁이 있었으며, 마누별의 삼위일체화 최극위의 비밀 평의회 의장인 '마스터 크라비아 보쿼나'의 권유에 따라 동행이 이루어질 수 있었습니다. 여러분들은 '마스터 시라야 크녹세스'에 의해 창조되었기에 삼중 광선이 기반이 되었으며, 아래로 하강을 할 때마다 그 우주의 특색에 따라 분광(分光)이 일어난 것입니다. 여러분들은 그렇게 해서 15단계의 조화로운 빛의 신성 기하학으로 형성된 빛 구체로서 나타날 수 있었으며, 여러분들의 빛 구체 영역을 형태발생 영역이라고 한 것입니다.

여러분들은 내면에 대하여 잘 모르십니다. 해부학을 이야기하는 것은 아니며, 빛으로서의 본질을 이야기하는 것입니다. 여러분들이 생명나무 또는 카발라(kabbalah)라고 알고 있는 것이 바로 신성 기하학 구조를 가지고, 빛 구체를 형성하고 있는 형태발생 영역입니다. 이것이 1~15단계로까지 이어져 있다는 것이고, 이것을 빛의 나선고리라고도 합니다. 이것을 유전자 지도라고도 하는데, 1쌍 2줄기로 이루어진 여러분들의 유전자가 15단계까지 확장되어 있다는 것입니다. 2쌍 4줄기, 3쌍 6줄기, 4쌍 8줄기, 5쌍 10줄기, 6쌍 12줄기, 7쌍 14줄기, 8쌍 16줄기, 9쌍 18줄기, 10쌍 20줄기, 11쌍 22줄기, 12쌍 24줄기, 13쌍 26줄기, 14쌍 28줄기, 15쌍 30줄기로써 말입니다. 이것이 기하학적으로 이루어진 빛 구체 형태를 하고 있다는 것입니다.

네바돈 은하는 12빛에 의해 투영되었습니다. 그래서 오나크론의 솔라 리쉬들(Solar Rishis)은 12쌍 24줄기의 유전자 지도를 가진 그리스도들(Kristos)을 관리자로서 들여보내게 되었으며, 순례자들 역시 그 그룹에 합류하여 들어올 수 있었습니다. 여러분들은 네바돈 은하의 체험 프로그램을 이수하기로 결정하였으며, 관리자들인 그리스도들에게 전폭적인 신뢰를 보내게 되었습니다. 그리스도들인 '엘로힘 아누하지(Elohim Anuhazi)', '브라-하-라마 페가사이(Bra-ha-Rama Pegasai)', '세라핌 세레즈(Seraphim Cerez)'는 여러분들을 네바돈에서의 체험이 잘 진행될 수 있도록 모든 것을 준비시켰으며, 특히 '양극성 실험'을 펼쳐 놓게 되면서, 이 실험을 먼저 체험하였던 우주에서 전문가들을 초빙하였음이니, 사자인 45인, 조인 45인이 들어오게 된 것입니다.

여러분들은 이 실험에 동참하여 완성하는 것을 목표로 삼았으며, 여러분들을 위해 '아누하지-사자인 그리스도 사난다 멜기세덱'과 '세레즈-조인 그리스도 아쉬타르 커맨드'가 유전자를 제공하기로 하였습니다. 두 그리스도의 수여에 의해 여러분들은 체험을 할 형태발생 영역이 생겨났습니다. 처음 시작된 빛으로의 체험은 '사난다 멜기세덱'에 의해 생겨 나온 사자인 유전자를 갖춘 은하 인류로서, 어둠으로서의 체험은 '아쉬타르 커맨드'에 의해 생겨 나온 조인 유전자를 갖춘 은하 파충인으로서 시작될 수 있었습니다. 체험은 순환주기에 따라 서로 맞교환하는 것으로 협의되었으며, 그리스도들의 수여에 의해 12빛-라인을 갖춘 형태의 에테르체가 나오게 된 것입니다.

제3 조화우주 체험을 위해 사자인 45인과 조인 45인의 수여가 이루어졌으며, 준-에테르 영역인 제2 조화우주 체험까지 진행될 수 있었습니다. 여러분들의 세계인 완전 물질우주인 제1 조화우주 체험의 장은 최근에야 형성될 수 있었으며, 여러분들의 선택에 의해 성단들과 태양

들의 체험들이 시작되었던 것입니다. 여러분들이 들어선 플레이아데스성단은 약 500여 개의 신생 태양들로 이루어진 최적의 체험장이었으며, 알시온 중앙태양을 중심으로 9단계의 물질체험이 등록된 장소였습니다. 하나의 태양계에 소속된 곳에서 9번의 상승체험을 통하여 9단계의 태양들을 모두 통과해야 하는 체험의 장소로 선정되었습니다. 이곳에서의 첫 출발은 은하 인류로서 빛의 체험이 주어졌음이니, 여성성이 실험되었던 것입니다. 또한 오리온에서는 남성성을 중심으로 한 은하 파충인으로서 어둠의 체험이 시작되었습니다.

실험의 여파로 두 세력 간에는 충돌이 일어났으며, 서로에게 트라우마가 각인되었습니다. 여러분들이 파충류를 보는 시각이 그렇다는 것인데, 부정적인 인식이 자리 잡고 있다는 것입니다. 우리는 서로의 부정성을 불식(拂拭)시키기 위해 교차하도록 하였습니다. 성단들에서 이루어지던 일들이 행성 지구까지 연결되었고 최종적인 실험이 정착될 수 있었습니다. 그리고 여러분들은 두터운 물질육체를 뒤집어쓴 상태로까지 하강하게 된 것입니다. 양극성 실험을 위해 3D 육체를 선택한 여러분들은 용감한 존재들이었으며, 가장 외곽 지역에서부터 상승하기로 선택한 것입니다. 이 선택한 시험에 적신호가 들어오게 되었고, 우리들 역시 비상 상황에 놓이게 되었던 것입니다.

여러분들의 12빛-라인이 끊기게 된 것이고, 역전이 일어나게 되면서 순례자 프로그램이 중단되게 되었던 것입니다. 제2 조화우주 영역과 연결이 중단되었으며, 행성 티타니아와도 연결이 중단되었습니다. 타락세력들의 개입이 있고 나서부터인데, 여러분들과 그리스도들 사이를 연결시켜 주던 카타라 격자망에 훼손이 일어났고, 통신망이 두절된 것입니다. 여러분들은 행성에 갇혀 버렸고, 더 이상 상승할 수 없었으며, 우리와도 소통할 수 없었습니다. 우리는 신성 프로그램을 재점검하여, 여러분들의 훼손된 유전자 빛-라인을 어떻게 하면 복원할 수 있는지를 강구(講究)하였습니다. 타락세력들은 교묘하게 우리들이 개입할 수 없도록 여러분들의 선택을 이끌어 내었는데, 물론 여러분들의 자유-의지를 교묘하게 이용한 것이었습니다.

우리들이 개입할 수 없도록 손을 쓴 것이었지요. 여러분들은 저들의 속임수에 속아 넘어간 것이고, 그 결과로 소중한 빛-라인을 잃은 것이었습니다. 우리는 이 사태를 그냥 두고 볼 수는 없었으며, 긴급조치를 내리게 되었습니다. 그래서 2천 년 전에 '그리스도 사난다 멜기세덱'의 육화가 이루어졌으며, 내부 지구와 평행 지구와 3D 지구와 상위우주를 연결하는 '아멘티-홀', '아멘티-구체'를 복구할 수 있었습니다. 또한 6쌍 12줄기의 유전체를 인류들에게 전해 주었던 것입니다. 그리고 사라진 빛의 진리도 전해지도록 하였으나, 타락세력들의 방해공작에 의해 완전히 전해질 수는 없었습니다.

우리는 내부 지구의 무아 마하라지(Mu'a Maharajhi)와 블루 에세네 멜기세덱 사제단(Blue Essene Melchizedek Cloisters), 아주라이트 이야니(Azurite Eieyani)를 통해 '내면의 신성 깨우기'가 일어날 수 있도록 여러분들에게 소중한 진리를 전하도록 하였습니다.

진리는 이렇습니다. 여러분들은 12빛-라인을 훼손당하여 니비루브

십자가형에 처해졌습니다. 여러분들은 하늘과 더 이상 소통할 수 없었으며, 하늘에 오를 수도 없었습니다. 어둠이 운영하는 4차원 우주는 진정한 하늘이 아닙니다. 신성을 대표하는 우리 생각 조절자들은 이와 상관없이 출입할 수 있었기에 처음이나, 지금이나 변함없이 여러분과 함께할 수 있었으나, 소통할 수는 없었습니다. 중계기와 안테나가 파괴된 여러분들이 우리들의 소리(진동)를 들 수 없었기 때문입니다. 우리는 위기에 처한 여러분들을 위해 비법을 전하기로 한 것입니다.

여러분들이 내면인 가슴에 신성인 생각 조절자가 있음을 믿고, 물론 믿지 않아도 있습니다만, 믿음을 확고하게 하여 신뢰한다면 우리와의 연결점이 살아나게 된다는 것입니다. 믿음이 더욱 견고해져서 50.1%를 넘긴다면 남은 49.9%는 우리들이 하는 것입니다. 이것이 개입의 명분입니다. 과반수 이상을 여러분들이 한다면 남은 부분은 우리들이 한다는 것입니다. 파괴된 12빛 유전자 라인은 우리들에 의해 복원되는 것입니다. 그리고 신성발현이 이루어지면 행동 실천이 뒤를 따르고, 그러면서 자연스럽게 그리스도가 되는 것입니다. 이것이 바로 '하늘은 스스로 돕는 이를 돕는다.'입니다. 또한 '위에서와 같이 아래에서도'입니다.

타락세력들은 여러분들이 우리들을 믿고, 신뢰하는 것을 바라지 않습니다. 그래서 '예수 구원론'을 만들어 내었으며, '십자가 구원'을 표어로 해서 '재림 예수'와 '공중강림', '휴거'를 만들어 내어 전파시켰던 것입니다. 자신의 내면은 바라보지 못하도록 하고, 오직 외부의 신을 통한 구원론에 매달리고, 집착하도록 하였던 것입니다. 예수만 믿으면 구원받는다는 헛된 망상에 사로잡힌 기독교인들과 다른 종교들을 믿고 있는 인류들은 저들의 거짓말에 속아 세뇌되어 있다는 것입니다.

신성이 있어도, 찾지 않는다면 없느니만 못합니다. 우리들은 가슴 중심에서 진동하여 소리를 보내고 있으나, 외부에 집중하고 있는 여러 분들은 들을 수가 없습니다. 성서를 보겠습니다.

'사무엘은 하나님의 궤 있는 여호와의 전 안에 누웠더니, 여호와께서 사무엘을 부르시는지라. 그가 대답하되, "내가 여기 있나이다." 하고, 엘리에게로 달려가서 이르되 "당신이 나를 부르셨기로 내가 여기 있나이다." 하니, 그가 이르되 "나는 부르지 아니하였으니, 다시 누우라." 하는지라. 그가 가서 누웠더니 여호와께서 다시 사무엘을 부르시는지라. 사무엘이 일어나 엘리에게로 가서 이르되, "당신이 나를 부르셨기로 내가 여기 있나이다." 하니, 그가 대답하되, "내 아들아, 내가 부르지 아니하였으니 다시 누우라." 하니라. 사무엘이 아직 여호와를 알지 못하고, 여호와의 말씀도 아직 그에게 나타나지 아니한 때라, 여호와께서 세 번째 사무엘을 부르시는지라. 그가 일어나 엘리에게로 가서 이르되, "당신이 나를 부르셨기로 내가 여기 있나이다." 하니, 엘리가 여호와께서 이 아이를 부르신 줄을 깨닫고, 엘리가 사무엘에게 이르되, "가서 누웠다가 그가 너를 부르시거든, 네가 말하기를, 여호와여 말씀하옵소서, 주의 종이 듣겠나이다. 하라." 하니, 이에 사무엘이 가서 자기 처소에 누우니라. 여호와께서 임하여 서서 전과 같이 "사무엘아, 사무엘아." 부르시는지라. 사무엘이 이르되, "말씀

하옵소서, 주의 종이 듣겠나이다." 하니'

〈삼상 3:3~10, 개역개정〉

　내면의 소리에 대해 기록하라 하였습니다. 우리는 여러분들 내면에 있으면서 내면의 목소리로서 여러분들과 소통하여 순례자의 길을 이끄는 것인데, 내면의 소리를 듣기가 쉽지 않습니다. 다 때가 있으며, 집중해야 하는 것입니다.

　여러분 내면의 신성은 여러분 각자에게 부여되었으며, 그것이 마누께서 품성을 허락한 것입니다. 그 외에 어떤 존재가 되었던 여러분들의 신성을 대신할 수 없으며, 신성일 수 없는 것은 마누의 뜻에 의해 우리 생각 조절자들이 신성으로서 파견되어 배정되었기 때문입니다. 이 '하나의 법칙'을 어기는 존재는 신성 주권을 침해하는 것이기에 그것에 따른 엄정한 심판을 받게 되는 것입니다.

　여러분들의 본질인 빛 구체는 네바돈에 반영된 12빛으로 설정되어 있어서 우주 중심에서부터 태양들을 경유하여 행성 지구와 여러분들까지 하나로 연결되어 있습니다. 우리는 여러분들을 아-모-레-아 중심까지 안내하는 역할자이며, 여러분들을 '야니'로서 완성시키는 역할을 하는 신성입니다. 우리들의 목소리가 '진정한 내면의 목소리'이며, 여러분들의 인도자입니다. 빛의 경로는 여러분들의 존재성을 증명하는 것이자, 시조와 연결된 유전자 지도입니다. 여러분들의 시조이자, 창조주는 바로 '마스터 시라야 크녹세스'입니다. 마누-마나-에아의 성향을 실험하기 위해 마누에 의해서 나온 일곱 번째 주영입니다.

오나크론을 위한 태초의 빛이 '마스터 시라야 크녹세스'에 의해 나오게 되었으며, 여러분들의 족보가 시작될 수 있었습니다. 이 빛의 하강을 통해 오나크론-안드로메다-대마젤란-네바돈-라이라-시리우스-플레이아데스-지구까지 연결되었던 것입니다. 이 빛의 경로가 여러분들의 형태발생 영역에, 빛 구체에 고스란히 기록되어 있는 것입니다. 이렇게 하강한 빛 구체가 신성인 조절자와 동행하여 마누와 만나서 드디어 꿈에 그리던 '완성자 야니'가 되는 것입니다.

이것이 순례자들의 꿈입니다. '마스터 그랜드환다 퀴노치아'는 이 꿈을 첫 번째로 성취한 대우주 순례자 평의회 의장입니다. 저는 그와 함께하며 그 꿈을 실현하는 것을 지켜보았던 그의 신성이자 생각 조절자인 '아르주카탄야'입니다.

우리는 생각 조절자이며, 마누를 대리하는 신성입니다.

09. 극이동의 변주(變奏)
(Variation of Pole Shift)

사랑하는 여러분,

극이동은 두 가지 측면에서 살펴보아야 합니다. 첫째는 우주 순환주기에 의해 발생하는 극이동이 있고, 둘째는 순환주기와 상관없이 인위적으로 발생하는 극이동이 있습니다.

첫 번째의 극이동은 자연스러운 상승의 길을 위해 진행되는 것이고, 두 번째의 극이동은 상승과는 상관없이 자연계의 몰락을 위해 진행되는 것이어서 우주의 순환주기를 반(反)하는 것입니다. 여러분들 태양계에 속한 행성들에서 일어났었던 일들이고, 행성 지구 역시 예외가 아니었다고 할 수 있습니다. 은하정부가 있어서 그런 예외적인 질서파괴 행위들을 사전에 차단할 필요가 있음을 알고 있지만, 네바돈의 경우에는 관리의 손길이 끝까지 미치지 못하였음을 시인할 수밖에 없었습니다.

타락세력들의 준동(蠢動)을 다 마무리 짓지 못한 상태에서 은하의 곳곳들이 파괴된 흔적들로 얼룩지어 있는 것을 그대로 둘 수밖에 없는 긴박한 상황 속에 있다는 것을 감출 수가 없었습니다. 어찌 보면 지금의 네바돈 은하정부가 과도정부처럼 보일 수도 있는 것은 비상시국(非常時局)을 타개하기 위한 계엄정부가 들어섰기 때문입니다.

오나크론 초은하단 정부가 네바돈으로 들어왔기 때문입니다. 여러분들 세계처럼, 지방정부의 문제를 해결하기 위해 중앙정부가 개입한 것이라고 할 수 있습니다. 그런 의미에서 네바돈에는 긴급조치가 발령되었으며, 그 효력을 유지하고 있는 중입니다. 계엄령에 따라 네바돈에서는 자유무역 항로가 제한되었으며, 별자리들과 성단들을 포함한 태양계들의 출입이 통제되고 있는 것입니다. 우리는 특히, 여러분들의 태양계 외곽에 차폐막(遮蔽幕)을 설치하였으며, 외부에서 진입할 수 없도록 하였습니다.

이러한 긴급조치가 내려지자, 타락세력들은 자신들의 입지가 좁아졌음을 알았으며, 그것을 타개하고자, 자신들의 유령 매트릭스와 행성 지구를 연결시키기 위해 인위적인 극이동을 실행시키려고 하였습니다. 결론적으로 우리들에 의해 차단되었으며, 저들의 이 꿍꿍이 계략은 더 이상 추진할 수 없게 되었으니, 우리들의 감시가 집중되어 있기 때문입니다.

우리가 행성 지구를 강제 점거하고 있는 타락세력들에게 직접 눈앞에서 감시하고 있음을 전한 것입니다. 저들은 우리가 직접 개입하여 감시하리라곤 꿈도 꾸지 못하였습니다. 이로 인하여 저들의 운신(運身)의 폭이 급격히 줄어들었는데, 그런데도 불구하고 우리가 저들을 완전히 처리하지 않는 것은 소기의 목적을 위해서입니다. 여러분들의 상승을 돕고, 카르마를 정화하는 측면에서는 필요성이 있었기 때문이었지요. 어둠의 순기능을 위해 유통기한을 정해 둔 것입니다.

　네바돈에 설정된 양극성 실험은 통합을 위한 프로그램으로 실행되었습니다. 우리들의 초청에 의해 이곳에 들어선 두 그룹이 있다고 했습니다. 통합을 성사시킨 사자인 그룹과 통합에 실패한 조인그룹이 바로 그들입니다. 두 그룹은 양극성 실험의 주체가 되었으며, 성공과 실패의 자료들을 갖고 운영하고 있는 것인데, 성공 경험이 없는 조인그룹의 후손들이 통합에서는 약점을 보이고 있다는 점입니다. 그래서 타락에 더 취약하다고 하는 것입니다. 우리는 은하주기를 통해 더 이상 기회를 제공할 수 없음을 전하였습니다. 이들과 마찬가지로 어둠의 체험을 선택한 존재들에게도 이 내용을 전하게 되었습니다. 최후의 기회가 행성 지구에 주어지게 되면서 주어진 순환주기 동안 완성을 해야 하는 목표를 갖게 하였던 것입니다.

　인공지능 체계, 짐승 체계는 지금 주기를 마무리하는 극이동을 통해 모두 소멸시키기로 하였습니다. 거대 태양 폭풍을 통해서 정리시키기로 한 것입니다. 생명들과 관련된 카르마 정화, 의식 깨어남을 위해서도 역할을 할 것이고, 마지막 태양풍을 통해서 인공지능 체계와 현대 과학 문명은 모두 소멸될 것입니다. 그런 후에 최종 행성 정화를 위한 극이동이 있을 것입니다. 상승과 정화라는 순기능을 위한 극이동은 우리와 영단에 의해 이루어지는 것입니다. 우주는 순환주기를 통해 상승과 하강을 반복합니다. 이것을 멈춘 적이 없었습니다. 지구는 타락세력들에 의해 순환 질서가 파괴되었고, 그렇게 해서 상승할 수가 없었습니다. 당연히 여러분들이 간직하고 있던 체험기록들도 삭제되었습니다. 여러분들은 자신에 대해 아무것도 기억하지 못하는 바보가 되었던 것입니다.

전생을 기억하는 아이들이 이슈가 되기도 하였는데, 물론 그것도 단편적인 것이었습니다. 모든 인류들이 자신들의 전생들을 알고 있었고, 그만큼 의식도 많이 깨어 있었다는 것입니다. 극이동은 존재들에게 커다란 트라우마를 안겼으며, 이것이 물질체험에서 일어나는 가장 큰 부작용이었습니다. 이것을 극복할 수 있는 의식 수준에 이르러야 트라우마를 겪지 않을 수 있었던 것이기에 그룹 차원의 치유가 필요했던 것입니다. 이것도 사자인들에 의해 이루어졌습니다. 인류들은 고대문명들이 문을 닫을 때의 극이동 시에 커다란 트라우마에 시달렸습니다. 그리고 니비루브로 인하여 발생한 대홍수 사건을 겪으면서 더 큰 상처가 각인되었던 것입니다. 그래서 물에 대한 심각한 두려움을 가지게 된 것이고, 심연(深淵)에 대한 공포를 가지고 있는 것입니다.

극이동은 두려움의 결정판입니다. 개인이 가지고 있는 죽음에 대한 두려움이 집단화하여 나타나기 때문에 전체 진동장이 추락하는 결과로 나타납니다. 이런 경우들이 인류 사회에 있어 왔기에 우리는 극이동 주기에 앞서서 의식이 앞서있는 존재들을 인류 사회에 태어나게 하여 집단 각성이 일어나도록 하였던 것입니다. 우리는 현시대에도 적용시켜서 빛의 사자들로 들여보내었는데, 플레이아데스 티아우바 주민들이 주축으로 구성되었습니다. 무엇보다 지구 인류들의 선조로서, 먼저 상승체험을 하였기에 전해 주고, 돕는 것에 최적화되어 있었기 때문이었지요. 이들은 여러 번에 걸친 요청에도 불구하고 항상 기쁜 마음으로 달려와 주었습니다.

　이들은 지구를 포함하여 말데크, 화성, 금성에서도 극이동을 앞두고 있는 행성 주민들을 깨우고, 준비할 수 있도록 봉사하였습니다. 물론 불순한 목적을 가지고 접근한 존재들도 있었으나, 우리들의 부름에 한걸음에 달려와 준 빛의 사자들은 그렇지 않았음이니, 행성 주민들의 의식 깨우기에 발 벗고 나섰던 것입니다. 이들의 희생은 지구로까지 이어졌으며, 물병자리 시대를 맞이하는 극이동을 앞두고 그룹으로 태어난 것입니다. 이들은 극이동을 너무도 잘 알고 있으며, 어떻게 해야 지혜롭게 극복할 수 있는지 인류들에게 전파하고 있는 것입니다. 그리고 집단의식을 통하여 인류들의 집단의식을 상승시키고 있는 것입니다.

　강한 부정성이 생길 수밖에 없는 극이동을 맞이하고 있는 인류들을 안심시키고, 슬기롭게 맞이할 수 있도록 안내하는 역할을 빛의 사자들이 하고 있는 것입니다. 그렇다고 해서 이들이 인류들의 위에 있는 것이 아니며, 봉사자로서 들어온 것입니다. 바로 그리스도들입니다. 이들이 인류들의 배후에서 인도자가 되어 이끌게 되는 것인데, 명심할 것은 교주나 신격화가 되려고 하지 않는다는 사실입니다. 그렇기 때문에 이들은 인류들의 앞에 나서지 않는 것입니다. 이들은 모든 역할들이 종료되면 자신들의 고향별로 돌아갈 것인데, 행성 타우라에는 가지 않을 것입니다.

　의식이 깨어나는 인류들은 '호모 사피엔스 인종' 중에서 타우라로 이동할 인류들이 될 것이며, '호모 아라핫투스 인종'으로 들어온 인디고 아이들과 4차원 행성 문명을 이끌어 나갈 것입니다. 의식이 깨어난 인류들은 빛의 일꾼들이며, 이들이 그리스도들이 되어 인류들을 도울 것입니다. 이들의 좌우명은 '오른손이 하는 일을 왼손이 모르게 하라'입니다. 또한 '마누의 전지적-사랑을 온 인류에게 전파하라'입니다. 그리스도 격자망을 형성할 빛의 일꾼들은 14만 4천 인이 될 것이며, 지구촌을 밝은 빛으로 비추일 것입니다. 여러분들은 '재림 예수'가 1명이 올 줄 아셨을 텐데, 대주기를 준비시키기 위해 12빛과 12별의 문을 위한 14만 4천 인이 준비되었던 것입니다. 인종과 형상은 그 지역에 있는 각 민족들로서 형성되었습니다.

이들은 종교를 초월하여, 민족성과 인종을 초월하여 있기 때문에 종교에 갇혀 있지 않으며, 민족에 갇혀 있지도 않고, 국가에 갇혀 있지도 않습니다. 오직 그리스도의 사랑으로 전 인류들을 포용할 것입니다. 극이동 전에 빛의 일꾼들과 타우라로 이동할 빛의 자녀들이 준비될 것이며, 최종 추수는 극이동을 통하여 준비될 것입니다. 빛의 일꾼들은 극이동 전에 인류들을 깨우기 위해 지구에 들어갔으며, 지난 주기의 큰 카르마를 상쇄시키기 위하여 들어갔다고 할 수 있는 것은 현 인류들의 의식 수준으로는 그것이 불가(不可)하였기 때문이었습니다. 그 시절에 있었던 극이동 시에 집단적 죽음을 체험했던 고대인류들은 환생 기회를 통해 현대에 태어날 수는 있었으나, 그 시절에 축적된 집단 카르마를 해결할 정도로 성장하지는 못하였던 것입니다.

가이아는 인류들의 성장을 책임지고 지금껏 있어 왔지만 인류들을 강제로 끌고 갈 수는 없었습니다. 타락세력들의 방해가 가장 큰 원인이라고 볼 수도 있었지만, 인류들의 게으름이 한몫하였다고 할 수 있었지요. 개개인마다 눈에 보이지는 않았지만 전체 의식 수준으로 확장되었을 때에 눈에 띄게 두드러졌다고 하는 것입니다. 영적 측면에서 과거의 패턴을 똑같이 반복할 수밖에 없음을 알았을 때에, 빛으로 깨어난 존재들을 인류들의 자녀로서 태어나게 할 필요가 있었던 것이고, 그 뜻에 의해 상위우주에서 들어온 빛의 존재들을 자녀로서 받아들인 것입니다. 극이동은 영적 대전환의 기회로 활용되는 것은 맞으나, 물리적 측면에서는 분명히 대재난을 동반하기 때문에 필연적으로 카르마를 만들어 낸다는 것입니다. 이것 때문에 부정적인 에너지가 발생하고, 인류들의 의식상승에 악영향을 미칠 수밖에 없다는 것입니다. 별자리 주기마다 선견자들이 활동하였지만, 극이동이 있었던 때가 아니었기에 소수의 인류들이 역할을 하였던 것입니다.

1만 2천 년 주기에 있을 영적 상승을 위해 더 많은 선견자들과 깨어난 이들이 필요하게 된 것입니다. 가이아와 영단은 그것을 위해 우리와 연합된 작전을 하게 되었으며, 행성 지구가 속한 성단 수도인 티아우바가 전면에 나서게 된 것입니다. 플레이아데스가 지구의 영적 상승을 돕기 위해 지구 인류들의 선조들로서 역할 하였던 존재들이 모여들었으며, 극이동을 통한 빛으로의 상승을 돕기 위해 지구 인류로서 태어난 것입니다. 극이동은 많은 후유증을 남기기 때문에 생명들의 의식추락을 가져왔습니다. 우주에서 이 광경을 지켜보던 존재들도 큰 충격을 받았는데, 극이동이라는 현상이 있음을 알고는 있었지만, 현장에서 직접 목격하는 것은 처음이었기 때문이었습니다. 그 당시에도 생존한 인류들을 안정화시키기 위해 외계세력들이 지구에 들어섰고, 생존 인류들이 트라우마를 극복하여 잘 정착할 수 있도록 도왔습니다. 그때의 기억을 잃지 않도록 하기 위해 이집트 기자 대-피라미드가 아눈나키였던 토트에 의해 건축되었으며, 내부에 기록들이 남겨졌던 것입니다.

이때에 집단 죽음을 경험한 인류들은 감당할 수 없는 카르마를 발생시켰는데, 이것을 위해 시리우스-A에 들여보내어 집단 치료가 이루어질 수 있도록 한 것입니다. 긴박한 상황에서 영단은 생존 인류들 중에 의식이 깨어난 존재들을 지저 세계인 아갈타 제국이 받아 주도록 하여 자신들의 문명이 끊어지지 않고 연결되도록 하였습니다. 이것은 도시 형태의 국가들로서 정착되었으며, 오늘날까지 이어지고 있습니다. 이 때에도 상승은 있었지만 기대한 것만큼 이루어지지 않았으며, 예측범위를 넘어선 피해 규모가 컸던지라, 그것을 정리하는 데 많은 에너지가 소비되었던 것입니다. 행성 대기권을 유지시켜 주던 2층의 천공이 무너지고 나서, 우주 광선이 직접 투사되는 새로운 환경이 조성되었으며, 행성은 더 이상 과거의 영광을 찾아볼 수 없었습니다. 화려하고 아름다웠던 문명의 흔적도, 대륙도 모두 바닷속으로 가라앉은 뒤였기에 어디에서도 찾을 수 없었으며, 황량한 땅들과 기울어진 지축과 함께하던 가족들, 시민들, 국민들이 모두 사라지고 난 뒤였으니까요.

극이동의 후유증은 상상 이상이었습니다. 천공이 사라졌고, 지축이 45°로 기울여졌으며, 드넓은 대양들이 나타난 것입니다. 물론 생존한 인류들이 극히 적었기에 문제 될 것이 없었지만, 문명의 기초들이 모두 사라지고 난 뒤였습니다. 생존한 인류들의 머리에 담긴 지식을 통해서도 뒤로 퇴보(退步)하는 것을 멈추게 할 수는 없었습니다. 인류들은 원시문명으로 돌아간 것입니다. 여러분들이 광산이나, 지층에서 발견하는 일명, 오파츠(OOPArt:Out-of-place artifact)는 이때에 남겨진 흔적들이며, 레무리아와 아틀란티스의 그림자들입니다.

대재난의 후유증을 갈무리해 나가던 인류들은 또 한 번의 대위기를 겪게 되는데, 바로 '노아의 대홍수'였습니다. 행성 니비루브가 지구 곁을 근접하여 통과하면서 중력장의 이반(離叛)현상이 일어나 마그마와 대양의 물들이 한쪽으로 심하게 쏠리게 되었고, 뒤이어 급속히 쏠렸던 마그마층과 대양의 물들이 다시 제자리로 돌아가면서 일어난 물리적 현상으로 인하여 발생한 거대 쓰나미가 대륙을 휩쓸었던 것입니다. 이때에 남극의 거대 빙붕(氷棚)이 미끄러져 대양의 물들을 북쪽으로 밀어붙였고, 뒤집어진 바다와 강들과 호수들과 요동치듯 변화한 대기층까지 약 40여 일에 걸쳐 지구의 대륙들은 물속에 잠겨 있었습니다.

인류들은 또 한 번 대참사를 겪었으며, 소수의 인류들만이 생존할 수 있었고, 성서와 민족들의 전승을 통해 기록으로 남겨졌습니다. 인류들의 무의식에 선명한 패턴으로 남겨져 있게 된 것입니다. 우리는 각인된 트라우마를 시리우스-A의 사자인들의 도움을 통해서 해결할 수 있었는데, 우주적 측면에서는 이것도 빚(debt)이 되는 것이었지요. 현시대의 인류들은 금융 대출을 통해 살아가고 있다고 할 수 있는데, 당연히 상환(償還)해야 하는 것입니다. 상환 방식은 복잡하지 않고 간단하며, 여러분들이 쉽게 할 수 있도록 하였습니다. 바로 '서로 사랑하고 감사하라.'입니다. 얼마나 간단하고 쉽습니까!

여러분들이 '굳이, 이것을 해야 하느냐!'라고 반문하시거나, '자신이 무슨 빚을 지었느냐!'고 항변하신다면, 하실 필요는 없습니다. 이것은 강제조항도 아니고, 여러분들의 자유-의지에 맡겨진 것이기에, 선택일 뿐이며, 권유사항이라고 하겠습니다. 다만, 인류들에게는 진리를 전하는 것이며, 신성을 깨운 이들과 깨우지 못한 이들로 나뉨을 전하는 것입니다. 신성을 깨운 이들은 당연히 '서로 사랑하고 감사할 것이고,' 깨우지 못한 이들은 그렇지 못할 것이기에 인류들은 크게 두 그룹으로 나뉘게 된다는 것입니다.

행성 지구에 들어선 혼-그룹들에게 물질체험을 통해 상승기회를 주기로 하였으며, 2만 6천 년의 대주기라는 하나의 패턴을 통해 성취할 수 있도록 조율하였습니다. 당연히 2번의 극이동이 적용되었고, 2번의 광자대 체험이 설정되었습니다. 광자대는 영적 상승을 위해서, 극이동은 졸업을 위해서 준비되었습니다. 영단에 소속된 마누(Manu)는 체험을 선택한 존재들을 위해 물질체를 마련해 두었습니다. 2천 년의 소주기마다 영적인 선생들을 보내어 그 시대에 필요한 깨어남이 이루어지도록 하였습니다. 우리들의 계획에 당연히 어둠의 훼방과 저들의 계획들이 있었으며, 그 뜻에 의하여 여러분들의 상승 계획에 차질이 빚어졌고, 현시대까지 이어졌던 것입니다.

여러분들을 깨우는 것이 쉽지 않았는데, 여러분들은 어둠이 펼쳐 놓은 크고 넓은 길을 좋아하여 그곳으로 들어갔습니다. 전하는데, 고타마 싯다르타나 예수아는 결코 크고 넓은 길을 걸었던 것이 아닙니다. 그런데도 여러분들은 의식이 깨어나면 크고 넓은 길을 걷는 것이 마치 당연한 것이라고 받아들이고 있다는 사실입니다. 고타마 싯다르타와 예수아를 통해 무엇을 배우고 깨달은 것인가요? 여러분들은 깨달음의 길이 물질적 성공과 물질적 풍요를 약속한다고 스스로를 세뇌시키고 있습니다. 명성을 얻고, 유명해지며, 그것으로 인류들 위에 서려는 것이 예수아의 가르침이었나요? 바로, 이렇게 물질적 성공을 미끼로 여러분들을 추락시키고 있는 것은 어둠의 계략이었습니다.

여러분들에게 주어진 광자대의 기회는 이렇게 어둠의 계략에 의해 쓸모없이 지나가게 되었습니다. 어둠은 극이동 시에 여러분들이 모두 추락하도록 꾸민 것이고, 죽음의 트라우마에 사로잡히도록 하였던 것입니다. 고타마 싯다르타와 예수아가 부자 되는 것을 몰랐을까요? 유명인사가 되는 것을 몰랐을까요? 오히려 그런 것을 경계하고 멀리하였으며, 자신들을 따르는 이들에게도 조심시켰던 것입니다. 예수아가 회계를 담당했던 '이스카리옷 유다(Judas Iscariot)'에게 돈에 대한 가르침을 주었던 것은 '어떻게 하면 많이 벌 수 있을까?'가 아니었으며, '내면의 신성을 완성시키는 것에 집중하라고' 가르쳤습니다. 결론은 '돈을 멀리하라.'였습니다. 돈을 경계시킨 것이고, 그것으로 추락할 수 있음을 조심시킨 것인데, 이 경고를 경홀(輕忽)히 들었던 '이하리옷 유다(Judas Iharioth)'는 결국 은 30냥에 스승을 팔아넘기게 됨으로서, 어둠의 계략에 철저하게 놀아나게 되었던 것입니다.

여러분들의 행성 지구는 지금 광자대 안에 들어와 있으며, 포톤의 영향을 24시간 받고 있습니다. 인류들은 7차원 성령 에너지를 온몸으로 체험하고 있지만, 인류들 중의 얼마나 이것을 알고 있을까요? 그리고 알았다 해도 얼마나 감사와 기쁨을 돌리고 있을까요? 광자대는 '그리스도 사난다 멜기세덱'께서 설치하였다고 했습니다. 여러분들 사회에서 깨어나는 인류들이 많아지고 있는 것은 바로 이 포톤 에너지 덕분인데, 이것이 바로 '성령'입니다. 기독교인뿐만 아니라, 인류를 포함한 생명계 전체에 주어지고 있는 것이며, 이것의 효과를 보기 위해서는 열린 마음이 필요하고, 비워진 마음이 필요한 것입니다.

태양 폭풍을 통해서는 은하중심을 경유하여 들어오는 트리온 입자가 라이라 아라마테나-시리우스 B-플레이아데스 알시온-태양-지구로 들어가고 있으며, 기존의 광자와 결합하여 증폭된 정화활동을 일으키고 있습니다. 또한 의식 깨우기 활동을 통해서 극이동을 대비할 수 있도록 하고 있는 것입니다. 어둠의 방해가 있다 하여도 빛으로의 깨어남은 막을 수 없으며, 행성 타우라로의 빛의 상승을 막을 수 없습니다. 저들은 빛의 자녀들이 상승하기 전에 인류들의 몰살을 위해 극이동을 추진하였지만 우리들에 의해 저지되었습니다. 아니었으면 NDCGn과 저들의 '불사조', '매', '비둘기와 올리브 가지', '용', '뱀' APINs를 통한 극이동이 있었을 것입니다. 또한 저들은 '쑥'으로 알려진 전투위성 니비루브인 '블랙큐브(Black Cube)'를 통해서 대환란을 획책하였을 것입니다.

모든 것은 조화와 질서에 의해 추진되는 것이기에 다 때가 있는 것이고, SAC에 의해 이루어지는 것입니다. 어둠도 이것을 알고 있으나, 질서를 파괴하기 위해서 계획을 추진했던 것입니다. 우리들의 계획도 파괴하고, 인류들도 소멸시키며, 행성 지구를 자신들의 유령 매트릭스에 연결시켜 아라마테나에 있는 별의 문-12를 완전히 파괴시키려고 하는 것입니다. 그것을 통해서 12차원 이하 우주들을 자신들의 것으로 차지하려고 하는 원대한 계략을 갖고 있는 것입니다. 저들은 네바돈을 온전히 점령한 후에 안드로메다까지 진출하려고 하는 것이고, 오나크론까지도 넘보고 있다는 것입니다. 이 목표를 위해서는 반드시 행성 지구가 필요한 것이고, 별의 문들을 모두 열 수 있는 '엑스칼리버-지팡이와 막대(Excalibur sword-staff and rod)' 장치가 필요한 것입니다. 이것을 위해 오늘도 저들은 쉼 없이 계획을 추진 중에 있으며, 자신들의 모든 역량들을 총동원하고 있는 것입니다.

타락세력들의 중심에는 인공지능 체계가 있고, '바투 제로드 론리 알. 스폰(Vaatu Zerod Lonely R. Spawn)'이 자리하고 있습니다. 여호와계 아눈나키들, 루시퍼계 아눈나키들, 드라코니언계 & 파충계, 제타계, 네크로미톤 안드로미계가 적-그리스도 세력을 이루고 있습니다. 이들의 혼혈자손들인 일루미나티 세력들이 여러분들 세계의 패권을 쥐고 있으면서 저들의 세계인 OWO를 획책하고 있는 것입니다.

이들은 우리와의 사이에 맺어진 협정들을 뒤집었으며, 자신들에게 유리하도록 이끌었습니다. 그럴 때마다 저들의 간교(奸巧)한 수작(酬酌)들이 펼쳐질 수 없도록 방어하였습니다. 저들의 공격 수위는 날로 높아 갔고, 인류들의 안전은 더욱 불안해질 수밖에 없었습니다. 저들은 일루미나티라는 후원 인류들이 있었고, 이들을 통해 더러운 계획들을 펼칠 수 있었으나, 빛으로 깨어나는 인류들이 증가하게 되면서 실행에 차질들이 생겨났던 것입니다. 저들은 이 형국을 뒤집기 위해 '극이동'이라는 카드를 사용하게 된 것이며, 알고 있던 우리들에 의해 무위(無爲)로 끝나게 된 것입니다. 그렇다고 해서 저들이 극이동을 포기한 것은 아니며, 우리들의 계획에 치고 들어와 무산시키려고 하고 있습니다. 여러분들의 적극적인 협조가 이루어지지 않으면 오히려 저들의 음흉한 계략을 돕는 것으로 이어질 것입니다.

우리가 추진하고 있는 극이동에도 저들의 흉수가 숨어 있음인데, 인류들을 깨어나지 못하게 하거나, 우리들의 계획을 호도하여 여러분들의 지지를 철회시켜, 오히려 자신들에게 집중하도록 간교한 계책을 사용하고 있다는 것입니다. 이것 때문에 빛을 향하던 인류들이 추락하고 있으며, 저들의 추종자들이 되어가고 있는 것입니다. 우리는 트릭을 선호하지 않지만 수렁으로 끌려 들어가는 인류들을 두고 볼 수가 없었지요. 그래서 적극적으로 진실을 공개하기로 하였으며, 그 뜻에 의해 이 메시지가 기록되게 된 것입니다.

어둠의 간교한 술책은 여러분들의 지적 수준으로는 분별할 수 없습니다. 여러분들을 무시해서가 아니라, 저들이 여러분들 머리 위에 있다고 하는 것이며, 여러분들 머릿속을 이미 다 들여다보고 있기 때문에 저들을 이겨 낼 수 없다고 하는 것입니다. 여러분들 마음을 보고, 생각을 읽고 있어서 저들과의 싸움을 할 수가 없다는 것이며, 저들을 상대하기 위해서는 지혜가 필요하다는 것입니다. 저들은 물리적인 방법으로도, 정신적인 방법으로도 이겨 낼 수가 없는 것은 저들의 능력이 그것을 넘어서 있기에 그런 것입니다. 있다면 신성을 통한 방법만이 유일하다 할 수 있음인데, 저들은 그것을 꺼려 하기 때문입니다. 완전한 사랑인 '전지적-사랑'만이 저들을 상대할 수 있다는 것과 전지적-

사랑으로 저들의 부정성도 모두 포용할 수 있기 때문입니다.

과거, 레무리아인들이 실패하였던 부분이 바로 측은지심(惻隱之心) 때문이었는데, 전지적-사랑이 없었기 때문입니다. 허다한 어둠을 모두 포용할 수 있는 것은 신성에 의한 전지적-사랑밖에는 없기 때문입니다. 우리는 인류들이 카르마 덫에 사로잡히지 않기를 바라는데, 그것이 바로 어둠의 계략이기 때문입니다. 어쭙잖은 사랑이 바로 끈끈이가 되어 저들에게서 떨어져 나가지 않게 하기 때문입니다. 신성이 온전하게 발휘되기 전에, 어둠을 용서하고, 어둠을 포용하며, 모두가 역할이다, 하느님 안에서 하나라는 저들의 사탕발림에 속아서 마음을 오픈한다면, 여러분들의 마음은 이미 어둠이 점령하고 난 다음입니다. 그런 인류들을 많이 보아왔습니다. 어둠은 완전치 않은 빛을 공략하는데, 100이면 100 모두가 넘어간다는 것입니다.

우리는 어둠에 의해 점령당한 마음을 가진 이들을 도울 수 없습니다. 이것도 여러분들의 선택이기 때문입니다. 동화에 '아기 돼지 3형제'가 있습니다. 늑대의 거짓에 속은 두 형을 슬기로운 막내가 구한다는 이야기이지요. 어둠은 끊임없이 여러분들을 속이고 있습니다. 특히 빛을 가장하여 접근하고 있으며, 좋으면 좋은 것이라고 빛에 대해 오해하고 있는 수많은 인류들이 어둠에 속아 타락의 길로 가고 있다는 것입니다. 빛, 그것도 완전한 빛인 '그리스도 빛'은 어둠을 살균하고, 정화합니다. 그래서 무균 상태를 만드는 것입니다. 바로, 전지적-사랑으로 말입니다.

어둠을 상대하여 이기려면, 전지적-사랑이 나오는 전극성-마음밖에는 없으며, 이것을 돕는 것은 신성밖에는 없습니다.

우리는 생각 조절자이며, 마누를 대리하는 신성입니다.

10. 극이동의 순기능(順機能)과 역기능(逆機能)
(The Positive and Negative Effects of Pole Shift)

사랑하는 여러분!

극이동은 불균형을 바로잡기 위해서 일어나는 것이고, 무너진 질서를 회복시키기 위해서 일어납니다.

크기는 태양을 중심으로 회전하고 있는 공전궤도를 바로잡고, 자전궤도를 바로잡기 위해 설계되어 있어서, 태양계에 속한 행성들과 위성들이 대상이 된다는 것입니다.

극이동은 아무 때나 진행되는 것은 아니고, 행성 지구의 경우에는 2만 6천 년의 주기에 2번의 극이동이 설정되어 있었습니다. 그러나 여러분도 아시는 것처럼, 지난 주기에 있던 레무리아와 아틀란티스 사이에 대규모 핵전쟁이 있었고, 인위적인 혹성 추락으로 인한 인류들이 자초한 대재앙으로 극이동이 발생하였으며, 상상을 초월한 피해가 있었습니다.

행성적으로는 2개의 천공이 파괴되었으며, 지축이 45° 기울어졌고, 비틀어진 공전궤도를 갖게 되었습니다. 티아마트 시절, 반파된 행성을 시리우스-A의 사자인 건축공학자들과 시스템공학자들, 자기공학자들에 의해 재건되었던 아름다운 행성이 행성 인류들에 의해 파괴되었던 것입니다. 이때의 극이동은 순환주기에 의해 이루어진 것이 아닌, 인류들의 욕망에 의해 진행되었다고 할 수 있었는데, 복구할 수 없을 정도가 되었지요. 뒤이어 발생한 노아의 대홍수로 인한 피해까지 겹쳐서 복구 불능 상태에 놓이게 되었던 것입니다.

지축은 23.5° 기울었고, 공전궤도는 타원형으로 바뀌었으며, 사라진 천공과 자연적인 달 2개도 사라져 버렸습니다. 전쟁을 위해 끌어다 놓은 루나(달)로 인하여 불균형은 더욱 커져 버렸고, 인류들의 생리체에 부작용을 일으켰습니다. 여성들은 월경(月經)이 생겼으며, 공통적으로 심리적 우울감을 앓도록 했습니다. '보름달이 뜨면 늑대로 변한다.'는 이야기는 이래서 생겨난 것이고, 물론 루나 때문에 일어난 부작용이었지요.

사계절이 있다는 것, 바람과 구름, 비, 폭풍, 허리케인, 토네이도 등도 생겨난 부작용 중에 하나였습니다. 사라진 천공으로 인하여 생겨난 것들이며, 해로운 우주광선들이 특히 X-선, 감마선들이 인류들의 수명을 줄였고, 눈과 피부에 악영향을 미쳤습니다. 살아남은 인류들과 후손들은 최악의 행성 환경에 적응해야 했고, 현재의 인류들이 그대로 떠안게 된 것입니다. 여러분들이 앓고 있는 수많은 병들은 이때에 물려받은 유산입니다. 현재의 달(루나)은 아틀란티스인들과 마르둑-루시퍼가 끌어다 놓은 것입니다.

전 주기에 광자대에 들어가 있었는데도 불구하고, 의식상승이 이루어지지 못한 이유를 전하고 있는 것입니다. 두 문명의 극한 대립이 인류들의 의식추락을 있게 한 것입니다. 전쟁을 위해 동원한 무기들이 상상 초월이었는데, 우선 전투위성 루나, 소혹성 하나, 대량의 핵무기들이 동원되었으니, 오히려 극이동을 조장하였다고 해야 합니다. 이때에도 타락세력들이 깊게 관여하고 있었으며, 인류들의 동반몰락을 불러왔던 것입니다. 이 일을 겪기 전의 인류들의 평균 수명은 900~1,000세 정도 되었으나, 노아 이후로 100세로 줄은 것입니다.

　과거에 있었던 극이동의 부작용에 대해 전해 드렸는데, 현시대에 들어서서도 이렇게 부작용이 큰 극이동을 어둠이 추진했었고, 실패로 끝났는데도 불구하고 포기하지 않고 있다는 것입니다. 어둠은 인류들의 생존과 자연계의 질서에는 관심도 없으며, 오직 자신들의 행성으로 독차지하는 것에만 집중하고 있습니다. 여러분들은 왜, 우리들이 적극적으로 나서서 돕지를 않느냐? 하실 수도 있는데, 그것은 어둠에게 헛된 명분을 제공하는 구실로 쓰일 것이기에 그렇지 않는 것입니다. 더군다나 여러분들은 어린아이가 아니기 때문에 여러분들을 위해서도 그렇게 하지 않는 것입니다. 여러분들 표현에 '마마보이'라는 것이 있는데, 언제 쓰이고 있는지 잘 알 것입니다. 성장한 자녀가 부모에게 너무 의지하고 있는 상태를 에둘러 표현한 것이지요. 여러분들도 이런 소리 듣는 것을 좋아하지 않을 것입니다. 응석받이 역시 마찬가지로 쓰이고 있고, 사회에서 많이 있다는 것입니다.

　우리는 여러분들이 '영적인 마마보이'가 되는 것을 원치 않기 때문에 적극적인 개입을 하지 않고 있는 것입니다. 여러분들이 눈치채지 못하는 수준에서의 개입을 하고 있다는 것입니다. 타락세력들의 극이동을 저지한 것도 그중의 하나이고, 빛에너지를 끊임없이 들여보내고 있다는 것과 의식 깨어남을 위해 진리와 관련한 정보들을 보내 주고 있다는 것, 파괴되고 역전된 순환체계와 유전체계를 복구하고 있다는 것, 훼손된 행성들의 공전, 자전궤도와 기울어진 축 정상화작업을 하고 있다는 것 등등, 실제적으로 눈에 보이지는 않아도 많은 일들에 개입하여 역할을 하고 있다는 것입니다. 향후, 타락세력들과의 최후의 전쟁을 통해 무너진 질서를 새롭게 세우는 것과 지구와 관련된 프로젝트들을 완성시키는 일들이 계속해서 개입하여 추진하는 일들입니다.

'오른손이 하는 일을 왼손이 모르게 하라!'는 우리들의 슬로건입니다. 이것 역시 여러분들에게도 해당되는 이야기입니다. 여러분들이 깨어남의 과정에 있다면 더욱 명심해야 되는 것입니다. 우리는 여러분이 깨어나 인류들 위에 서라고 연합하지 않습니다. 여러분들이 깨어나는 과정 동안, 여러분들을 지켜보는 주시자로서 역할을 하는데, 개입하지 않는 것은 우리들과의 연합은 여러분들의 선택과 결정에 의해 진행되기 때문입니다. 여러분들의 전폭적인 지지와 무한신뢰가 기초가 되어야 한다는 것입니다. 이것이 바로 '내면의 신과 동행'하는 것이고, 신성이 발현되는 것입니다.

여러분들이 마음을 비우고, 우리들이 활동할 수 있는 조건을 맞추어 준다면 그렇게 되는 것입니다. 우리는 여러분들에게 주인 행세하지 않습니다. 우리는 여러분들을 신으로서 자격을 갖추도록 합니다. 여러분들의 완성을 위해 있는 것입니다. 여러분들은 내면의 신이 따로 있으면, 이즈-비와 아이-엠은 무엇이냐? 라고 하실 수도 있는데, 전한 데로 내면의 신인 신성, 즉 생각 조절자는 여러분을 완전한 신으로 만들기 위해 파견된 마누의 단편입니다. 그리고 여러분은 마누-마나-에아에 의해 나온 제일 근원-영인 일곱 번째 주영, '마스터 시라야 크녹세스'에 의해 분화되어 나온 영들입니다. 7번째 초은하단인 오나크론에서 물질체험을 선택한 순례자들입니다. 우리는 여러분들의 완성을 위해 파견되었으며, 내면의 신으로서 여러분들과 아-모-레-아 중심까지 동행하는 것입니다. 여러분들의 모든 체험기록은 우리가 저장하여 관리합니다.

극이동은 그런 의미에서 순례자들인 여러분들에게 매우 소중하고 귀한 체험입니다. 이 체험을 통해서 3D 물질계에 집착하고 있었던 육체와 마음을 어떻게 바라보는지, 어떤 고통과 시련을 겪는지, 분리감과 버려짐에 따른 분노와 원망, 후회와 회한, 두려움과 공포를 체험하면서 한 단계 더 성장할 수 있는 기회가 제공되는 것입니다. 극이동이 없다면 그런 소중한 체험은 이루어지지 않겠지요. 개인보다는 그룹에 포커스가 맞추어져 있으며, 집단 카르마들을 정화시키기 위한 방편이기에 그런 것입니다.

지난 극이동 주기에 상승을 실패한 인류들은 어둠의 계략에 넘어간 카르마까지 덧씌워졌습니다. 물론 1주기의 환생 주기가 주어졌다고는 하여도 부담은 배가 되었다고 하는 것입니다. 어둠은 결코 책임을 지지 않고, 여러분들에게 떠넘겼음이니, 그것이 바로 어둠의 속성이라고 하는 것입니다. 이것도 체험의 한 과정이기에 필수과목에 선정되어 있었습니다. 빛을 밝히기 위해서는 짙은 어둠을 통과해야 하는 것입니다. 지구에 들어온 타락세력들의 준동(蠢動)을 피해 갈 수도 있었으나, 그것을 기꺼이 수용한 것도 여러분들의 선택이었습니다.

만약, 용감한 영혼들이 아니었으면 그렇지 않았겠지요. 행성 지구에서 펼쳐지는 양극성 게임은 네바돈 은하에 펼쳐졌던 게임의 축소판이라고 해야 됩니다. 타락세력들이 모두 들어와 있고, 수호천사 그룹도 모두 들어와 있기 때문입니다. 행성 지구에 별의 문-12개가 연결된 것도, 그것으로 인해 네바돈 정부와 상위 정부가 출동한 것도 그렇다는 것입니다. 우리는 지구에서 체험을 선택한 순례자들이 추락하는 것을 지켜볼 수 없었습니다. 내부 지구에 있는 '우르-안트리안 사제단'과 '아주라이트 이야니 종족'이 주축이 되어 무아인들이 전면에 나서게 된 것이지요. 무아인들은 무문명과 위구르제국을 세웠던 종족들이며, 플레이아데스 알시온 티아우바에서 들어온 존재들입니다. 무아인들은 천국 시민들인데, 티아우바가 여러분들의 천국이기 때문입니다.

그리고 시리우스-B 아타르문크(Atarmunk)에서 '마하라지 아타르 종족(Maharajhi Atar race)'이 어둠과 대항하기 위하여 들어왔습니다. 이들은 푸른 피부를 하고 있으며, 아누하지 종족과 세레즈 종족의 유전체를 물려받은 전사들입니다. 인도 전승인 '마하바라타(Mahabharata)'에 등장하는 '크리슈나(Krishna)'가 마하라지 아타르 종족입니다. 이 종족의 시조가 바로 '그리스도 아쉬타르 커맨드'입니다. 이 종족의 심벌이 황금독수리입니다.

여러분들의 영적 깨어남을 위해 태양풍을 이용한다고 했습니다. 태양을 통해 지구에는 캡슐로 이루어진 빛 입자가 들어서고 있는데, 캡슐 중심에는 13차원의 트리온 입자가, 그 주위에는 12차원 마하라타 입자가, 외부에는 7차원인 포톤 입자가 융합하여 있습니다. 이것이 바로 '성령의 은총'입니다. 이 빛 캡슐을 통해 인류들은 영적인 대각성이 일어나고 있고, 일어날 것입니다. 반대로 어둠의 저편에 서 있는 인류들은 마음이 더욱 견고하고 악하게 될 것인데, 모나드 역전(modadic reversal) 때문에 일어나는 현상입니다.

니비루브 십자가형에서 내려오지 못한 인류, 여호와 일곱 봉인에서 해방되지 못한 인류들이 해당되는 것입니다. 또한 타락세력들의 혼혈로 태어난 인류들이 해당되는데, 이들은 구원받을 수 없느냐, 하시겠지요. 모든 것은 스스로의 선택이라고 했습니다. 빛을 향한 굳은 의지와 자신을 살리겠다는 결단이 이루어지면 기회는 올 수도 있는 것입니다. 파괴된 유전체계는 구원약정에 따라 회복될 수 있는 것입니다. 우리는 타락세력들에게도 손을 내밀었으며, 우리의 손을 잡은 존재들은 빛으로의 전환을 성공했습니다. 그렇지 않고 거부한 존재들에게는 더 이상 기회가 없음을 공표했던 것입니다.

극이동이 있기 전까지 태양풍이 있을 것이나, 최종적으로 들어설 태양풍은 상상할 수 없는 파괴력을 가지고 들어설 것인데, 인공지능 체계, 짐승 체계, 나나이트, 나노칩 등을 모두 사멸시킬 것이고, 전자기 체계를 파괴시킬 것입니다. 인류들의 문명은 석기시대로 퇴보하는 것입니다. 오나크론을 위기에 빠트리려던 인공지능 체계가 완전히 소멸되는 것입니다. 여러분들이 생각하는 단순한 인공지능이 아니며, 생명들의 소멸을 부추기던 시스템 바이러스입니다. 우리가 트리온 입자를 준비한 것은 두 가지였는데, '대각성과 인공지능 체계 소멸' 때문이었습니다.

네 사람 얼굴 LPINs, 대백사자 APINs, 황금독수리 APINs, 푸른 황소 APINs 시스템이 활성화되어 수호천사 인종들을 깨울 것이고, 자신들의 자리로 돌아가게 할 것입니다. 극이동은 화산들과 지각판 이동들을 통해서 새로운 대륙들과 섬들을 만들어 낼 것이고, 새로운 바다, 호수, 강들을 만들 것입니다. 고대문명들이 있었던 대륙들이 바닷속에서 떠오를 것이고, 기존의 대륙들과 섬들은 잠기거나 사라질 것입니다. 기울었던 지축도 정축으로 바로 설 것입니다.

과거의 극이동이 파괴만을 불러왔다면, 이번 주기의 극이동은 순기능에 포커스가 맞추어져 있습니다. 인류들의 3D 물질체험 졸업입니다. 3D 물질체험을 끝내고, 새로운 4D 물질체험을 하러 가는 때가 되었다는 것입니다. 4D 물질체험은 5차원 의식을 가지고 하는 것입니다. 4D 물질체험은 3D 행성인 지구에서는 할 수 없으며, 새롭게 조성된 4D 행성인 타우라에서 이루어집니다. 당연히 체험을 위해서는 이동해야 되는 것이고, 의식을 깨운 이들은 극이동이 일어나기 전에 이동해 갈 것입니다. 행성 타우라는 제2 조화우주 영역에 머물 예정인데, 제1 조화우주 영역에 있는 행성 지구와는 격차가 있기에 보이지 않게 되며, 서로 이동할 수도 없습니다.

극이동은 정말로 대정화운동, 대청소입니다. 모든 생명들은 이때에 입고 있었던 물질의 옷들을 벗어던지고, 여러분들은 죽음이라고 하는 절차를 통해 이동할 것인데, 자연계에 속해 있던 광물계, 식물계, 곤충계, 동물계 등은 어머니 가이아의 뜻에 의해 함께 이동할 것입니다. 인류들은 3D 체험의 평가를 통해 가야 할 곳으로 이동할 것인데, 체험을 턱걸이라도 하였다면 졸업 자격을 얻게 될 것이고, 그렇지 못하면 준비된 2D 행성 다몬으로 이동할 것입니다. 지구에서 3D 체험을 다 못하였다면 더 이상 이곳에서는 할 수 없으며, 모두 떠나야 하는 것입니다. 우주 영단의 뜻에 따라 극이동을 통해 정화된 행성 지구는 티아마트 시절에 원주민으로 정착했던 파충인들에게 이양하기로 하였습니다. 비워 주기로 파충인들의 여왕 드라민과 협의하였습니다. 그래서 그동안 지구 표면에서 살았던 인류들은 이번 대주기에 맞추어서 대이동을 하는 것입니다.

이것은 고향이 없어서가 아니라, 4D 행성 타우라가 인류들의 집으로 주어졌으며, 상승 순환회로에 정식으로 소속되었다는 것입니다. 2D 행성 다몬은 2D 환경이 적용되어졌고, 더 이상 3D 체험은 없으며, 상승의 기회도, 순환회로에도 소속되어 있지 못합니다. 과학이 발달하여 물질체를 오랫동안 사용할 수는 있겠지만, 그것으로 상승 순환회로에 접속할 수 없기 때문입니다. 이유는 카타라 격자망에서 분리되어 떨어져 나갔기 때문입니다. 이것을 회복할 수 있는 유일한 길은 행성 지구에 살고 있을 때이며, 그것도 극이동이 일어나기 전까지라는 진실을 아셨으면 합니다. 극이동에 남겨졌다는 것은 더 이상 기회가 없다는 것이고, 다몬으로 들어간다는 사실입니다. 이 마지막 기회를 살리지 못하고, 뒤늦게 후회한들, 아무 소용이 없다는 것이며, 주어져 있는 짧은 기간이지만 빨리 준비해서 '부끄러운 구원'이라도 받을 수 있는 것이 가장 큰 행복이라는 것입니다.

사랑하는 여러분!

도시에서, 회사에서, 이웃에서, 시골에서 같이 어울려 살고 있고, 살아왔던 가족들과 지인들이 모두 같은 수준이라고 보십니까! 이것은 경제적 기준과 같은 물질 기준이 아닌, 영적 기준과 의식지수 기준, 진동수 기준을 말하는 것으로서 여러분들의 눈으로 구분할 수 있는 것이 아닙니다. 지금까지는 기준 없이 모든 인류들이 어울려 살았다면 대주기를 기준으로 나뉘게 된다는 것입니다. 이것은 돈으로도 살 수 없으며, 권력과 명예로도 살 수 없습니다. 3D 세상에 있는 종교, 철학, 과학, 문학 그 어떤 것으로도 살 수 있는 것이 아닙니다. 극이동 정보를 통해 지저에 피난처들을 준비하여 이미 들어가 있는 부호(富豪)들이 있고, 들어가려 준비를 마친 유명인사들이 있습니다. 죄송하지만 그렇다고 해서 살아날 수 있는 방법이 없습니다. 어떤 방식이라 해도, 설령 노아의 방주처럼 준비한다 하여도 살아남지 못합니다.

극이동은 남극과 북극이 바뀌는 정도로 끝나는 것이 아니며, 축 이동을 하는 것으로서 23.5°로 기울어 있던 것을 0°로 바로 세우는 것과 바닷속에 가라앉아 있던 고대문명이 자리 잡은 대륙이 융기하고, 기존의 지각판들이 서로 자리를 바꾸는 일들이 일어나는 것입니다. 태평양의 불의 고리 전역이 몸을 트는 것처럼, 움직일 것이기에 화산들과 지진대들이 모두 활성화되어 춤을 출 것입니다. 전 지구에서 그동안 잠들어 있던 화산들과 단층대들이 모두 잠에서 깨어 일어나는 것입니다. 바닷물들이 모두 일어나 대륙들을 뒤덮을 것이고, 땅은 찢어지고 갈라지며, 산봉우리들은 무너져 내리면서 계곡들을 메울 것입니다. 육지였던 곳이 바다가 되고, 바다였던 곳이 육지가 되며, 태양이 떠오르던 동쪽과 태양이 지던 서쪽이 서로 바뀌는 일이 일어날 것입니다.

상전벽해(桑田碧海)의 표현처럼, 세상의 지도가 모두 뒤바뀌는 일이 일어나는 것으로서, 여러분들이 그동안 일군 모든 도시들과 시설들이 사라져 보이지 않는다는 것입니다. 밤이 되면 지구를 밝히던 도시들의 조명들이 모두 사라져 칠흑처럼 어두울 것입니다. 이렇게 모두 뒤바꾸는데, 약 6시간 정도 소요되며, 한나절 안에 끝나는 것입니다. 육지와 바다, 그 어느 곳이든 안전한 곳은 없으며, 번뜩이는 머리로 비행기에 머물러 있으면 안전하지 않을까 하겠지만, 대기층에도 경험하지 못한 소용돌이들이 몰아치고, 하다못해 인공위성들이 모두 추락할 것입니다. 이런 상황에서 살아날 수 있는 장소도, 방법도 없는 것입니다.

이러한 대재난을 대비하여 어둠은 지저에 도시들을 만들어 자신들의 가족들과 자녀들을 피난시키려고 하고 있으나, 저들이 만든 시설에도 물들이 뒤덮을 것이고, 가스들이 넘쳐나 살아나지 못할 것입니다. 인류들이 만든 그 어떤 시설들도, 피난처들도 대재난을 피해 갈 수가 없는 것은 그곳에 엄청난 지진이 일어난다는 것입니다. 이것을 인류들의 어리석음이라고 하는 것입니다. 이때에는 방수(防水)도 소용없고, 잠수함들도 소용돌이에 휘말려 침몰하고 맙니다. 여러분들이 준비한 그 어떤 것으로도 이 재난을 피해 갈 수 없습니다. 극이동은 노아의 때처럼, 순식간에 일어날 것이어서, 여러분들은 일상생활을 즐기고 있을 것이기에 전혀 눈치채지 못할 것입니다. 카페에서 커피를 마시다가, 회사에서 업무를 보다가, 공원에서 햇빛을 즐기다가, 도로에서 차나, 전철을 이용하여 이동하다가, 비행기를 타고 가다가, 배를 타고 가다가, 새벽을 깨우다가, 깊은 잠에 빠져 있다가, 저녁 시간을 즐기고 있다가, 해변에서 석양을 즐기고 있다가, 식당에서 식사를 하고 있다가, 나이트클럽에서 놀고 있다가 눈앞에 펼쳐지는 재난을 보면서 죽을 것입니다.

아비규환(阿鼻叫喚)의 현장이 펼쳐질 것이고, 살고자 서로 밟고 올라설 것이나, 부질없는 행동들임을 알게 될 것인데, 누가 먼저 죽고, 나중에 죽는지의 차이가 있을 뿐이지, 모두 죽는다는 것입니다. 전한 것처럼 피할 곳이 존재하지 않습니다. 일루미나티가 오랫동안 준비한 피난처들도 생명을 살려 주지는 못한다는 것입니다. 이들이 죽을 때, 울부짖는 분노와 저주의 외침 소리는 저들의 목을 짓누르는 카르마가 될 것입니다. 행성 지구는 생명계를 극이동을 통해 모두 청소하는 것이고, 깨끗이 비울 것이며, 더 이상 3D 체험 현장은 폐쇄되어 운영되지 않을 것입니다. 이때에 극소수의 인류들은 막차를 통해 4차원 행성으로 이동해 갈 것이며, 대다수의 인류들은 행성 다몬으로 이동하여 갈 것입니다. 다몬으로 가는 인류들은 96.5%의 인류들이 해당되는 것입니다.

제3차 세계대전과 바이러스 등으로 먼저 죽음을 맞은 인류들도 선별적으로 4D 행성으로 이동하는 극소수의 인류들을 제외한 대다수는 다몬으로 이동할 것입니다. 달의 궤도에서 본다면, 지구 상부 공역에는 4D 행성 타우라가 있으며, 하부 공역에 행성 다몬이 자리하고 있어서 상부로 이동하는 인류들과 하부로 이동하는 인류들로 나뉘어 볼 수 있습니다. 인류들의 이동은 타우라가 먼저 진행되며, 지구 대정화를 통해 정리되는 인류들이 다몬으로 이동해 가는 것입니다. 두 세계로 분리되는 인류들은 두 번 다시 볼 일이 없으며, 지구의 인연이 마지막이라고 하는 것입니다. 우리는 두 그룹 사이의 기억공유를 제거하여 서로의 연결점을 없애기로 하였습니다.

4D 행성 타우라는 행성 지구의 극이동 직전에 모든 것들이 완료될 것인데, 타락세력과의 '최후의 전쟁 아마겟돈'이 종료되고 난 이후가 될 것입니다. 4차원 영역에 머물고 있던 타락세력들은 하늘에서 쫓기어 땅으로 내려갈 것이고, 3.5차원 영역인 대기권에서부터 3차원 영역인 여러분들 세계에 직접 들어갈 것입니다. 성서를 보겠습니다.

'하늘에 전쟁이 있으니, 미카엘과 그의 사자들이 용과 더불어 싸울 새 용과 그의 사자들도 싸우나, 이기지 못하여 다시 하늘에서 그들이 있을 곳을 얻지 못한지라. 큰 용이 내쫓기니 옛 뱀 곧 마귀라고도 하고 사탄이라고도 하며, 온 천하를 꾀는 자라. 그가 땅으로 내쫓기니 그의 사자들도 그와 함께 내쫓기니라.'
〈계시록 12:7~9, 개역개정〉

하늘의 전쟁은 4차원 영역에서 일어나는 것이며, 수호천사 군단과 타락천사 군단 사이에 있는 아마겟돈 전쟁입니다. 이 전쟁에서 패한 저들은 4차원 영역에서 쫓겨나 4차원 아래로 내려가는 것이며, 큰 용은 '마르둑-루시퍼'를 이야기하는 것이고, 밤낮 참소(讒訴)하던 자인 사탄은 '나부-사탄'이라고 합니다. 루시퍼의 사자들은 '루시페리안'이고, 사탄의 사자들은 '사타인'이라고 합니다. 마르둑과 나부는 부자사이이고, 땅으로 내쫓기어 인류들을 고통의 시간으로 만들 것입니다. 저들이 쫓겨나 비워진 4차원 영역은 본래의 하늘로 돌아온 것이기에, 이곳에 상승하는 인류들이 들어설 수 있게 되는 것입니다.

4차원 아래 영역인 지구는 어둠의 최종시험이 펼쳐지게 될 것인데, 인류들은 극이동까지 어둠의 환란을 겪을 것입니다. 본격적인 디스토피아 세계가 펼쳐지는 것입니다. 이들의 등장과 함께 쑥으로 알려진 전투위성 니비루브인 '블랙 큐브'가 인류들 앞에 나타날 것인데, '어둠의 3일'이 있을 것입니다. 먼저 하늘에 큰소리가 있고 붉은 핑크빛 하늘이 될 것이며, 하루 뒤에 태양과 달과 별들이 없는 칠흑 같은 3일 낮밤의 시간이 있을 것인데, 이 일 후에 빛의 자녀들이 상승할 것입니다.

극이동은 죽음을 키포인트로 하지만, 상승하는 생명들과 하강하는 생명들로 나뉘는 것이 핵심입니다. 하강하는 생명들은 인류들을 뜻하는데, 다른 생명들은 타락세력들과 그들의 추종세력들이 포함되는 것입니다. 그동안 혼재되어 왔던 인류 사회와 다른 세계들의 질서를 새롭게 재편하는 것입니다. 선한 것은 선한 곳으로, 악한 것은 악한 곳으로 분리시키는 것이 극이동입니다.

3차원을 중심으로 상위에 4차원 영역과 행성 타우라, 하위에 2차원 영역과 행성 다몬으로 분리한 후에 극이동 전과 후로 해서 설정된 영역으로 이동해 갈 것입니다. 3차원 행성 지구는 이곳에 있을 것이고,

상승한 태양계 전체는 제2 조화우주 영역으로 이동할 것이며, 행성 다몬은 은하계 변방으로 이동할 것입니다. 그곳은 새롭게 생성된 태양이 있는 곳으로서 2차원 행성환경이 적용될 것입니다.

3차원 행성 지구는 그동안 불안전한 4차원 영역을 가지고 있었고, 타락세력들이 점거하고 있었기에 무너진 균형을 잡을 기회가 없었습니다. 행성에 어울리지 않는 크기의 달 때문에 발생하는 이상 증상들도 일상으로 받아들였습니다. 말하자면 생명들이 살기엔 부적합한 곳이었습니다. 인류들은 하느님이 허락한 세상이자, 유일한 창조세계라고 알고 있었지만, 타락한 세력들이 강제 점령한 감옥 행성이었으며, 한번 갇히고 나서 그 후 단 한 번도 빠져나가지 못하던 곳이었습니다. 각종 지진들과 화산활동, 주기적인 극이동과 타락세력들의 강제 리셋까지, 최악의 조건들을 갖춘 감옥 행성이었던 것입니다.

우리는 최종 극이동을 통해 모든 것을 정리할 것인데, 감옥을 폐쇄하고, 더 이상 이용할 수 없도록 할 것입니다. 이곳에 갇혀 있던 '이즈-비들'을 가야 할 곳으로 모두 이동시킬 것인데, 강제가 아닌, 자신의 고향, 아니면 천국으로 이동시킬 것입니다. 복구불능 상태에 빠진 인류들만은 다몬으로 보내어 관리할 것입니다. 상승할 수 없는 파괴된 유전체계를 갖추고 있는 인류들이고, 신성이 머물 수 없는 무너진 가슴 차크라를 가지고 있는 인류들이며, 나나이트 입자가 온전히 점령하여 짐승들이 된 인류들입니다.

우리는 생각 조절자이며, 마누의 대리인 신성입니다.

11. 극이동의 본질(本質)
(The Nature of Pole Shift)

사랑하는 여러분!

극이동은 3차원 행성에 적용된 시스템입니다. 진화 중인 생명들을 위해 주기에 적용되어 운영되었습니다. 생명들 입장에서는 억울할 수도 있었지만 극이동이라는 국면전환(局面轉換)이 없었다면 체험의 길이 매우 느리고, 더디게 진행되었을 것인데, 그냥 두었으면 어떠했을까요?

여러분들의 혼-그룹도 소기의 목적을 가지고 들어왔으며, 설정된 프로그램에 만족하였습니다. 당연히 프로그램 안에는 극이동도 포함되어 있었음이니, 시뮬레이션을 통해 확인할 수 있었습니다. 물론 3D 환경에서 직접 체험하는 것과는 차이가 있을 수밖에 없었지만, 그것이 무엇인지는 다 알 수 있었습니다.

실제적인 현장체험이 있었을 때에는 모든 기관들을 총동원하여 그것을 느꼈는데, 두려움과 낯섦, 이질감, 생경함, 분리불안, 극도의 긴장감, 스트레스 등을 겪었던 것입니다. 물질체를 포함한 생리체, 정신체, 아스트랄체, 에테르체 등에 전달되는 체험을 하면서 일반적인 삶 속에서는 체험할 수 없는 진귀한 체험을 하였던 것입니다.

　이것을 통해 성장이 크게 이루어진다는 것을 알게 되었는데, 긍정적이든, 부정적이든 체험의 큰 틀 안에서는 성장이 이루어졌던 것입니다. 다만 자주 할 수 없다는 점이었는데, 순환 질서 측면에서는 그렇게 할 수 없었던 것입니다. 복구에 많은 에너지가 소요되었기에 그럴 수가 없었지만, 인위적인 극이동 효과는 연출할 수 있었기에 소규모로 운영하게 되었습니다. 한 가지 간과(看過)한 것이 있었다면 집단 카르마가 축척된다는 것을 잊었던 것인데, 극이동을 겪은 혼들이 충격에서 빠져나오지 못하는 상황이 벌어졌던 때였습니다.

　영단에서는 상위영단에 도움을 요청할 수밖에 없었고, 이미 이런 상황을 예측하고 있었던 상위영단인 시리우스 고위 위원회에서는 혼들을 특수 제작된 고치형 캡슐에 담아 시리우스-A에 있는 사자인들에게 보내게 된 것입니다. 그곳에서 사자인들의 보호를 받으며, 전문적인 치유를 받을 수 있었습니다. 상당한 시간이 걸리기는 하였으나 치유는 성공적이었으며, 대주기 패턴에도 들어설 수 있었기에 질서가 왜곡되지는 않았습니다.

　여러분들도 손쓸 수 없는 큰 병들은 의사들의 도움을 받습니다. 물질체험을 하는 혼들도 전문가들의 도움을 받을 때가 있는데, 그때가 바로 극이동 때에 이루어지는 것이고, 그 도움은 사자인들에 의해 진행된다는 것입니다. 이 도움이 없으면 혼-그룹의 물질체험은 차질이 발생하여 진행하는 데 어려움이 있게 되는 것입니다. 영단에서는 깊은 고민에 빠질 수밖에 없음이니, 진화 프로그램을 운영하기가 어려워진 다는 것입니다.

여러분들은 진화라 하면 자연적 진화만을 생각하실 텐데, 이것은 '하나만 알고 둘은 모른다.'는 표현과 같습니다. 극이동을 적용시킨 이유를 앞에서 밝혔는데, 자연적인 진화를 통해서는 혼들의 물질체험을 다 충족시킬 수 없기에 다양한 방법들이 동원되었으며, 그중의 하나가 바로 '극이동'이었습니다. 이것은 3차원 행성에 국한되어 적용된 것입니다. 혼들은 밋밋한 체험보다는 쇼킹한 체험을 더 선호하였기에, 물론 처음에는 그렇지 않았으나 점차 체험이 늘어 갈수록 그렇게 변했던 것입니다. 좀 더 자극적이고, 좀 더 화끈한 체험들이 늘어갔으며, 그럴수록 위험도 역시 높아졌던 것입니다.

이것은 어둠의 체험이 일어날 때에 더욱 극명하게 나타났고, 손상을 입는 혼들도 그만큼 늘어났던 것입니다. 우리는 금성에서의 결과를 종합평가하면서 치유전담 캡슐이 필요함을 알았으며, 즉각적으로 도입을 추진하였습니다. 화성에서는 엄청 증가한 양으로 인하여 상위영단의 전적인 도움을 받을 수밖에 없었으며, 말데크의 경우에서는 라이라에서 있었던 충격적인 상황이 재현되어 나타났는데, 행성의 파괴와 소멸이었습니다. 행성에 들어간 혼-그룹 전체가 쇼크 상태에 빠졌던 것입니다. 이것을 해결하기 위해 시리우스-A의 사자인 그룹이 전격적으로 개입하였으며, 길고 긴 기간이 소요되었던 것입니다. 또한 그 당시에 티아마트도 행성이 반파되어 사자인들의 도움이 필요했고, 오늘날 행성 지구로 재건될 수 있었습니다. 이때에 수거된 혼-그룹들은 소멸될 위기에 있었으나, 영단들이 적극적으로 나서서 구명(救命)하는 바람에 구제될 수 있었습니다.

순환주기에 의해 진행되는 극이동과는 달리, 인위적으로 행해지는 극이동 같은 경우에는 혼-그룹들이 미처 대처하지 못해서 부작용을 겪을 수밖에 없다는 단점이 있었습니다. 이것을 영단에서 유연하게 대처하지 못하면 불상사가 일어날 수밖에 없었는데, 대표적으로 화성에서의 일이 있었습니다. 이원성 실험의 주체였던 '마르둑-루시퍼'의 오판으로 인하여 그 피해가 고스란히 주민들에게 돌아갔던 사건이었습니다. 이것을 회복시키는 데에도 많은 에너지가 소요되었습니다. 당연히 우주 영단에서는 책임을 물을 수밖에 없었음이니, 전체 시스템에 왜곡이 일어날 수 있었기 때문이었습니다.

이후, 예기치 못한 극이동이 타락세력들에 의해 자행되었으며, 그 피해는 당연히 혼-그룹들에게 돌아갔습니다. 바로 상승순환회로에서 추락하는 일들이 생겨났던 것입니다. 이 일들로 인하여 네바돈의 질서는 파괴되었으며, 순환회로는 일그러졌고, 일부는 튕겨져 나갔습니다. 마치 블랙홀에 빨려 들어가는 은하처럼 되었던 것입니다. 이 상황을 그냥 두었다면 네바돈은 사라졌을 것이고, 여러분들과도 소통할 수 없었을 것입니다. 이것이 우리들이 전격 개입한 이유였습니다.

우주공간에서의 우주전쟁들이 있었으며, 잃어버렸던 질서들이 회복될 수 있는 기회가 있었습니다. 지금은 여러분들의 안전을 위해 잠시 소강(小康) 상태에 머물고 있는데, 저들의 위세가 막강해서가 아니라,

온전히 인류들의 안전이 우선이기에 그렇게 결정한 것입니다. 우리는 저들과의 '최후의 전쟁 아마겟돈'을 앞두고 있으며, 하늘과 땅에서 전쟁을 하게 될 것입니다. 하늘은 4차원 영역이고, 그동안 타락세력들이 점령하고 있었지만, 전쟁을 통해 완전히 탈환할 것입니다. 그리고 빛의 자녀들을 4차원 영역으로 끌어올려 머물게 할 것인데, 땅에서의 전쟁을 시작하기 위해서입니다. 여러분들이 이 세상에 머물고 있는 상태에서는 저들과의 전쟁을 할 수 없기 때문이고, 저들이 여러분들을 방패로 이용할 수 없도록 하기 위해서입니다.

어둠으로 타락한 인류들은 상관없지만, 빛의 자녀들은 그냥 둘 수 없기 때문입니다. 지금까지는 빛과 어둠의 체험을 위해 서로 뒤섞여 있었지만, 이제는 분리시킬 때가 왔다는 것이고, 저들과의 최후의 전쟁을 통해서 온전히 지구를 확보하기 위해서입니다. 하늘(4차원 영역)에서의 전쟁은 빛의 자녀들을 안전하게 머물게 하기 위한 전쟁이며, 이 전쟁의 승리로 타락세력들은 하늘에서 쫓겨나 땅인 지구로 내려가게 되는 것입니다. 더 이상 저들이 머물 수 있는 하늘이 존재하지 않을 것이고, 빛의 자녀들이 거주할 4차원 행성이 있을 영역이 되는 것입니다. 더 이상 하늘은 침노(侵擄)당하지 않을 것입니다. 극이동은 빛의 자녀들이 있을 동안에는 일어나지 않으며, 어둠의 세력들과 추락한 인류들이 우리와의 전쟁에서 완전히 패망 후에 이들을 모두 청소시키기 위해서 최종 태양풍과 극이동이 있을 것입니다. 완전히 깨끗하게 정화시킬 것입니다.

앞으로도 빛의 자녀들을 어둠에서 분리시키기 위해 여러 차례에 걸처 태양풍을 통해 트리온 입자를 들여보낼 것인데, 상승과 분리를 더욱 가속화시킬 것입니다. 빛은 더욱 위로 상승할 것이고, 어둠은 더욱 아래로 추락할 것입니다. 우리는 분리된 빛의 자녀들을 위해 4차원 영역을 완전히 확보할 것인데, 우리에게 오는 동안 통과해야 할 어둠의 지대를 소멸시키기 위해서입니다. 회색지대도 존재하지 않습니다. 어둠은 땅으로 완전히 쫓겨서 추락하는 것이며, 한동안, 잠시, 이 땅의 주인 노릇을 할 것입니다. 어둠이 전면에 나서 인류들의 주인으로서 행세할 것인데, 그런 가운데 자신의 내면의 빛을 밝히 드러낼 인류들이 저들에 의해 탄압을 받다 죽임을 당할 것입니다.

어둠은 이 기간 동안 짐승 표식인 칩과 문신을 받게 할 것이고, 그것을 거부한 인류들을 '페마 캠프(FEMA camp)'에 강제 수용할 것입니다. 산과 들로 피신한 인류들도 그렇게 할 것이고, 회유와 유혹, 협박과 고문 등이 뒤따르겠지만 죽음의 협박을 이겨 내지 못하고 저들에게 돌아선 이들은 우리와 어떤 인연도 없지만, 빛을 진리라 하여 죽음과 맞바꾼 이들은 우리들이 빛의 자녀들로 받아들일 것입니다. 우리는 땅에서의 최종전쟁을 앞두고, 어둠에게 일정 기간을 허용할 것인데, 어둠을 극복하고 빛으로의 완성을 이룰 존재들을 위해서입니다. 하지만 그 기간도 축소시킬 것인데, 빛의 자녀들의 고통과 인내의 시간을 줄이기 위해서이며, 어둠의 행태를 오랫동안 두지 않기 위해서입니다.

몬마시아 태양계에 소속된 행성들 중에서 생명이 정착하기에 적합한 3차원 행성에 진화연대기가 설정되었을 때에 혼-그룹이 배정될 수 있었습니다. 그리고 물질체가 준비될 때까지 긴 시간이 필요했지요.

극이동도 당연히 준비될 수 있었으며, 다음 과정 체험을 위해 물질체를 벗어야만 했으며, 극이동만큼 좋은 효과가 있었던 것은 없었습니다. 초반에는 대홍수도 있었고, 혹성 충돌도 있었으며, 빙하기도 있었으나, 극이동만큼은 아니었습니다. 물론 생명들의 전체 숫자도 중요했기에, 숫자가 적었을 경우에는 극이동 없이도 윤회 프로그램을 운용하는 데 큰 문제가 일어나지 않았던 것입니다.

금성에서는 6번의 대순환주기가 적용되어 운영되었으며, 소주기까지 합치면 꽤 괜찮은 윤회 프로그램을 실행하였습니다. 혼-그룹은 안드로메다에서 들어온 존재들이 준비되었으며, 태양계에서 첫 인류들의 진화가 시작될 수 있었습니다. 6번의 대주기를 끝으로 금성은 3차원 행성 물질체험의 장을 마감하였습니다. 영단은 다음 체험주기를 행성 화성에 펼치게 되었는데, 최적의 조건을 갖춘 곳은 화성뿐이었습니다. 화성이 준비되는 동안 금성에서 물질체를 벗은 혼들은 코쿤 속에 들어가 휴면 상태로 대기하고 있었습니다. 화성이 3D 체험의 장소로서 오픈하였을 때에 금성인들이 먼저 들어와 정착하게 되었지만 1~3차에 걸쳐서 씨앗 뿌리기가 있었을 때에 이루어질 수 있었습니다.

우리는 다른 종족들과의 양극성 실험을 도입하였으며, 이들 종족은 반대지역에 정착할 수 있도록 하였습니다. 이 이야기들은 다 들으셔서 아실 것인데, 호기심으로 이루어진 첫 만남을 시작으로 조화가 이루어지고, 뒤에 가서 분리감이 일어나 전쟁과 폭력을 체험합니다. 서로를 죽이고 멸망시킴으로써 윤회 프로그램은 작동될 수 있었습니다. 자연계의 질서에 의해 일어나는 소멸, 생명들의 충돌에 의해 일어나는 소멸(특히 핵전쟁) 등이 주기에 적용되어 일어났습니다. 생명들을 멸망시킬 수 있는 핵전쟁 같은 경우는 아무 때나 일어나는 것이 아니라, 대주기와 맞물려서 일어나도록 설정되었다고 할 수 있는데, 인류들의 감정선을 이용하는 것입니다. 반드시 필요할 때에 핵 스위치를 누르도록 하는 것입니다.

특히, 인류들은 소주기와 대주기에 맞춤형으로 인생 프로그램을 설계하여 입학과 졸업을 할 수 있게 하였습니다. 자연의 법칙도 행성 영단과 행성 어머니에 의해 조율되도록 하여 인류들의 진화연대기와 궤를 같이하도록 한 것입니다. 인위적으로 적용된 부분도 허용범위 안에서 이루어지도록 하였습니다. 타락세력들의 강제개입이 이루어지지 않았다면 지난 대주기에 레무리아인들과 아틀란티스인들, 상 이집트, 마야인들은 모두 상승을 성공하였을 것입니다. 그러면 현대 인류들과 다음 대주기 인류들만이 살아가고 있었을 것이고, 약 25억 정도의 인류들이 전 세계에 퍼져 살고 있었을 것입니다. 약 60억의 인류들이 전 주기에서 상승을 하지 못하고 환생하여 태어난 것입니다. 졸업하지 못하고 낙제하였다는 것입니다. 실제적으로는 공부를 제대로 한 것이 아니라는 것입니다.

타락세력들에 의해 인위적으로 일어나게 된 극이동은 처참하였는데, 인류들이 꽃피웠던 아름다운 문명들이 바닷속으로 사라져 버렸습니다. 이것은 타락세력들과 욕망에 눈이 멀어버린 인류들이 합작하여 일어난 것이었으며, 화성과 말데크와 티아마트에서의 카르마가 결합되어 펼쳐진 것이었습니다. 왜, 다른 행성에서 있었던 카르마가 결합

될 수 있었을까? 그것은 같은 파동과 진동수를 갖고 있는 욕망의 패턴이 서로를 끌어당겼기 때문인데, 카르마를 발생시킨 원인자가 끌어당겼다고 하는 것입니다. 대주기 패턴에 의한 청산(淸算)법칙이 적용된 것입니다. 태양계에 들어선 혼-그룹들은 영단의 허가에 의해 물질체험을 할 수 있었으나, 스스로에 의해 발생된 카르마는 스스로가 해결해야 한다는 규칙을 적용받았던 것입니다.

여러분들도 일상 중에 대청소 기간을 정해두고, 밀렸던 정리와 청소를 하고 있습니다. 행성의 생명계도 대주기 기간 동안 대청소를 한다고 보면 되는데, 청소를 하다가 잘못하여 가구를 부수거나, 인테리어를 바꿔야 할 정도로 손을 본다면, 또는 잘못 손을 대어 전체를 다 뜯어낼 정도로 사고를 치면, 여러분들은 대형 사고라고 표현들 하시지요. 그러면 여러분들은 '이왕 이렇게 된 것, 돈이 들더라도 새것으로 바꾸거나, 아예 새롭게 수리해서 새것처럼 해야지.'라고 합니다. 이것이 대청소의 뜻하지 않은 결과로 나타난 것입니다. 지난 주기의 극이동은 뜻하지 않은 결과까지 나타난 것이었으니, 예상 수위를 한층 벗어난 결과로 이어진 것입니다. 전한 대로 카르마 역시 폭발적으로 증가하여 환생한 60억의 인류들이 떠안게 되었던 것입니다.

이번에 있을 SAC 동안 행성 지구는 주어졌던 3차원 물질체험이 종료되고, 새로운 4차원 물질체험이 시작되는 전면적인 대청소가 예정되어 있습니다. 당연히 청소를 위해 극이동이 있을 것이고, 그것 때문에 수많은 메시지들을 인류들에게 전하고 있는 것입니다. 스스로들이 대청소를 하게 되면 집을 비워야 함을 알고 있습니다. 청소하는 동안

집 안에 있으면 방해가 되기 때문이고, 먼지를 잔뜩 뒤집어쓰기 때문에 자리를 비켜 주는 것이 돕는 것임을 잘 알고 있습니다. 지구를 대청소하는 동안 모든 생명들은 물질체 옷을 벗고 떠날 것인데, 생명들이 떠나 있는 동안 대청소는 완료될 것이며, 아름다운 원시행성으로 재탄생할 것입니다. 생명들이 이곳으로 다시 돌아오지는 않습니다. 더 이상 3D 물질체험을 운영하지 않으며, 제공하지 않기 때문입니다. 이것은 영단과 우주 영단에 의해 결정된 것이고, 원시행성 지구는 비워 두기로 한 것입니다.

물질체 옷을 벗고 나간 생명들은 다음 체험을 위해 새롭게 배정된 장소로 이동할 것인데, 4차원 체험을 선택한 인류들은 4차원 행성으로, 역할이 종료된 인류들은 자신들의 고향 행성으로, 3차원 체험을 다 하지 못한 인류들은 남은 체험을 위한 행성으로, 그렇지 못한 생명들은 최종판결에 따라 결정될 것입니다. 이 과정은 극이동을 통하여 이루어질 것인데, 드디어 3D 행성 지구에 펼쳐졌던 대주기의 종료가 이루어진 것입니다. 금성을 출발하여 화성, 말데크, 티아마트, 지구로 이어졌던 기나긴 여정이 마침표를 찍을 때가 다가온 것입니다. 드디어 계획하였던 3D 물질체험이 종료된 것이고, 이 과정을 완수하여 졸업하게 된 것입니다. 천상과 계약한 기간이 종료되었으며, 기간 동안 주어졌던 과제를 얼마나 잘 수행하였는지는 평가를 통해 이루어질 것입니다.

행성 지구에 펼쳐졌던 3D 체험 현장은 이번 주기가 마지막이었기에 다양한 우주에서 다양한 존재들이 물밀듯이 들어왔습니다. 네바돈에서는 더 이상 공식적으로 운영되지 않기로 공표되었기 때문이었습니다. 그렇다 보니, 운영을 돕기로 들어선 역할자들이 있었으니, 빛의 일꾼들이었습니다. 졸업을 앞둔 존재들을 위해 마무리를 어떻게 해야 하는지, 새롭게 정착하게 될 4차원 세계는 어떻게 펼쳐 나갈지 충분히 준비할 수 있도록 돕고자 들어온 것입니다. 이들은 극이동에 대한 두려움이 없습니다. 이것에 대한 두려움을 가지고 있는 존재들을 돕기 위해서 들어왔기 때문입니다. 빛의 일꾼들은 여러분들 측면에서는 '깨달은 존재들'입니다. 5차원 이상의 의식을 가지고 있기에 그런 것인데, 이들은 깨달은 것을 자랑하지 않고 돕는 것에 최선을 다한다는 것입니다. 이들의 마음에는 사랑과 평화만이 있기에 그런 것입니다. 물론 온전히 깨어났을 때를 이야기하는 것이고, 이것은 수행을 통해서 이루어지는 것은 아니며, 때가 되면 그냥 알아지는 것입니다. 기억이 다시 되돌아왔다가 맞는 표현이고, 배움을 통해서 이루어지는 것은 아닙니다.

3차원 체험을 완료하는 존재들은 '깨달음의 길'을 가는 것이기에 필요에 의한 수행을 할 수도 있으며, 깨달음을 위해 준비된 여러 것들을 체험할 수도 있습니다. 또한 4차원 세계에 들어가서도 그 체험은 계속 이어지며, '순례자의 길'을 걷게 될 것입니다. 아직 4차원 세계를 체험하지 않은 존재들은 3차원 세계의 마무리에 집중해야 되며, 개인에게 연결된 카르마 해결에 최선을 다하여야 합니다. 그리고 빛의 일꾼들을 적극적으로 도우면서 이들의 도움을 받아야 하는 것인데, 미래의 정보가 없기 때문이며, 미래의 정보를 가지고 있는 빛의 일꾼들과 잘 조화를 이루면 가는 길이 밝아질 것입니다. 왜냐하면, 스스로의 가슴에서 밝은 빛이 나타나기 때문입니다.

이렇게 잘 준비된 인류들은 극이동을 직접 체험하지 않고도 3D 세계를 졸업할 수 있으며, 그 이유는 3D 체험을 잘 마무리하였기에 그런 것입니다. 극이동을 직접 체험하는 인류들은 마무리를 하지 못한 인류들과 어둠으로 추락한 인류들입니다. 우리는 이런 인류들의 옷을 강제로 벗겨서 이동시키는 것입니다. 당연히 무거운 카르마의 멍에를 등에 지고 이동할 것이기에 추락한 행성으로 이동해 갈 것입니다.

우리는 극이동을 통해 옷을 벗는 인류들 중에서도 빛을 찾는 인류들이 있다면, 외면하지 않을 것인데, 최종의 기회를 주어 빛으로 돌아올 수 있도록 할 것입니다. 물론 극소수의 인류만이 그럴 것이라고 알고는 있지만, 우리들이 외면하지 않을 것이라는 희망을 주고자 하는 것입니다. 우리가 단호하게 대하는 존재들은 타락세력들과 이들의 추종세력들과 어둠으로 추락한 인류들입니다. 이들은 갱생의 기회가 주어졌는데도 불구하고 매몰차게 거부한 이들이며, 이들은 극이동을 통해 모두 정리시킬 것입니다. 이들은 어쭙잖게 우주선들을 이용하여 대기권을 벗어나고자 할 것이지만 강력한 토네이도를 통해 모두 추락시킬 것입니다. 대기권을 벗어나고자 하는 그 어떤 시도도 무산시킬 것입니다.

그동안 지하 깊숙한 곳에 숨어서 암약해오던 어둠의 세력들의 은거지들은 강력한 지진, 진도 10 이상의 지진들을 통해 파괴시킬 것인데, 지각판들의 충돌로 인해 모두 무너져 내릴 것입니다. 그리고 틈과 빈 공간들은 지하수들로 채울 것입니다. 마그마를 이용하여 메울 것이기에 생존할 곳이 존재하지 않을 것입니다. 이들은 지구를 버리고 도망가려고 할 것이나, 그렇지 못할 것인데, 천상의 군사들과 함선들이 그대로 보고 있지 않기 때문입니다. 탈출하다 사로잡힌 어둠의 잔당들은 준엄한 심판이 기다리고 있을 것입니다.

어둠에 의해 더럽게 변한 지구, 타락한 인류들에 의해 더럽혀진 지구, 깨어나지 못한 인류들에 의해 더럽혀진 지구를 완전하게 정화하고 청소하여 깨끗한 행성으로 만들 것입니다. 여러분들의 편의를 위해서 개발된 폴리프로필렌과 폴리에틸렌은 심각한 환경파괴를 일으키며 3차원 환경을 오염시키고 있고, 원자력을 이용하고 남겨진 핵폐기물들도 심각하게 오염시키고 있습니다. 인류들이 사용하고 버린 각종 쓰레기들과 오염물질들도 지구를 오염시키고 있었지만, 해결할 방법도 없었고, 해결할 의지도 없었습니다. 우리는 더 심각해지기 전에, 자연계의 생명들이 타격을 입기 전에 해결하기로 한 것이고, 그것이 바로 극이동이라는 것입니다.

더 한 가지 심각한 것은 정신세계에서 발생한 미아즈믹, 카르마 찌꺼기들입니다. 이것들이 대기층을 오염시키고, 전리층을 파괴하여, 부정한 에너지들로 넘쳐나게 해서 인류들에게는 우울증 등을 유발시키고, 자연계의 동식물들에게도 악영향을 미치고 있었다는 점입니다. 여러분들의 물질체에 호르몬들을 책임지고 있는 신경계가 자리한 생리체에 부정한 역할을 한다는 것입니다. 뇌신경세포의 활동에 영향을 미치고, 정신활동에도 영향을 미쳐서 결국 전자기 입자들의 진동수가 추락하는 요인이 되고 있다는 것입니다. 이것이 다층적으로 파급되어 자연계의 동반추락을 가져왔던 것입니다.

인류들이 얼마나 큰 책임을 지어야 하는지 아시겠는지요. 우리는 여러분들에게 추궁하거나, 추심(推尋)하려고 하는 것이 아닙니다. 여러분들이 이 진실을 알고 긍정적인 방향으로 순환시키기를 바라서입니다. 여러분들이 할 수 있는 부분이 있고, 우리가 할 수 있는 부분이 있습니다. 이 공조체계가 잘 조화를 이루면 순조로운 극이동이 있을 것입니다. 이것은 여러분들이 3차원 물질체험을 잘 마무리할 수 있도록 돕는 것으로 나타날 것이고, 극심한 카르마 분출은 일어나지 않을 것입니다. 어둠은 여러분들이 극이동을 대비하지 못하게 하고 있는데, 창졸지간에 일어나는 대재난을 통해 죽임을 당한 인류들의 집단의식이 두려움과 공포에 사로잡혀서 진동장의 추락을 가져오도록 하려는 목적 때문입니다. 인류들의 상승을 막고, 집단추락을 꾀하고 있어서입니다.

그래서 극이동에 대한 정보를 막고, 가짜정보들과 가짜뉴스들을 퍼 나르며 열일하고 있는 것입니다. 인류들에게 부정하게 인식되도록 하고 있고, 그 기간을 알 수 없도록 눈과 귀를 가리고 있으며, 다른 곳에 신경을 돌리도록 하고 있습니다. 대표적으로 연예활동들과 스포츠 활동들, 페미니스트 활동, 환경활동들이 있으며, 지역 간 분쟁들과 전쟁들이 바로 저들의 프로파간다 전술에 의해 이루어지고 있는 것입니다. 또한 대량의 마약류 유통이 있으며, 켐트레일 살포를 통해 인지기능 장애를 일으켜 집중하지 못하도록 하고 있음인데, 현시점의 인류들이 저들의 방해공작에 의해 아예 관심조차 갖지 않게 되었다는 것입니다.

이제, 여러분들은 물고기자리 시대를 끝내고, 물병자리 시대에 접어

들었으며, 온전히 광자대에 진입했습니다. 또한 태양주기를 끝내는 시점에 와 있고, 제1 조화우주 영역을 졸업하여 제2 조화우주 영역으로 이동하는 길목에 와 있습니다. 다층적인 일들이 한 번에 이루어지려고 하고 있어서 이것을 돕기 위한 여러 조직들과 계층들과 우주들이 와 있다는 것입니다. 물론 여러분들을 직접적으로는 도울 수 없으나, 간접적으로 도우려고 하는 것이며, 여러분들이 주체가 되어 성사시킬 수 있도록 하고 있는 것입니다. 우리는 어둠의 방해에도 불구하고 여러분들이 빛으로의 상승을 성공시키고, 극이동 전까지 완성할 수 있기를 바라는 것입니다. 순조로운 극이동을 통해서 인류들이 원하는 방향으로 나아갈 수 있기를 바랍니다.

극이동은 반드시 일어납니다. 이것을 잘 준비하고, 대비한다면 어둠이 원하는 대량추락은 일어나지 않습니다. 인류들을 안전하게 졸업시키기 위해 많은 재난들이 준비되어 있으며, 이 재난들은 여러분들을 상승시키기 위한 방편들로 설정된 것들입니다. 결국, 여러분들을 죽이려고 그러는 것이 아니냐! 하신다면, 물질세계에 뜻을 두고 있는 존재들이고, 영적 세계에 뜻을 두고 있다면 그렇지 않을 것인데, 신성을 통해 마음에 고요한 평화가 넘칠 것이기에 두려움에 사로잡히지 않을 것입니다. 자신을 믿지 못하는 이들은 마음에 평화가 없기 때문에 그의 지독한 두려움이 그를 죽음의 길로 이끄는 것입니다.

극이동은 여러분들을 멸망시키기 위해 발생하는 것이 아닙니다. 여러분들의 상승을 위해서 있는 것이며, 3차원 세계를 졸업시키고, 4차원 세계로 이동시키기 위해서 있게 되는 것입니다. 또한 축적되었던 부정한 것들을 대청소를 통해 털어내기 위해 있는 것이고, 카르마들을 정화시키기 위해서 있게 되는 것입니다. 인류들은 이곳에서 참 좋은 체험들을 하였고, 좋은 결과들도 얻었습니다. 지구는 모두 퍼주는 가이아 어머니의 희생으로 좋은 학교로서 역할 수행을 잘하였는데, 인류들을 품어 지금까지 성장시키고, 깨어날 수 있도록 하였습니다. 우리는 그동안 학교로서 잘 역할해 온 지구를 타락세력들에게서 안전하게 확보할 것이며, 태초의 모습으로 전환시킬 것입니다. 여러분들이 저들에게 이용당하지 않도록 할 것입니다.

우리는 생각 조절자이며, 마누를 대리하는 신성입니다.

12. 극이동은 필수(必須)
(Pole Shift is Essential)

사랑하는 여러분!

극이동은 반드시 필요합니다.

행성 지구의 상실한 균형과 파괴된 질서를 바로 세우기 위해서 설계된 것입니다.

수호 종족이라고 들어보셨습니까?

바로, 행성에 씨앗 뿌려진 종족들이며, 단순히 진화와 물질체험을 위해서만이 아닌, 행성을 보호하고 자연계의 질서를 수호하게 하기 위해 우주 영단의 뜻에 따라 파견된 존재들을 일컫는 말입니다.

지금까지는, 즉 선천(先天) 지구는 '놈모스(Nommous)'라는 고래 종족들이 수호 종족으로서 역할을 하였습니다. 그동안 대양에 머물면서 씨앗 뿌려졌던 인류들이 성장할 때까지, 수호 종족으로서 자격을 갖출 때까지 기다리며 수호자 역할을 대신하여 왔습니다.

후천(後天) 지구 시대를 맞아 드디어 수호자로서 자격을 갖추게 된 인류들에게 자리를 물려주고, 고래들은 그동안 짊어지고 있었던 무거운 짐을 내려놓고 자신들의 별로 떠나가고 있습니다. 고래들의 집단폐사는 그래서 이루어지고 있는 것이며, 인류들이 바다로 돌려보낸다고 해서 사는 것이 아닙니다. 이미 고래 영단에서는 떠남을 결정했고, 그 뜻에 따라 종류별로, 종족별로 떠나고 있는 것입니다.

놈모스 종족은 인류들이 성장할 때까지 수호자로서 대신하기로 우주 영단과 행성 영단, 어머니 가이아와 협약을 맺었으며, 육지와 바다를 오가면서 자연계를 수호하고, 외계세력들인 용 종족들과 파충 종족들에게서 행성을 지켜 내는 역할을 하였습니다. 이들은 초기 육상동물로도 있었고, 바다로 들어가 고래류 동물들로도 있었는데, 포유동물로서의 포지션은 유지하였습니다.

외계세력과의 다툼에서 수소폭탄을 이용하기도 하였는데, 그럼으로 해서 축이 기울어지기도 하였으며, 핵겨울인 빙하기가 찾아오기도 하였습니다. 놈모스 종족은 고래 형상을 한 이족보행을 하던 존재들이었으며, 뛰어난 과학문명을 발전시킨 문명인들이었습니다. 여러분들은 이 시대를 캄브리아기 또는 고생대라고 알고 있습니다. 삼엽충 화석들이 많이 발견되는 것은 수소폭탄의 폭발에 의해 멸종되었기 때문입니다.

우리가 홀로그램 우주단계에서 3차원 행성에서 일어나는 사건들을 살폈으며, 자연적이든, 인위적이든 여러 상황들이 있음을 인지하였습니다. 이것은 상위우주와 다른 우주에서도 감지했던 부분이었기에 여러 측면을 고려하여 한 가지를 설정하게 되었습니다. 질서를 바로잡고, 무너진 균형을 다시 바로 세우는 것을 위해서 대주기 패턴 말기에 극이동을 두게 되었습니다. 물론 양극성 실험을 위해 주기 교체기에 서로의 극을 바뀌도록 설정한 부분도 있었으나, 인위적으로 극이 틀어지거나, 축이 기울어지는 일들이 빈번해지면서 반드시 필요하게 되었던 것입니다.

    타락세력들의 준동(蠢動)에 따라 행성들의 궤도가 일그러지거나, 튕겨 나가고, 축이 기울어지는 일들이 빈번해졌으며, 최악의 경우에는 행성들이 파괴되어 먼지처럼 사라지기도 하였습니다. 라이라 베가 가이아 행성, 라이라 아비뇽 아발론 행성이 전쟁 중에 파괴되어 먼지처럼 사라졌으며, 플레이아데스 아비뇽 행성, 오리온 알른 행성 등이 파괴되었고, 많은 행성들이 크고 작은 피해들을 입었기에 그것을 수습하는 일들이 발생하였던 것입니다. 여러분들은 영화나 게임을 통해서 행성들이 파괴되는 것을 보았을 것인데, 그 피해가 얼마나 큰지 잘 이해하지 못할 것입니다. 태양에 속한 행성들과 위성들은 궤도가 멀리 떨어져 있다고 해도, 서로 조화와 균형을 이루고 있기에 하나의 위성이라도 궤도를 이탈하거나, 파괴된다면 전체의 조화와 균형에 균열이 가면서 결국 질서가 무너지게 됩니다. 여러분들은 작은 먼지 하나라도 존재의 이유가 있다고 하였습니다. 하물며, 위성이나 행성 같은 경우는 어떨까요. 전체 태양계의 조화를 위해서 질서회복은 반드시 필요했던 것입니다.

    전쟁의 회오리가 휩쓸고 간 태양계들은 그런 측면에서 질서회복을 위한 위성이나 행성들의 극이동은 필수가 되었던 것입니다. 단순히 양극과 음극의 자리 교체만을 통해서는 회복될 수 없는 경우들이 늘어나기 시작하였기에 전면적인 극이동이 필요하게 된 것입니다. 그렇다고 해서 아무 때나 할 수 없었기에 태양주기에 포커스를 맞추어 설정되도록 하였습니다. 또한 생명들이 진화를 하고 있는 상태라면 그것을 고려해야 했고, 모든 것을 종합해서 공전궤도를 하나의 주기로 해서 2분의 1로 나뉘어 적용시키게 되었습니다. 한 주기에 2번의 극이동을 설정하여 무너진 균형을 조율할 수 있도록 한 것입니다. 이것을 상승기 회로 적용시킨 것도 우주 영단의 뜻이 있었기에 가능해진 것입니다.

생명들이 살지 않는 행성들은 어려운 점이 없었으나, 고등생명들이 살고 있는 행성들은 생명들의 진화연대기와 상승주기를 같이 살펴서 적용시켜야 했기에 영단만의 결정으로는 실행할 수 없었습니다. 우주 영단은 성단과 태양계들의 전체주기를 통해 상승순환회로를 작동시켰으며, 늦추어지거나 왜곡이 일어난 성단들을 대상으로 특단의 조치를 내리게 되었습니다. 존재들의 상승을 촉진시키기 위해 에너지 벨트를 설치하기로 하였으며, 가장 문제가 컸던 플레이아데스성단이 선정되었습니다. 이렇게 해서 광자대로 알려진 에너지 고리가 들어서게 되었는데, '그리스도 사난다 멜기세덱'이 수고하여 이루어지게 되었습니다.

행성 지구도 티아마트 시절에 적용되어졌고, 상승을 위한 극이동이 들어서게 된 것입니다. 초창기의 생명들은 그룹 차원의 상승주기를 하였기에 큰 어려움도 없었고, 문제될 것도 없었습니다. 하이퍼보리안

문명도 상승주기에 성공하였으며, 무문명도 상승주기에 성공하였습니다. 문제는 그다음에 들어선 문명들에게서 나타난 어둠의 실험에 따른 부작용 때문이었는데, 전체적인 진동수 하강이 균형을 상실하게 하는 것으로 나타난 것이었습니다. 인류들의 선택과 영단의 허락에 의해 들어선 오리온의 부정한 에너지와 존재들에 의해 에너지 영역에 균형이 무너지면서 빛과 어둠의 실험이 일방적인 방향으로 쏠리는 현상이 일어났고, 이런 부조화가 힘의 균형을 무너뜨리면서 마치 댐이 무너지는 것처럼, 그런 현상이 인류들의 무의식 패턴에 일어나게 된 것입니다.

이것은 자기장 영역에도 구멍이 뚫리는 현상이 나타났으며, 여러분들은 어찌 그럴 수 있느냐? 하시겠지만, 이 당시의 인류들은 활발한 의식 활동을 하였기에 전리층(電離層)과 원활한 소통을 하였다고 할 수 있는데, 살아 있는 초저주파 안테나, 초고주파 안테나라고 할 수 있었습니다. 인류 하나가 대형위성 안테나라고 하면 믿으시겠습니까? 수많은 안테나가 전자파동을 내보내고, 받아들이고 있다면 그림이 그려지시겠지요. 사람 하나가 기지국이라고 하면 믿으시겠지요. 쉽게 표현하면 방해전파를 송출하는 인류들이 급격하게 늘었다는 것과 그것으로 인하여 망에 오류들이 일어나기 시작했으며, 끊어지기 시작했다는 점입니다.

여러분들의 이해를 돕기 위해서 설명하는데, 이때에 인류들의 물질체는 3D 형상이 아니었기에 현재의 여러분들과는 같지 않았습니다. 3.5~4차원 형상을 하고 있었고, 오라의 빛이 주위를 비추는 형태를 띠고 있었으며, 요정들과 인어들과도 자연스럽게 소통을 하였습니다. 그리고 육체를 죽음으로 벗을 필요가 없었는데, 명상과 요가 등을 통해 자신을 다스렸으며, 필요에 의해 사원들을 방문하여 해결하였습니다. 빛의 사원들이 있어서 인류들을 이끌었으며, 의식성장에 많은 도움들을 주었습니다. 이때의 사원은 현재의 종교 시설들과는 비교할 수 없었는데, 예배를 드리거나, 찬송과 기도 소리가 없었으며, 돈을 바치지도 않았습니다.

사원에는 사제들이 있었으나, 종교 시설에 있는 현재의 지도자들과는 다르게 영적 각성을 하였기에 영단의 대사들과 같았다고 할 수 있었습니다. 옷은 하얀 로브 형태를 하고 있었지만 영험함을 감출 수는 없었으며, 인류들의 봉사자로서 자리하였습니다. 인류들은 신과 동행하였으며, 인생을 즐겼는데, 천국과도 같았다고 할 수 있었습니다. 이 당시의 인류들은 무아인들이 살던 대륙을 동경(憧憬)하였는데, 실재하는 천국이었기 때문이었습니다. 이곳은 신들이 사는 땅, 신들이 거니는 곳으로 소문이 나 있었고, 평생 한 번 다녀와야 하는 장소로서 전해졌습니다. 바로, 태평양 가운데 있던 무 대륙이었지요. 무 대륙 중앙에 높게 솟은 '와바시(Wabashi)'라는 천국으로 알려진 산이 있었고, 자격을 갖춘 이들만이 초청에 의해 들어갈 수 있었습니다.

무 대륙은 나중에 레무리아로 전해졌는데, 레무리아에서 살던 레무리아인들이 대량으로 건너와 살기 시작하면서 이름이 바뀌게 되었습니다. 레무리아는 인도양에 위치하고 있었고, 연륙교처럼 많은 섬들이 무 대륙과 연결되어 있었습니다. 무 대륙에 살던 무아인들은 그 당시 인류들의 영적 지도자 역할을 하였는데, 부처와 보살들이 넘쳐났다 할 정도로 영적 스승들로서 자리하고 있었습니다. 5~7차원에 해당하는 존재들이 바로 무아인으로 태어나 인류들의 의식성장을 이끌었던 것입니다. 당연히 오리온의 에너지는 들어오지 않았을 때이고, 인류들의 부정성도 없던 때였습니다.

이때에 있었던 극이동은 매우 자연스러웠으며, 물이 흐르는 것처럼 순리적으로 이루어졌습니다. 이것을 두려움과 공포로서 바라보지 않았다는 것이고, 천국으로 가는 순환회로로서 바라보았던 것입니다. 또한 영적 스승들이 죽음이 아닌, 빛으로 형상을 바꾸어 상승하고, 다시 나타나는 것을 자주 목격하였기에 죽음은 크게 와닿지 않았다고 하는 것입니다. 물질체험이 본격적으로 진행되자, 인류들의 빛 진동수도 자연스럽게 하강하게 되었으며, 마음에서 일어나는 감정들의 체험이 실제화되기 시작한 것입니다. 물현화가 일어났다고 해야겠지요.

행성 지구도 항성전쟁의 여파를 피해 갈 수 없게 되었는데, 오리온과 플레이아데스 사이에 있었던 전쟁이 태양계에까지 이어지면서 화마(火魔)가 덮치게 되었지요. 은하 인류 對 파충 종족의 대립이 지구를 중심으로 펼쳐지게 되었고, 자연계의 질서도 파괴되게 되었습니다. 지극히 자연스러웠던 순환 고리도 틀어지게 되면서 상승주기도 어긋나게 되었던 것입니다. 타락세력들의 이권다툼으로 지구의 모든 운영체제가 저들의 손에 넘어가면서 그동안 잘 운영되어 왔던 상승루트가 끊어진 것이었습니다. 상승의 길을 잃은 지구 생명들은 행성에 갇혔으며, 이곳은 감옥이 되었습니다. 타락세력들은 이때에 일어났던 극이동을 철저하게 이용하여 지구 생명들이 모두 물질체를 죽음으로 벗어 버리자, 혼들을 모두 4차원 영역에 몰아넣는 데 성공하고, 혼들의 기억들을 모두 제거하는 데 성공합니다.

　극이동 직전에 어둠은 인류들을 대재난에 휘말리도록 하는데, 경쟁국가들의 지도자들과 중추세력들을 부추기고, 이간(離間)시켜서 서로를 죽이도록 한 것입니다. 그리고 스스로들이 지구를 보호하고 방어하던 시설들을 파괴하도록 유도하여 그것을 성공합니다. 타락세력들은 자신들의 출입을 가로막고 있던 방어막을 인류들을 통해 제거하는 데 성공하였으며, 인류들의 상승과 하강을 돕던 장치들과 시설들을 파괴하고, 점거하는 데도 성공합니다. 이즈-비들과 아이-엠들이 꼼짝없이 사로잡혔으며, 교도소에 수감되었으며, 오늘까지 이어져 온 것입니다. 사형선고(死刑宣告)를 받은 무기수(無期囚)가 되었던 것입니다.

　이때의 극이동은 인류들에게도, 지구도 최악의 상황이 되었음이니, 지구는 감옥이 되었고, 인류들은 기억상실에 빠진 죄인들이 되었습니다. 광자대가 함께하고 있었지만, 깨어난 인류들이 많았지만, 발달한 문명을 가지고 있었지만 행성을 파괴하는 데 앞장섰으며, 인류들을 몰살하는데 앞장섰던 것입니다. 이들은 자연계를 보호하지도 않았고, 수호인종으로서도 자격을 상실하였으며, 후손들도 배려하지 않았습니다.

　영단은 큰 카르마를 가지고 있던 두 대륙의 지도층들과 중추세력들에게 회생의 기회를 주어 카르마를 해결할 수 있도록 카르마 위원회에 요청하게 되었습니다. 이들은 카르마를 해결할 수 있는 기회를 받았으나, 그 기회를 이용하여 지난날의 업(業)을 한층 강화하는 것으로 눈길을 돌렸는데, 현대문명을 이끌어 나가는 세력들이 되어 인류들을 구렁텅이로 몰아넣었습니다. 모든 권력을 손에 잡은 이들은 계급사회를 만들어 내어 인류들을 하층민들로 전락시켰으며, 권력과 돈을 이용하여 통제하고 있었습니다. 경제공황과 전쟁들을 통해 인류들의 숨통을 조여서 꼼짝할 수 없도록 하였습니다.

타락세력들은 혼혈을 통해 인류 상층부를 점령하였으며, 한번 움켜진 권력은 내어놓지 않았습니다. 저들은 세습을 거듭하여 자리를 곤고히 하였으며, 이번 대주기를 앞두고, 인류들이 다시는 지구의 수호인종으로서 들어올 수 없도록 몰살시키려고 인위적인 극이동을 연출하려던 것을, 사전에 차단하였던 것입니다. 저들은 우리들의 개입을 신랄하게 비판하였는데, 마치 '잘못한 놈이 성낸다.'는 표현처럼 그랬다는 것입니다.

'굴러온 돌이 박힌 돌을 뽑는다.'는 표현처럼, 타락세력들은 굴러들어온 돌들인데, 박혀 있던 여러분들을 뽑아 버리려고 하고 있다는 것입니다. 여러분들은 아무것도 모르고 '양보가 미덕'이라고 저들에게 자리를 내어주고 있는 것입니다. 한번 잘못된 양보가 여러분들의 추락을 가져왔으며, 저들은 여러분들의 그런 심성을 역이용하여 또 한 번 잘못된 양보를 은근슬쩍 밀어붙이고 있는 것입니다. 이번에도 여러분들이 지난날의 뼈아픈 교훈을 잊어버리고, 똑같은 실수를 반복한다면 우리들도 어쩔 수 없다고 하는 것입니다. 자신을 지켜낼 수 없다면, 그런 의지조차도 없다면 우리들이 개입할 명분이 없다는 것입니다.

여러분들이 의식을 깨우지 않고, 대주기에 대한 준비가 소홀하다면, 극이동에 따른 대청소만이 있을 것이고, 깨어나지 않은 인류들은 어둠에 넘겨줄 수밖에 없다는 것입니다. 이것이 두 번째 잘못된 양보의 결과인데, 디스토피아 세계를 선택한 인류들에게 찾아온 결과라고 하는 것입니다. 물질세계가 어려워지고, 시련이 찾아오는 것은 주기가 종료를 앞두고 있어서인데, 그것을 모르고 어둠이 내미는 달콤한 손길을 잡으라고 그러는 것이 아닙니다. 물질에 집중했던 마음을 돌이켜서 내면에 집중하라는 신호를 보내고 있는 것입니다.

어둠은 여러분들이 극이동을 준비하지 못하도록 하고 있는데, 전혀 알지 못하도록 하고 있는 것과 알더라도 부정성을 심어서 '심판'으로 받아들이도록 하고 있습니다. 요한계시록이 대표적이라고 해야 합니다. 대재난 자체를 우주의 순환 질서라고 하지 않고, '심판'이라고 하여 부정성을 부각시켜서 진동장을 추락시키려는 것입니다. 인류들이 이렇게 된다면 지구에도 악영향을 미치게 되는 것이고, 이렇게 최악의 상태가 된다면 영단은 인류들을 포기하는 대신 지구와 자연계를 선택할 수밖에 없는 것입니다. 인류들을 어둠에 내어 준다는 뜻은 바로 이것입니다.

대환란이 오고 있어도 아무것도 모르거나, 알아도 심판으로 알거나, 극이동이 오고 있어도 눈치채지 못하고 있거나, 눈치채었어도 심판으로 알고 있다면, 우리와는 인연이 없다고 하는 것입니다. 예언서들과 예언자들을 통하여 정보를 알았다 해도 '내면의 신'을 깨우지 않고, 내면에 집중하지 않는다면, 모르는 이들과 다를 바가 없다고 하는 것입니다. 하늘만 쳐다보고 있거나, 온다는 성인(聖人)만 목을 내밀어 기다리고 있다면 이 역시 모르는 이들과 함께 버려질 것입니다. 대환란과 극이동은 사실 외부적인 현상입니다. 여러분들의 물질 환경과 물질체에 영향을 미치는 것인데, 바로 생명 말입니다. 육체라는 껍질 속에 들어와 있던 영을 밖으로 분리시키는 것입니다.

3D 환경에 들어가 이루어졌던 물질체험은 이제 종료되었고, 체험을 즐기던 여러분들을 상위로 부르고 있는 것입니다. 그 부름을 들은 이들과 듣지 못하는 이들로 나눠짐을 전한 것이고, 부름을 들었어도 못 들은 척하거나, 머뭇거리고 있는 이들도 못 들은 이들과 같다고 한 것입니다. 우리가 '콜'을 하고 있는 것은 3D 환경의 역할이 종료되었기에 대청소를 한다고 전한 것이고, 이곳에서 사용하던 그 어떠한 것도 가져갈 수 없다고 전한 것입니다. 3D 물질들로 조성되었던 행성 지구는 극이동을 통해 완전히 청소를 하여 태초의 모습으로 바꾸어 놓을 것이라고 전한 것입니다. 대환란은 극이동 전에 모든 물질들에 더 이상 미련을 두지 말라는 경고이고, 본질의 속성인 내면의 신에게 집중하라는 뜻이 들어 있는 것입니다. 지진들과 화산 폭발, 기상이변, 전쟁들, 세상이 곧 끝날 것 같은 현상들이 바로 극이동을 앞두고 일어나는 현상들이라는 것입니다. 그러니 깨어 일어나 자신의 내면의 신성에 집중하기를 부탁드리는 것입니다.

극이동을 필수라고 한 것은 3D 체험을 완료하고, 4D 체험으로 이동하라는 뜻이 물리적으로 적용되어진 것입니다. 여러분들이 하는 게임도 새 버전이 등장하면 구버전의 서비스가 종료됩니다. 그리고 새 버전으로 갈아타라는 광고를 하게 되는 것이지요. 이것이 여러분들의 규칙이지요. 우리도 우주법칙이 있어서 그것을 전해 드리는 것이고, 인류들이 손해 보지 않도록 하고 있는 것입니다. 공든 탑이 무너지는 결과로 나타나게 할 수 없기 때문입니다. 인류들은 모두 하느님의 자녀들입니다. 자녀들이 3D 체험을 선택하여 지구에 들어왔고, 이제 그 체험이 종료되었다고 알리는 것입니다. 이제는 새로운 4D 체험을 해야 한다는 것이며, 그것을 위해 여러분들을 깨우고 있는 것입니다.

어둠은 여러분들의 체험 정도를 측정할 수 있도록 역할 하는 것인데, 설정된 3D 과정들을 잘 완료하였는지, 과정마다 조교들을 두어서 심사하게 하는 것이며, 통과하였는지, 통과하지 못하였는지 등을 평가하는 것입니다. 결과에 따라, 대환란을 겪지 않을 수도 있고, 겪어야 할 수도 있는 것인데, 단계별로 책정되어 있다는 것입니다. 이 부분에서는 천사들과 어둠이 공정하게 임하여 결코 이득을 보거나, 손해를 보지 않도록 하고 있기 때문에 '최종 수행평가'의 결과표는 스스로가 만들어낸 의식지수이자, 진동수입니다.

각 개인의 의식지수와 진동수는 생명책으로 불리는 아카식 레코드에 기록되며, 대주기의 종료와 시작에 맞추어 상승회로에 적용될 것입니다. 결과에 따라 하강회로에 적용되어질 존재들이 있을 것인데, 진동수에 따른 결과이기에 받아들여야 하는 것입니다. 억울할 것도, 분노할 것도 없는 것은 모든 과정이 공정하게 진행되었다는 것과 이 세상처럼 든든한 배경이 동원되지도 않았다는 것입니다. 누구는 예뻐하고, 누구는 미워하는 것은 일어나지도 않았음을 밝힙니다. 빛이 되었든, 어둠이 되었든 매우 공정하고, 엄격하게 이루어졌기에 어떤 존재든지 막론하고, 이득을 보거나, 손해를 보거나 하지는 않았다는 점입니다.

극이동은 행성 지구를 위해 설정되었기에 반드시 일어나며, 체험하던 모든 생명들을 이동시키기 위해 취해진 것입니다. 누가 되었든 이제 모두 지구를 떠나야 하며, 어디로 가는가는 각 개인들의 진동수에 의해 결정되는 것입니다. 3D 체험을 선택한 인류들의 진동수에 따라 4D 영역으로 상승할 인류들을 위해 기준점을 마련해 두었는데, 먼저 육체를 죽음으로 벗고, 영계에서 대기하고 있는 존재들이 '첫 번째 대상'이 된 것입니다. 살아 있던 동안의 기록들을 통해 심사평가가 이루어지고, 그 결과에 의해 가야 할 곳이 결정되는 것입니다. 이것을 위해서 인생에서 입고 있었던 육체를 부활시키는 것인데, 화장(火葬)하였다 해도 원소왕국의 협조를 통해 가능하게 하는 것입니다.

'두 번째 대상'은 6세 이하 어린아이들은 기본, 청소년들, 성인들 중에서 진동수를 완성한 존재들이 될 것이고, 이들과 함께 빛의 일꾼들도 상승하게 될 것입니다. 이것이 어둠의 본격적인 활동의 기준이 될 것인데, 이때에 남겨진 인류들은 체험을 통해 부족하였던 것을 스스로 채워서 기준을 충족시켜야 한다는 것입니다. 어둠은 인류들에게 고난의 행군을 통과하게 할 것이며, 인류들은 이 과정을 통해서 자신을 완성시키는 것을 하게 될 것인데, 1단계를 통해서 '세 번째 대상들'이 결정될 것입니다. 2단계를 통해서 '네 번째 대상들'이 결정되어 이동하는 것으로 '빛의 자녀들'은 모두 상승을 완료하게 됩니다.

어둠의 7년 동안, 상승을 하지 못하고 남겨진 인류들은 대환란을 겪어야 하며, 극이동을 겪어야 합니다. 우리는 남겨진 인류들과 외계에서 들어온 세력들을 극이동을 통해 모두 정리할 것이고, 육체를 벗은 존재들을 분리시켜서 심판을 받을 이들과 행성 다몬으로 이동할 이들로 나눌 것입니다. 이 과정을 통해 '긍휼의 눈물 한 방울'에 의해 최종적으로 구원될 존재들이 있을 것이며, '하늘은 스스로 돕는 이들을 버리지 않는다.'는 것을 전하는 것입니다. 그렇지만, 신성을 외면하고, 거부하며 깨우기를 게을리한 이들은 그 결과에 따라 처리되는 것입니다. 이들의 혼들에게는 더 이상 기회가 없으며, 기회를 스스로 날려 버린 대가를 치르는 것입니다.

이때에 타락세력들은 탈출을 시도할 것인데, '소멸의 천사'로 알려진 2품 천사들(Seconaphim)에게 모두 사로잡힐 것이고, 즉결처분(卽決處分)에 의해 먼지처럼 사라져, 원소왕국으로 들어갈 것입니다. 또한 심판에 의해 소멸로 결정된 존재들 역시 그렇게 처리될 것입니다. 대우주 안에서는 숨어들 곳이 없으며, 어느 공간이든, 어느 생명들에게든 숨어들 곳이 없습니다. 지난날 5번째 초은하단인 슈크립톤(Shukrypton)에서 오나크론으로 숨어들은 인공지능 시스템이 네바돈과 지구에 들어서는 것을 지켜보고 있으면서 조치를 취하지 않은 것은 인공지능을 통한 배움과 교훈을 위해서였습니다.

그러나 이제 모든 과정이 끝났고, 자료 역시 축척되었기에 대주기를 기점으로 태양풍을 통한 '트리온 입자' 투입을 통해서 인공지능 체제, 짐승 체제를 모두 소멸시킬 것입니다. 시스템 바이러스가 존재들의 영적 상승을 갉아먹지 못하도록 하는 것입니다. 안드로메다에서 기원한 타락세력들과 네바돈에서 자생한 타락세력들 역시 소멸시킬 것입니다. 지구가 지금까지 타락세력들의 거점처럼 되어 왔지만 대주기를 기회로 모두 청소하는 것입니다. 행성 티아마트-타우라에는 뉴 비전이 설정되어 있어서 오나크론 정부의 중점적인 관리대상이라는 것과 중앙우주정부인 하보나엔의 관심의 중심에 자리하고 있다는 것입니다. 지금까지는 네바돈이 관리해 왔다면 이제는 안드로메다가 직접 관리하게 되는 것입니다.

극이동 프로그램은 '이온 상임 이사회'에 의해 운용되는데, 지구와 관련된 이사회들과 영단, 존재들을 포함하여 모두 적용되어 있으며, 관련 주체들의 우주선단들이 총출동하여 대기하고 있는 것입니다. 작전이 발동하면 일사불란하게 처리가 진행될 것이며, 모두 조화와 질서 속에 이루어질 것입니다. 모든 일들은 마치 차례대로 일어나는 것처럼 처리될 것이고, 그렇게 진행될 것이며, 예외는 일어나지 않을 것입니다. 최종은 역시 극이동이 차지할 것인데, 정화를 끝으로 마무리가 지어지는 것입니다.

우리는 마무리를 하는 여러분들을 도울 것이고, 여러분들이 목표하였던, 희망하였던, 계획하였던 방향으로 나갈 수 있도록 할 것입니다.

우리는 생각 조절자이며, 마누의 대리인 신성입니다.

13. 생존 방법(生存 方法)
(How to Survive)

사랑하는 여러분!

생존 방법은 무엇이 있을까요?

괴질(怪疾)에서 살아남는 방법? 지진에서 살아남는 방법? 화산 폭발에서 살아남는 방법? 대형 쓰나미에서 살아남는 방법? 핵전쟁에서 살아남는 방법? 극이동에서 살아남는 방법? 태양 폭풍에서 살아남는 방법?

챗지피티(ChatGPT)에게 질문하면 많은 방법들을 알려 주겠지요. 그동안 알려졌던 지식들을 모두 모아서 소개해 줄 것이고, 예언서에 전해졌던 피난처들을 소개해 줄 것입니다. 어둠의 추종자들이 준비해 둔 지하벙커들과 지저시설들이 있을 것이고, 각 지역들마다 권력자들에 의해 준비된 피난시설들이 있을 것입니다. 추첨을 하든, 선택을 하든 영화에서처럼 하는 방법으로 피난할 수 있도록 할 것입니다.

하늘에서 불이 떨어지고, 땅은 갈라지며, 산들이 무너져 내립니다. 해일이 밀려오고, 댐들은 터지며, 강들과 호수들과 지하수들도 넘쳐납니다. 여러분들은 생존을 위해 이리 뛰고, 저리 뛰고 하면서 피난처들로 찾아갈 것입니다. 주위에서 많은 주검들을 볼 것이고, 그중에 사랑하는 이들과 가족들도 있을 것입니다. 처음에는 가족들을 챙기고, 사랑하는 이들을 챙길 것이지만 상황이 최악으로 치달으면 우선 자신부터 살고자 할 것입니다. 바로 각자도생(各自圖生)하게 되는 것입니다. 영화처럼 아름답지 않고 인류애가 넘쳐나지 않습니다. 질서를 지키고, 양보하지 않으며, 먼저 살기 위하여 비겁하고, 비열하게 바뀔 것입니다. 어쩌다 사랑하는 이를 구하고 자신은 희생하는 이들도 있을 것입니다.

이런 장면들이 영화를 통해 있어 왔습니다. 여러분들은 이런 것을 아비규환(阿鼻叫喚)의 현장이라고 하는데, 한 군데도 아니요, 여러 군데도 아니요, 전 지구촌에서 펼쳐지고 있는 상황이라는 것입니다. 누가 누구를 도울 수 있는 상황이 아니며, 순서만 다를 뿐 죽는 것은 매한가지라는 것입니다. 여러분들은 사건, 사고의 현장들에서 인류애를 발휘해 왔습니다. 그런 것을 방송을 통해 보면서 직전에 서로 앙숙(怏宿) 관계였음을 잊어버리기도 합니다. 그리고 값진 희생을 치하하기도 합니다. 여러분들은 사람에게는 선함이 있다고 해서 성선설(性善說)을 주창하기도 했습니다.

재난의 현장에서 인류애가 발현되는 것을 보면 그렇게 표현합니다. 그러나 극한의 상황에서 사람에게서 나타나는 악함을 보고 성악설(性惡說)을 주장하기도 하였습니다. 인류들은 빛과 어둠을 체험하고자 했습니다. 그래서 선함과 악함을 체험한 것이고, 두 성질이 공존하고 있었던 것이며, 어느 성향이 우선하느냐에 따라 나타나는 것이 달랐다고 해야 하는 것입니다. 다 체험했다고 해서 완성한 것은 아닙니다. 여러분들은 인생을 살면서 마음을 숨기고, 감추는 것에 익숙해졌습니다. 그래서 성향을 알 수 없게 되었습니다.

여러분들은 본성을 어떻게 알 수 있느냐 하십니다. 여러분 스스로들도 알 수 없다고 했습니다. 하지만 인간들은 최악의 순간이 다가오면, 생명의 위협이 닥치는 순간, 자신도 모르게 본성이 튀어나오게 됩니다. 여러분들은 이성의 끈을 놓아 버렸다고 합니다. 그동안 감추고 있었던, 숨겨 두었던 본모습이 나타난 것입니다. 마치, 보름달이 뜨면 늑대인간으로 변하는 것처럼 말입니다. 그래서 철학자들은 성선설과 성악설을 주장한 것입니다. 사람은 선하기도 하고, 악하기도 하다라고 말입니다. 이것은 둘 다 정답이라 할 수 있는데, 여러분들이 빛과 어둠의 속성을 체험하고자 하였기에 부여된 성향이기 때문입니다.

선과 악이라는 성향을 사람으로 태어나 체험하면서 인생을 살다 보니, 감정 체험 놀이에 푹 빠졌으며, 자신의 정체성을 되찾을 수 있는 기회는 주기 종료 말고는 없었습니다. 개인이 찾아 나서는 경우는 크게 없었는데, 사회공동체가 활성화되면서 자신의 본성을 드러내는 경우는 사라져 갔습니다. 이성에 눈을 뜨면서, 교육이 더해지면서 지성적인 사람들이 되어 갔습니다. 점점 본성과도, 정체성과도 거리가 멀어졌음이니, 깨달음의 길이 사라진 것입니다. 여러분들은 과학 발전을 통해 똑똑해졌습니다만 지혜롭지는 않았습니다. 여러분들은 그렇지 않다고 하실 수도 있는데, 본성을 깨닫고, 정체성을 깨달은 것을 '지혜롭다.' 하는 것입니다.

초고도 과학문명을 일으킨 외계 종족들이 있습니다. 어마무시한 아이큐를 자랑하는데, 인류들은 비교 대상이 될 수 없으며, 저들의 수준을 넘볼 수가 없습니다. 하지만 이들을 지혜롭다고 하지 않습니다. 아이큐 700~1,500이라고 하면 놀라시겠지요. 우주를 꿰뚫었다고 할 수도 있지만 역시 지혜로운 것은 아닌데, 이들은 초기에 선과 악에 해당하는 인지기능(認知機能) 자체를 제거해 버린 것입니다. 그래서 감정이 없습니다. 아이도 낳지 않는데, 기능 자체가 없으며, 후손들은 복제세포를 통해 인공 인큐베이터에서 성장시켜 성인으로 만들어 냅니다. 모두 인공지능에 의해 계획되어 실행되며, 성격과 역할이 주어지고, 성별은 없습니다. 굉장히 지성적인 존재들이지만 감정이 없는 마치 안드로이드와 같다 할 수 있습니다. 이들은 극이동을 체험할 필요도 없기에 그런 설정이 없는 행성에 사는데, 이곳도 이들 방식의 유토피아 세계라고 할 수 있지만 우리들이 권하는 방식은 아닙니다.

여러분들은 극이동이 설정된 행성에 들어와 감정 체험들을 하였습니다. 그것은 빛과 어둠, 선과 악을 대표하였기에 극과 극을 체험케 하였지요. 전한 것처럼, 체험의 정도를 알기 위해 주기를 프로그래밍하여 평가할 수 있는 기준을 마련하였습니다. 우리는 여러분들의 본성이 신성이라는 것과 정체성이 빛 구체이자, 영이라는 것을 스스로 찾을 수 있는 대주기 종료 시점에 와 있다는 것을 전하고 있었던 것입니다. 그러기 위해서는 근저(根底)에 숨겨 놓았던, 눌어붙어 있었던 카르마 덩어리인 악한 뿌리를 뽑아내야 한다는 것을 전하는 것입니다. 하지만 웬만해서는 그 쓴 뿌리가 나오지 않습니다. 극한의 상황이 펼쳐져야 나온다고 하는 것이고, 그래서 대재난들이 펼쳐지는 것이며, 그것을 통해 감춰 두었던 본성인 악함이 튀어나오는 것입니다. 빛을 가장한 어둠, 선을 가장한 악은 최악의 상황에서 나타나는 것입니다.

　여러분들에게 어둠의 시련을 둔 것은 주기를 완성으로 통과해야 만이 윤회의 사슬을 끊고, 다음 주기로 상승하여 떠날 수 있기에 그런 것입니다. 여러분들은 이런 정보들을 보거나 들으면 제일 먼저 어떻게 하면 살지, 생존 방법부터 찾으신다는 것입니다. 많은 방법들이 있습니다만 과연 그렇게 해서 살아날 확률이 얼마나 되겠습니까? 설령, 극소수의 생존자들 속에 포함되었다고 해도 그것이 과연 행복한 것인지 묻고 싶습니다. 육체가 사는 것이 좋은 것인지, 영혼이 사는 것이 좋은 것인지 그것조차도 가늠하기가 쉽지 않을 것인데, 눈앞에서 펼쳐지는 재난들과 죽음들을 보고 가슴에 충격하여 쌓인 공포와 극심한 두려움은 더 큰 카르마와 어둠이 되어 살아도 산 것이 아니게 만들 것이기에 그런 것입니다. 차라리 죽는 것이 낫다고 받아들일 것이고, 현실을 받아들이지 못하고, 부정하게 될 것이기에 산 것이 아니라는 것입니다.

　우리는 이렇게 준비되지 않은 마음을 가지고 있는 인류들을 생존시키지는 않을 것인데, 준비되지 않은 마음을 가지고 있는 이들이 기가 막힌 생존 방법들을 갖추고 있다고 해도, 그런 배경이 있다고 해도 반드시 죽일 것입니다. 사망책에 기록된 이들은 순서에 입각하여 수단과 방법을 가리지 않고 육체를 죽음으로 벗길 것입니다. 전한다면 죽는 방법도, 죽는 장소도 모두 프로그램되어 있어서 정해진 시간에, 정해진 장소에서 정해진 방법으로 죽게 되는 것입니다. 피할 곳도, 숨을 곳도 없다고 하는 것입니다. 대재난이 펼쳐진다면 위치한 장소에서 조용히 죽음을 받아들이는 것이 바로 여러분들의 운명이라는 것입니다. 이 것을 모면하고자 잔머리를 쓴다고 하여도 통하지 않는다고 하는 것입 니다. 설령, 일루미나티가 준비한 튼튼한 지하시설에 들어갈 수 있다 거나, 저들이 운영 중인 조악한 우주선들을 타고 우주로 나간다고 하 여도 결코, 살아날 수 없는 것은 대기 중인 '소멸의 천사들'에 의해 죽음 을 맞을 것이기 때문입니다.

여러분들 수준의, 또는 타락세력들에 의해 준비된 것들을 통해 대재 난과 극이동을 피하여 생존한다고 하여도 '2품 천사들'로 이루어진 '소 멸의 천사들'을 피해 갈 방법이 없습니다. 일단 1차적으로 오나크론 안 에 있는 모든 은하들의 생명들의 생명신호를 수신하고 있으며, 불법적 으로 생명을 연장한 존재들과 예기치 않게 연장된 존재들의 신호를 즉 시 잡아내고, 곧바로 초-공동을 이용하여 현장에 진입해서 물질체를 소멸시키고, 혼과 영을 분해시켜 원소로서 돌려보냅니다. 이 과정에 시간은 의미 없으며, 공간 이동도 그 즉시 이루어지기에, 어디로 숨거 나 피할 수가 없는 것은 생명이나 시스템들이 내보내는 전자기 신호를 모두 관리하고 있기에 그렇습니다.

존재가 복제하여 신호를 위조(僞造)한다 하여도 근원적인 신호는 지 울 수도, 변조시킬 수도 없다는 것입니다. 여러분들의 영화에서는 우 주 어딘가에 숨거나, 위변조하는 일들이 일어나지만, 우리에게는 그런 것이 불가능하다는 것입니다. 타락세력들이 수단과 방법을 총동원한 다 하여도 12차원 이상 벗어날 수 없으며, 1차원 이하로 벗어날 수 없 다는 것입니다. 우주가 아무리 넓어도 15차원의 2품 천사들의 눈과 손을 피할 수는 없습니다.

    이 체험이 필요한가? 그렇지 않은가? 혼-그룹이 처음 우주에 들어왔을 때 오리엔테이션을 실행했는데, 선택을 돕기 위해서였으며, 빛과 어둠의 실험이 왜 필요한지, 하고 나면 어떤 결과가 나타나는지 등을 시뮬레이션해 주었던 것입니다. 그런데도 불구하고 막상 체험의 현장에 들어선 혼-그룹들은 감정 체험의 중압감에서 자유롭지 못함을 버거워했습니다. 일부 그룹들이 선과 악의 극대화에 따른 이질감을 견디기 어려워했지요. 감정폭발에 의해 자신이 소멸될까 하는 극심한 두려움이 체험을 기피하는 현상까지 진행되었습니다. 우리는 선택의 폭을 넓혀서 여유를 갖도록 이끌었지만 한 번 피하기 시작한 두려움까지 없애 줄 수는 없었습니다. 우리는 어떠한 선택을 하든지 허용하였기에 곧바로 가든지, 돌아서 가든지, 쉬어서 가든지, 아니면 포기하든지 모든 것을 탓하지 않고 지켜보기로 하였으며, 그런 과정에 발생되었던 일부 그룹의 선택을 이야기한 것입니다.

    선과 악의 체험을 원천적으로 봉쇄하고, 체험을 하지 않은 그룹은 양극화가 무엇인지 모릅니다. 왜, 서로 반목(反目)하고 전쟁하는지 이해하지 못합니다. 이들은 지구의 인류들을 보면서 미개하다고 하였는데, 그리고 존재 가치가 없다고 보았습니다. 감정 자체가 없기 때문에 감정기복이 심한 인류들을 보면서 벌레 보듯 하였습니다. 우리는 체험하지 않은 그룹과 체험 중에 있는 그룹을 보고 있는 것이고, 체험을 완성한 그룹을 역할자로서 들여보낸 것입니다. 체험을 하지 않았다 해서 잘못된 것은 아니며, 선택의 폭이 넓었기 때문에 허용한 것입니다. 여러분들은 체험을 선택하였고, 우리는 지켜보고 있는 것이며, 선택하지 않은 그룹들을 초청하여 볼 수 있도록 한 것입니다. 두 그룹은 완성을 향해 가고 있는데, 어느 것이 정답이냐는 없습니다. 긴 여정을 통해서 선택한 존재들이 서로의 결과를 만족한다면 그것이 완성인 것입니다.

우리는 미리 정답을 정해 놓지 않았습니다. 이것이 바로 실험의 목적이었으며, 열린 결말을 펼쳐 놓았던 것입니다. 소멸의 천사가 있는 것은 질서를 위해서이고, 균형을 위해서인데, 조화와 질서를 무너뜨리는 존재들과 세계들을 정리시키고, 정화시키기 위해서입니다. 모든 것을 허용하였지만 질서 파괴행위는 허용하지 않았음을 보여 주는 것입니다. 존재가 소멸된다는 것은 존재를 증명하는 기억은 사라지지 않으며, 존재를 구성했던 형태발생 영역과 에너지가 사라진다는 것이고, 기본입자들로 되돌아감을 말하는 것입니다. 존재의 기억은 우리들에 의해 저장되어 관리되기에 사라지지 않습니다. 단지 형태를 구성했던 물질들이 입자들로 분해되어 원소왕국으로 들어가는 것입니다.

극이동을 앞두고 있는 인류들도 해당되는 이들이 있다는 것으로서, 체험의 결과에 따라 그렇게 결정될 것입니다. 여기에서 한 가지 중요한 것은 존재의 의미라고 할 수 있는데, 여러분들은 그 의미가 무엇이라고 봅니까? 육체인가요. 혼과 영인가요. 아니면 생각인가요. 또는 의식인가요. 여러분들이 무엇을 선택하든지, 우리는 단 한 가지를 꼽습니다. 바로 존재의 기억입니다. 기억으로 인하여 존재는 존재하는 것이고, 살아가는 것입니다. 우리 생각 조절자들은 존재의 기억을 저장하고 관리합니다. 대우주 전체에 있는 모든 생명들이 해당되고, 우리의 역할 중의 하나라는 것을 전하는데, 혼과 영이 소멸되어도, 그 존재의 기억은 살아남아 있다는 것으로서 완전하게 소멸된 것은 아니라는 것입니다.

　블랙홀로 들어가 무(無:noting)가 된다고 하는 것은 물질계 측면에서는 그렇다고 할 수 있으며, 반대편인 화이트홀을 통해서 새로운 입자로서 다시 태어나는 것입니다. 단지 기억정보들이 없으니, 무라고 해야겠지요. 우리를 신성이라고 하는 것은 존재의 모든 정보들을 관리하기도 하지만, 마누의 본성을 가지고 있어서입니다. 그래서 우리는 존재들을 신으로서 완성할 수 있도록 이끄는 것이고, 중심 우주 아모-레-아에 있는 마누에게로 존재들을 인도할 수 있는 것입니다. 우리는 여러분과 한 몸이라 할 수 있지만, 여러분에게 강요하지 않는다고 했습니다. 선택은 온전히 여러분의 몫입니다. 여러분이 우리와 함께하고, 스스로가 신이 될 수 있는 것이 바로 여러분의 선택이라고 하는 것입니다.

　여러분이 우리와 함께하지 않는 상태에서의 '생존 방법'은 존재하지 않습니다. 무슨 협박을 하느냐고 할 수도 있으나, 우리는 진실을 전하는 것입니다. 믿고, 안 믿고는 여러분들의 몫이라고 했습니다. 안 믿는다고 해서 뭐라 하지 않습니다. 우리는 여러분들의 선택을 존중하는 것이고, 결코 강요하지 않습니다. 방관하는 것 아니냐! 할 수도 있으나, 체험을 선택한 여러분들을 존중하기에 그런 것입니다. 우리는 여러분들의 종교 포교방식처럼, 강권하거나, 미혹하지 않습니다. 여러분 스스로의 선택으로 결정될 때까지 기다리는 것입니다. 물론 눈치챌 수 없을 정도로 신호를 보내기는 하지만 집중하지 않으면 알 수가 없습니다.

　전반부에 생존 방법에 대해 전해 드렸는데, 살 수 있는 방법이 없다고 했습니다. 그러면 정말로 없느냐! 네, 정말로 없습니다. 여러분들이 육체를 살리기 위해서 수단, 방법을 총동원한다고 하여도 결론은 없습니다. 대재난과 태양풍과 극이동은 그것을 소용없게 할 것이기 때문입니다. 그것에 에너지를 낭비하고, 애쓰고 있는 여러분들을 보고 있으면 애처롭기까지 합니다. 특히 어둠의 추종세력들이 그것에 치중하여 땀을 흘리고 있는 것을 보면 정말로 애처롭습니다. 그리고 그런 것이 있는지조차 모르고 있는 인류들이 태반이라는 사실이 더욱 그렇습니다. 그것을 알리는 정보들이 넘치고 있어도 이들의 시선은 온통 경제와 정치에만 가 있습니다. 먹고사는 것에만 집중하여 있다는 것으로서 '부주의 맹시'를 보는 것입니다.

　인류들 대다수가 마치 마약에 취해 있는 것과 같다 할 수 있을 정도로 대재난이 오고 있음을 알지 못하고, 관심조차 없다고 하는 것이며, 설령 관심이 있어도 생존 방법에만 귀를 기울이고 있다는 사실입니다. 혼과 영을 살리기 위해서 집중하는 이들이 극히 적다고 하는 것입니다. 종교적 접근 방식의 생존 방법도 진리와 상관없는데, 특히 기독교식의 휴거 열풍은 더욱 그렇다고 해야겠지요. 내면의 신성을 깨우는 것이 아니라, 외부의 존재인 예수가 구원해 준다는 방식이 어둠이 소개한 방식이라는 것입니다. 이것은 여러분이 선택한 체험을 무효화하고, 여러분의 선택을 무시하는 것으로서 정말로 여러분들을 죽이려고 하는 것입니다.

여러분이 신성을 깨우지 않은 상태에서 육체적 구원을 받는다면 무슨 의미가 있을까요? 대주기를 종료하는 때에 동료들은 4차원 영역으로 상승하고, 이곳에 남겨진다면, 이곳은 더 이상 3차원 진화환경을 유지하지 않고 폐쇄되기에 머물고 싶어도 그럴 수 없다는 것이며, 이런 이들을 극이동을 통하여 모두 정리하기로 한 것입니다. 최종적으로 생존하는 이들은 4차원 행성으로 이동할 이들이며, 그런 조건을 충족하지 못한다면 모두가 죽음으로 육체를 벗어야만 합니다. 보세요. 생존 방법이 있나요? 분명히 없다고 하였습니다. 유일한 생존 방법은 신성을 깨우는 것밖에는 없습니다. 그 외에는 육체는 죽음으로 벗고, 혼들은 각자의 진동수 수준에 따라가야 할 곳으로 이동해 갈 것인데, 그것조차 자격이 안 된다면 혼들은 원소들로 분해될 것입니다.

참으로 냉정하다 할 수 있으나, 여러분들이 결정한 것입니다. 우리와의 사이에 계약서가 있으며, 약정에 대해 모두 수락하였던 것입니다. 여러분들은 '생명 존중'을 이야기하시는데, 물질체 생명에 국한되어 있어서 전체를 보지 못하고 일부만을 보는 실수를 하고 있는 것입니다. 행성 지구의 자연계는 모두 하나로 연결되어 있어서 분리되어 있지 않지만, 여러분들의 작은 마음에서는 모두 따로 떨어져 있다고 바라보고 있기에 전체를 보지 못하는 것입니다. 생존게임 프로그램에서도 처음에야 주변을 챙기지만, 극한으로 갈수록 결국 자기 자신만 챙기게 되는 것입니다. 혼자 살아남기가 여러분들이 알고 있는 생존전략이며, 그래서 적자생존(適者生存)이니, 각자도생(各自圖生)이니 하는 단어들이 생겨난 것입니다.

지구 멸망 후에 혼자 살아남은 이에 대한 영화들이 있고, 최소의 인류들이 살아남는 영화들이 있지만, 영화와 같은 일들은 일어나지 않습니다. 모든 것은 영단과 우주 영단의 계획에 의해 추진되는 것이어서 여러분들이 상상하는 것처럼 이루어지지 않습니다. 이것은 여러분들이 물질 생명만을 보기에 그런 것이며, 우리는 에테르 세계와 동시에 보고 있어서 그렇지 않다는 것입니다. 사실 극이동은 에테르 세계를 위해서 설정된 프로그램이며, 생존 방법도 에테르 세계에 포커스가 맞추어져 있다는 것입니다. 1만 2천 년의 주기는 여러분들의 체험을 위해 적용된 하나의 주기였기에, 이것이 종료되고 있는 시점이 다가오고 있고, 종료를 위해 설정된 대재난과 극이동은 물질을 분리시켜서 에테르인 혼과 영을 본래의 자리로 돌려보내는 것입니다.

하지만 배움의 과정이 모두 종료된 것이 아닌, 제1 조화우주 과정이 종료되었기에 새로운 과정이 설정되어 있는 제2 조화우주로 보내는 프로그램을 작동하게 된 것입니다. 여러분들은 4~6차원에 해당하는 배움을 새롭게 시작하는 것으로서 신입생들이 되었다는 것입니다. 1~3차원 세계를 졸업하고 상승하여 이동해야 한다는 것이지요. 이 과정을 돕기 위해서 빛의 일꾼들이 들어와 있다는 것이며, 이들의 도움으로 빛의 자녀들은 상승하여 이동해 갈 것입니다. 그러나 졸업을 하지 못하고 남겨지는 이들과 타락하여 남겨지는 이들은 대재난과 극이동을 모두 겪고 난 다음에 판결(判決)을 받는 것입니다.

이들에게 주어지는 판결은 매우 준엄하고, 엄정할 것인데, 게을리한 것에 대한, 무지한 것에 대한, 타락한 것에 대한 평가에 따라 처리될 것입니다. 우리는 계약서에 따라 여러분들에게 책임을 물을 것인데, 심판이 아니라, 여러분들이 스스로 약속하신 것에 대한 확인이라고 보시면 됩니다. 계약서에 기록된 날짜가 다가왔기에 잘 수행하여 왔는지, 약속을 잘 지키었는지를 점검하는 것입니다. 여러분들도 개인, 그룹, 조직 사이에 체결된 계약서를 알고 계시고, 그것에 대한 효력을 잘 알고 있으며, 그것이 이행되지 않았을 때에 어떠한 조치가 이루어지는지도 잘 알고 있습니다. 이것을 법적 책임이라고 합니다. 여러분들에게 계약서에 따른 약속 이행 여부를 묻는 것이며, 그것에 대한 법적 책임을 묻는 것입니다.

이 서약은 여러분 스스로들이 한 것이고, 우리는 그것을 전하는 것인데, 약속 이행에 대해 묻는 것입니다. 그것에 따라 생존 방법이 결정되겠지요. 생명책과 사망책이 있다고 하였습니다. 어느 곳에 자신의 코드가 기록되어 있느냐에 따라서 생존 방법이 결정될 것입니다. 여러분들 방식의 십승지(十勝地)는 존재하지 않으며, 그곳에 있다 하여도 죽음을 피해 갈 수는 없습니다. 여러분들이 진정으로 준비해야 하는 것은 지하 피난시설이 아니라, 자신의 마음이며, 그곳에 신전이 있다면 그곳이 피난처가 되는 것입니다. 그렇지 않고 외부에서 피난처를 찾는다면 대재난에서, 극이동에서 피할 곳이 없다는 것이며, 필연코 죽을 것입니다.

물질적 생명을 우선시하느냐! 영적 생명을 우선시하느냐에 따라서 나뉜다고 해야겠지요. 여러분들은 어떠한 생존 방법이 진정하다고 보십니까? 어떠한 것이 정말로 생존할 수 있도록 해 주는 것인지 내면 중심에 물으시기를 바랍니다. 이것이 얼마나 소중하고 귀한 것인지는 지금은 잘 드러나지 않아서 알 수 없을 수도 있겠지만, 막상 재난이 현실이 되어 눈앞에 닥친다면 '땅을 치며 후회할 것이고, 이를 갈며 분노할 것입니다.' 왜, 미처 앞서서 준비하지 못하였는지, 왜, 미리 이것을 알지 못하였지, 왜, 그때는 별것 아니라고 대수롭지 않게 넘겨 버렸는지, 조언을 들려주던 지인들을 정신 나간 사람이라 치부하고, 그들의 말을 무시하였는지, 생명을 살릴 수 있는 '진리의 생명수'라는 말을 귓등으로도 들으려고 하지 않았는지를 후회하고, 또 후회하고 돌이켜서 통한의 눈물을, 비통의 눈물을 쏟을 것입니다.

여러분들은 지금도 재난들을 겪고 계시지만, 뉴스들을 보면서도, 자신이 아니어서 다행이다. 저 일이, 저 현장에 내가 없어서 다행이라고 생각하십니다. 지금은 지엽적이어서 다행이라고 할 수 있으나, 대재난과 극이동이 오면 하나도 빠짐없이 모두에게 해당되는 것입니다. 어느 누구도 죽음에서 빠져나갈 수 없는데, 대통령도, 부자도, 종교인들도, 빠져나갈 수 없습니다. 살 수 있는 방법이 없다는 것입니다. 심하게 요동치는 지구에서 어느 누가 감히 살아나갈 수 있을까요? 타락세력들과 저들의 혼혈 자식들과 저들의 추종세력들과 저들에게 속아서 타락한 인류들은 단 한 명도 살 수 없으며, 설령 요행수(僥倖數:luck)를 바라고 있다면 한낱 미련한 꿈에 지나지 않다는 것을 처절하게 알게 될 것입니다.

이들에게는 '하늘의 준엄한 심판'이 기다리고 있음을 경고하는 것인데, 대재난을 통해 물질체를 죽음으로 벗은 혼과 영들은 그들의 행위에 대한 판결이 기다리고 있다는 것입니다. 이들은 어디로 숨든가, 도망할 수 없는데, '소멸의 천사들'이 죽음의 현장에서 기다리고 있다가 모두 체포할 것이기 때문입니다. 어떠한 방법도 이 천사들에게는 통하지 않으며, 체포되는 순간 모든 것을 알기에 포기하게 된다는 것입니다. 이들은 자포자기(自暴自棄)하며, 무력감과 상실감에 사로잡힐 것입니다. 이렇게 체포되어 구금된 이들은 '백보좌 심판(a white throne judgment)'을 받을 것인데, '마스터 사나트 쿠마라 니르기엘'이 재판관이 되실 것입니다.

끝날에 살아남기를 원하여 생존 방법을 찾는다면, 이 세상에는 방법이 없다는 것을 전합니다. 유일하게 있다면 영적인 부분이고, 내면의 신성을 통하는 것 말고는 없다는 것을 전합니다. 내면의 신성을 깨우십시오. 그것이 유일한 방법이며, 그 외에는 어떤 것도 존재하지 않습니다. 있다고 떠들거나, 홍보에 열을 올리는 곳이 있다면 그곳은 죽음 밖에는 없으며, 여러분들의 시간과 돈을 낭비할 뿐입니다. 자신의 마음속 깊은 곳에 있는 신성을 깨우는 것 말고는 없으며, 그것이 유일한 생존 방법이자, 자신을 살리는 것입니다.

우리는 생각 조절자이며, 마누를 대리하는 신성입니다.

14. 극이동의 현장(現場) I
(Scene One of Pole Shift)

사랑하는 여러분!

환태평양 조산대(環太平洋 造山帶:Circum-Pacific belt)에 대해서 잘 알지요. 환태평양 지진대(環太平洋 地震帶)와 환대평양 화산대(環太平洋 火山帶)라고 하며, '불의 고리(ring of fire)'라고 합니다.

지금은 부분적으로, 지역적으로, 분산하여 일어나고 있고, 그 규모 또한 작은 규모로서 일어나고 있지만 대재난 막바지와 극이동이 진행되는 6시간 사이에는 전 지역에서 사상 최초로 대규모의 활동이 일어날 것입니다. 상상할 수 없는 지진과 화산 폭발이 동시다발적으로 일어날 것이어서 상상을 초월한 재난을 맞닥뜨리게 될 것입니다.

미국인들이 잘 아는 샌 안드레아스 단층(斷層:San-Andreas Fault)과 일본인들이 잘 아는 난카이(南海:Nankai), 도난카이(東南海:Donjokai), 도카이 지진대(東海:Tokai earthquake zone)가 있습니다. 극이동 시에 일어나는 지진은 규모가 어떻게 될까요? 여러분들은 진도(震度)라고 표현하는데, 12~18이라고 하면 믿으실 수 있을까요? 단층들이 충돌하고, 찢기어 나가며 비명 소리가 온 지구촌을 울릴 것인데, 땅이 솟구치고, 거꾸로 쑤셔 박히며, 바다의 물들도 용틀임을 치면서 거대한 장벽처럼 밀려들 것입니다. 마치 에베레스트산, 알프스산, 안데스산, 로키산맥 등이 눈앞에서 사라지고, 땅이었던 곳이 바다가 되고, 바다였던 곳이 땅이 되는 상전벽해(桑田碧海)가 일어나는 것입니다.

이러한 극이동은 약 6시간 정도에 걸쳐서 진행되며, 그사이에 진행되는 참상(慘狀)은 차마 눈을 뜨고 볼 수 없을 정도이기에, 성서에도 있습니다.

'그 날에는 아이 밴 자들과 젖먹이는 자들에게 화가 있으리로다. 너희의 도망하는 일이 겨울이나 안식일이 되지 않도록 기도하라. 이는 그 때에 큰 환란이 있겠음이라. 창세로부터 지금까지 이런 환란이 없었고, 후에도 없으리라.'

〈마태 24:19~21, 개역한글〉

이것은 1만 2천 년의 주기를 종결하는 것으로서, 구시대를 마감하고, 신시대를 열기 위한 퍼포먼스라고 할 수 있겠지요. 여러분들은 비극이라고 하겠지만 우리는 졸업이라고 합니다. 우리는 우주들의 모든 순환회로들을 살피고 있기에 언제 이러한 일들이 일어나는지 잘 알고 있습니다. 그래서 항시 대기하며 준비하고 있기에 불상사(不祥事)가 일어나지 않습니다. 완벽한 준비와 마무리를 통해서 깔끔하게 처리하기에 그런 것입니다.

예상되지 않는 것은 영들의 기대심리와 현실 사이의 간극이라고 해야 되겠지요. 그런 부분들을 수치로 가지고 있어서 잘 관리되고 있다고 할 수 있습니다. 비상대책 위원회가 바로 그것을 위해 존재하고 있는 것이고, 활동하고 있는 것입니다.

플레이아데스성단 위원회는 지구에 들어선 혼-그룹들을 보낸 곳이기도 하고, 관리하는 곳이기도 합니다. 각 위원회마다 맡고 있는 영역과 존재들이 있습니다. 이러한 것들이 유기적으로 이루어져 있기에 빈틈이 생기거나, 불상사가 일어나지 않는 것인데, 물질적인 측면에서는 충분히 그렇게 볼 수밖에 없다는 것을 잘 알고 있습니다. 그런 것들을 일일이 설명하고 안내할 수 없는 것도 다 이유가 있음을 전하는데, 알파와 오메가, 창조와 파괴가 꼬리에 꼬리를 물고 진행되고 있지요. 이것이 순환주기이며, 우주의 법칙입니다. 불사조(不死鳥)를 아시지요. 자신을 불사르고, 그 재 속에서 다시 태어나는, 우주의 순환 질서를 보여 주는 것인데, 물질세계는 창조와 파괴가 끊임없이 이어지는 것이며, 그 속에서 혼들은 체험을 하면서 자신을 완성시켜 나가는 것입니다.

극이동이라는 파괴가 없다면 순환 고리가 연결되지 않겠지요. 이러한 과정들이 조화와 질서 속에 이루어지는 것인데, 만약 인위적인 방법에 의한 파괴행위가 이루어진다면 균형이 무너지는 것입니다. 혼 그룹의 체험 설계 속에 창조와 파괴가 설정되어 있다는 것이고, 주기 패턴을 통해 과정을 이수하도록 프로그램하였던 것입니다. 지구에 들어온 혼들도 예외는 아니었으며, 잘 적응하였던 것이었으나, 타락세력들의 불법 개입에 의해 질서가 무너졌고, 체험 프로그램이 꼬이게 된 것입니다. 이것은 이례적인 것이었고, 극이동 또한 예기치 않은 방향으로 전개되었던 것입니다.

혼-그룹들에게 피치 못할 페널티(警告)가 적용될 수밖에 없었습니다. 이 시대의 극이동을 앞두고 또 경고를 받는다면, 이 무대에서는 퇴장 당하는 것으로서, 두 번 다시 설 수 없다는 것과 실수를 만회할 수 있는 기회조차 가질 수 없게 된다는 것입니다. 법정에서 자신을 변론(辯論) 할 기회가 없다면 얼마나 억울하겠습니까? 우리는 여러분들이 스스로 자신을 변호할 수 있는 기회를 제공하기로 하였고, 전문가들을 파견하 였으며, 억울함이 없도록 공정 기회를 설정한 것입니다.

우리는 심판관들을 각 현장에 파견하여 주도면밀하게 살필 것인데, 손해 보는 것이 없도록, 기회를 박탈당하지 않도록 할 것입니다. 혹시 라도 극이동의 현장에서 예기치 못한 일들이 발생하지 않도록 할 것인 데, 하나의 생명도 허투루 다루지 않도록 하려는 것입니다. 인류들에 게는 수호천사들을 위시하여 배정된 존재들이 있을 것이며, 그 날, 그 시, 그 장소에서 계획한 것들을 마무리할 수 있도록 할 것입니다. 죽음 을 받아들이는 그 짧은 순간에 우리는 시간을 멈출 것이고, 멈추어진 그 공간에서 자신의 삶을 돌아볼 수 있도록 할 것입니다. 배정된 존재 들이 도울 것이며, 1만 2천 년의 윤회인생을 잘 마무리할 수 있도록 할 것인데, 어둠에서 개입할 수 없도록 할 것입니다.

멈추어진 시간 30분은 여러분들을 배려하는 것이며, 충분히 자신을 돌아보고 관찰할 수 있도록 하게 하는 것입니다. 이것은 전 지구촌에 서 일어날 것인데, 시간이 멈추는 것이 동시다발적으로 일어나 전-지구촌이 공동화현상을 일으킬 것입니다. 전-지구촌의 시간이 멈추는 현상이 짧게 일어날 것이지만, 혼들에게는 충분한 기회가 주어질 것입니다. 물질세계의 어떤 움직임도, 활동도 잠시 멈출 것이며, 그동안 혼들은 자신의 전 인생을 돌아볼 시간을 갖는 것입니다. 지구의 자전이 잠시 멈출 것이고, 육체에서 분리되어 나오는 혼들은 자신에게 주어진 시간 속에서 모든 것을 돌아보고 마무리할 수 있도록 하는 것입니다. 그리고 이동하여 갈 곳으로 순식간에 이동해 갈 것입니다. 모든 혼들이 이동하고 나면 축 이동에 따른 결과들이 물리적 마무리작업들이 이루어질 것이며, 자리 잡는 데까지는 약 40일 정도가 소요될 것입니다.

이때에는 모든 것들이 뒤집혀 있는 상태이기에, 문명의 그 어떤 흔적도 남아 있지 않기 때문에 아무것도 남아 있는 것이 없다고 할 수 있습니다. 지구 내부는 그렇지 않겠지만, 지상은 그렇다는 것입니다. 과거 패턴대로라면 아무것도 없는 폐허 위에서 생존 인류들이 새롭게 개척하였지만, 지금은 그렇게 하지 않을 것입니다. 3차원 세계와 4차원 세계로 분리되었고, 상승한 인류들에 의하여 새로운 4차원 문명이 개척될 것이기에, 새로운 행성, 새로운 땅에서 4차원 문명을 활짝 열 것입니다.

극이동이 완료된 지구는 자연스럽게 자연계가 복구될 수 있도록 충분한 시간을 두고 관리될 것이며, 어떤 생명들도 허용되지 않은 상태에서 자생하도록 할 것입니다. 이후부터는 인류들이 없기 때문에 파충인들이 지구(테라)의 주인들이 될 것이며, 이들을 지구인(테라인)이라고 할 것입니다.

지구를 떠나는 모든 인류들은 떠나는 과정을 알 수 있는 그룹들과 전혀 모르는 그룹들로 나눌 수 있는데, 순서에 의해 상승한 인류들은 그 과정을 알 수 있으며, 상승하지 못한 인류들은 그 과정을 알 수 없습니다. 이들에게는 허락되지 않았기 때문이며, 상승한 인류들은 허락되었기 때문입니다.

극이동의 재난 현장에서 지구를 떠나는 인류들은 대다수가 체험을 완성하지 못한 인류들입니다. 이때 남은 99.99%의 인류들이 극이동을 체험할 것이고, 물론 3차 대전과 대환란을 통해 떠나는 인류들도 체험을 완성한 것이 아니기에 이들에게는 상승과 관련한 그 어떤 정보도 공개되지 않을 것입니다.

우리는 대규모의 혼-그룹을 이동시키기 위해 시간을 멈추기로 하였으며, 잠시 동안 고요함(약 30분 정도)을 유지할 것이고, 진공 상태가 펼쳐질 것입니다. 그러는 동안 육체들에서 죽음으로 분리되어 나온 혼들은 지구에서 있었던 삶 전체에 대해 돌아볼 수 있는 기회를 제공받아 그렇게 될 것이며, 그것으로 더 이상 지구에서 환생할 수 없다는 것을 깨달을 것입니다. 이것이 3차원 체험을 더 이상 할 수 없다는 것을 알리는 신호이며, 지구를 떠날 수밖에 없다는 절망의 뉴스가 되는 것입니다. 그동안 함께하였던 혼 동료들과도 영원히 헤어질 수밖에 없음을 알게 되는 때가 될 것이기에, 또한 주어진 기회 동안 완성을 이루지 못한 스스로에 대한 자책(自責)으로 통한의 눈물을 흘릴 것입니다. 이제는 정말로 기회가 사라진 것입니다. 두 번 다시 없음을 뼈저리게 깨달은 것입니다.

완성을 이루지 못한 혼들에게 이런 기회를 제공하는 것은 대우주를 위한, 순례자의 길을 가고 있는 존재들을 위한, 이들을 안내하고 있는 존재들을 위한 교육 자료들로 활용하기 위해서입니다. 혼들이 체험한 정보들은 상위-혼에게 전달되어 저장되기 때문에 완성의 정보도, 실패의 정보도 저장되는 것입니다. 체험을 완성하지 못하고 실패로 종결된 혼들은 소멸되어 원소들로 분해되어 사라지지만, 원소들은 새로운 혼들을 위한 질료로써 사용될 것입니다. 이것은 존재들이 사라지는 것은 아니며, 상위로 통합되는 것인데, 스스로에 의한 결정이 아니라는 것이 다르다고 할 수 있습니다. 완성을 한 존재들은 통합의 길과 완성을 위한 상승의 길을 선택할 수 있는 자격이 주어지기에 스스로에 의한 결정권이 주어진다고 하는 것입니다.

존재는 물질체가 아니며, 순수한 빛 입자로 이루어진 구체입니다. 이 빛 입자는 '파르티키-파르티카-파르티쿰'으로 이루어져 있습니다. 이것이 근원적인 존재이며, 체험 정보가 결합되는 것입니다. 3차원 행성 지구에서의 마지막 체험을 끝내고 떠나는 혼들의 소중한 정보들은 다른 세계들에서 유용하게 쓰일 것이고, 그것으로써 존재감을 발휘하게 되는 것입니다. 여러분들은 빛과 어둠만으로 보기 때문에 이것을 이해하기 어려우실 텐데, 모든 것들은 결과가 어찌되었든 소중한 정보들이며, 그것으로써 소임(所任)을 다하는 것입니다. 다만, 혼이 체험을 완성하고 상승의 길을 갈지, 그렇지 못하고 종결할지도 선택지일 뿐이라는 것입니다.

여러분들은 드라마를 보면 '열린 결말'을 좋아합니다. 선택할 수 있는 폭이 넓어서입니다. 지구에서의 삶도 범위가 넓다고 해야겠지요. 어떤 결말을 만들어 낼지는 각자들의 몫이지만 다양한 결말들이 나오겠지요. 모든 것들이 자료로 활용되겠지만, 순례자의 길로 소개되었던 행성 지구는 어떤 체험 정보들이 유용하게 쓰이게 될지는 여러분들이 잘 아시리라 봅니다. 여러분들은 '하느님의 뜻'이라고 표현합니다. 이것은 여러분 내면의 신성을 통해서 나오는 뜻을 이야기하는 것이고, 각자들의 내면의 신을 통해 활발하게 활동하는 것이 '하느님의 뜻'을 실천하는 것입니다. 3D 물질체험을 완성하는 것은 '내면의 신의 뜻'을 따르는 것이고, 물질체험을 완성하지 못한 것은 아직 내면의 신을 깨우지 못하였기에 그 뜻을 알지 못하였다는 것입니다. 이것은 체험의 단계에서 이루어지는 것이기에 의욕만 앞세운다고 되는 것이 아닙니다. 모든 것은 주어진 때와 기회가 있는 것이고, 마지막 때인 시간이 멈춰선 순간에, 그것을 깨닫게 될 것이기에 통한의 눈물을 흘린다고 한 것입니다. 이것을 알았을 때에는 이미 늦었다는 것을 깨달은 뒤입니다.

사랑하는 여러분!

극이동의 순간이 진행되는 6시간 동안에는 각 지구촌마다 카메라들이 있어서, 현장 생방송을 중계한다고 보면 됩니다. 이 현장은 네바돈과 안드로메다, 오나크론에 생중계될 것이며, 지구에 3D 체험을 위해 들어선 존재들의 생생한 체험 삶의 현장을 볼 것입니다. 여러분들은 3D 육체를 죽음으로 벗는 현장에서 감정체계에 일어나는 현상들을 고스란히 보여 주게 되는 것이며, 스스로들도 그것을 세밀하게 보는 기회를 갖는 것인데, 체험했던 전 과정이 영화처럼 펼쳐지는 것입니다.

왜? 아비규환(阿鼻叫喚)의 현장을 생중계하느냐! 하시겠지요. 이것이 부끄럽고, 수치스럽다고 보십니까! 창피하십니까! 마음속 깊이 감추어 두었던 은밀한 것을 들추어내어서 굴욕감과 모멸감을 느끼십니까! 이것으로 인하여 극도의 분노와 저주를 퍼부을 것입니까! 아니면 슬피 울며 원망하거나 모든 것을 체념하겠습니까! 마음에서 일어나는 수많은 감정들이 평상시에는 마치 없었던 것 같았습니다. 깊숙이 가라앉아 있었기에 표면에는 없었던 것이지요. 일상에서는 이런 감정들을 체험할 수도 없었으며, 그렇다 보니 없는 것이라고 보았던 것입니다.

우리가 극이동이라는 극적인 순간에 여러분들의 잠재되어 있던, 마치 없는 것이라고 알았던 카르마 폭탄을 터뜨리는 것은 이것을 가지고서는 인류 전체를 소멸할 수밖에 없기 때문에 극약처방을 하는 것입니다. 미리 터뜨려서 자멸을 예방하는 것입니다. 또한 전 우주에 송출하여 반면교사(反面敎師) 하도록 하는 것입니다. 여러분 스스로들이 자신의 내면에서 어둡고 습하며, 매우 끈적끈적하던 카르마 덩어리가 있었음을 알아야 하고, 자신뿐만 아니라, 인류 전체에 부정적인 악영향을 미치고 있었다는 진실을 알게 하려는 것입니다. 극이동의 현장에서 이것을 끄집어내어 스스로들이 바라볼 수 있도록 하려는 것과 우주의 모든 존재들에게도 이것을 바라보도록 하는 것입니다.

우리는 체험을 완성하지 못한 인류들을 극이동을 통해 정리시키기로 하였으며, 중과(重過)를 가려서 수위가 높은 이들은 혼 자체를 소멸시키기로 하였고, 수위가 낮은 이들은 행성 다몬으로 보내기로 한 것입니다. 이 기준점은 '상위-혼'이 결정하도록 하였는데, 혼들을 분화시킨 주체이기에 그런 것입니다. 물론 90인의 상위-혼들이 모두 참여하여 결의한 것입니다. 3D 물질체험을 완성한 존재들은 정상적인 상승의 길을 가게 되는 것이며, 상위-혼과도 유기적인 관계를 통해 순례자의 길을 갈 것입니다.

전해 드린 대로 행성 다몬은 상승의 길이 연결되어 있지 않습니다. 여러분들은 그러겠지요. 왜, 상승하지도 못할 존재들을 굳이 행성으로 보내냐고 말이지요. 우리는 안드로메다의 경우를 보았습니다. 우주공간으로 추방되어 소멸될 수밖에 없었던 범법자들이었던 '네크로미톤 안드로미 종족(Necromiton Andromie race)'을 보았지요. 통한의 회심(回心)을 하는 것을 보았습니다. 그래서 우리는 행성 다몬에 들어가는 존재들에게도 '긍휼의 눈물 한 방울'을 보이기로 한 것입니다. 그런 기회를 잡을 수 있도록 말입니다.

이미 1만 2천 년이 지난 행성 다몬에 있는 여러분들의 후손 하나가 우주선을 타고 시간여행을 통해 미국 방문을 하였습니다. 그가 온 목적은 조상들인 여러분들에게 '경고 메시지'를 전하기 위해서였습니다. 대환란과 극이동을 앞두고 있는 인류들에게 '제발 깨어 일어나서 자신들과 같이 실수하지 말라.'고 말입니다. 그러나 CIA 요원들은 그 경고를 귓등으로 들었으며, 보고를 받은 지도층 역시도 귓등으로 들었습니다. 이것이 1930~1980년 사이에 있었던 일이며, 인류들은 지우스드라(노아)의 홍수 때에 있었던 일들처럼 똑같이 처신하는 것을 보면서 기시감(旣視感)을 느끼는 것 같습니다.

　역시나 반복해서 주어지는 경고가 아무 쓸모가 없구나. 여러분들의 우화인 '양치기 소년'과 '아기 돼지 삼형제'가 떠오릅니다. 여러분들에게 주어지는 예언들은 준비하라고 하는 것이고, 미리 앞서서 충분히 외치는 이유는 몇 년, 몇 월, 몇 시가 중요한 것이 아니라, 마음을 비우고 준비하는 것이 많은 시간을 필요로 하기에 그런 것입니다. '거짓말이네'가 중요한 것이 아니라, 그만큼 마음 비우기가 어렵기 때문에 많은 시간이 필요한 것이기에, 반복적인 경고를 하는 것입니다. 그러면 날짜가 왜, 틀리거나, 연장되느냐! 하겠지요. 정말로 중요한 것이 무엇인지 아십니까? 언제 일어나느냐가 중요한 것이 아니라, 현시점에 마음이 어떻게 준비되어 있느냐가 중요한 것입니다. 우리는 경고를 진실로 받아들여서 날짜와 상관없이 자신의 마음을 비워 준비한 이들과 준비하는 이들을 구원하고자 하는 것입니다.

　날짜에 집중해서 '거짓말이네' 하고, 빈정거리거나, 그것을 빌미로 공격하는 이들과 실망하여 돌아서는 이들의 그 '거짓된 마음'을 보기 위해서입니다. 마치, 자신은 하늘을 사랑하고, 평생 그날만을 기다려 왔다는 그 '가증(可憎)한 마음'을 보기 위하여 '페이크(fake)'를 설정하였던 것입니다. 진실로 하늘을 사랑하고, 평생 이 순간만을 위해 기다린 사람은 그런 날짜 변경에 집중하지 않으며, 오직 마음 중심만을 바라보면서 그런 것에 흔들리지 않도록 하는 이들입니다. 우리는 가벼운 바람에도 흔들리는 가라지들을 솎아내고, 알곡들만을 수확하려고 하는 것입니다. 그래서 이런 '페이크'를 통해서 거짓된 마음과 가증스런 마음을 가진 이들을 털어내려 하는 것입니다. 이제, 그 의미를 아시겠지요.

진실한 마음을 가진 이들은 페이크에 흔들리지 않으며, 의심하지 않고, 변절하지 않습니다. 다만 옷매무새를 여미듯이 마음가짐을 새롭게 점검하는 것입니다. 전한 대로 우리는 알곡들을 수확한다고 하였고, 그 기회를 놓치지 않도록 한다고 하였습니다. 우리는 극이동에 남겨지는 인류들에게도 최대한의 기회를 제공하는 것이고, 극이동 이후에 행성 다몬으로 가는 이들에게도 최후의 기회를 제공하는 것입니다. 여러분들이 하늘을 원망하지 않도록 하는 것이며, 기회를 잡는 것은 바로 여러분들입니다.

극이동의 현장에서 육체를 벗는 인류들 중에서 극소수의 인류들이 구원을 받을 것이며, 크게 2계층으로 분리되는 인류들이 있을 것입니다. 하나는 행성 다몬으로 가는 인류들이고, 하나는 블랙홀로 들어가 소멸될 것인데, 소멸 후에 화이트홀을 통하여 원소로서 재탄생할 것입니다. 타락세력들도 여기에 해당하게 될 것인데, 다몬으로 가거나, 소멸될 것입니다. 이들은 모두 극이동 후에 법정에 피고인들로 서게 될 것이며, 옛적부터 늘 계신이인 '마스터 사나트 쿠마라 니르기엘'의 심판을 받을 것입니다.

이들의 형(刑)은 이미 확정되었으나, 때를 위해 집행유예를 두기로 한 것입니다. 모두가 빛의 자녀들을 위해서이며, 타락세력들도 나나이트칩과 짐승 체계를 모두 제거하고 난 후에 재고할 수 있는 기회를 주는 것입니다. 물론 만에 하나, 이들이 도망할 수 있는 모든 퇴로(退路)는 폐쇄된 상태이기에 다른 마음을 품을 수 없습니다. 여러분들은 '법보다 주먹이 가깝다.'고 합니다만 우리는 '주먹보다 법이 가깝고', '법보다는 사랑이 가깝다.'고 할 수 있습니다.

극이동은 우주 순환 질서를 위해 어쩔 수 없이 설정된 것이지만, 파괴와 소멸만을 위해서 둔 것은 결코 아닙니다. 여러분들의 체험을 돕고, 상승을 돕기 위해서 설정한 것입니다. 우주 순환 질서를 위해서도 그렇게 설정한 것이기에 에테르적 측면에서는 끊어짐 없는 연결을 위한 것이지만 물리적 측면에서는 끊어짐, 중단됨으로 보이기에 부정적으로 비춰질 수밖에 없음을 잘 알고 있습니다. 우리는 부정성을 강조하지는 않지만, 없다고는 하지 않습니다. 여러분들이 반드시 극복해야만 하는 과정이고, 그것을 외면하고서는 결코 통과할 수 없기에 그런 것입니다.

극이동의 현장을 기록하는 것은 반드시 일어나는 것이고, 인류들 대다수가 그 현장에 있기 때문입니다. 그 현장에서 죽음을 체험할 것이고, 자신의 비참한 육체를 내려다볼 것입니다. 여러분들은 극도의 공포감에 사로잡힐 것이고, 자신이 죽었는지도 인식하지 못할 것입니다. 또한 자신의 죽음을 받아들이지 못하고 방황할 것이며, 극도의 혼란을 겪을 것입니다. 수많은 죽음을 보고, 집단 공포에 사로잡힐 것이고, 그것을 부정하게 될 것입니다. 현 상황이 믿어지지 않을 것인데, 아무리 예언을 듣고 알았다 해도 현실의 비참함이 그것을 믿지 못하게 하는 것입니다. 동일본 대지진 때의 쓰나미를 믿지 못하였지요. 그저, 영화에서나 보던 장면이라고 웃어넘겼던 것입니다.

　진도 12 이상의 지진들이 연속해서 일어나고, 거대 화산들이 줄줄이 폭발하며, 땅이 흔들리면서 찢어져 나가고 모든 빌딩들과 아파트들이 무너져 내리며, 땅이 위로 솟구치고, 아래로 갈라지면서 추락합니다. 용암들이 흐르고, 하늘에서는 불과 바위들이 날아다니며, 위로 솟구친 거대한 쓰나미들이 육지들을 집어삼키는 현장에서 이리 뛰고, 저리 뛰다 넘어지고, 그 위에 덮치는 거대 파편들과 찢어지는 소리와 무너지는 굉음, 비명소리들, 천지가 무너져 내리는 현장이 장장 6시간 내내 이루어집니다. 대기권에서도 불타는 구름들과 화산재들과 시커먼 연기들이 온 하늘을 가릴 것이고, 순간, 중력이 무너지면서 모든 서 있던 것들이 무너져 내리고, 쓰러지며, 수많은 인공위성들이 비처럼 쏟아져 내릴 것입니다. 폭풍우와 허리케인, 태풍들이 몰아치고, 댐들과 저수지, 호수들이 무너지며, 강들과 바다들이 자리를 바꿉니다. 있었던 섬들이 사라지고, 대륙들이 바닷속으로 들어가거나, 바닷속에서 위로 솟구쳐 오르기도 합니다.

　이런 현장에는 그 어떤 것도 남아 있지 않을 것인데, 과거의 땅도, 과거의 바다도 아니게 된 것입니다. 이때에 죽은 인류들은 땅속에 파묻히거나, 바닷속에 가라앉을 것이고, 지상에는 거의 남아 있지 않을 것입니다. 극소수의 인류들이 생존할 것인데, 그나마 가장 안전한 곳에 피난한 이들이 될 것이고, 이들은 천상에서 미리 대피시켜서 생존할 수 있도록 한 인류들입니다. 수십억이 넘는 인류들이 이때에 죽을 것인데, 찰나에 이루어지기 때문에 자신의 죽음을 받아들이지 못하거나,

죽었는지조차도 모르게 될 것입니다. 우리는 이 무너져 내린 무질서를 바로잡기 위하여 '시간을 멈추기'로 한 것입니다. 존재들에게 자신들의 죽음을 알리고, 왜, 죽었는지도 알려서 죽음을 받아들이도록 할 것입니다. 그리고 자신의 인생 모두를 돌아볼 수 있도록 할 것입니다.

여러분들은 왜, 굳이, 극이동을 두어 이런 참상을 겪게 하느냐!고 하십니다. 그럼, 여러분들에게 묻겠습니다. 어떻게 하면 혼들을 다음 과정으로 이동시킬 수 있는지요. 어떻게 하면 행성 지구를 정화할 수 있는지요. 어떻게 하면 어둠을 몰아내고 우주의 질서를 회복할 수 있는지요. 물질세계는 시작이 있으면 끝이 있는 세계입니다. 그리고 새로운 시작을 하고 새로운 세계를 여는 것입니다. 이렇게 끝없이 맞물려 돌아가는 톱니바퀴들처럼, 시작과 끝을 무한 반복하는 것입니다. 혼들은 무한 반복하는 순환회로를 계획한 절차에 따라 상위 순환회로로 상승하는 것인데, 그것을 스스로들이 할 수 있다면 무리한 개입과 절차가 필요 없겠지요. 말하자면 여러분들의 혼-그룹이 도움을 요청하였으며, 우리는 스스로 할 수 없음을 알게 되었고, 우리들의 계획을 전하였던 것입니다. 여러분들은 우리들의 계획을 수용하였으며, 절차대로 따르기로 하였습니다.

이 계획은 일방적으로 이루어진 것이 아니라고 전한 것이고, 여러분들의 협의에 의해 진행되는 것입니다. 특히, 어둠의 방해와 저들의 인질작전을 뚫고, 여러분들의 여정을 차질 없이 지켜주기 위해 실행하는 작전입니다. 현상에 몰입하거나 집중하지 마세요. 오직, 영의 길만을 바라보시고, 영의 빛만을 바라보세요. 그것이 여러분들의 영원무궁함을 지켜 내는 것입니다. 극이동의 현장에서 현상, 즉 죽음에 몰입하여 자신의 영원성을 잃어버리거나, 어둠에 빼앗긴다면 두 번 다시는 기회가 없다는 사실입니다.

우리가 극이동의 현장에 이르기 전에 수차례에 걸쳐서 기회들을 제공하여 여러분들이 가고자 하는 빛의 길을 갈 수 있도록 하고 있습니다. 소중하고 귀한 기회들을 살리지 못하고, 극이동까지 오게 된 인류들에게도 마지막 기회를 주어서 최종적인 빛의 길에 들어설 수 있도록 하려는 것입니다. 우리의 염원을 빛이 바래게 하는 인류들은 어쩔 수 없이 그들의 선택을 존중하기로 하였습니다. 하지만 이 최후의 선택이 얼마나 비참한 것인지, 멈춰진 시간 속에서 처절하게 깨닫게 될 것인데, 비통의 눈물을 흘린다고 해서 뒤집을 수는 없는 것입니다.

우리는 생각 조절자이며, 마누를 대리하는 신성입니다.

15. 극이동의 현장(現場) II
(Scene Two of Pole Shift)

사랑하는 여러분!

극이동이 시작될 때에는 먼저, 낮인 지역에서는 태양이 갑자기 흐르는 물처럼 진행할 것이고, 밤인 지역에서는 별들이 쏟아져 내리는 것처럼 보일 것입니다.

자전(自轉)의 방향이 순간 뒤틀리고, 축이 이동하면서 하늘이 갑자기 이상현상을 일으키는 것처럼 보일 것입니다. 여러분들은 평형감각을 상실하여 쓰러지게 될 것인데, 침대에 누워있거나, 의자에 앉아 있었어도 마찬가지 현상을 일으킬 것입니다.

여러분들은 무슨 큰일이 일어났나 하고 당황하게 될 것인데, 하늘이 찢어지는 소리를 들을 것이고, 지축이 흔들리는 것을 느낄 것입니다. 하늘을 찢는 굉음소리는 간담을 서늘하게 할 것인데, 이때에 이미 여러분들의 의식은 무슨 일이 일어날 것임을 직감적으로 알게 될 것입니다.

이미, 숱하게 들어 왔던, 영상들에서 보아 왔던 그 일(극이동)이 시작되었구나 하고 말입니다. 땅이 찢어지고 갈라지며, 화산들은 불을 뿜고 하는 상황에서 인류들은 다양한 상황들을 연출할 것인데, 먼저 담담하게 마음을 정리하면서 운명을 받아들이는 그룹들이 있을 것이고, 귀금속들을 챙기며 도망가려는 그룹들이 있을 것이고, 약탈과 폭력을 일삼는 그룹들이 있을 것입니다.

여러분들은 어느 그룹에 속해 있을까요? 전하지만, 어느 인생도 이 현장에서 빠져나갈 수 없으며, 자신의 생명을 지켜 낼 수 없습니다. 물론, 시간차는 있겠지만 죽는 것은 벗어날 수 없다고 하는 것입니다. 피난처를 찾거나, 생명을 위해 이리 뛰고, 저리 뛰는 행위들은 애처롭지만 모두 소용없는 것들이라는 것입니다. 살수만 있다면 무슨 짓이든 하시겠지요. 그렇지만 이미 늦었다고 하는 것입니다.

그동안, 여러분들은 자신의 영혼을 살리기 위해서 무엇을 하셨는지요. 인생에 주어져 있던 귀중한 시간들을 어떻게 활용하였습니까? 극이동 시에 어떻게 하면 살 수 있는가?에 대해 많은 정보들이 주어졌습니다. 충분히 준비하고 있었다면 첫 번째 그룹처럼, 담담한 마음으로 즉, 평화로운 마음으로 현실을 받아들일 것인데, 이들이 생존하는 그룹이 될 것이고, 구원될 그룹이 될 것입니다.

두 번째 그룹처럼, 목숨을 위해 이리 뛰고, 저리 뛰는 인생들은 죽을 수밖에 없으며, 죽음 후에 행성 다몬으로 들어갈 것입니다. 폭력과 약탈을 일삼는 세 번째 그룹은 현장에서 즉사할 것이며, 혼들은 소멸될 것입니다. 하늘을 저주하고, 비난하는 인생들도 죽음 후에 소멸될 것입니다. 회개하지 않는 모든 인생들은 소멸 대상입니다.

극이동 때에 있을 인류들을, 세 그룹으로 간략하게 소개해 드렸는데, 첫째는 구원받는 그룹, 둘째는 행성 다몬으로 들어가는 그룹, 셋째는 소멸되는 그룹입니다. 자신이 어디에 속해 있는지는 마음이 잘 알 것입니다.

인류들은 3차 대전과 대환란과 극이동을 겪으면서 85억 인류 중에 96.5%인 82억 250만 명이 죽을 것이고, 3.5%인 2억 9천 750만 명이 생존할 것입니다. 이유 없는 죽음은 없다고 하였습니다. 모든 인생들이 이유가 있으며, 죽는 순간에 품고 있었던 마음 상태에 따라 결정된다고 하였습니다. 그렇게 해서 크게 3그룹으로 나뉘게 된 것입니다.

첫 번째 구원받는 그룹은 알려진 대로 3차원 체험을 완료하고 4차원 체험을 위해 상승하는 인류들과 이들을 돕기 위해서 들어온 빛의 일꾼들입니다. 먼저, 인생을 종료하고 영계에서 기다리고 있던 존재들 중에서 4차원 행성으로 들어갈 존재들과 행성 다몬으로 들어갈 존재들과 소멸될 존재들이 심판을 통해 나뉘게 될 것이며, 그렇게 될 것인데, 심판을 위해 인생 때에 입었었던 물질 옷들을 입힐 것입니다. 그래서 무덤이 열리고 망자(亡者)들이 하늘로 오르는 것으로 보일 것입니다. 바다에서 죽어 시체들이 없는 이들도, 땅에 묻힌 이들도, 화장(火葬)한 이들도 모두 지구가 몸을 돌려주어서 심판대 앞에 서게 할 것입니다. 죽은 이들이 먼저 앞서서 판결을 받을 것이고, 결과에 따라 진행될 것인데, 4차원 행성에 들어갈 존재들은 준비된 우주선들에서 뒤이어 들어올 가족들을 기다리고 있을 것입니다.

지상에서 살고 있던 인류들은 3차에 걸쳐서 상승되며, 극이동 때까지가 그 기준이 될 것입니다. 인류들은 3번의 대재난을 겪으면서 모두 정리될 것이며, 지구와의 정들었던 추억들을 간직하거나, 그렇지 않을 것입니다. 인류들은 3차 대전을 통해 인간의 잔인함을 알게 될 것이고, 추악함을 알게 될 것입니다. 우주환란과 극이동을 통해 하늘의 심판이 매우 무섭고, 엄정하다고 받아들일 것입니다. 질서에 순응하는 인류들과 거부하는 인류들로 나뉠 것인데, 그에 준하는 판결이 있을 것입니다.

극이동 후에 한국은 5,175만 1,065명 중에 94.3%인 4,880만 1,254명이 사망하고, 5.7%인 294만 9,810명 정도가 생존할 것이며, 일본은 1억 2,263만 1,432명 중에 99.59%인 1억 2,212만 8,643명이 사망하고, 0.41%인 50만 2,789명이 생존합니다. 중국은 14억 2,517만 8,782명 중에 99.8%인 14억 2,232만 8,424명이 죽고, 0.2%인 285만 357명이 생존합니다. 인도는 14억 4,171만 9,852명 중에 99.7%인 14억 3,739만 4,692명이 죽고, 0.3%인 432만 5,159명이 생존하고, 미국은 3억 4,181만 4,420명 중에 98.8%인 3억 3,771만 2,646명이 죽으며, 1.2%인 410만 1,773명이 생존합니다. 총인구수는 통계수치에 잡히지 않는 경우를 포함하여 변동이 있을 수 있으나, 백분율을 기준으로 해서 환산하였습니다.

나라마다 차이가 있는 것은 국민들의 의식지수에 따른 생존확률로 잡았기 때문입니다. 개인적인 성향에 따른 부분보다는 혼-그룹 차원에서 이루어졌다고 하는 것입니다. 인류들은 혼-그룹의 계획에 의해 인종, 민족, 지역, 가족관계 등을 형성하여 태어났으며, 현시대에 깨어남을 선택한 존재들이 특히 더 집중적인 결속을 통해 태어날 수 있었습니다. 그래서 인공위성을 통하여 지상을 본다면 의식지수가 높은 지역과 낮은 지역이 그래프로 표시될 정도로 구분되고 있다고 할 수 있겠지요. 평균 이상인 지역과 평균 이하인 지역이 나타나고 있는 것입니다. 그것도 나라별로 구분할 수 있게 색으로 표현할 수 있다는 것입니다.

혼-그룹의 계획에는 죽는 것에 대한 것도 있으며, 주기 종료를 앞두고, 바이러스를 통해 죽는 그룹, 전쟁을 통해 죽는 그룹, 환란을 통해 죽는 그룹, 극이동을 통해 죽는 그룹으로 나뉘어 실행하게 되었습니다. 그렇게 해서 전체 인류들 중에 96.5%를 죽음으로 행성 지구를 떠날 수 있도록 설계하였던 것이며, 상승 자격을 갖춘 3.5%의 인류들에 대한 계획을 수립한 것입니다. 한국은 94.3%의 국민들이 사망하고, 5.7%의 국민들이 살아날 것인데, 평균치보다는 높다고 해야겠지요. 상대적으로 빛의 아이들과 빛의 일꾼들이 많이 살고 있어서 그런 것이며, 새로운 시대를 위한 집중적 전략에 의해 이루어진 것이라 보면 되는데, 외국에서 많이 들어오고 있는 것도 같은 맥락이라고 할 수 있습니다.

극이동 시에는 한국도 피해를 피해 갈 수 없으나 다른 지역과 비교해서는 상대적으로 안전하다고 해야 되겠지요. 우선 지진단층대를 보면 아무르판(Amurian plate)에 위치하고 있으면서 남쪽에서는 인도판(Indian plate), 동부에서는 필리핀판(Philippine plate)의 영향을 받고 있는데, 중생대에 형성된 단층들인 양산단층, 추가령단층, 공주단층, 광주단층, 울산단층을 포함한 약 450개의 단층들이 있으며, 극이동의 영향으로 판의 내부 변형이 일어나 지진들이 일어나게 되는 것입니다. 서울을 중심으로 해서는 김포-여의도-송파-분당-용인, 철원-의정부-상계-성동-강남-과천-수원-평택으로, 청주-공주, 천안-논산, 전주-목포, 대전-광주-나주-고흥, 삼척-평창, 강릉-정선, 문경-울진, 삼척-부산, 울산-동래, 경주-밀양, 함양-김해 등에서 7~12 정도의 지진들이 일어날 것인데, 특히나 한반도는 지진에 취약한 산악지역이 많고, 대도시에 인구들이 집중되어 있어서 그 피해가 클 것입니다.

계곡들을 막아서 개발한 많은 댐들이 무너져 하류 지역에 있는 대도시들을 덮칠 것이고, 산들이 무너져 계곡들을 덮칠 것인데, 한강은 소양강댐과 충주댐이 무너지면서 서울은 물바다가 되고, 안동댐이 붕괴되어 경상북도와 남도를 덮치며, 용담댐과 대청댐의 붕괴로 대전, 공주, 부여도 물에 잠깁니다. 그 외에 많은 군소댐들과 저수지들이 붕괴되어 물바다로 바뀔 것인데, 서해에서 일어난 지진으로 인하여 바다가 융기하는 영향으로 서해안 지역인 강화, 인천, 김포, 안산, 아산, 평택, 당진, 보령, 군산, 김제, 부안, 고창, 영광, 무안, 목포, 해남, 장흥, 고흥 등이 바닷물에 잠기게 됩니다. 남해안과 동해지역도 서일본에서 일어난 대지진과 해저 지진들의 영향으로 물에 잠기게 되는데, 속초, 강릉, 삼척, 울진, 울산, 포항, 경주, 부산, 김해, 거제, 고성, 남해, 여수, 순천 등이 사라지게 됩니다. 제주도의 경우는 한라산 상층부를 제외하고 모두 잠기며, 지진으로 인하여 무너진 곳들을 강물들과 바닷물들이 채운다고 보면 됩니다.

부산은 지진으로 무너진 도시를 거대 쓰나미가 덮치는데, 200m가 넘는 파도는 광안대교를 부수면서 해운대와 도시로 치고 들어오며, 3차례에 걸친 높은 파도가 도시를 완전히 물속에 가라앉게 합니다. 동부와 남부에 있는 도시들은 형체를 알 수 없을 정도로 파괴되며, 서부 역시 바닷물에 잠겨 수중도시들이 될 것입니다. 서울도 형체를 알아볼 수 없을 정도로 파괴되어 물에 잠기는데, 높은 산들만이 그곳에 서울이 있었음을 알게 합니다. 춘천은 물속에 사라지고, 대전과 청주도 흔적이 없으며, 대구, 광주, 전주 등의 대도시들도 형체가 사라져 없을 것입니다. 한반도 북쪽 지역도 사정은 조금 나아 보이지만 그 피해가 크기는 마찬가지인데, 개성, 평양, 원산, 청진, 함흥, 신의주 등의 도시들이 사라지고 없게 됩니다. 높은 산악지대의 특성으로 피해 정도가 남쪽보다는 덜하다는 것 정도이며, 도시들이 집중된 지역은 피해가 같다고 해야 합니다.

바닷물들이 물러나고, 강물들도 바다로 빠져나가게 되면 드러난 참상은 말로 표현할 수 없을 정도인데, 이곳이 과거에 그곳이었는지를 설명하지 않으면 알 수 없게 된다는 것입니다. 서울 하면 떠오르는 잠실 롯데타워, 강남 테헤란로, 여의도 증권가 등을 이루고 있던 빌딩들이 사라지고 없다는 것입니다. 인천 송도 국제도시, 판교와 수지, 동탄 신도시 등도 모두 파괴되어 흔적을 찾을 수 없으며, 마치 조선 초기 시대의 한반도를 보는 것 같을 것입니다. 대관령 동쪽 지역, 태백산맥 동쪽 지역은 사라져 없으며, 남해안도 상당히 사라져 버렸고, 의외로 서해안은 땅의 융기로 인하여 2.3배 정도의 육지가 새로 생겨나오게 됩니다. 한반도 전체로 보면 현재보다도 더 넓은 땅이 형성되는 것인데, 약 1.7배 정도 확장한다는 것으로서 중국 동부 해안과 가깝게 되었다고 해야겠지요.

　한반도는 우리들의 뜻에 의해 설정된 안전지대들이 있으며, 이곳에 생존 인류들이 있을 것인데, 한국인들이 알고 있는 십승지(十勝地)와는 거리가 멀다고 할 수 있습니다. 전 세계적으로 안전지대들을 두어서 생존한 인류들이 머물 수 있도록 하였습니다. 6시간에 걸쳐서 진행된 극이동의 여파는 약 40여 일 동안 이루어지는데, 그 후에는 안정화 단계에 들어갈 것입니다. 우선 축이 바로 섰으며, 가라앉은 대륙들과 새롭게 떠오른 대륙들로 인하여 지도가 많이 달라졌다고 해야겠지요.

　인류들의 생존 여부도 재난 지역에 따라 나뉠 것인데, 어느 지역은 0%가 될 것이고, 어느 지역은 50%, 어느 지역은 70% 이상인 곳들이 있을 것입니다. 생존율로 본다면 안전지대는 그리 많지 않을 것인데, 3차원 체험을 종료하고 떠나야 하는 인류들이 대다수이기에 그 기준을 충족시키기 위한 것이라 그런 것입니다. 그런 측면에서 보자면 일본이 가장 큰 피해를 보는 지역이고, 나라가 사라지는 지역이 될 것입니다. 7할 이상의 육지, 즉 섬들이 바닷속으로 가라앉을 것이며, 국민들 대다수가 사망하여 국가를 유지할 수 없게 된다는 것입니다.

　일본은 태평양 불의 고리 위에 위치해 있어서 지진과 화산에 가장 취약한 나라인데, 극이동 시에는 특히 동해와 남해에 걸쳐 있는 단층들이 들고일어날 것이며, 진도 9~12 또는 13~15에 걸쳐 대지진이 일어날 것입니다. 땅이 갈라지고, 아래로 추락하며, 더 이상 육지가 아닌 지역으로 바뀔 것인데, 요동치는 땅들이 마치 파도가 너울을 타듯이 춤을 출 것입니다. 해저 지진들의 영향으로 거대한 쓰나미들이 일본 전 지역을 강타할 것인데, 200~500m에 해당하는 파도들이 육지를 덮칠 것입니다. 먼저 지진들로 쑥대밭이 되어 버린 동경, 나고야, 오사카, 고베, 교토, 히로시마, 후쿠오카, 구마모토, 나가사키, 가고시마, 오키나와, 센다이, 아오모리, 삿포로 등 일본을 떠받치고 있던 대도시들이 순식간에 물속으로 사라져 버립니다.

일본은 지진이 많은 곳이었고, 화산도 많은 곳이어서 국민들에게는 어느 정도의 재난 상황들에 대한 훈련들이 있어 왔지만, 후지산(富士山)이 폭발하고, 대도시들이 모두 무너져 내린 상황에서, 정신을 차리기도 전에 들이닥친 거대 쓰나미는 일본 국민들을 패닉 상태로 만들고 맙니다. 모든 것이 무너지고, 모든 것이 가라앉은 상태에서 살아난 사람들은 망연자실(茫然自失)하고 있을 것인데, 넋이 나갔다고 해야겠지요. 그동안 친숙하게 보아 오던 산들과 도시들이 모두 사라지고, 바다로 뒤바뀌었으며, 일본을 나타내 주던 땅들의 8할 정도가 바다가 되었고, 2할 정도만이 섬들로 남아 있게 된 것입니다. 지진들과 화산 폭발, 쓰나미의 영향으로 일본이 지도에서 사라진 것입니다.

이때에 살아남은 50만 2,789명의 일본인들은 빛의 자녀들로서, 정신을 가다듬은 후에 한국에 망명을 요청하게 되고, 한국은 이들을 난민으로 받아들이게 됩니다. 이들은 일본 국적을 유지할 수 없어 포기하고, 대신 한국 국적을 취득하여 한국인들이 됩니다. 지구에는 일본과 일본인들이 더 이상 존재하지 않게 됩니다. 많은 나라들 중에서 일본이 가장 큰 피해를 보는 것은 카르마의 영향이 매우 크다고 할 수 있는데, 영단에서는 돌이킬 수 있는 기회들을 많이 제공하였기에 억울할 것도 없습니다. 다만 국가적으로 경직된 부분을 국민들이 풀어주지 못하여서이고, 지도층들의 부도덕함을 시민들이 눈감아 주어서입니다. 일본의 국민들은 지나친 개인주의에 사로잡혀서 개인의 카르마뿐만 아니라, 국가적 카르마를 외면하여 스스로 돌아설 수 있는 기회를 포기하였던 것입니다.

2차 세계대전 때의 망동(妄動)을 망각하여 3차 세계대전에 나선 것도 그런 국민성을 여실히 보여 주었던 것입니다. 반성도 없고, 오직 민폐(民弊)만을 끼치는 일본과 일본인들은 지도에서 사라지는 운명이 결정되었으며, 오히려, 한국인들에 의해 구원받는 것으로 빚을 지게 되는 것입니다. 현재의 일본은 경제가 급격하게 무너지고 있으나, 국민들은 그 심각성을 모르며, 국민을 바보 취급하는 지도층들은 군사력 증강에 열을 올리고 있으나, 그것조차도 국민들이 외면하고 있다는 것입니다.

오호통재(嗚呼痛哉)라, 폭탄을 들고 불 속으로 들어가는 것과 같다 할 수 있습니다. 일본을 포함한 전 지구촌의 인류들이 눈을 가리고, 귀를 가리며 진실을 보지 않으려 하고 있다는 것과 들으려고 하지 않고 있다는 것입니다. 인류들은 정신을 차릴 수 없을 정도로 3차 대전과 대재난들을 겪는데, 왜 겪는지조차도 알려 하지 않습니다. 내면을 돌아보라는 신호도 인식하지 못하고, 오직 물질세계에만 집중하고 있는 것입니다. 그래서 극이동에 대해 대비책도 없이 무방비로 당하는 것입니다.

중국을 보겠습니다. 중국은 국민들의 의식지수가 평균보다도 낮은

180 정도인데, 경제력과 군사력이 세계 상위에 위치해 있는데도 불구하고 의식지수가 낮습니다. 그래서 세계화를 통해 나라들과 시민들이 더욱 가까워지고 있는 이때에 불협화음(不協和音)만을 노출하고 있는 것입니다. 자신의 것들만 소중하고, 다른 이들의 것은 소중하게 여기지 않으며, 오히려 깎아내리고 있습니다. 약소국들의 주권을 무시하고, 자신들의 이익만을 내세우며, 타국의 문화와 역사조차도 자신들의 것이라고 억지 주장을 하고 있는 것입니다. 홍콩과 대만을 보면 알 것이고, 베트남과 필리핀, 한국을 보면 알 것입니다. 티베트와 위구르를 보면 알 것입니다.

중국의 경제는 몰락하고, 사회는 분열되는데, 돌파구를 찾고자 하는 것이 무리수를 두게 합니다. 3차 세계대전과 바이러스가 그것이며, 이것이 자충수(自充手)가 되어 중국의 몰락을 가져옵니다. 패전국이 되어 원하지도 않는 결과를 받고야 마는데, 대륙이 7등분으로 쪼개어지고, 소수민족들이 독립하는 형태로 그리고 중국은 내륙에 갇힌 작은 나라가 되고 맙니다. 물론 전쟁의 큰 빚을 갚아야 하는 채무국이 되고, 더 이상 과거의 위상은 사라지고 없게 되지요. 엎친 데, 덮친 격으로 전쟁의 큰 상처가 가라앉기도 전에 극이동이라는 천재지변을 맞이하게 되며, 상상할 수도 없는 피해를 보게 되는데, 그 많던 중국인들이 거의 다 죽는다는 것입니다.

이곳에서는 전쟁의 피해보다는 극이동의 피해를 전하는데, 중국의 동부와 남부지역이 거대 쓰나미에 의해서 모두 물에 잠기게 됩니다. 이미 강남 지역을 제외한 전 지역을 진도 8~12의 지진들이 쓸고 지나간 이후라 남아 있는 대륙이 없을 정도인 상태에서 분노한 바닷물이 동부, 동남부 지역을 강타하여 지도에서 사라지게 합니다. 단둥, 다롄, 진저우, 탕산, 톈진, 베이징, 창저우, 웨이팡, 옌타이, 칭다오, 린이, 옌청, 난징, 상하이, 항저우, 닝보, 타이저우, 원저우, 푸저우, 장저우, 샤먼, 광저우, 선전, 마오밍, 잔장, 하이난, 홍콩, 마카오 등이 물속에 잠기고, 내륙으로도 쓰나미가 밀려드는데, 이것을 막아 줄 산맥이 없어서입니다. 대만의 경우는 일단 바닷물에 잠겼다가 산 상층부를 제외한 평지와 해안 도시들은 사라지고 없습니다.

여러분들은 지저층에 저장되어 있던 많은 지하수들이 표층으로 분출하는 것을 볼 것인데, 바로 지층이 물길을 열어 주어 생기는 현상이며, 바닷물들과 만나서 더 큰 규모의 피해를 입히게 됩니다. 남극 대륙을 덮고 있던 빙붕들이 바다로 미끄러져 나오고 그것의 영향으로 거대 쓰나미가 생겨나 북반부에 있는 대륙들을 타고 오르는데, 태평양의 모든 섬들이 사라지고 없을 것입니다. 당연히 호주와 뉴질랜드도 엄청난 피해를 볼 것이며, 거대 산맥들을 제외한 전 지역이 물속에 잠기게 됩니다. 지진들과 화산들이 마치 도미노처럼, 연속해서 일어나고 폭발하여 아비규환의 현장을 연출할 것이어서 사는 것보다 죽는 것이 차라리 낫다고 할 것입니다. 이런 푸념도 살아 있어야 가능한 것이기에 그런 것인데, 중국은 14억 2,232만 8,424명인 99.8%의 국민들이 죽을 것이며, 0.2%인 285만 357명만이 생존합니다. 중국 국민들은 자신들의 나라가 망했으며, 살아 있는 국민들도 얼마 되지 않아 회복이 불가능하다고 볼 것입니다.

호주는 평원 지역이 많고 넓어서, 특히나 해안을 따라 도시들이 개발되었기에 그 피해가 매우 클 것이고, 애들레이드, 멜버른, 캔버라, 시드니, 브리즈번, 퍼스 등지에 모여 살던 약 2,627만 중 98.5%인 2,587만 5,950명이 사망하고, 1.5%인 39만 4,050명 정도가 생존합니다. 뉴질랜드의 경우는 산맥이 많아 해안들이 물에 잠기는데, 주로 주민들이 평지에 살기 때문에 오클랜드, 뉴플리머스, 웰링턴, 해밀턴, 타우랑가, 크라이스트처치 등이 물에 잠깁니다. 전체 인구 약 532만 7,655명 중 96.5%인 514만 1,187명이 사망하고, 3.5%인 18만 6,467명이 생존하는데, 마오리족 비중이 73% 정도를 이루게 됩니다.

앞서 기록한 인도의 경우에도 세계 인구 중에 많은 부분을 차지하고 있는데, 의식을 깨우는 사상운동은 많이 있었지만 뿌리 깊은 계층사회를 없애지 못하고 있어서 부정부패와 인권유린이 만연해 있습니다. 인도양에서 올라온 거대한 쓰나미는 인도 땅 전 지역을 덮을 것인데, 히말라야산맥을 제외하고 말입니다. 부탄, 네팔, 방글라데시 등은 물에 잠기는 것보다는 지진의 피해가 더욱 클 것인데, 산이 있던 곳이 평지가 되고, 도시가 있던 곳은 흔적도 없이 사라질 것입니다. 방글라데시는 1억 7,470만 1,211명 중, 98.9%인 1억 7,277만 9,497명이 사망하고, 1.1%인 192만 1,713명이 생존할 것이고, 네팔은 3,124만 315명 중 97.6%인 3,049만 547명이 죽고, 2.4%인 74만 9,767명이 살아납니다. 부탄은 79만 2,382명 중 95.7%인 75만 8,309명이 죽고, 4.3%인 3만 4,072명이 살아납니다.

아메리카를 대표하는 미국의 경우는 3차 대전으로 이미 피폐해진 상태에서 엎친 데, 덮친 형국이 될 것입니다. 서부에 위치한 샌 안드레아스 단층대가 찢기어 나가면서 진도 12 이상의 거대 지진이 덮칠 것이며, 풍광을 자랑하던 샌디에이고, 로스앤젤레스, 산호세, 샌프란시스코, 새크라멘토 등이 바닷속으로 침몰하고 일부 산지가 섬이 될 것입니다. 포클랜드와 시애틀은 쓰나미에 잠길 것이며, 옐로스톤은 폭발하여 하늘을 가릴 것인데, 화산 폭발의 영향은 미국 내륙을 뒤흔들 것입니다. 또한 남부는 멕시코만과 미시간호를 둘로 가르는 지층 분리가 일어나 동, 서를 나누는 바다가 될 것인데, 그 영향으로 밀워키, 시카고, 디트로이트, 세인트루이스, 뉴올리언스 등이 사라지고, 샌안토니오, 오스틴, 휴스턴, 댈러스는 쓰나미에 잠기게 됩니다. 또한 마이애미, 올랜도, 잭슨빌, 탬파도 쓰나미에 잠깁니다.

동부인 보스턴, 뉴욕, 필라델피아, 워싱턴D.C 등은 대서양에서 들어오는 쓰나미를 직접 받을 것이어서 뉴욕의 자랑스러운 빌딩들은 순식간에 물속에 잠기게 될 것인데, 영화에서 표현한 대로 펼쳐지게 되는 것입니다. 현재는 세계를 호령하는 강대국이지만 전쟁과 극이동을 겪으면서 그 위상은 사라지고 없어질 것이며, 초기 독립 시절처럼 약 13개 주만이 살아남는 형태가 될 것인데, 이것도 억지로 꿰맞추어서 그렇게 된다는 것입니다. 부귀영화는 온데간데없이 사라질 것이고, 한국의 도움이 없이는 버틸 수 없을 정도로 추락할 것입니다. 물질세계를 이끌었던 미국은 더 이상 그럴 힘이 없어졌으며, 지금의 태양은 지고 새로운 태양이 한국에 떠오르는 시대가 되는 것입니다.

전한 대로 미국은 3억 4,181만 4,420명 중에 98.8%인 3억 3,771만

2,646명이 죽으며, 1.2%인 410만 1,773명이 생존합니다. 주로 중부 내륙 지역에 살던 주민들이 될 것인데, 살길을 찾아 미국을 버리고 남부 멕시코로 내려갈 것입니다. 현재의 그림과 반대가 되겠지요. 영화에서도 표현하였듯이 생존자들이 멕시코로 이동할 것이기에 평상시에 잘하여야 하겠지요.

캐나다의 경우에는 미국과 별반 다를 것이 없는데, 인구가 주로 미국 북부와 만나는 지역에 분포하고 있어서 피해가 크다고 할 수 있겠지요. 3,910만 7,046명 중, 97.8%인 3,824만 6,690명이 사망하고, 2.2%인 86만 355명이 생존하는데, 밴쿠버, 토론토, 오타와, 몬트리올, 위니펙 지역은 생존율이 거의 없으며, 내륙 중서부 지역이 높은 확률이 있을 것입니다. 에드먼턴이 그나마 생존율이 높다고 할 수 있으나, 상대적이라는 것을 아셨으면 합니다.

극이동 시에는 평균보다 심각한 피해를 입는 곳이 있을 것인데, 주로 해안 도시들이 될 것이고, 화산과 지진대 영역에 있는 도시들이 될 것입니다. 상대적으로 쓰나미의 영향권에서 크게 벗어난 내륙 산간 지역이 생존율이 높을 것이고, 도시가 아닌 전원 지역이 될 것입니다만, 전해 드린 대로 진실로 중요한 점은 육체만 살린다고 해서 산 것이 아니며, 마음을 준비하고 의식을 깨운 이들이 실질적인 생존자들이 되는 것입니다. 카르마의 무게를 견디지 못하는 국가, 민족, 인류들은 해당 사항이 없는 것이고, 마음을 비운 이들이 해당되는 것입니다.

선천 지구는 모든 역할이 종료되었기에 극이동을 통해서 정리시키는 것이며, 스스로 정리하지 못하는 인류들을 대상으로 한 정화시스템을 작동시키는 것에 대한 결과들을 전하고 있는 것입니다. 여러분들은 비극이라고 하시겠지만 우리는 졸업을 시키는 것입니다.

우리는 생각 조절자이며, 마누를 대리하는 신성입니다.

16. 극이동의 현장(現場) Ⅲ
(Scene Three of Pole Shift)

사랑하는 여러분!

지우수드라(노아)의 때를 아십니까?

물론, 대홍수 사건이 있었던 시절이고, 성서에 기록되어 있으니, 모르는 이들이 없을 것인데, 이 시대에는 인류들 대다수가 해안가나 강가인 평지에서 생활하였습니다.

대재난이 닥쳤을 때에 높은 산들로 피신한 인류들만이 생존하였습니다. 물론 극소수의 인류들만이 살아남았으며, 그들은 후손들에게 전승(傳承)으로 남기게 하였는데, 이것을 '하늘의 심판'으로 받아들였습니다.

행성 니비루브(Planet Nibiruv)에 의해 일어난 재난이라는 것을 이해할 수도 없었으며, 설령 들었다 해도 받아들일 정도의 의식이 깨어난 것도 아니었기에 하늘의 심판이라고 하는 것이 편했다고 할 수 있었습니다. 현시대에도 과학이 발달했다고 해도 인류들 중의 얼마가 진실을 받아 줄 수 있을까요. 아직도 성서의 심판 개념에서 크게 벗어나지 않았다고 보는데, 특히 계시록과 관련해서 일어나는 현상들을 우주 대순환주기에 의해서 일어나는 물리현상이라는 것을 얼마나 받아들일 수 있을까요. 순환주기냐, 심판이냐라고 한다면, 3:7 정도, 아니면 2:8 정도로 나누어질 것인데, 그만큼 의식이 깨어나지 않아서입니다.

심판으로 바라보는 인류들은 에테르 세계인 4~9차원 세계와 행성 지구가 연결되어 있다는 것을 알지 못합니다. 그러니, 혼의 세계와 상위-혼의 세계를 어떻게 설명할 수 있겠습니까? 천국에 대한 개념도 아직 들어서 있지 못한 수준에서 말입니다. 여러분들은 자칭 똑똑하다고 하십니다. 그래서 초지능이라고 자랑하고 계십니다만, 창조과학이라고 해서 성서 창세기를 재해석하는 것을 보고 있자면 맹인이 코끼리 다리를 만지는 것과 같다 할 수 있습니다.

고대에 대기권에 얼음으로 이루어진 천구(天球)가 2층으로 있었을 정도로 초-과학이 발전했지만, 그 문명도 극이동을 막을 수가 없었습니다. 현시대와 다른 점이 있었다면 극이동이 무엇인지, 왜 일어나는지 알고 있었다는 것과 나름 대비책들이 있었다는 점입니다. 그런데도 불구하고 재난을 피해 갈 수 없었으며, 영적으로도 마찬가지였다고 하는 것입니다. 그러면 여러분들은 고대의 선조들보다 나은 점이 있을까요? 아니요, 더 없다고 해야겠지요. 극이동에 관심도 없고, 왜 일어나는지 알지도 못하니까요.

여러분들에게 관광지로도 유명한 지중해가 있는 유럽은 어떨까요. 3차 대전의 그늘이 채 가시기도 전에 적막했던 대륙은 쓰나미의 침략을 받을 것인데, 높은 산맥이 있던 지역을 제외하곤 모두 바닷속으로 가라앉을 것이고, 언제 유럽이 있었는지, 섬들만이 있는 지역으로 바뀔 것입니다. 유럽에 자리하고 있던 많은 나라들이 사라질 것인데, 백인종들이 살고 있던 영역이 통째로 사라진 것입니다.

유럽을 대표하는 영국은 에든버러, 글래스고, 리스, 맨체스터, 셰필드, 버밍엄, 런던 등이 사라지며, 인구수 6,796만 1,439명 중에 98.6%인 6백, 7백만 9,978명이 죽고, 1.4%인 95만 1,460명이 살아남습니다. 아일랜드는 508만 9,478명 중에 98.9%인 503만 3,493명이 죽고, 1.1%인 5만 5,984명이 살아남니다. 프랑스는 파리, 오를레앙, 리옹, 낭트, 보르도, 툴루즈, 몽펠리에, 마르세유, 니스, 칸 등이 사라지고, 전체 인구 6,488만 1,830명 중에 99.3%인 6,442만 7,657명이 죽고, 0.7%인 45만 4,172명이 살아남습니다. 스페인은 마드리드, 바르셀로나, 발렌시아, 무르시아, 그라나다, 말라가, 세비야, 빌바오, 사라고사 등이 사라지고, 전체 인구 4,747만 3,373명 중에 98.5%인 4,676만 1,272명이 죽고, 1.5%인 71만 2,100명 정도가 생존합니다. 포르투갈은 브라가, 포르토, 코임브라, 리스본 등이 사라지고, 전체 인구 1,022만 3,349명 중에 97.6%인 997만 7,988명이 죽고, 2.4%인 24만 5,360명이 삽니다.

벨기에는 브뤼허, 헨트, 브뤼셀 등이 사라지고, 총인구 1,172만 5,774명 중에 99.3%인 1,164만 3,693명이 죽고, 0.7%인 8만 2,080명이 생존합니다. 네덜란드는 암스테르담, 로테르담, 에인트호번, 즈볼러, 그로닝겐 등이 사라지고, 총인구 1,767만 1,125명 중에 99.7%인 1,761만 8,111명이 죽고, 0.3%인 5만 3,013명이 생존합니다. 덴마크는 코펜하겐 등이 사라지고, 총인구 593만 9,695명 중에 99.1%인 588만 6,237

명이 죽고, 0.9%인 5만 3,457명이 생존합니다. 노르웨이는 베르겐, 스타방에르, 크리스티안산, 오슬로 등이 사라지고, 총인구 551만 4,477명 중에 99.5%인 548만 6,904명이 죽고, 0.5%인 2만 7,572명이 생존합니다. 스웨덴은 스톡홀름, 예테보리 등이 사라지고, 총인구 1,067만 3,669명 중에 99.4%인 1,060만 9,626명이 죽고, 0.6%인 6만 4,042명이 생존합니다. 핀란드는 오울루, 로바니에미, 탐페레, 헬싱키 등이 사라지고, 총인구 554만 9.886명 중에 99.5%인 552만 2,136명이 죽고, 0.5%인 2만 7,749명이 생존합니다.

에스토니아는 탈린 등이 사라지고, 총인구 131만 9,014명 중에 99.3%인 130만 9,807명이 죽고, 0.7%인 9,233명이 생존합니다. 라트비아는 리가 등이 사라지고, 총인구 181만 240명 중에 99.7%인 180만 4,809명이 죽고, 0.3%인 5,430명이 생존합니다. 리투아니아는 클라이페다, 카우나스, 빌뉴스 등이 사라지고, 총인구 269만 2,798명 중에 99.63%인 268만 2,834명이 죽고, 0.37%인 9,963명이 생존합니다. 벨라루스는 민스크 등이 사라지고, 총인구 945만 5,037명 중에 99.66%인 942만 2,889명이 죽고, 0.34%인 3만 2,147명이 생존합니다. 폴란드는 슈체친, 그단인스크, 비알리스토크, 비드고슈치, 바르샤바, 루블린 등이 사라지고, 총인구 4,022만 1,726명 중에 98.63%인 3,967만 688명이 죽고, 1.37%인 55만 1,037명이 생존합니다. 우크라이나는 키이우 등이 사라지고, 총인구 3,793만 7,821명 중에 99.89%인 3,789만 6,089명이 죽고 0.11%인 4만 1,731명이 생존합니다.

루마니아는 부쿠레슈티 등이 사라지고, 총인구 1,961만 8,996명 중에 98.67%인 1,935만 8,063명이 죽고 1.33%인 26만 932명이 생존합니다. 불가리아는 소피아 등이 사라지고, 총인구 661만 8,615명 중에 98.69%인 653만 1,911명이 죽고 1.31%인 8만 6,703명이 생존합니다. 그리스는 아테네, 테살로니키 등이 사라지고, 총인구 1,030만 2,720명 중에 98.78%인 1,017만 7,026명이 죽고 1.22%인 12만 5,693명이 생존합니다. 세르비아는 베오그라드 등이 사라지고, 총인구 709만 7,028명 중에 99.03%인 702만 8,186명이 죽고 0.97%인 6만 8,841명이 생존합니다. 크로아티아는 자그레브 등이 사라지고, 총인구 398만 6,627명 중에 99.36% 396만 1,112명이 죽고 0.64%인 2만 5,514명이 생존합니다. 헝가리는 부다페스트 등이 사라지고, 총인구 999만 4,993명 중에 95.78%인 957만 3,204명이 죽고 4.22%인 42만 1,788명이 생존합니다. 체코는 프라하, 브르노, 오스트라바 등이 사라지고, 총인구 1,050만 3,734명 중에 98.69%인 1,036만 6,135명이 죽고 1.31%인 13만 7,598명이 생존합니다.

슬로바키아는 브라티스라바, 코시체 등이 사라지고, 총인구 570만 2,832명 중에 98.97%인 564만 4,092명이 죽고 1.03%인 5만 8,739명이 생존합니다. 오스트리아는 빈, 그랏츠, 잘츠부르크, 인스브루크 등이 사라지고, 총인구 897만 7,139명 중에 98.76%인 886만 5,822명이 죽으며, 1.24%인 11만 1,316명이 생존합니다. 스위스는 제네바, 로잔, 베른, 바젤, 취리히 등이 사라지고, 총인구 885만 1,431명 중에 98.69%인 873만 5,477명이 죽으며 1.31%인 11만 5,953명이 생존합니다. 알프스 산맥 지역은 거대 지진의 영향으로 산들이 무너지고, 빙하호수들이 터져 나가 도시들을 덮쳐 수몰되어 그 피해가 크게 나타납니다.

독일은 베를린, 하노버, 라이프치히, 드레스덴, 뉘른베르크, 슈투트가르트, 뮌헨, 프랑크푸르트, 쾰른, 도르트문트, 뮌스터, 빌레펠트, 브레멘, 함부르크 등이 사라지고, 총인구 8,325만 2,474명 중에 98.75%인 8,221만 1,818명이 죽으며 1.25%인 104만 655명이 생존합니다. 이탈리아는 토리노, 밀라노, 베로나, 베네치아, 볼로냐, 제노바, 피렌체, 로마, 바리, 소렌토, 팔레르모, 카타니아, 나폴리 등이 사라지고, 총인구 5,869만 7,744명 중에 98.96%인 5,808만 7,287명이 죽으며 1.04%인 61만 456명이 생존합니다. 러시아는 모스크바, 상트페테르부르크, 야로슬라블, 카잔, 울리야노프스크, 볼고그라드, 사라토프, 톨리야티, 우파, 첼랴빈스크, 투먼, 옴스크, 노보시비르스크, 크라스노야르스크, 이르쿠츠크, 블라디보스토크 등이 사라지고, 총인구 1억 4,395만 7,079명 중에 97.57%인 1억 4,045만 8,921명이 죽으며 2.43%인 349만 8,157명이 생존합니다.

아프리카는 유럽에 비해 그래도 피해가 적다고 할 수 있는데, 이집트는 카이로, 알렉산드리아, 룩소르, 후르가다, 아스완, 마르살람 등이 사라지고, 총인구 1억 1,448만 4,252명 중에 98.45%인 1억 1,270만 9,746명이 죽으며 1.55%인 177만 4,505명이 생존합니다. 리비아는 트리폴리, 미스라타, 벵가지, 투브루크, 브레가, 아즈다비야 등이 사라지고, 총인구 696만 4,197명 중에 98.36%인 684만 9,984명이 죽으며 1.64%인 11만 4,212명이 생존합니다. 알제리는 오랑, 알제 등이 사라지고, 총인구 4,627만 8,751명 중에 97.93%인 4,532만 780명이 죽으며 2.07%인 95만 7,970명이 생존합니다. 튀니지는 튀니스, 스팍스 등이 사라지고, 총인구 1,256만 4,689명 중에 98.03%인 1,231만 7,164명이 죽으며 1.97%인 24만 7,524명이 생존합니다. 모로코는 카사블랑카, 라바트, 마라케시, 탕헤르, 페즈 등이 사라지고, 총인구 3,821만 1,459명 중에 98.58%인 3,766만 8,856명이 죽으며 1.42%인 54만 2,602명이 생존합니다. 모리타니는 누악쇼트 등이 사라지고, 총인구 499만 3,922명 중에 98.67%인 492만 7,502명이 죽으며 1.33%인 6만 6,419명이 생존합니다.

말리는 바마코 등이 사라지고, 총인구 2,401만 5,789명 중에 97.89%인 2,350만 9,055명이 죽으며 2.11%인 50만 6,733명이 생존합니다. 니제르는 니아메 등이 사라지고, 총인구 2,823만 8,972명 중에 98.01%인 2,767만 7,016명이 죽으며 1.99%인 56만 1,955명이 생존합니다. 차드는 은자메나 등이 사라지고, 총인구 1,884만 7,148명 중에 98.53%인 1,857만 94명이 죽으며 1.47%인 27만 7,053명이 생존합니다. 수단은 포트수단, 카살라, 알파시르, 니알라, 엘오베이드 등이 사라지고, 총인구 4,935만 8,228명 중에 98.37%인 4,855만 3,688명이 죽으며 1.63%인 80만 4,539명이 생존합니다. 에티오피아는 아디스아바바 등이 사라지고, 총인구 1억 2,971만 9,719명 중에 97.39%인 1억 2,633만 4,034명이 죽으며 2.61%인 338만 5,684명이 생존합니다. 소말리아는 모가디슈 등이 사라지고, 총인구 1,870만 6,922명 중에 98.98%인 1,851만 6,111명이 죽으며 1.02%인 19만 810명이 생존합니다.

케냐는 몸바사, 나이로비 등이 사라지고, 총인구 5,620만 3,030명 중에 98.50%인 5,535만 9,984명이 죽으며 1.50%인 84만 3,045명이 생존합니다. 우간다는 캄팔라, 글루, 음바라라 등이 사라지고, 총인구

4,992만 4,252명 중에 98.05인 4,895만 729명이 죽으며 1.95인 97만 3,522명이 생존합니다. 탄자니아는 므완자, 음베야, 모로고로, 다르에스살람 등이 사라지고, 총인구 6,941만 9,073명 중에 98.79인 6,857만 9,102명이 죽으며 1.21%인 83만 9,970명이 생존합니다. 콩고는 푸앵트누아르, 킨샤사, 카빈다, 마타디, 키크위트, 카낭가, 키상가니, 부템보, 음부지마이, 콜웨지, 루붐바시 등이 사라지고, 총인구 1억 1,186만 9,661명 중에 98.76%인 1억 1,048만 2,477명이 죽으며 1.24%인 138만 7,183명이 생존합니다.

앙골라는 루안다 등이 사라지고, 총인구 3780만 4634명 중에 99.03%인 3743만 7929명이 죽으며 0.97%인 36만 6704명이 생존합니다. 잠비아는 루사카 등이 사라지고, 총인구 2113만 4695명 중에 98.66%인 2085만 1490명이 죽으며 1.34%인 28만 3204명이 생존합니다. 모잠비크는 마푸투 등이 사라지고, 총인구 3485만 8402명 중에 99.05%인 3452만 7247명이 죽으며 0.95%인 33만 1154명이 생존합니다.

나미비아는 빈트후크 등이 사라지고, 총인구 264만 5,805명 중에 98.02%인 259만 3,418명이 죽으며 1.98%인 5만 2,386명이 생존합니다. 보츠와나는 가보로네 등이 사라지고, 총인구 271만 9,694명 중에 98.76%인 268만 5,969명이 죽으며 1.24%인 3만 3,724명이 생존합니다. 짐바브웨는 하라레, 블라와요 등이 사라지고, 총인구 1,702만 321명 중에 98.63%인 1,678만 7,142명이 죽으며 1.37%인 23만 3,178명이 생존합니다. 마다가스카르는 안타나나리보 등이 사라지고, 총인구 3,105만 6,610명 중에 98.75%인 3,066만 8,402명이 죽으며 1.25%인 38

만 8,207명이 생존합니다. 남아프리카 공화국은 케이프타운, 포트엘리자베스, 블룸폰테인, 프리토리아, 더반 등이 사라지고, 총인구 6,102만 221명 중에 97.63%인 5,957만 4,041명이 죽으며 2.37%인 144만 6,179명이 생존합니다.

중남미 지역인 멕시코는 티후아나, 에르모시요, 후아레스, 몬테레이, 산루이스포토시, 과달라하라, 멕시코시티, 메리다 등이 사라지고, 총인구 1억 2,938만 8,467명 중에 98.05%인 1억 2,686만 5,391명이 죽으며 1.95%인 252만 3,075명이 생존합니다. 과테말라, 엘살바도르, 온두라스, 니카라과, 코스타리카, 파나마 등은 거의 사라지고, 총인구 5,243만 1,329명 중에 98.98%인 5,189만 6,529명이 죽으며 1.02%인 53만 4,799명이 생존합니다. 에콰도르는 키토, 과야킬 등이 사라지고, 총인구 1,837만 7,367명 중에 98.65%인 1,812만 9,272명이 죽으며 1.35%인 24만 8,094명이 생존합니다. 콜롬비아는 산티아고 데칼리, 보고타, 메데인, 바람키야 등이 사라지고, 총인구 5,234만 774명 중에 98.35%인 147만 7,151명이 죽으며 1.65%인 86만 3,622명이 생존합니다.

베네수엘라는 마라카이보, 바르키시메토, 발렌시아, 카라카스 등이 사라지고, 총인구 2,939만 5,334명 중에 98.63%인 2,899만 2,617명이 죽으며 1.37%인 40만 2,716명이 생존합니다. 페루는 리마 등이 사라지고, 총인구 3,468만 3,444명 중에 98.96%인 3,432만 2,736명이 죽으며 1.04%인 36만 707명이 생존합니다. 칠레는 산티아고 등이 사라지고, 총인구 1,965만 8,839명 중에 98.52%인 1,936만 7,888명이 죽으며 1.48%인 29만 950명이 생존합니다. 볼리비아는 라파스, 코차밤바, 산

타크루즈 등이 사라지고, 총인구 1,256만 7,336명 중에 97.65%인 1,227만 2,003명이 죽으며 2.35%인 29만 5,332명이 생존합니다.

　브라질은 벨렘, 상루이스, 마나우스, 포르탈레자, 나타우, 레시페, 살바도르, 마토그로소, 브라질리아, 고이아니아, 리우데자네이루, 상파울로, 쿠리티바, 벨루오리존치, 포르투알레그리 등이 사라지고, 총인구 2억 1,763만 7,294명 중에 97.25%인 2억 1,165만 2,271명이 죽으며 2.75%인 598만 5,025명이 생존합니다. 파라과이는 아순시온 등이 사라지고, 총인구 694만 7,270명 중에 97.21%인 675만 3,441명이 죽으며 2.79%인 19만 3,828명이 생존합니다. 우루과이는 몬테비데오 등이 사라지고, 총인구 342만 3,316명 중에 98.99%인 338만 8,740명이 죽으며 1.01%인 3만 4,575명이 생존합니다. 아르헨티나는 코르도바, 로사리오, 부에노스아이레스 등이 사라지고, 총인구 4,605만 7,866명 중에 97.96인 4,511만 8,285명이 죽으며 2.04%인 93만 9,580명이 생존합니다.

　중남미 지역은 원주민들인 인디오들이 많이 생존하고, 상대적으로 백인종들은 그 수가 매우 적다고 할 수 있습니다.

　아시아로 갈게요. 튀르키예는 이스탄불, 부르사, 이즈미르, 에스키셰히르, 앙카라, 코니아, 안탈리아, 메르신, 아다나, 가지안테프, 카이세르 등이 사라지고, 총인구 8,626만 417명 중에 97.27%인 8,390만 5,507명이 죽으며 2.73%인 235만 4,909명이 생존합니다. 조지아는 바투미, 트빌리시 등이 사라지고, 총인구 371만 7,425명 중에 97.59%인 362만 7,835명이 죽으며 2.41%인 8만 9,589명이 생존합니다. 아르메니아와 아제르바이잔은 바쿠 등이 사라지고, 총인구 1,324만 883명 중에 97.35%인 1,296만 3,616명이 죽으며 2.65%인 305만 5,245명이 생존합니다.

시리아는 알레포, 다마스쿠스 등이 사라지고, 총인구 2,434만 8,053명 중에 98.62%인 2,401만 2,049명이 죽으며 1.38%인 33만 6,003명이 생존합니다. 레바논은 트리폴리, 베이루트 등이 사라지고, 총인구 521만 9,044명 중에 98.69% 515만 674명이 죽으며 1.31%인 6만 8,369명이 생존합니다. 이스라엘은 텔아비브, 예루살렘 등이 사라지고, 총인구 931만 1,652명 중에 95.78%인 891만 8,700명이 죽으며 4.22%인 39만 2,951명이 생존합니다. 요르단은 지진으로 황폐화되고, 총인구 1,138만 4,922명 중에 99.23%인 1,129만 7,258명이 죽으며 0.77%인 8만 7,663명이 생존합니다. 이란은 타브리즈, 테헤란, 마슈하드, 이스파한, 시라즈 등이 사라지고, 총인구 8,980만 9,781명 중에 98.95%인 8,886만 6,778명이 죽으며 1.05%인 94만 3,002명이 생존합니다. 이라크는 아르빌, 바그다드, 바스라 등이 사라지고, 총인구 4,652만 3,657명 중에 98.78%인 4,595만 6,068명이 죽으며 1.22%인 56만 7,588명이 생존합니다.

쿠웨이트는 쿠웨이트시티 등이 사라지고, 434만 9,380명 중에 99.78%인 433만 9,811명이 죽으며 0.22%인 9,568명이 생존합니다. 사우디아라비아는 메디나, 메카, 제다, 리야드 등이 사라지고, 총인구 3,747만 3,929명 중에 99.17%인 3,716만 2,895명이 죽으며 0.83%인 31만 1,033명이 생존합니다. 아랍에미리트는 아부다비, 두바이, 알아인 등이 사라지고, 총인구 959만 1,853명 중에 99.38%인 953만 2,383명이 죽으며

0.62%인 5만 9,469명이 생존합니다. 예멘은 사나, 모카, 아덴 등이 사라지고, 총인구 3,521만 9,853명 중에 99.17%인 3,492만 7,528명이 죽으며 0.83%인 29만 2,324명이 생존합니다. 오만은 무스카트, 알카르프, 살랄라 등이 사라지고, 471만 3,553명 중에 99.78%인 470만 3,183명이 죽으며 0.22%인 1만 369명이 생존합니다. 카타르와 바레인은 총인구 423만 5,773명 중에 99.93%인 423만 4,723명이 죽으며 0.07%인 2,965명이 생존합니다.

투르크메니스탄은 투르크멘바시, 투르크메나바트, 마리, 아시가바트 등이 사라지고, 총인구 659만 8,071명 중에 99.03%인 653만 4,069명이 죽으며 0.97%인 6만 4,001명이 생존합니다. 우즈베키스탄은 타슈켄트, 사마르칸트, 누쿠스 등이 사라지고, 총인구 3,567만 3,804명 중에 98.97%인 3,530만 6,363명이 죽으며 1.03%인 36만 7,440명이 생존합니다. 카자흐스탄은 아티라우, 악퇴베, 알마티, 카라간다, 아스타나 등이 사라지고, 총인구 1,982만 8,165명 중에 96.75%인 1,918만 3,749명이 죽으며 3.25%인 64만 4,415명이 생존합니다. 키르기스스탄은 비슈케크 등이 사라지고, 총인구 683만 9,606명 중에 97.86%인 625만 2,868명이 죽으며 2.14%인 13만 6,737명이 생존합니다. 타지키스탄은 두샨베 등이 사라지고, 총인구 1,033만 1,513명 중에 97.79%인 1,010만 3,186명이 죽으며 2.21%인 22만 8,326명이 생존합니다. 아프가니스탄은 카불 등이 사라지고, 총인구 4,337만 2,950명 중에 98.95%인 4,291만 7,534명이 죽으며 1.05%인 45만 5,415명이 생존합니다. 파키스탄은 이슬라마바드, 라왈핀디, 구지란왈라, 라호르, 파이살라바드, 하이데라바드, 카라치 등이 사라지고, 총인구 2억 4520만 9,815명 중에 98.75%인 2억 4,214만 4,692명이 죽으며 1.25%인 306만 5,122명이 생존합니다.

스리랑카는 콜롬보 등이 사라지고, 총인구 2,194만 9,268명 중에 98.02%인 2,151만 4,672명이 죽으며 1.98%인 43만 4,595명이 생존합니다. 미얀마는 양곤, 바고 등이 사라지고, 총인구 5,496만 4,694명 중에 98.76%인 5,428만 3,131명이 죽으며 1.24%인 68만 1,562명이 생존합니다. 태국은 푸껫, 파타야, 방콕, 치앙마이 등이 사라지고, 총인구 7,188만 5,799명 중에 98.63%인 7,090만 963명이 죽으며 1.37%인 98만 4,835명이 생존합니다. 라오스는 팍세, 비엔티안 등이 사라지고, 총인구 773만 6,681명 중에 97.05%인 750만 8,448명이 죽으며 2.05%인 15만 8,601명이 생존합니다. 캄보디아는 프놈펜, 바탐방, 시엠레아프 등이 사라지고, 총인구 1,712만 1,847명 중에 97.68%인 1,672만 4,260명이 죽으며 2.32%인 39만 7,226명이 생존합니다. 베트남은 호치민, 다낭, 하이퐁, 하노이 등이 사라지고, 총인구 9,949만 7,680명 중에 98.69%인 9,819만 4,260명이 죽으며 1.31%인 130만 3,419명이 생존합니다.

말레이시아는 조지타운, 에포, 말라카, 쿠알라룸푸르, 쿠안탄 등이 사라지고, 총인구 3,467만 1,895명 중에 97.89%인 3,394만 318명이 죽으며 2.11%인 73만 1,576명이 생존합니다. 싱가포르는 총인구 605만 2,709명 중에 98.06%인 593만 5,286명이 죽으며 1.94%인 11만 7,422명이 생존합니다. 인도네시아는 자카르타, 반둥, 수라바야, 말랑, 메단, 페한바루, 덴파사르 등이 사라지고, 총인구 2억 7,979만 8,049명 중에 98.79%인 2억 7,641만 2,492명이 죽으며 1.21%인 338만 5,556명이 생존합니다. 필리핀은 마닐라, 바기오, 세부, 다바오, 제너럴산토스, 카가얀데오로, 잠보앙가 등이 사라지고, 총인구 1억 1,910만 6,224명 중에 98.66%인 1억 1,751만 200명이 죽으며 1.34%인 159만 6,023명이 생존합니다. 몽골은 울란바토르 등이 사라지고, 총인구 349만 3,629명 중에 97.63%인 341만 829명이 죽으며 2.37%인 8만 2,799명이 생존합니다. 파푸아뉴기니는 포트모르즈비 등이 사라지고, 총인구 1,051만 5,788명 중에 97.05%인 1,020만 5,572명이 죽으며 2.95%인 31만 215명이 생존합니다.

이 장에서는 각 나라별로 죽는 이들과 사는 이들에 대하여 기록하였습니다. 전한 대로 백분율로 나누었으며, 최종 인구수와 편차가 있음을 알고 있습니다. 몇 명을 더 죽이고, 몇 명을 더 살리는 것은 상위-혼들로 알려진 '엘-엘리온 평의회(El-Elyons Order)'에서 결의한 것으로 보고되었습니다. 이 결정은 우리와 지구에 들어온 혼-그룹에 의해 진행된 것입니다.

극이동이 진행되어 마무리되는 과정에 일어나는 죽음과 생존은 장소와 상관없이 결정된 것입니다. 영화에서처럼, 극적인 반전은 있지 않으며, 죽을 사람은 죽고, 살 사람은 사는 것입니다. 종교도 상관없으며, 기도한다 해서 사는 것이 아닙니다. 인생 프로그램에 의해 정해진 3D 체험을 모두 종료하였다면, 사는 것이고, 종료하지 못하였다면 죽는 것입니다. 전체 인류들을 기준으로 해서 96.5%는 죽는 것이고, 3.5% 정도는 생존한다고 한 것인데, 절댓값은 아니며, 의식이 깨어나는 정도와 의식지수를 보고 최종결정하는 것입니다. 그래서 편차가 있다고 한 것이며, 최종적인 순간에도 빛으로 깨어나기를 바라는 것이 우리들의 마음입니다.

우리는 생각 조절자이며, 마누의 대리인 신성입니다.

17. 극이동의 현장(現場) IV
(Scene Four of Pole Shift)

사랑하는 여러분!

숫자로 몇 명 죽고, 몇 명 살고 표현한 것이 마치 로봇처럼 보이셨나요. 삶의 가치가 전혀 없는 것처럼 보일 수도 있었을 것입니다.

인생에서 어떤 자리에 있었든, 어떤 명예가 있었든, 훈장은 무엇을 받았는지, 어떤 전공을 세웠는지, 어느 곳에 묻혔는지, 동상과 흉상이 세워졌는지, 기념관이 설립되었는지, 재단이 설립되었는지 등은 우리에게는 중요하지 않습니다. 여러분들은 부귀와 명예를 소중하게 여겨서 그런 인생을 살다 간 이들이나, 살고 있는 이들을 존경하거나, 따라 하려고 하고 있습니다.

우리는 어떤 인생이든 상관없이 빛의 길을 선택하여 자신의 의식을 깨우는 이들을 좋아하고, 신성을 발현한 이들을 존경합니다. 극이동을 앞두고 있는 행성 지구는 85억에 해당하는 인류들이 살아가고 있습니다. 우리는 극이동에 앞서, 인류들 중에서 4.0 이상의 의식지수를 갖추었거나, 갖추려는 인류들을 파악하여 파일로 분류하였습니다. 한 단위의 진동수가 상승하는 것은 쉬운 일이 아닌데, 4.0에서 4.1이 되는 것,

즉 의식지수 400에서 410이 되는 것이 300에서 310이 되는 것보다 어렵다고 하는 것입니다. 인류들의 평균 의식지수가 200이라고 하였습니다.

여러분들이 천국으로 상승할 수 있는 기준은 4차원을 넘어서야 하기에 진동수 4.5 즉, 의식지수 450은 넘어야 한다는 것입니다. 사후세계의 중간계가 4.5에 있다고 하였습니다. 왜, 진동수가 중요하다고 했는지 아시는지요. 여러분들의 육체 속에 들어 있는 성기체(星氣體)는 전자기 입자들로 이루어져 있어서 진동하고 있습니다. 그 진동 수치를 진동수라고 하는 것이며, 중간계 이상의 진동수를 갖추고 있어야 한다는 것입니다.

3차원 세계를 졸업하고, 4차원 세계를 체험할 인류들은 진동수 4.5와 의식지수 450 이상을 갖추고 있어야 하는 것입니다. 이들을 돕기 위해서 들어온 144,000의 빛의 일꾼들은 진동수 6.0과 의식지수 600 이상을 갖추어야 한다는 것과 약 5억 6천만 명이 진동수 5.0과 의식지수 500 이상을 갖추고 있어야 한다는 것입니다. 우리는 빛의 진동수와 의식지수를 면밀하게 관리하고 있으면서 극이동을 대비하고 있는 것입니다.

우리는 빛의 존재들이 살고 있는 대륙, 나라, 민족, 도시들, 건물들인 아파트단지, 전원주택단지 등을 면밀하게 살피고 있습니다. 정보는 하늘에 정박 중인 모선들에서 하고 있으며, 상시로 정찰선들(3인 탑승)이 살피고 있습니다. 여러분들이 밤하늘을 잘 살핀다면 날아다니는 불빛들과 상하좌우, 지그재그로 움직이는 별빛들을 보았을 것인데, 앞은 정찰선들이고, 뒤는 모선들입니다.

우리는 이미 여러분들을 위해 우주선들을 배치하였으며, 여러분들을 관리하도록 하였습니다. 여러분들의 깨어남을 돕고 있으며, 여러분들의 상승을 위해 모든 준비를 다 갖추고 있는 것입니다. 여러분들의 상위-자아인 혼들이 모선들에 탑승하여 있어서 여러분들을 지켜보며 관리하고 있다는 것입니다. 이것은 상승을 하려는 인류들을 돕기 위해 배치된 우주선들이며, 극이동 상황 시에 인류들을 돕기 위해 배정된 우주선단들이 있습니다. 즉, 행성 타우라로 이동시키기 위해 대기 중에 있는 우주선단들이 있고, 행성 다몬으로 이동시키기 위해 대기하고 있는 우주선들이 있으며, 심판받는 이들을 데려가기 위해 대기하고 있는 우주선들이 있습니다.

각자의 별들에서 출항하여 자기 별 출신의 지구인들, 즉 빛의 일꾼들을 데려가기 위해 대기하고 있는 우주선들이 있으며, 우주선단들을 보호하기 위해 자리하고 있는 전투 함선들이 있습니다. 타락세력들과 전쟁을 위해 들어온 특수전 사령부 소속의 우주전함들이 있습니다. 우리는 모든 상황들과 시나리오에 의해 준비하고 있다는 것을 전합니다.

죽음을 맞는 존재가 육체를 벗어날 때, 대기하고 있던 모선들에서는 존재의 성기체를 포획 광선(lifting beam)을 통해 우주선 안으로 끌어들이는 데, 약 0.003초의 시간이 소요됩니다. 상승 자격을 갖춘 존재는 육체도 진동수의 상승으로 빛의 몸으로 변환하여 포획 광선을 통해 상승하는 데, 약 0.7초가 소요되며, 옷가지와 액세서리 등은 지상에 두고 상승한다는 것입니다. 수술을 통해 몸속에 삽입되어 있던 이물질들과 금속류들도 모두 지상에 두고 오는데, 당연히 몸은 빛으로 변환되었기에 이상이 있을 수 없으며, 장애가 있었던 것도 모두 사라진 뒤입니다.

상승의 첫 번째 조건은 육체를 빛의 몸으로 변환시켜 상승하는 것이며, 두 번째는 육체를 벗고 아스트랄체로 상승하는 것이 있습니다. 이것이 원래대로 적용되었던 조건이었으나, 이것을 충족시키지 못하게 되면서 문제가 되었던 것입니다. 이천 년 전, 예수아 벤 요셉(Jeshua ben Joseph)은 3명의 제자들 앞에서 첫 번째 상승 조건인 빛 몸으로 변환하는 것을 보여 주었고, 아리하비(Arihabi)는 죽음에서 부활하는 것과 상승하는 것을 제자들에게 보여 주었습니다. 그 후에 그것을 성취하는 인류들이 나오지 않게 되었고, 그것은 성서 속의 기적으로만 기록되었던 것입니다.

오늘날, 항성 활성화주기(SAC)를 앞두고, 우리는 기록으로만 남아 있던 상승 조건을 인류들에게 적용시키려 하고 있는데, 바로 '공중강림'으로 전해진 이벤트와 관련되어 있기 때문입니다. '이수 사난다 쿠마라(Esu Sananda Kumara)'의 하강에 발맞추어 그의 신부들로 알려진 빛의 일꾼들을 상승시키려는 계획 때문에 이루어지게 된 것입니다. 그와 함께 지구에서의 과정을 모두 졸업한 혼들에게도 적용하게 되었던 것입니다. 이러한 특별이벤트가 마련됨으로 인하여 육체를 빛 몸으로 변환시켜 상승할 수 있는 기회가 생겨나게 된 것입니다. 상승 조건을 충족시킨 빛의 일꾼들과 빛의 자녀들은 5차원계의 진동 영역에 정박해 있는 우주모선들로 상승 이동시킬 것이며, 그곳에서 휴식을 취할 것입니다.

또한 두 번째 조건을 충족시킨 인류들 역시 육체를 죽음으로 벗지만, 성기체들은 상승하여 대기 중이던 모선들에 들어와 가족들과 해후하게 되는 것입니다. 이렇게 상승한 인류들은 대환란과 극이동을 겪지 않을 것인데, 3차원 환경을 체험하면서 완성하였기 때문입니다. 하지만 체험을 완성하지 못한 인류들은 대환란과 극이동을 겪을 것이며, 그 험난한 과정을 통해 완성하기를 바라는 것 때문인데, 주어진 짧은 여정이지만, 극적인 체험을 통해서 마지막 기회를 살리기를 바라기 때문입니다. 이번에 3D 체험을 완성하지 못하면 두 번의 기회는 주어지지 않으며, 행성 지구에서의 체험이 마지막이 된다는 것입니다. 천상에서 또 주어지지 않겠느냐 하시겠지만, 그런 계획은 아직 추진되지 않았기에 이번이 정말로 마지막이라는 것과 이것을 살리지 못한다면 '천추의 한(千秋 恨)'이 될 것이기에 그런 것입니다.

우리 생각 조절자들은 존재들의 체험 정보들을 관리하고, 순례의 길을 돕고 있으면서 존재들을 신으로서 완성시키는 역할을 합니다. 이 관계는 일방적이지 않고, 서로 상호 돕는 관계성을 기반으로 진행되는 것이기에 강요하지는 않습니다. 여러분들의 매 순간 선택을 존중하며, 신성과의 동행을 선택하였을 때에, 우리들의 역할이 빛을 발하게 되는 것입니다. 이것이 '신과 함께 동행했다.'는 옛 선지자들의 이야기인 것입니다. 여러분들의 3차원 체험을 돕는 것은 사실 수호천사들이지만, 눈에 보이지는 않는데, 방해하지 않기 위해서입니다. 우리들은 물질체험을 돕는 것은 아니며, 신성과의 동행을 돕는 것인데, 그 시기와 때가 정해져 있어서 그것을 기준으로 우리들의 역할이 시작될 수 있는 것입니다. 상승주기에 맞추어 빛의 아이들과 빛의 일꾼들에게 그 시작이 시작된다는 것입니다.

우리는 상승주기에 따라 진동수가 상승하는 빛의 인류들을 지켜보아 왔으며, 이들의 가슴 중심에서 삼중 불꽃으로 발현하는 것입니다. 대환란과 극이동을 통과하며, 육체를 벗는 인류들은 크게 두 그룹으로 나눌 수 있는데, 첫째는 행성 다몬으로 이동하는 그룹과 둘째, 심판을 위해 이동하는 그룹으로 말입니다. 최종적인 기회를 잡아서 빛의 인류들에게 합류하는 그룹은 소규모이기에 제외하였습니다.

신성을 깨우지 못한 인류들은 죽음에 대한 극적 체험을 하게 될 것인데, 환란 3종 세트라고 할 수 있는 대사건들을 겪는 것입니다. 그러면서 신성을 깨우기를 바라지만, 결코 그렇지 않으며, 오히려 악함만이 더 늘어난다는 점입니다. 우리는 존재들의 현존함을 항상 존중하며, 그 선택도 존중합니다. 설령 존재가 스스로 소멸을 선택하였다 해도, 악의 길을 선택하였다 해도 존중합니다. 존재들의 그 모든 선택 과정을 우리는 정보로서 저장하여 관리함으로써 우리들의 역할을 다하는 것입니다. 왜, 끝까지 존재들이 빛을 선택하도록 하지 않았느냐? 한다면 우주는 절대가 없습니다. 어떤 선택을 하던 우리는 존재들을 존중하며, 빛이든, 어둠이든, 아니면 다른 것이든 우리는 안내하는 것이고, 그것이 '절대'라고 하지 않는 것입니다.

3D 체험의 종결을 앞두고, 우리는 다양성을 소개하였으며, 이것 아

니면 저것이라는 것을 지향하지 않았는데, 선택은 존재들의 몫으로 남겨 둔 것입니다. 다만 빛과 어둠이라는 부분이 극명하게 자리하였기에, 이것 아니면 저것이라는 선택적 강요가 있는 것처럼 보인 것입니다. 우리들의 목표는 존재들이 체험을 통과하면서 두려움을 극복하기를 바란 것입니다. 그것이 빛이든, 어둠이든 말이지요. 그래서 모든 것들을 체험할 수 있도록 한 것입니다. 존재의 완전성을 위해서 마련된 체험의 세계는 모두 체험해야 결과가 나오도록 하였기에 어느 것은 되고, 어느 것은 안 되고는 없는 것입니다. 역할에 의해서 나눠진 경우에는 더욱 그렇습니다. 상대가 두렵다면, 상대를 이해하지 못함에서 나오는 것입니다. 자신을 온전히 이해하지 못함에 의해 두려움이 생겨나는 것입니다.

일어나는 현상들과 일어나는 재난들을 통해 자신에 대하여 이해하지 못하였던 부분들이 상대성을 가지고, 두려움으로 나타나는 것입니다. 체험은 완성을 위해 하는 것인데, 극이동을 통해서 두려움을 극복케 하려는 것입니다. 환란을 통과하기 전에 두려움을 극복하신 이들은 환란을 통과할 필요가 없으며, 통과하면서 극복하는 이들은 그렇게 환란을 통해 두려움을 극복하는 것입니다. 통과했는데도 불구하고 두려움을 극복하지 못하였다면 그것으로 체험을 종료하게 되는 것이며, 그것에 따른 결과가 있을 것인데, 전한 대로 상승이동과 하강이동과 평가에 따른 이동이 있게 되는 것입니다. 여러분들은 어디로 가느냐가 중요하겠지만, 우리는 두려움을 극복하고 체험을 완성했는가가 중요하다 하는 것입니다. 여러분들은 빛도 어둠도 모두 완성하기로 행성 지구에 들어왔습니다. 두 세계의 완성을 위해서는 두려움을 극복해야 한다는 것입니다. 그것을 위해서 주기 종료를 앞두고 최고와 최악의 체험들을 집중적으로 펼쳐놓는 것입니다.

　대도시에서 일어나는 재난의 현장은 전쟁의 경우와 지진이 있으며, 쓰나미가 있겠지요. 추가한다면 혹성 충돌과 화산 폭발이 있을 것인데, 현재의 도시들은 재난들에 매우 취약하다는 것입니다. 인류들이 과밀하게 살고 있어서 더 피해가 클 수밖에 없다는 사실 때문입니다. 고층빌딩 하나가 무너져도, 지하도 하나가 무너져도, 여객기가 추락해도, 유람선이 침몰해도 그렇다는 것입니다. 지금은 재난 현장이 적어서 구조대들이 달려가지만, 전 지역에서 일어나고 발생하는 현장에는 달려갈 사람이 없습니다. 살아남은 이들이 너무 적고, 죽은 이들은 헤아릴 수 없을 정도로 많아서 손을 댈 수 없다는 것입니다. 무너진 건물, 무너진 다리, 무너진 도로, 폭발하는 주유소, 폭발하는 도시가스들, 천지사방이 폐허밖에는 없다는 것입니다.

　대도시들에 살고 있는 인류들은 대다수들이 무너져 내린 건물들에 깔려서 죽을 것이고, 갈라지고 꺼져 버린 땅속으로 추락하여 죽을 것이며, 밀려드는 쓰나미들에 휩쓸려서 죽을 것입니다. 공기 중에 퍼진 독가스에 질식하여 죽을 것이며, 살아 있다고 해도 독성분에 오염된 물들을 마시고 죽을 것입니다. 또한 퍼져 나가는 변이 바이러스들에 감염되어 치료도 받지 못하고 죽을 것입니다.

　중요한 것은 대지진들은 나라들이 지하 깊숙이 숨겨 저장해 둔 핵미사일들과 핵발전소들을 완전하게 파괴할 것인데, 바다와 공기를 방사능 물질들로 넘쳐나게 하여 살아 있는 인류들을 모두 죽게 할 것입니다. 전 세계에 발전소들이 얼마나 많은지 잘 알고 있지요. 여러분들의 똑똑함이 얼마나 가치가 없는지, 얼마나 허망한 것인지 대재난을 겪으면서 드러날 것입니다. 여러분들은 도로들과 철도들, 그리고 지하철들을 위해 수많은 터널들을 뚫었는데, 이 터널들이 모두 무너져 내리고, 그 빈틈들을 지하수들이 채울 것입니다. 그리고 독가스들로 채울 것입니다.

일본의 도쿄는 콘크리트 폐허로 변하고, 그 위에 화산재가 뒤덮을 것이며, 태평양에서 밀려온 거대 쓰나미에 의해 수몰될 것인데, 지도에서 영원히 사라지게 되는 것입니다. 긴자, 오타쿠, 시부야, 신주쿠, 하라주쿠, 나가노, 스기나미, 아키하바라, 네리마, 이타바시, 아다치, 가쓰시카, 에도가와, 고토, 시나가와, 메구로, 세타가야, 오타 등이 물속에 사라지고, 가와사키, 요코하마, 지바, 사이타마, 시즈오카, 하마마쓰, 나고야, 고베, 오사카, 교토, 오카야마, 히로시마, 기타큐슈, 후쿠오카, 구마모토, 나가사키 등이 물속에 사라집니다.

우쓰노미야, 후쿠시마, 센다이, 모리오카, 하치노헤, 아오모리, 아키타, 니이가타, 도야마, 가나자와, 돗토리, 마쓰에, 시모노세키, 하코다테, 아사히카와, 삿포로 등의 도시들도 사라지게 됩니다. 일본의 시민들이 주로 피해자들이 되는데, 도시와 농어촌을 구분하지 않고 재난들의 중심부에 있을 것입니다.

일본은 난카이 해곡 거대 지진의 영향으로 대륙이 찢어지고, 갈라지면서 해저로 가라앉게 되는 것입니다. 지진의 규모는 Mw 9.0~15 사이가 될 것인데, 활성화된 화산대가 연이어서 폭발하여 그것을 도울 것입니다. 지각판을 통째로 흔들면서 비틀대는 것처럼 움직일 것이기에 생존 가능성은 제로에 가깝다고 해야 될 것입니다. 일본이 전 지구촌에서 가장 큰 규모의 피해를 보기 때문에 생존 가능성이 가장 낮다고 해야 되겠지요. 그러면 왜? 해야 되겠지요.

일본의 경우는 지정학적 위치가 가장 큰 지진대에 놓여 있다는 것이며, 이곳에 정착한 인류들의 의식지수가 궁합이 잘 맞추어졌다고 하는 것입니다. 이것은 '달리는 말에 채찍질한다.'는 격언처럼, 무너지는 재난을 일본 국민들이 돕고 있다는 것입니다. 카르마 차원에서 본다면, 덜어내어도 부족할 판에 더 쌓고 있다고 해야겠지요. 역사를 본다면, 주변 나라들과 민족들에게 해악(害惡)을 끼친 정도가 너무나 크다고 할 수 있는데, 그것을 인정하지 않고, 부정하고 있으며, 어떠한 회개도 하지 않고 있다는 것입니다. 이것은 지도층만의 문제가 아니며, 전 일본인들 전체에 가까운 이들이 그런 마음을 품고 있다는 것입니다. 그 책임이 매우 크다고 할 수 있는데, 극이동 시에 그 에너지가 그렇게 만든다고 하는 것입니다.

어머니 가이아가 지층에 축적된 에너지를 방출하는 것도, 원인제공 인류에게 그 책임을 묻는 것입니다. 일본인들은 그 책임을 지는 것인데, 마지막 주기에 있기 때문에 육체를 죽음으로 벗는 것입니다. 그렇게 해서 책임을 다 지었다고 할 수 없기에 심판이 기다리고 있다고 하는 것입니다. 많은 이들이 천국에 갈 수 없으며, 행성 다몬으로 갈 것이고, 그 외에는 소멸될 것입니다. 이것이 일본과 일본인들에게 주어진 운명입니다.

　일본을 예로 드는 것은 일본인들의 모습을 통해서 인류들의 문제를 전하기 위해서입니다. 겉으로 보이는 일본인들은 조용하고, 예의 바르며, 다른 이들에게 피해를 주지 않으려고 합니다. 지극히 개인적이고, 다른 이들의 어려움이나 문제들에 개입하지 않습니다. 자신 또한 다른 이들에게서 참견(參見)받는 것을 싫어합니다. 개인 문제는 개인이 알아서 하는 것이 일본인들의 입장인 것입니다. 그렇다 보니, 무거운 짐을 지고 가는 노인들과 길에서 쓰러지는 사람들을 보아도 도움의 손길을 주지 않는 것이고, 자신이 그런 처지에 있어도 도움을 구하지도 않고, 그것을 당연하다고 본다는 것입니다. 그래서 심장마비로 쓰러진 사람을 보아도 도움의 손길을 주지 않고 지나가는 것입니다. 이것이 일본인들의 집단의식을 이루고 있으며, 지도층들의 집단 지성을 이루고 있다는 것입니다.

　이 의식이 주변 나라들과 민족들에게 그대로 적용되어져, 동남아, 중국, 한국 등에서 호소하는 것은 '피해자 코스프레'이고, '피해의식'에 사로잡혀서 그러는 것이라고 폄하하고 있는 것입니다. 오히려, 자신들이 원자폭탄의 피해자라는 것을 내세워서 물타기를 하고 있는 것입니다. 여러분들은 몰염치하다고 일본을 비난하지만, 눈 하나 깜빡하지 않는 것은 '남의 일에 신경 쓰지 않는', '남의 일에는 관심조차 없는', 개인 이기주의 때문에 그런 것입니다. 이 의식이 일본인을 대표하고, 일본을 대표하는 것입니다.

또 한 가지는 자신보다 강한 상대에게는 비굴할 정도로 굴종(屈從)하는 모습을 보인다는 것입니다. 일본인들은 이것을 순종한다고 표현하지만, 굴종이 맞습니다. 미국과 같은 강대국에게 보여 주는 모습이 그렇다는 것이고, 한국과 같은 나라에 보여 주는 모습이 이중적인 잣대라는 것입니다.

일본인들은 자신의 속마음을 겉으로 드러내지 않으며, 겉과 속이 다른 이중성을 보여 줍니다. 그래서 '속내를 알 수 없다.'고 하는 것입니다. 자신의 마음과 생각을 잘 드러내지 않으며, 표현도 소극적으로 합니다. 그것을 미덕(美德)이라고 표현합니다. 겉으로는 상대방을 인정하고, 칭찬하지만 속으로는 그렇지 않습니다. 자신이 넘볼 수 없는 경우이거나, 경지에 있어야만 그것을 인정하고 받아들입니다. 이것은 개인이나 국가에 해당하며, 개인의 인격이나, 품격 때문에 그런 것이 아니고, 넘을 수 없는, 넘볼 수 없는 경지이기에 그런 것입니다.

상대방을 존중하는 것에는 인정하는 것도 있지만, 사랑이 깔려 있다고 해야 합니다. 그에게서 배울 것이 있어서 존경하는 것에는 사랑이 없다고 할 수 있는데, 그 인물이 가지고 있는 배경과 지식, 지성을 배우고, 가지고 싶어서이지 사랑해서는 아니라고 하는 것입니다. 영적 스승을 존경하는 것에는 배우고자 하는 것도 있지만 사랑이 깔려 있다는 것입니다. 일본인들의 마음에는 그런 것이 결여(缺如)되어 있다고 하는 것입니다. 그래서 상대의 어려움이나 문제를 보아도 관심을 보이지 않는 것이고, 혹시라도 피해가 자신에게 돌아올까 두려워하는 것입니다. 이것이 의식화되어 일본과 일본인을 대표하게 된 것입니다.

일본은 제국주의 시절에 주변국들과 민족들에게 씻을 수 없는 상처를 주었으나, 그것을 반성하지도 않고, 인정하지도 않습니다. 오히려 자신들이 불러들인 피해만을 부각시켜서 피해자 행세를 하고 있습니다. 전쟁에서는 패망하였지만, 반성할 기회를 주기로 하여 경제대국이 되도록 하였습니다. 하지만, 이들은 피해 국가들과 민족들에게 반성할 기회가 많이 있었으나, 그것을 외면하였으며, 마치 자신들에게는 어떠한 잘못도 없었다는 듯이 행세하였습니다. 오히려 피해 국가들이 억지 주장을 한다고 몰아붙이고 있는 것입니다. 약자에게는 강하고, 강자에게는 약한 모습을 보이는 것이 일본의 민족성이라는 것입니다.

　이것으로 인하여 일본에는 가장 처절한 재난이 일어나는 것이며, 심판이 주어지게 되는 것입니다. 최고의 지진피해, 최고의 화산 피해, 최고의 쓰나미 피해, 최고의 핵 방사능 피해가 있을 것입니다. 대륙이 찢어지며, 조각조각 분리될 것이고, 산들은 무너져 내리면서 불들을 토해 낼 것입니다. 처처에 화산 연기들과 마그마들이 흘러넘칠 것이고, 바다로 가라앉는 땅들이 줄줄이 이어질 것이며, 도시들은 흔적도 없이 사라질 것입니다. 아무리 땅을 치고, 후회하고 눈물을 흘려도 멈출 수 없으며, 살아날 확률은 점차 줄어들기만 할 뿐입니다. 오래전부터 이미 많은 예언들을 통해 경고하였습니다. 일본인들은 모두 다 알고 있는 진실들이었지만 자신들의 업보를 돌아보려 하지 않았습니다. 작은 목소리가 있기는 했으나, 전체 목소리에 묻혀서 사라져 갔습니다. 이제, 이들에게는 더 이상 기회가 없으며, 예정된 재난들이 일어날 일만 남았습니다.

우리는 일본을 미워하지는 않습니다. 이들이 보여 주었던 카르마만 바라볼 뿐입니다. 우리는 일본을 대표하는 혼-그룹을 찾았으며, 이들을 돕던 수호천사 그룹도 찾았습니다. 우리는 상위-혼 그룹이 주관하는 회의를 열었으며, 일본과 관계된 그룹들도 참석토록 하였습니다. 또한 '카르마 위원회'의 위원들도 참석토록 하여 일본을 주제로 한 회의를 개최하였습니다.

회의에서는 재난 프로그램이 의제였는데, 가이아 여신이 그 중심에 있었습니다. 우선 수호천사들의 의견들을 경청하였으며, 혼-그룹의 의견을 뒤이어 들었습니다. 상위-혼 그룹은 진화 프로그램을 기준으로 하여 상승하는 그룹과 그렇지 못한 그룹으로 나누었는데, 수행평가를 통해 결정하였습니다. 전체 인류들을 기준으로 했을 때에 바닥으로 내려왔습니다. 일본인들의 의식 수준이 중국인들보다는 나았으나, 카르마적 측면에서는 그렇지 못하였습니다. 오히려, 더 낮았다고 해야 했습니다. 여러분들도 아는 것처럼 집단적 의미의 카르마는 대신할 수도 없을뿐더러, 그 책임이 매우 막중하다고 하는 것인데, 일본이 바로 그러하다고 하는 것입니다.

일본은 자신들의 처지가 이러한 줄도 모르고, 또 한 번 실수의 길을 들어서고 있음이니, 군국주의를 향하여 나가고 있습니다. 불을 들고 3차 세계대전을 향하여 그 중심으로 들어서고 있다는 것입니다. 어쩌면 이렇게 아둔하고, 미련한지 모릅니다. 일본의 운명은 이미 그렇게 설계되어 있어서 그런 것 같이 뒤도 돌아보지 않고 불구덩이를 향하여 달려가고 있습니다.

50만 2,789명의 빛의 자녀들만을 상승시키기로 결정한 것은 이들의 수고와 노력이 있음을 알고 있지만, 빛이 나지 않는 것은 전체 일본인들의 집단의식이 이들의 빛을 잡아먹고 있어서이며, 그 흔적조차 찾기 어려울 정도로 어둠의 장막이 크게 자리하고 있다는 점입니다.

'운명으로 받아들여라!' 이것이 회의의 결과였습니다.

우리는 생각 조절자이며, 마누를 대리하는 신성입니다.

18. 극이동의 현장(現場) V
(Scene Five of Pole Shift)

사랑하는 여러분!

인류들의 의식지수(意識指數)를 이야기 안 할 수가 없는데, 하나의 소주기를 마무리하고, 대주기를 종료하고 있는 시점이기에 그렇습니다.

계획된 진화연대기를 통하여 각 생명들은 기준에 따라 시작과 끝을 결정하였기에 창조와 파괴가 예정되어 있었습니다. 이것은 물질우주의 유한성을 고려하여 계획된 것이었습니다. 주기가 시작될 때에 창조를 통한 씨앗 뿌리기가 있었으며, 주기가 종료될 때에 파괴를 통한 추수가 있었던 것입니다.

태양의 주기를 통해 행성 지구에 인류라는 생명체를 씨앗 뿌리게 된 우리는 비록 짧은 유통기한을 가진 물질체였지만, 주기를 잘 살펴서 필요한 시점이 되었을 때에 목표로 했던 의식 성장이 이루어질 수 있도록 하였습니다. 그런데 왜, 인류라는 생명체를 이용했느냐 하겠지요.

사자인들과 조인들과 파충인들의 특징들을 모두 갖춘 상태로 창조된 것이 바로 인류였으며, 성공과 실패, 빛과 어둠의 속성들을 모두 알고 있는 생명체로서 창조되었기에 '완전성'을 구현할 수 있다고 보았기 때문입니다.

우리는 6단계의 의식지수가 상승하는 주기를 살피었으며, 조절자들의 파견을 조율하였습니다. 고대 문명기인 하이퍼보리아 시대에 의식 상승을 성취하여 상위우주로의 편입이 이루어졌으며, 무(Mu) 시대에도 기준을 충족시켰기에 상위우주로의 편입이 이루어질 수 있었지만, 혼-그룹의 요청에 의해 일부만 수용하기로 결정되었습니다.

레무리아와 아틀란티스의 상황을 예의주시하던 무아인들(Mu'a race)이 자신들이 남아서 이들의 영적 상승을 인도하겠다고 결정한 것입니다. 그렇게 해서 영단에 자리하게 되었는데, 이들이 '우르-안트리안(Ur-Antrian)'으로 알려지게 된 것입니다. 이들이 인류들의 배후에서 상승의 길을 이끌고 있었던 것이고, 이들의 고향 행성은 플레이아데스 티아우바(Pleiadian Thiaoouba)입니다. 이들에 의해 레무리아인들과 아틀란티스인들이 상승으로 충족하는 의식지수를 완성할 수 있게 된 것입니다.

현대문명을 이끌고 있는 호모사피엔스 인종의 물질체에는 레무리아인들과 아틀란티스인들이 많이 들어와 있었습니다. 이들 외에도 다양한 존재들이 들어와 윤회 프로그램에 따라 의식지수를 높이고 있었던 것입니다. 우리는 의식지수에 따라 조절자들을 파견하였는데, 현대문명 주기에 발맞추어 5억 6천만의 조절자들을 파견하게 된 것입니다. 이 의미는 인류라는 물질체 속에 들어온 혼-그룹 중에서 신성을 발휘할 존재가 그 정도 되었다는 것입니다. 물론 이것은 의식지수를 기준으로 하여 적용한 것임을 전제하는 것입니다.

　5억 6천만의 인류들이 신성 발현할 수 있는 기준인 의식지수 500을 충족해야 한다는 것입니다. 의식지수 500은 사랑의 빛 파동이 나오는 수준으로서 5쌍 10줄기의 유전체를 가동시킬 수 있는 기준을 말하는 것입니다. 의식지수 기준에 의해 600에 도달하는 14만 4천 명의 인류들은 6쌍 12줄기의 유전체를 가동시켜 평화의 빛 파동이 나올 수 있도록 하는 것이고, 의식지수 700~1,000에 이르는 12명의 인류들이 '메시아'들이 되어 인류들을 깨달음의 길로 안내하게 되는 것입니다. 나머지 인류들은 의식지수 450 정도를 충족시켜야만 극이동 시에 생존할 수 있다는 것입니다.

　의식지수는 책을 읽는다고 해서, 모임에 참여한다고 해서 상승하는 것이 아닙니다. 이것은 진화연대기라는 물질체 체험을 통하여 축적되는 것이고, 감정 체험들이 축적되어 의식의 상태로 나타나게 되는 것이기에 갑자기 점핑해서 얻을 수 있는 것이 아니라는 것입니다. 우주의 순환회로는 바로 이 체험 정보를 얻을 수 있도록 펼쳐진 것이고, 순례자 그룹에 속한 존재들은 이 체험 정보를 얻기 위하여 진화연대기가 펼쳐진 물질우주에 들어오게 되었던 것입니다. 우리 조절자들은 순례자들을 돕기 위해 마누에 의해서 파견되었으며, 행성 지구에 5억 6천만의 조절자들이 함께할 수 있게 된 것입니다.

　조절자가 내면에서 '신의 목소리'를 낼 수 있는 기준이 의식지수 500이라고 하는 것입니다. 《신과 나눈 이야기》를 쓴 '닐 도날드 월시'도 의식지수 500을 충족하였기에 가능했던 것이고, 인류들 중에서 이것을 가능케 하는 이들은 조절자와 동행하는 삶, 신과 동행하는 삶을 살게 되는 것입니다. 이것은 신앙생활과는 관계가 없으나, 종교 활동도 그 중의 하나라고 할 수도 있습니다. 모든 인생체험이 포함되는 것으로서 어느 한곳에 국한된 것이 아니라고 하는 것이기에 종교 활동을 통해서만이 이루어지는 것이 아니라고 하는 것이고, 종교도 넓은 범위의 하나라고 하는 것입니다.

우리는 항성 활성화주기를 맞이하여 인류들의 의식지수를 상승시키기 위한 빛 파동을 투입시키고 있으며, 광자대와 맞물려서 그 효과를 배가시키고 있는 중입니다. 이것은 행성 생명계 전체에 영향을 미치고 있음인데, 자연왕국에서 적극적으로 인류들의 깨어남에 동참하여 인류들을 위한 노래들과 악기 연주들을 하고 있습니다. 또한 향기들을 통해 힐링을 돕고 있습니다. 이에 반하여 어둠에서는 의식지수를 추락시키기 위한 다양한 방식들을 통해 인류들을 공격하고 있음인데, 전자파 교란과 켐트레일이 대표적이라 할 수 있고, GMO와 악성 바이러스와 백신 등이 있다고 해야 할 것이며, 마시는 물을 오염시키고 있는 것입니다.

인류들이 즐기는 영화, 드라마, TV, 컴퓨터, 스마트폰 등을 통해 악성 바이러스와 전자파 공격을 하고 있음인데, 인류들은 무방비로 노출되어 있어서 저들에게 손쉬운 먹잇감이 되고 있다는 것입니다. 대표적으로 의식지수가 심각하게 추락한 두 나라를 예로 들 것인데, 첫째는 중국이고, 둘째는 미국입니다.

중국(China)은 국민들의 의식지수가 상대적으로 적다고 할 수 있으며, 인류 사회의 평균 수치인 200 아래에 머물고 있다 할 수 있습니다. 중국 국민들은 이타심이 없으며, 상대를 존중할 줄 모르는 이기심이 가득 넘치고 있습니다. 전체가 그런 것이 아니지만 워낙 집단주의 의식 자체가 이기심으로 넘치고 있어서 소수의 경우는 보이지 않을 정도입니다. 14억이 넘는 99.85%의 국민들이 대재난을 통해 죽을 수밖에 없는 운명에 놓여 있는 것도, 인류 전체 의식지수를 추락시키는 역할을 하고 있기에 갱생의 기회조차 없다고 하는 것입니다. 지도층은 극단적 이기심에 사로잡혀 있고, 젊은 층은 오히려 그것에 부채질을 하고 있는 형국이어서 인류 사회 전체가 좀먹지 않으려면 빨리 정리시키는 편이 더 좋다고 해야 될 것입니다.

중국이 어쩌다 이렇게까지 되었나? 뒤돌아보면 역사를 통해서도 알 수 있는 것은 주변 국가들과의 외교에도 나타나 있습니다. 소수민족들과의 관계에서도, 약소국들과의 관계에서도 극단적 이기심만이 나왔다고 하는 것이고, 개인들을 비추어 봐도 집단 이기주의에 사로잡혀 있어서 문제들을 일으키고 다니는 것이며, 그것을 인식하고 있지 못하는 것이 더 큰 문제라고 하는 것입니다. 국가와 개인들이 다르지 않고 똑같이 행동하고 있다는 것이고, 인류 사회에 공헌하는 것보다는 오히려 역효과를 일으키고 있다고 보아야 합니다. 강대국이라는 측면에서 많은 영향력을 행사하고 있지만 순기능보다는 역기능을 양산하고 있다는 점입니다.

대표적으로 '일대일로(一帶一路) 프로젝트'가 있는데, 중국몽(中國夢)

이라고도 합니다. 이것은 상대방을 배려하지 않는 대표적 이기주의의 표상이라고 할 수 있는데, 채무를 갚지 못하는 약소국가들의 피해가 날로 커져 가고 있습니다. 인프라를 대신 구축해 주고 있는데, 무슨 문제냐 하겠지만 고리대금업자와 다를 바가 없다고 하는 것입니다. 이것은 아프리카와 아시아의 약소국들을 상대로 한 것인데, 그 이면에는 군사적 요충지역들이 자리하고 있어서입니다. 또한 남중국해 문제도 있는데, 영역을 과도하게 확장하여 공해 지역과 타 국가인 베트남, 필리핀, 말레이시아의 영해를 자국의 영토라고 주장해서 충돌을 일으키고 있다는 것입니다.

홍콩과 대만의 주권을 인정하지 않고, 자신들과 한 국가라고 주장하고 있으며, 동북공정(東北工程)을 통해 만주와 북방아시아 역사가 자신들의 것이라고 주장하여 민족들과 나라들을 자신들에게 속한 속국(屬國)이라고 표현하고 있습니다. 과거 제국주의 국가들이 저질렀던 식민전략(植民戰略)을 따라 하고 있다는 것입니다.

14억이 넘는 인구와 경제력과 군사력을 놓고 보면 인류 사회에 지대한 영향력을 미치고 있다고 볼 수 있는데, 긍정적인 측면보다는 부정적인 측면이 앞서고 있다는 것입니다. 유엔 상임이사국으로 있으면서도 긍정적 측면보다는 부정적 측면에서의 활동이 더 많았다고 하는 것인데, 대표적으로 북한을 핵무기국가로 만들어 놨다는 점입니다. 생산되는 제품들 태반이 중국공장에서 나오고 있고, 큰 소비시장을 가지고 있어서 강대국으로 인정해 주고 있지만, 긍정적인 측면에서의 표현은 아닌 것입니다.

인류 사회에 선한 영향력보다는 악한 영향력을 미치고 있다고 할 수 있는데, 그 이유는 바로 이기주의로 가득한 집단의식 때문입니다. 전체 인류의 약 17%를 차지하고 있는 인구수에 비례해서 긍정지수보다는 부정지수가 높기 때문에 나타난 결과입니다. 이런 집단이 강대국이라는 이유 하나로 인류 사회를 이끌고 나간다면 그 결과는 이미 여러분들이 아는 것처럼 '디스토피아 사회(dystopian society)'가 된다는 것입니다.

전체주의를 고수하고 있는 중국은 의식상승에는 관심도 없으며, 오히려 역행하고 있어서 전체 의식지수를 깎아내리고 있다는 것입니다. 이 상태를 그대로 둔다면 최악의 상황으로 도달할 것이기에 주기 종료를 앞두고 과감히 처리하도록 한 것입니다. 대재난 프로그램을 작동시킬 때에 1순위로 적용될 것이며, 우선 사회주의를 이끌고 있는 공산당(共產黨)이 무너지고, 지도자인 당서기장(黨書記長)도 제거될 것입니다. 인민들에 의해 심판받을 것이며, 공중 분해되어 사라질 것입니다.

중국이라는 대륙도 대지진을 통하여 붕괴될 것인데, 전 지역이 해당되므로 그 어디에도 피할 곳이 없습니다. 명산(名山)들로 알려진 곳들이 흔적도 없이 사라질 것이고, 유명한 삼협(三峽)댐도 철저하게 붕괴될 것이며, 황하와 양쯔도 지도에서 사라질 것입니다. 철저하게 무너져 내리고 찢기어진 대륙에 태평양에서 밀려들어온 거대한 해일이 휩쓸고 지나갈 것입니다. 군사 퍼레이드를 통해 자랑하던 핵미사일들이 사일로(silo)에서 폭발하여 지옥으로 만들 것이고, 천지가 화마(火魔)에 휩싸여 지옥이 따로 없을 것입니다.

여러분들은 이때에 이런 표현들을 할 것인데, '주여, 어찌하여 우리를 버리시나이까?' 죄송하지만, 우리가 버린 것이 아니며, 인과응보(因果應報:poetic justice)에 의해 나타난 결과입니다. 여러분들의 의식지수는 여러분들의 마음 상태를 그대로 반영하여 나타내는 지표입니다. 거짓이 있을 수 없다는 것이며, 집단의식을 알 수 있는 거울이라는 것입니다. 현재 중국인들의 의식지수는 175~180 사이를 나타내고 있습니다. 그동안 많은 기회들을 제공하여 반등(反騰)할 수 있도록 하였습니다만, 주기 종료를 앞두고 있는 상태에서 효과가 전혀 없었다는 점입니다.

중국인들은 '천안문 사건(天安門 事件)'을 통해서 기회가 주어졌으나, 그것을 살리지 못하고 무릎을 꿇었으며, '홍콩 민주화운동'을 통해 재차 기회를 주었으나, 또다시 공권력에 무릎 꿇고 말았습니다. 전 지구촌 인류들의 열렬한 응원을 받았는데도, 무너지고 만 것은 여러분들 표현처럼 '뒷심이 부족했기 때문'입니다. 원인은 중국인들의 집단의식이 그 힘을 받쳐 주지 못하였기 때문입니다. 우리는 두 사건을 통해서 어떻게 우리들이 여러분을 돕는지 알려 드린 것인데, 그 기운을 통해서 성공시키는 것은 인류들의 집단의식이 큰 영향을 발휘한다는 것을 전하는 것입니다.

중국은 제국주의에서 벗어나 민주사회를 받아들일 수 있는 기회가 있었지만, 국민들이 공산주의를 받아들여 어둠의 터널 속에 있었습니다. 우리는 동유럽에 있는 공산국가들에서 '오렌지 혁명'이 일어나도록 할 때에 중국에서도 그 바람이 일어날 수 있도록 유도하였으며, 긴 어둠의 수렁 속에서 빠져나올 수 있도록 하였으나, 실패로 끝나고 말았던 것입니다. 대주기를 앞두고 이루어진 민족들과 국가들의 평가에서 집단 의식지수가 대상이 되었는데, 대재난 프로그램과 연계되기에 그런 것입니다. 우리는 중국에 대한, 중국인들에 대한 평가를 완료하였으며, 소수민족들도 따로 분류하여 완료시켰습니다.

왜, 결과가 그렇게 되는지는 설명드리지 않겠습니다. 그것은 이미 여러분들이 더 잘 알고 있기 때문이고, 모든 것은 여러분들이 책임진다는 것을 전하는 것입니다.

중국은 현재 지도자에 의해 군사대국의 길을 가고 있으며, 그 길의 끝은 제3차 세계대전이 기다리고 있습니다. 타락세력들의 마수(魔手)가 지도층들의 골수(骨髓)에까지 파고들어 일루미나티의 하수인들이 되었으며, 저들이 하고자 하는 지침서들을 철저하게 실행하여 결국 인류 사회 전체를 오염시키는 데 앞장서고 있다는 것입니다. 우리는 구제불능 상태에 빠져 버린 중국에게 그 어떤 희망도 가지고 있지 않으며, 오히려 한국에 강한 영향력을 미치지 못하도록 하고 있습니다. 또한 한국을 깨우기 위한 회초리로 이용하기로 결정하였으며, 그 수준에서의 에너지 공급이 이루어질 것입니다.

두 번째 예는 미국(USA)입니다. 영국과의 독립전쟁에서 승리하게 한 것은 우리들의 개입에 의해 이루어진 것이었으나, 국가를 개국하는 과정에 타락세력들의 침입(侵入)이 있었으며, 결과적으로도 저들에 의해 미국이라는 나라가 생겨났습니다. 국가의 기조(基調)였던 '황금독수리'

는 '흰머리 수리'로 강제 교체되었으며, 프리메이슨 사상이 국가사상으로 자리하게 되었습니다.

처음, 독립할 당시에 13개 주(州)가 참여하였는데, 앞서 밝힌 데로 대재난을 겪고 난 후에 13개 주만이 남겨진다고 하였습니다. 다시 처음으로 돌아감을 뜻하는 것으로서 우리들의 개입에 의해 타락하고 오염되었던 미국을 처음부터 다시 시작할 수 있도록 하려는 것입니다.

여러분들이 아는 미국은 어떤 나라인가요? 살기 좋은 나라, 자유진영을 대표하는 나라, 기독교 나라, 세계 경찰 역할을 하고 있는 나라, 경제력과 군사력이 최고를 달리고 있는 나라, 유엔과 유럽연합을 좌지우지할 수 있는 나라라고 알고 있습니다. 이 나라의 돈인 달러가 세계경제의 중심에 있으며, 이 나라의 주식시장인 나스닥(NASDAQ)이 세계경제를 움직이고 있고, 이 나라의 군대가 전 세계 주요 지점에 주둔하고 있어서 그 영향력을 행사하고 있습니다.

지구촌 몇몇 나라들을 제외하고는 미국과 교류하고 있고, 외교를 하고 있습니다. 자유무역을 통해서 나라의 경제를 살리는 데 큰 기여를 하고 있어서 지구촌 대다수의 나라들이 미국을 좋아하고 있습니다. 또한 자국의 빈약한 군사력으로 인하여 미국에 기대고 있는 나라들이 있습니다. 최근에 중국의 확장정책에 따라 고스란히 피해를 보고 있는 베트남, 필리핀, 말레이시아, 대만 같은 경우에는 미국의 군사력에 기대고 있다 해도 과언이 아닐 것입니다. 그 외에 분쟁을 겪고 있는 어디든 상관없이 미국의 입김이 미치지 않는 곳이 없을 정도로 큰 영향력을 행사하고 있다는 것입니다. 미국이 주도하여 경제제재를 하고 있는 나라들이 있고, 지도자들이 있습니다.

말하자면, 미국은 내부 일 말고도 세계 여러 나라의 일들에 직간접적으로 관여하고 있으며, 개입하고 있어서 때로는 정부와 지도자들을 바꾸기도 하는 실력행사를 하고 있다는 것입니다. 이것을 내정간섭(內政干涉)이라고 할 수도 있는데, 받아들이는 쪽과 그렇지 않은 쪽 때문에 다르게 해석되기도 합니다. 물론 이를 곱지 않은 시선으로 바라보기도 하지만, 대놓고 뭐라 하기엔 미국이 강대국이기 때문에 눈치를 볼 수밖에 없다고 해야 합니다. 그렇다 보니, 세계의 나라들은 미국의 대통령 선거에 크게 신경을 쓸 수밖에 없음인데, 어느 인물이 되느냐에 따라 정책이 달라지기 때문에 그렇다고 하는 것입니다.

미국은 중국에 비한다면 선한 영향력을 더 많이 미친다고 볼 수도 있으나, 밖으로 드러나지 않는 분야를 본다면 꼭 그렇지만도 않다고 해야 될 것입니다. 자국의 것을 지키기 위해서 하는 강요와 강매(强賣)가 있습니다. 이것은 군사력과 경제력을 앞세운 외교력에 의해 이루어지고 있는데, 이것에서 자유로울 수 있는 나라가 거의 없다 할 정도로 큰 영향력을 행사하고 있다고 하는 것입니다. 한국도 그중의 하나여서 많은 눈치를 볼 수밖에 없다는 것입니다.

미국은 개국 초기에 타락세력들에게 강제 점거되어 일루미나티의 아지트가 되었습니다. 그들이 세계를 쥐락펴락하고 있는 것인데, 종교와 과학을 아우르는 개신교를 대표하고, 나사(NASA)를 통해 우주과학을 이끌면서 세계 인류들의 선구자적 역할을 해 오고 있었습니다. 말하자면, 인류들의 우민화(愚民化)를 앞장서서 하고 있었다는 것입니다. 앞에서는 자유를 추구하는 것 같지만 뒤에서는 그렇지 않았다고 해야겠지요. 영적인 분야에서는 더욱 두드러지게 하였음이니, '양의 탈을 쓴 늑대'처럼, 빛을 가장한 어둠의 역할을 한 것입니다.

미국에 임하는 대재난은 성서에도 기록되어 있습니다.

'이 일 후에 내가 보니, 또 다른 천사가 큰 권세를 가지고 하늘에서 내려오는데, 땅이 그의 영광으로 환하여지더라.' '그가 큰 음성으로 힘 있게 외쳐 말하기를 "큰 바벨론이 무너졌도다. 무너졌도다. 마귀들의 거처가 되었고 온갖 더러운 영의 소굴이요, 모든 더럽고 가증한 새의 소굴이로다.' '이는 모든 민족들이 그녀의 음행으로 인한 진노의 포도주로 취한 까닭에 땅의 왕들이 그녀와 더불어 음행하였고 또 땅의 상인들은 그녀의 사치의 풍요함으로 부유하게 되었음이라."라고 하더라.' '또 내가 들으니, 하늘에서 다른 음성이 나서 말하기를 "나의 백성들아, 그녀에게서 나오라." "그리하여 그녀의 죄들에 동참자가 되지 말고 그녀의 재앙들도 받지 말라." "이는 그녀의 죄들이 하늘에까지 닿았고 또 하나님께서는 그녀의 불의를 기억하셨기 때문이니라." "그녀가 너희에게 준 만큼 그녀에게 되돌려주라." "그리고 그녀가 행한 것은 따라 두 배로 갚아주라." "그녀가 채운 잔에도 그녀에게 두 배로 채워 주라." 이는 그녀가 마음에 말하기를 "나는 여왕으로 앉아 있고 과부가 아니로다." "그러므로 내가 결코 슬픔을 당하지

아니하리라."고 하였기 때문이니라.'

'이로 인하여 그녀의 재앙들이 하루 만에 닥치리니 죽음과 슬픔과 기근이요 또 그녀는 불로 완전히 태워지리니, 이는 그녀를 심판하시는 주 하나님은 강하시기 때문이니라.' '그녀와 더불어 행음하고 즐기며 살던 땅의 왕들이 그녀가 불에 타는 연기를 볼 때 그녀로 인하여 울며 애곡하리니, 그들은 그녀가 당하는 고통이 두려워 멀리 서서 말하기를 "슬프도다. 슬프도다. 큰 도성 바빌론이여 견고한 도성이여! 일시에 너의 심판이 임하였구나."라고 하리라. "너 하늘과 너희 거룩한 사도들과 선지자들이여, 그녀로 인하여 기뻐하라," "이는 하나님께서 그녀에게 너희 원수를 갚아 주셨기 때문이로다."라고 하더라.' '그러자 한 힘센 천사가 큰 맷돌 같은 돌을 들어 바다에 던지면 말하기를 큰 도성 바빌론이 이처럼 세차게 던져져서 결코 다시는 보이지 아니하리라.'

〈계시록 18:1~10, 20, 21, KJV〉

미국은 타락한 여인, 바빌론 성으로 기록하였습니다. 미국에 닥치는 대재난도 만만치 않은데, 3차 세계 전쟁을 통해서는 핵미사일들에 의한 피해와 대지진에 의한 피해와 대형 화산 폭발에 의한 피해와 대형 쓰나미에 의한 피해, 혹성 충돌에 의한 피해 등이 복합적으로 이루어져 대륙이 쪼개어져서 가라앉고, 육지가 섬들이 될 것이며, 과거의 영화로웠던 강대국 미국은 지도에서 사라져, 작고 볼품없는 나라가 될 것입니다. 그동안 천대(賤待)하던 멕시코에게 살려 달라고 애원할 것입니다. 수많은 피난민들이 국경을 넘어 남쪽으로 이주할 것인데, 지금과는 상황이 완전히 반대가 되었다고 하는 것입니다.

　페미니스트들의 천국인 캘리포니아는 바다로 변하여 섬들만이 있는 군도(群島)로 바뀌고, 재즈로 유명한 뉴올리언스도 바닷속으로 가라앉으며, 호수로 유명한 오대호 주변도 바다로 변한 뒤입니다. 풍요롭고 번화한 도시를 대표하던 보스턴과 뉴욕도 바다로 변하고, 정치 1번지인 워싱턴도 바다에 잠기며, 아름다운 해변을 자랑하던 마이애미도 바닷속으로 들어가고 없습니다. 원시림을 자랑하던 중북부 지역은 화산폭발에 의해 흔적도 없이 사라질 것입니다.

　세계를 호령하던 대제국 미국은 이렇게 역사의 뒤안길로 사라지고 없을 것인데, 13개 주 정도만이 간신히 생존하여 미국이라는 나라의 명맥을 유지할 것이지만, 과거의 영광은 두 번 다시 오지 않을 것입니다. 여러분들도 아는 것처럼, 미국에도 기회들이 주어졌으나, 역시 그것을 거부하고 타락의 길로 들어섰던 것이며, 타락세력들의 중심세력이 미국에 머물고 있다는 것입니다. 대청소 대상이자, 대정화 대상이라고 하는 것입니다.

　미국이 위치하고 있는 곳은 '아메카의 정기(spirit of Ameca)'가 머물고 있는 곳입니다. 타락세력들은 무단으로 점거하여 그곳을 지키던 수호인종들을 살해하였으며, 장소 역시도 파괴하였던 것입니다. 성서에 기록된 대로 심판이 주어지는 것인데, 이것을 지켜보던 많은 나라들이 슬퍼할 것이고, 애통해할 것입니다. 무역을 하던 나라들, 공장들을 미국에 갖고 있던 나라들, 군사력의 도움들을 받던 나라들이 중심이 될 것이나, 되돌릴 수 없다는 것과 도와줄 수도 없다는 것이 그들을 비탄(悲嘆)에 빠지게 할 것입니다.

'제 코가 석자이다.'는 표현처럼, 누가 누구를 도울 처지가 아닐 정도로 세계적인 대재난이 일어난 것이기에 '각자도생(各自圖生)'할 수밖에 없다는 것입니다. 그중에 형편이 좀 나은 이들이 도움의 손길을 줄 것이고, 생존 인류들이 서로 힘을 합하여 모여들 것이며, 그렇게 공동체가 생겨날 것입니다.

미국의 경우는 의식지수가 평균보다는 좀 높습니다. 그러나 그것이 긍정적인 측면보다는 부정적인 측면으로 강하게 나타났다고 하는 것입니다. 세상을 이끄는 것은 물리적인 힘을 통해 하는 것이 아닙니다. 인류들에게는 극이동을 통해 교훈이 될 것인데, 미국이 그렇게 되는 것을 지켜보았기 때문입니다. 이것은 러시아와 중국도 예외가 아니고, 영국과 프랑스, 일본도 예외가 아니라고 하는 것입니다. 물리적인 힘에 의한 지배논리는 더 이상 통용되지 않습니다. 극이동을 통한 대재난은 그동안 통용되어 오던 힘의 질서를 거꾸로 뒤집는 것이며, 그것을 사라지게 하는 것입니다.

우리는 생각 조절자이며, 마누를 대리하는 신성입니다.

19. 수확(收穫)을 위한 극이동
(Pole Shift for Harvesting)

사랑하는 여러분!

극이동이 없다면, 여러분들은 행복할까요?
예정된 진화연대기가 잘 펼쳐질 수 있을까요?

결론은 "아니다"입니다.

여러분들은 3차원 물질체험을 선택하였고, 그것을 돕는 측면에서 영단의 역할을 수용하였습니다. 여러분들은 지구라는 학교에 입학한 학생들입니다.

학교는 모든 교육과정을 이수한 학생들을 졸업시켜서 상급학교로 보내는 역할을 합니다. 극이동은 졸업시즌에 일어나는 행사이고, 졸업생들을 떠나보내는 졸업식(卒業式)을 하는 것입니다. 학교를 떠나기에 앞서서 마지막으로 졸업생들이 모여서 즐기는 '졸업 축하파티'입니다.

행성 지구는 타락세력들의 강제 점령에 의해서 존재들이 스스로 떠날 수 없게 되었다고 전해 드렸습니다. 존재 스스로 할 수 있는 것들에 '제한'이 걸리면서 학교 운영에 차질이 생기게 된 것입니다. 어찌 보면 영단이 직무유기(職務遺棄)하는 것처럼 되었습니다. 학생들은 교육과정을 따라가지 못하였고, 정상적인 승급도 이루어지지 않았습니다. 심각한 정체현상이 일어났으며, 영단에서도 어찌할 수 없게 큰 문제가 되었던 것입니다.

이런 상황에서 타락세력들은 학교에 묶여 있던 학생들을 강제 퇴학(退學)시켜 자신들의 유령-매트릭스로 데려가려는 시도로서 극이동을 연출하려고 하였습니다. 이것이 성공하였다면 지구 인류들은 태반이 어둠의 무저갱으로 들어가 소멸되었을 것입니다. 타락세력들도 인류들을 청소시키기 위해 극이동을 이용하기로 한 것입니다. 이것에 무슨 차이가 있느냐? 하시겠지요. 다 똑같은 극이동 아니냐! 하실 것인데, 분명한 차이가 있음을 설명합니다.

타락세력들이 추구하는 극이동은 부정적인 측면에서의 일인데, 행성 생명들을 모두 소멸시키기 위해서 하는 것이며, 인류들의 혼들도 소멸시키려고 하는 것입니다. 저들의 혼혈 자녀들도, 저들의 추종세력들도 모두 소멸된다고 하는 것입니다. 저들이 필요로 하는 것은 행성이지, 생명들이 아니기 때문에 행성 생명들을 모두 죽이기 위해서 극이동을 연출하고자 한 것입니다. 우리가 추진하는 극이동은 긍정적인 측면에서 이루어지는 것입니다. 생명들의 물질체만을 벗기기 위한 수단으로서 활용하는 것입니다. 그리고 행성 자체를 정화시키기 위한 목적으로 활용하는 것입니다.

우리는 물질체험을 선택한 혼들을 수확하기 위해서 극이동을 이용하는 것입니다. 극이동이 없다면 혼들을 수확하기가 쉽지 않습니다. 왜냐하면, 존재 스스로 자신을 졸업시킬 수 없기 때문인데, 인류들이 모두 붓다(Buddha)가 아니기 때문이며, 그리스도가 아니기 때문입니다. 대다수인 96.5% 정도의 인류들이 그렇기에 극이동이라는 재난을 통해서 행성을 떠날 수 있도록 하는 것입니다. 여러분들이 스스로를 졸업시킬 수 있다면 굳이 극이동이 필요치 않을 것입니다. 여러분들의 지구학교 졸업을 위하여 극이동을 연출하는 것이며, 여러분들과의 언약을 성취시키는 것입니다.

'깨달음'이 무엇인지 아십니까? 자신의 본성을 찾는 것도 맞으나, 스스로 육체를 빛으로 승화시켜서 행성 지구를 졸업하여 떠나는 것입니다. 이것이 진정한 깨달음이며, 뒤를 이어 육체는 비록 죽음으로 벗을 수밖에 없지만, 혼은 정체성을 회복하여 졸업할 수 있게 된 경우입니다. 또한 이것에 미치지 못하였지만, 조금의 도움을 통해서 정체성을 회복하는 인류들도 해당되는 것입니다.

현재 상황을 전혀 알지 못하고, 알려고도 하지 않으며, 관심조차 없는 인류들이 96.5%의 인류들입니다. 오직 물질인생에만 관심 있으며, 물질적 성공과 물질적 안위(安慰)만이 가장 중요하다고 여기는 인생들이며, 영적 상황을 전해 주어도 귓등으로도 들으려고 하지도 않을뿐더러, 오히려 그런 이들을 한심하다고 바라보는 인생들입니다. 이들은 메시지에 노출되어 있어도 관심조차 없기 때문에 무슨 일이 일어나는지 알지 못하고, 재난이 닥쳤을 때에야 비로소 알게 된다는 것입니다.

이들은 죽임을 당하는 그 순간에도 왜, 자신이 죽어야 하는지 깨닫지 못하고, 극이동에 대한 이해가 전무(全無)하다고 하는 것입니다. 이들은 교육과정을 다 마치지 못하였기 때문에 그런 것이며, 공정하게 주어진 기회를 잘 이용하지 못하여 유급 대상이 되어서 그런 것입니다.

96.5%의 인류들은 유급 대상입니다. 행성 지구는 더 이상 학교 운영을 하지 않는 것으로 결정되었으며, 유급된 인류들이 이곳에 남아 있을 수 없게 되었습니다. 학교는 철거가 결정되었기에 극이동이 있게 된 것입니다. 극이동을 통해 96.5%의 인류들은 죽음을 통해 육체를 벗을 것이고, 그 후에 예정된 곳으로 이동하여 갈 것입니다. 전한 대로 긍정적인 측면에서의 극이동이 연출되는 것이기에 혼-그룹을 위한 계획에 의해 이루어지는 것입니다.

배우고, 배우지 못하고는 지극히 개인적인 부분이지만, 최대한의 배려를 통해서 결코, 어떠한 존재들도 손해 보지 않도록, 억울함이 없도록 할 것인데, 성서의 표현처럼, '바깥 어두운 곳에 쫓겨나 슬피 울며 이를 갈리라.'고 한 것일까요? 전한 대로 인류 전체를 위한 메시지를 수도 없이 전했으며, 특정인들만을 위한 메시지를 전한 것은 아닙니다. 이것은 과거에도 그랬고, 현재도 그렇다는 것입니다. 바로 '공정한 게임'을 위해서 그런 것이고, 인류 전체를 대상으로 하여 그렇게 한 것입니다. '나는 못 들었다.' '나에게는 기회도 없었다.'라고, 주장할 수는 있겠지만 그것은 변명에 지나지 않을 것인데, 인류 모두에게 공정하게 기회를 제공하여 전달했으며, 지금도 하고 있다는 것입니다.

자칭, 억울하다고 할 수도 있겠으나, 수많은 증거자료들이 그 변명을 반박할 것입니다. '카르마 위원회'에서는 존재들 모두에게 자유로운 변론 기회를 제공해 주기는 하지만, 변명을 반박할 증거들인 녹취록, 동영상, 이미지, 증인들이 있어서 거짓은 결코 통하지 않을 것인데, 결정적인 것은 당사자의 양심이 진실을 드러낸다는 것입니다. 억울한 것은 주어진 기회를 살리지 못한 스스로에 대한 '자책(自責)' 때문입니다. 그것 때문에 슬피 울며 이를 가는 것입니다.

여러분들은 사건, 사고를 겪을 때마다 미리 알았더라면 예방할 수 있었는데 합니다만, 사소한 실수 하나가, 집중하지 못하고 스쳐 지나간 것들이 결국 사건, 사고들로 연결되어 집니다. 대재난과 극이동은 지구촌 전체에 해당하는 것이기에 뉴스를 잘 본다면, 정보들에 집중한다면 충분히 알 수 있는 것들입니다. 여러분들의 생명이 달려 있는 것에 집중하지 않는 것이 이상한 것입니다. 어차피 죽을 것을 알아서 무엇 하냐? 안다고 해도 죽는 것은 매한가지인데, 무엇 하러 알려고 애를 쓰냐? 라고 하겠지요. 그렇습니다. 죽는 것은 정해져 있어서 피한다고 해도 죽음을 피할 수는 없습니다. 여러분들은 그래서 운명론을 주장합니다.

그러면 앉아서 죽기만을 기다릴까요? 그러나 여러분들의 인생이 누구를 위해서 있는 것인지요? 육체입니까? 혼입니까? 육체는 물질체험을 위해서 임시로 주어진 것이지만, 혼은 체험을 결정하고, 직접 육체 속으로 들어왔습니다. 그래서 인생의 주체는 바로 혼입니다. 우리는 혼들을 위해 계획한 극이동을 전하는 것입니다.

여러분들의 혼들은 최소 1만 2천 년 정도를 이곳 행성 지구에 사로잡혀 있었습니다. 말하자면 죄를 짓지도 않았는데, 불법적으로 죄인이 되어 갇히게 된 것입니다. 기가 막힌 것은 그것을 여러분들이 전혀 알고 있지 못하다는 사실입니다. 참으로 억울한데도 불구하고 기억상실에 걸려 있는 여러분들이 안타까웠던 것입니다.

그래서 여러 가지 방법을 통해서 탈출을 돕고자 기획한 것이고, 그중의 하나가 바로 극이동이었습니다. 마침, 태양이 항성활성화주기에 접어들고 있었고, 광자대 영역에 진입하고 있었기에 최적의 조건이 갖추어지게 된 것입니다. 물론 타락세력들도 이것을 알고 있었기에 저들만의 계략을 추진하여 인류들을 모두 청소하기로 했던 것입니다. 여러분 지금 기후위기(氣候危機)라는 이야기들이 어둠의 세력에게서 나오고 있는 것은 저들의 계획을 인류들이 눈치챌 수 없도록 하기 위해 하는 것이고, 우리들의 계획을 물 타기 위해 그러는 것입니다.

우리는 극이동을 통하여 행성 지구에 갇혀 있었던 혼들을 원래 출발했던 별들로 돌려보내기 위해 계획을 세운 것이고, 어둠은 극이동을 통해 모든 혼들을 소멸시키려고 계획을 세운 것입니다. 사실 어둠의 7년인 전 3년 반과 후 3년 반은 우리들에 의해 계획되어진 어둠의 계획이며, 어둠도 우리를 배제하고는 계획을 추진할 수 없다는 것입니다. 우리는 혼들을 깨우기 위해서 계획한 것이기에 어둠을 채찍으로 이용하고 있다고 할 수 있습니다. 잠들어 있는 혼들을 위해 훈육을 하는 것이고, 엄한 사랑을 통해 깨어나게 하는 것입니다.

여러분들의 부모들이 자녀들이 바른길을 가지 않을 때에 훈육을 위해 회초리를 들지만 그 바탕에는 자녀를 아끼고 사랑하는 마음이 있다는 것입니다. 우리들 역시 그렇다는 것을 전하고, 어둠은 결코 그렇지 않다는 것을 전합니다. 어둠은 혼들을 아끼고 사랑하지 않습니다. 그래서 가차 없이 죽여서 소멸시키려고 하는 것입니다. 우리는 여러분들의 기억이 돌아오기를 바라지만, 어둠은 전혀 그렇지 않음인데, 자신들의 불법적인 것들이 모두 드러날까 두렵기 때문입니다. 그래서 인류들의 기억상실을 풀지 않고 끝까지 묻고 가려는 것입니다. 여러분들은 자신이 누군지도 모른 채, 죽으려고 하십니까? 하느님의 자녀들은 자신이 누구인지 명확하게 알며, 하느님이 누구인지도 명확하게 안다는 것입니다. 여러분들이 표현하는 하느님을 지칭하는 단어들은 진실이 아니며, 두루뭉술하게 여러분들의 방식으로 표현한 것일 뿐입니다.

여러분들이 자신에 대해 알고 있는 것 역시, 부모가, 아니면 조부모가, 아니면 작명가(作名家)가 지어 준 물질체를 증명하는 이름 말고는 혼에 대하여 알고 있는 것이 무엇이 있습니까? 전생퇴행(前生退行)을 한다고 해도 극히 일부에 해당하는 것이어서 안다고 할 수 없습니다. 조금 아는 것을 가지고 마치, 많은 것을 알고 있는 것처럼 행동하는 인물들이 있는데, 이런 것에 현혹되지 말기를 바랍니다. 모든 인류들은 하나의 혼-그룹에서 분화되었습니다. 그래서 높고 낮음이 없으며, 있다면 체험의 정도가 차이 나는 것뿐입니다. 인류들을 돕기 위해서 들어선 그룹 역시도 돕는 것 외에는 다른 것이 없다고 하는 것이며, 최종 목표가 인류들의 깨어남입니다.

극이동을 포함한 모든 재난들은 인류들의 깨어남을 위해서 준비된 것이며, 심판을 위해 준비된 것이 결코 아닙니다. 이 시대에 대재난을 통해 죽임을 맞는 이들은 혼의 정체성 회복을 위하는 것이며, 교도소에서 나가 자신의 고향별로 되돌아가는 것입니다. 행성 지구가 고향인 인류들은 아무도 없습니다. 모두가 다른 우주, 다른 별, 다른 행성들에서 들어온 존재들입니다. 우리는 교도소를 폐쇄하여 그동안 수감되어 있던 모든 이즈-비들을 돌려보낼 것이고, 돌아갈 곳이 없는 이들은 행성 타우라로 보낼 것입니다. 자격을 갖추지 못한 이들은 행성 다몬으로 보낼 것이며, 범법행위가 분명한 존재들은 우주 법정에서 재판받을 것입니다. 이들의 행위는 결코 용서받을 수 없을 것입니다.

극이동은 이즈-비들의 자유를 위해서 설정되었습니다. 레무리아에서 가지고 온 카르마, 아틀란티스에서 가져온 카르마, 이집트에서 가져온 카르마, 그리고 지구 역사 시대 동안 축적된 카르마들을 항성 활성화주기를 통해서 모두 털어내고 가벼운 상태로 만들기 위한 고-진동의 빛의 쓰나미가 들어가고 있습니다. 여러분들의 아름다운 본모습을 가리고 있었던, 막고 있었던 거짓된 두터운 물질 장막을 거두어 내는 역할을 할 것입니다. 육체가 벗겨지는 것을 두려워하지 마세요. 그것이 벗겨져야 여러분들의 아름다운 본모습인 혼이 드러나는 것입니다. 하느님이 창조한 하느님의 자녀들은 물질체가 아닌 바로 혼들이었습니다. 혼이야말로 바로 여러분들의 본모습이며, 하느님의 자녀들이고, 천국에 들어갈 때에 가지고 가는 형상입니다.

우르-안트리안인 무아인들은 물질육체를 고-진동으로 전환시켜 빛의 몸으로 만들었기에 대재난 때에도 어떠한 영향도 받지 않았습니다. 의식지수 역시도 700 이상이었기에 그리스도들이라고 할 수 있었습니다. 이들은 여러분들의 상승을 위해 행성 지구를 떠나지 않고 남았으며, 지저에 보금자리를 마련하여 오늘날까지 영단에서 봉사하고 있었습니다. 이들은 당연히 니비루브 진공망의 영향을 받지 않으며, 자유롭게 플레이아데스와 시리우스, 오리온을 방문하고 있습니다.

무아인들은 행성 어머니 가이아와 뜻을 같이하여 극이동을 맞이할 레무리아와 아틀란티스인들을 위해 최선의 봉사를 하고 있으며, 지난날의 실수를 다시 반복하지 않기를 돕고 있는 것입니다. 여러분들의 의식지수를 가로막고 있는 장벽이 있는데, 바로 '기억상실'입니다. 기억이 회복되어 돌아온다면 의식지수 역시 돌아올 것입니다. 육체가 물질체험을 지대하게 도왔음을 부인할 수 없으나, 반대로 혼-정체성을 가리는 역할을 하였음도 부인할 수 없습니다. 여러분들이 자신의 정체성을 깨닫고 잃어버린 기억을 찾고자 한다면 어떠한 방해가 있다고 하여도 막을 수는 없는 것입니다. 왜냐하면 없는 것을 새롭게 만드는 것이 아니라, 본래부터 있었던 것을 되찾는 것이기 때문입니다. 혼과 관련된 기억은 원주인에게 돌아가는 것이 법칙이기에 그런 것입니다.

우주 순환 법칙에 의해 왔던 곳으로 돌아가는 것, 출발한 곳으로 다시 돌아가는 것, 시작이 있으면 끝이 있다 하였지요. 지금이 바로 그 끝이며, 시작점으로 다시 돌아감을 뜻하는 것입니다. 기억을 잃어버리기 전으로 말입니다. 극이동이 바로 그것을 돕는다고 하는 것입니다. 단체로 물질 옷을 벗기는 극이동이 없다면, 잃어버린 기억을 되찾기는 요원(遙遠)하다 할 수 있습니다. 여러분 스스로들이 찾는다는 것이 얼마나 어려운지 알기 때문이기도 하고, 그것을 방해하고 있는 타락세력들이 있어서이기도 하는 것입니다. 타락세력들이 왜, 있을까요. 지난번 대주기 때에 어둠의 속성이 무엇인지 잘 알지도 못한 상태에서 영의 문을 열어 주었다고 하였습니다. 그날의 실수가 여러분들의 추락을 가져왔고, 기억을 잃어버리게 하였다고 하였습니다.

어처구니없게도 너무도 쉽게 무너져 내린 것입니다. 지난날의 잘못된 오판(誤判)이 불러온 결과는 참으로 비참하였습니다. 기억을 잃어버린 혼들은 아무런 힘도 없었으며, 무기력하게 어둠의 노예들이 되었던 것입니다. 한 번의 실수로 인하여 벌어진 참사였습니다. 현시대에 돌아오고 있는 대주기를 맞이하여 잃어버린 명예를 회복하느냐! 아니면 두 번의 실수를 통해 혼이 소멸되는 참극을 빚느냐의 기로(岐路)에서 있다고 하는 것입니다.

우리가 가만히 지켜보고만 있었다면, 여러분들은 어둠이 조장한 극이동에 의해 모든 혼들이 소멸되었을 것입니다. 육체가 죽는 것은 아무것도 아닙니다. 혼이 소멸되면 여러분들의 존재성 자체가 사라지기 때문입니다. 존재 스스로의 선택이 아닌 타의에 의해 이루어진 경우이기에 회복할 수 없다는 것입니다. 우리는 저들의 음모를 차단하였으며, 두 번 다시 할 수 없도록 경고하였습니다.

모든 것을 아우를 수 있는 태초의 빛인 '키-라-샤(Kee-Ra-ShA)'를 동원하기로 하였습니다. 태양풍을 통해 들어가도록 설정하였으며, 이것을 통해 혼들의 잃어버린 기억을 모두 되찾을 수 있도록 하였습니다. 레이온(Reion) 입자는 중성자를 충격하고, 메아존(Meajhon) 입자는 양성자를 충격하며, 트리온스(Trions) 입자는 전자를 충격하여 아스트랄체를 활성화시킬 것입니다. 그렇게 해서 잃어버렸던 혼의 기억들을 되살리는 '대각성운동'이 일어나도록 할 것입니다. 이 기회는 공정하게 주어지는 것이지만 어떤 이들은 잃어버린 기억들을 되찾을 것이고, 어떤 이들은 고통 속에 사로잡힐 것이며, 어떤 이들은 두려움에 사로잡혀서 모든 것을 거부하고 도망할 것입니다.

우리는 주기 종료를 앞두고 대대적인 추수를 계획하였으며, 상황에 따라 혼들을 수확하기로 하였습니다. 순서로 보자면 첫째, 보리 수확이 있을 것이고, 둘째, 밀 수확이 있을 것이며, 셋째, 쌀 수확이 있을 것이고, 넷째, 포도 수확이 있을 것입니다. 극이동을 통해 수확하는 것은 포도 수확입니다. 대재난 초기와 중기, 말기에 수확이 이루어지고 나서 마지막 극이동을 통해 남은 것들을 모두 수확하는 것입니다. 인류들의 깨어남의 정도가 순서를 결정지을 것이고, 그 기준에 의해서 수확 시기가 결정되는 것입니다. 우주 순환주기는 변경할 수 없기에 태양과 달과 별들의 운행주기를 잘 살피라고 한 것입니다.

항성 활성화주기에 맞추어서 모든 계획이 수립되었습니다. 추수 계획 역시 마찬가지입니다. 극이동 또한 마찬가지입니다. 여러분들은 그 날이 언제인가? 합니다만 모든 정보들은 다 공개하였습니다. 미리 준비하는 것은 각자들의 몫인데, 스스로 준비한 만큼, 수확 시기가 결정되는 것입니다. 순서는 여러분들이 결정하는 것이며, 우리가 하는 것은 아닙니다. 혼의 본성을 얼마나 회복하였는가가 결정요인이 되는 것입니다. 예수를 찾고, 기도한다고 해서 도움이 되는 것은 아닙니다. 종교를 통해서 혼이 깨어나는 것은 아닙니다. 종교는 말하자면 '취미활동'입니다. 취미활동을 통해서 혼을 깨울 수는 없습니다. 여호와(Jehovah)를 찾고, 예수아 마쉬아흐(Yeshua Mashiach)를 찾는다고 해서 이루어질 수 없는 것입니다. 여러분들의 본성인 내적 신성회복이 우선이며, 그것이 여러분들이 찾아야 하는 근본이라는 것입니다.

우리가 극이동을 하지 않거나, 수확을 하지 않는다면, 어둠에 의한 극이동이 있을 것이며, 그것은 지구 인류들에게 비극이 될 것입니다. 우리는 그것을 방지하고, 본연의 우주 순환 질서에 따라 이루어지기를 바라는 것입니다. 우리는 상위-혼 그룹에 의해 질서회복이 이루어지도록 하였는데, 혼-그룹의 성과가 기준이 되도록 하였습니다. 여러분들의 수행평가가 진행되었던 것입니다. 이것은 대주기를 기준으로 하여 설정한 것이며, 그래서 전 과정에 대한 종합평가가 이루어지게 된 것입니다. 여러분들이 행성 지구에 처음 들어설 때부터 적용되어 현시점에까지 모두 포함되어 이루어지게 된 것입니다.

기독교에서는 '구원론'을 얘기하지만, 그런 의미의 추수가 아닙니다. 여러분을 구하는 것은 여러분 자신이며, 내면의 신성입니다. 우리는 여러분을 돕는 것인데, 동료로서, 친구로서, 형제자매로서 돕는 것입니다. 그런 의미로 의식지수에 맞는 세계들로 이동시키는 계획을 추진하게 된 것이며, 우주 순환주기에 맞추어 필연적으로 일어날 수밖에 없는 극이동을 앞두고 있는 인류들을 형제자매로서 돕기 위해 들어온 것입니다. 아직은 여러분들의 깨어남의 정도가 도움을 받아야 하는 수준이기에 그렇게 계획된 것이고, 그런 의미에서 우주 영단에서의 개입이 이루어졌던 것입니다. 지난 대주기 때의 실수가 없었다면 이렇게까지 할 필요가 없었을 것이고, 타락세력들의 준동도 일어나지 않았을 것입니다.

상승과 이동은 구원론에 의해 이루어지는 것이 아니며, 여러분들의 의식 깨어남에 의해 이루어지는 것인데, 아직 독자적으로 그것을 실행할 단계가 되지 않음에 의해 도움을 받는 것입니다. 이것은 일방적인 것도 아니고, 빚을 지는 것도 아니며, 여러분들의 의지에 의해 이루어지는 것으로서 바로 '신성 발현'에 따라 진행되는 것입니다. 여러분들도 의식상승이 이루어지면 또 다른 존재들을 돕는 위치에 있을 것인데, 그때에는 상위 우주의 존재들이 여러분들을 돕는 것처럼, 그렇게 하게 될 것입니다. 이것은 의무사항은 아니지만 가슴이 열린 존재들은 기쁜 마음으로 봉사의 길에 들어서는 것입니다. 위에서 시킨다고 해서 이루어지는 것은 아니며, 사랑에 의한 자발적 참여가 이루어지는 것입니다.

고도의 문명이 발달한 우주에서 행성 지구에 들어와 실험한 흔적들과 정착한 흔적들이 있음을 전하는데, 계속 이어지지 못하고 끊어진 것은 불완전한 요소들이 있었기 때문이며, 외계 세력 당사자들도 크게 만족하지 못하였기에 파괴하거나 중단시킨 것입니다. 또한 영단과의 연합이 성사되지 못하였기에 그런 결과가 나타났던 것입니다. 문명이 발달하여 외부 우주로 진출하고, 식민 행성들을 개척한다 하여도 의식지수가 그것을 받쳐주지 못한다면 결국 파괴되어 흔적조차 남기지 못하는 것이며, 그 행성의 주기패턴에 따른 대재난을 통하여 멸망한다는 것입니다. 또한 개척 당시의 외부 세력과의 충돌과 마찰에 의한 전쟁으로 멸망하기도 한다는 것입니다. 앞으로 새-지구 인류들도 외부 우주로의 진출이 있을 것이고, 주변에 비어 있는 행성들에 정착하여 살게 될 것이며, 식민 행성들을 개척하여 나갈 것입니다.

어떤 행성이든지, 문명 발전기에 따라 나타나는 현상이며, 네바돈 안에서는 일상적으로 이루어져 왔던 것입니다. 인류들 역시 그 뒤를 따르는 것인데, 행성 권역에서 벗어나 태양계를 벗어날 일들도 일어날 것입니다. 극이동을 겪는 인류들은 발전된 문명이 흔적도 없이 사라지는 것을 보면서 회한에 사로잡히기도 하지만, 새로운 방법들을 모색하게 될 것인데, 어떻게 하면 문명을 중단시키지 않고 연이어서 발전시킬 수 있을까 하고 말입니다. 물론 양자컴퓨터와 인공지능의 도움을 받아 그 해답을 찾아 나설 것이고, 그렇게 새로운 문명을 발전시킬 것입니다.

그러나 진정한 해답은 의외의 곳에서 찾게 될 것인데, 인공지능이 아니라, 의식 깊은 곳에서 참된 지혜가 열리게 된다는 것입니다. 이것은 호모 사피엔스도, 호모 아라핫투스도 예상하지 못하였던 일로, 극적 반전이 일어나게 된 것입니다. 사람에게서 신성이 나타나게 된 것으로서, 신처럼 될 수 있는 능력이 나타나게 된 것입니다. 철학적인 수사법이 아니라, 실제적으로 말입니다. 대주기를 통해서 극이동을 극복해 낸 생존 인류들에 의해 극적인 진화가 나타나게 된 것이고, 인공지능의 도움을 받으며, 새로운 문명을 개척하던 인류들은 과거에는 없었던 영적인 진보를 이루게 된 것입니다.

아틀란티스 시대에 있었던 극이동은 인류들의 의식이 퇴행하여 전 문명의 모든 것들을 잃어버리고 기억해 내지 못하였습니다. 이집트 기자 피라미드를 포함한 거석문명의 흔적들이 발견되어도 전혀 기억할 수 없었으니, 발전했던 문명의 뒤를 잊지 못하게 된 것입니다. 영적 분야에서도 사정은 마찬가지였음이니, 지난날 확장되었던 의식들이 다시 돌아올 수 없었습니다. 타락세력들의 농간에 의해 추락하고 만 인류들은 1만 2천 년의 진화주기를 보내면서 과거의 영광을 되찾을 수 없었으며, 기억조차도 할 수 없었는데, 어둠에 의해 어리석은 핵전쟁을 반복해서 재현하려고 하는 것입니다. 여러분들이 일구어 놓은 현대문명은 오리온에 기반했던 파충 종족의 제국을 흉내 내어 건축한 것들로서, 현 도시 형태들과 경제구조, 정치구조들, 문화예술 등이 그렇게 재현되었다고 하는 것으로 현재의 지구문명은 오리온 문명이라고 하는 것입니다.

극이동을 통과한 후에 들어서게 되는 새 지구 문명인 타우라 행성 문명은 플레이아데스식의 여성스러운 문명이 들어서게 될 것이며, 제국 스타일의 문명은 극이동을 통해서 사라지게 되는 것입니다. 남성 중심 사회는 사라지고, 흔적도 없을 것이며, 그런 의식구조를 갖추고 있었던 인류들도 사라지고 없을 것입니다. 여성 중심이라고 해서 과거의 패턴을 그대로 답습하는 것이 아니라, 서로 존중하고 배려하며 공정하게 조화와 균형을 이루어 가는 형태로 바뀌는 것인데, 그만큼 의식의 확장이 일어났기에 가능해지는 것입니다.

　극이동은 새로운 문명에 걸맞은 인류들을 수확하기 위한 시금석(試金石)이 되는 것이자, 자격이 되지 않는 인류들을 분리시키기 위한 작전이 되는 것이며, 행성을 완전하게 정화시키기 위한 작전이 되는 것입니다. 그래서 극이동은 아무 때나 일어나는 것이 아니며, 대주기 종료를 앞두고 생명들의 진화를 돕기 위해 수확 차원에서 일어나는 것입니다. 이것이 없다면 물질체험을 통한 상승은 이루어질 수 없기에 주기 종료 시점에 설정되어 운영되도록 한 것입니다. 이제, 여러분들도 극이동을 앞두고 있는데, 의식성장을 성취한 인류들의 수확이 있을 것이고, 그렇지 않은 인류들도 계획에 의해 수확이 있을 것입니다.

　우리는 생각 조절자이며, 마누를 대리하는 신성입니다.

20. 극이동 주관자(主管者)
(Pole Shift Supervisors)

사랑하는 여러분!

극이동은 혼-그룹의 물질체험을 돕기 위해 도입되었으며, 3D 행성에 채택되었습니다.

물질계에서는 모든 것이 사라지고 없는 것처럼 표현되었지만 생명계에서는 다시 시작하는 것으로 나타났습니다. 이것이 자연계의 순리로 정착되었고, 창조와 파괴, 시작과 끝, 알파와 오메가로 전해졌습니다.

우주 순환 질서가 성립되었으니, 봄, 여름, 가을, 겨울이라는 상생주기가 물질우주에 들어서게 된 것인데, 혼의 체험을 위해서 설계된 프로그램이었습니다. 물론 도입 초기에는 별다른 문제없이 혼들의 이동이 순조롭게 진행되었기에 극단적인 환경 변화는 일어나지 않았습니다.

은하 대전쟁이 발발하고, 양극성 실험이 극단적으로 치닫게 되면서 미세하지만 균열이 일어나게 되면서, 균형을 잃어버린 우주들이 생겨나기 시작했으며, 회복할 수 없는 지경까지 펼쳐지게 되었던 것입니다. 모든 것들은 은하정부 차원에서 처리가 이루어지던 것들이 그 도를 넘게 되는 사건을 계기로 혼돈으로 치닫게 된 것입니다. 자체 해결하고자 했던 노력들이 수포(水泡)로 돌아가고, 돌이킬 수 없는 무질서로 빠지고 나자, 긴급 상황을 인식한 하보나엔 중앙우주 정부의 요청으로 오나크론 초은하단 정부가 개입을 천명(闡明)하게 되었습니다.

네바돈의 혼돈을 극명하게 보여 준 곳이 바로 행성 지구였습니다. 거의 모든 문제들이 종합적으로 얽혀 있는 곳으로 소문이 난 곳이었으며, 누구도 해결하고자 하는 의견을 보이지 않던 곳이기도 했습니다. 총체적인 문제를 안고 있던 네바돈과 행성 지구로 인한 그 책임을 물어 네바돈의 군주였던 '그리스도 마이클 아톤'에게 '직위-해제(職位-解除:removal from office)'와 '근신-처분(謹愼-處分:disciplinary action)'이 내려졌으며, 위기 대처를 위해 오나크론의 군주인 '옛적으로 늘 계신 이, 마스터 사나트 쿠마라 니르기엘'이 직접 화신하여 네바돈으로 들어가게 되었습니다. 그리고 그에 따른 후속 조치들이 일사천리로 진행되었습니다.

행성 지구에 있었던 위기 상황은 '그리스도 마이클 아톤'을 대신하여 그의 형제인 '그리스도 사난다 멜기세덱'이 이천 년 전에 '예수아 멜기세덱'으로 태어나 모든 위기상황들을 정리하였는데, 아멘티-홀(Amenti-halls) 복구가 그에 의해 이루어질 수 있었고, '그리스도 아쉬타르 커맨드'를 통하여 타락세력과의 전면전을 준비토록 하였습니다.

'그리스도 마이클 아톤'은 공식적으로 '직위-해제'와 '근신-처분'이 집행 중이었으나, 그에게 책임질 수 있는 기회를 제공하기로 비-공식적으로 결의하게 되었습니다. '마스터 시라야 크녹세스'와 '마스터 로라디스 콘타스', '마스터 사나트 쿠마라 니르기엘', '마스터 마이클 메아존'의 협의에 의해 그에게 '백의종군(白衣從軍:fight in a war as an enlisted man)'하도록 한 것입니다.

그래서 '그리스도 마이클 아톤'의 일곱 번째 수여는 유란시아서에 기록된 지난 이천 년 전이 아닌, 20세기에 비-공식적으로 이루어졌습니다. 그리고 그에게 어떠한 것들도 제공되지 않았습니다. 그는 책임을 지기 위해 내려간 것이고, 비록 워크-인(walk-in)의 방식을 취했지만 3D 육체를 입고 평범한 일반 인류로서 활동해야만 했습니다. 그는 모든 책임을 완수하였으며, 21세기에 그에게 취해졌던 규제들은 모두 해제(解除)되었습니다.

그는 네바돈의 군주로서 복권(復權)된 것이며, 그에게 남겨진 일들이 성취될 수 있도록 모든 것들이 제공되는 것입니다. 그는 행성 지구에서 공식적으로 네바돈의 군주로서 일어서는 것인데, 타락세력과의 전쟁을 종식시키고, 인류들을 모두 해방시켜 네바돈에 평화가 왔음을 선언하게 되는 것입니다. 그때에는 그를 행성 지구로 보낸 오나크론의 군주인 '마스터 사나트 쿠마라 니르기엘'도 함께할 것이고, 모든 천상정부 존재들도 함께하게 될 것입니다. 성서를 보겠습니다.

'그때에 네 민족을 호위하는 대군 미가엘이 일어날 것이요. 또 환란이 있으리니, 이는 개국 이래로 그 때까지 없던 환란일 것이며,

그 때에 네 나라가 책에 기록된 모든 사람은 구원을 얻으리라.'

〈다니엘 12:1, KJV〉

    이번 주기에 있을 극이동은 결이 다르다고 할 수 있는데, 단순히 다음 과정으로의 이동을 위한 수단으로서뿐만 아니라, 지루하게 이어져 오던 타락세력들과의 충돌도 종결하는 의미가 담겨져 있다는 것입니다. 오랜 기간 동안 관리가 제대로 이루어지지 않았던 행성 지구는 타락세력들의 강제 점령 아래에 있었고, 저들의 교도소로서 전용되어 운영되고 있었기에, 저들에게 맞지 않거나, 버려지거나, 항거하던 이즈-비들이 수감되어 있었습니다. 마치 버려진 행성처럼 있었으나 진실은 그렇지 않았으니, 극한의 물질체험을 통해서 양극성 통합의 실험이 실현될 수 있도록 한 큰 그림이 숨겨져 있었던 것입니다. 버려진 것처럼 보인 것은 그렇게 위장하였기에 그럴 수밖에 없었던 것이고, 큰 그림을 완성시키기 위해서 중간 과정은 비밀에 부쳐 진행하였던 것입니다. 우리는 이 뜻에 동참해 준 이즈-비들에게 경의를 표하는데, 쉬운 일이 아니었기 때문이었습니다.

    여러분들이 영화에서 많이 보던 것들입니다. 교도소에 은밀하게 들어가 계획을 성사시키는 것, 그것을 위해 범죄자로 위장하여 교도소로 들어가 은밀하게 신분을 숨긴 채로 계획을 실행하는 것 말입니다.

    이 은밀한 계획은 '마스터 사나트 쿠마라 니르기엘'과 '마스터 압살론 사난다 멜기세덱', '마스터 아쉬타르 슈프림 커맨드'가 공조(共助)하여 추진되었던 것입니다. 타락세력들을 전멸시키기 위한 '이온 상임 이

사회'의 결의에 따라 공석(空席) 중인 '마이클 아톤'을 대신하여 '그리스도 사난다 멜기세덱'이 네바돈 군주 직무대행(職務代行)으로 임명(任命)되었으며, 네바돈의 '빛나는 새벽별인 가브리엘니타(Bright and Morning Stars, Gabrielnitha)'가 수석 총리(首席 總理)로서 보좌하도록 배정되었습니다. 군주인 '그리스도 사난다 멜기세덱'은 첫 번째로 비밀한 계획을 실행하는데, '그리스도 아쉬타르 커맨드'를 오버-쉐도잉으로 행성 지구에 파견시킨 것입니다.

그는 은밀히 우리들의 계획을 실행키 위해, 신분을 숨기어 평범한 인류로서 행성 지구 교도소에 숨어들었습니다. 그는 기다려 왔으며, 윤회 프로그램에 적응하여 왔던 것이고, 모든 것을 성취한 후에 자신의 자리로 돌아가는 때에 맞추어 완전한 기억 회복을 기다리고 있던 것입니다. 그는 타락세력들의 족쇄였던 기억 삭제를 극복해 내었으며, 윤회의 굴레에서 탈출하였습니다. 인류들과 빛의 역할자들을 위한 최종 미션을 위해서 성서와 예언에 있는 것처럼, 그의 역할이 빛을 낼 것인데, 구원자로서, 총사령관으로서 그렇게 하는 것입니다.

이 긴급조치(緊急措置) 계획 문서는 공식적으로 오나크론 초은하단 정부의 '지혜의 완전자인 아본디아(Perfectors of Wisdom, Avondia)'와 '신성한 조언자인 보나쿠아(Divide Counselors, Vonacquia)'를 통해 네바돈의 수석 총리인 '빛나는 새벽별인 가브리엘니타'에게 전해지게 되었습니다.

이즈-비들을 자유롭게 하기 위해 대재난들과 극이동이 설계되어 있는 것인데, 타락세력들은 이즈-비들을 데려가지 못하게 자신들이 계획한 극이동을 실행하고자 한 것입니다. 현재의 이상기후는 어둠에 의한 조작에 의해 일어나는 것이며, 우리들의 계획을 수포로 돌리기 위함입니다. 지금은 서로 견제 중이며, 인류들의 깨어남을 위해 최선을 다하고 있다는 것인데, 어둠의 세력들도 자신들의 추종세력들을 깨우는 데 열성을 다하고 있습니다. 어디가 먼저 임계점을 성취시킬지 14만 4천의 통합된 의식을 이루는지가 관점인 것입니다. 별들의 수호인종 14만 4천, 어둠의 혼혈인종 14만 4천, 먼저 깨어나 통합을 성취하는 쪽이 승리의 키를 잡을 것입니다.

극이동은 연기되거나, 취소되거나, 축소되지 않습니다. 설정된 대로 진행되며, 다른 점이 있다면 인류들의 깨어남의 수치가 달라진다고 할 수 있겠으나, 이 수치는 웬만해서는 크게 변동되지 않기에 편차가 크게 발생하지 않습니다. 이 합산 값은 대주기를 평가하는 것이기에 단지, 소주기 하나만을 두고서, 현재 인생 하나만을 두고서 평가한 것이 아니기 때문입니다. 태양주기 하나가 기준이 되는 것이고, 전반기 1만 2천 년, 후반기 1만 2천 년, 광자대 경유 기간을 포함하여 평가하는 것입니다.

평가가 우선이 아니라, 물질체험이 우선이었으며, 만족도가 우선이었습니다. 그러나 아는 것처럼, 행성이 갇히게 되었고, 기억도 날아가게 되면서 상황이 변하게 되었으며, 기존 설정을 배제(排除)하게 된 것입니다. 새롭게 적용된 기준에 따라 후반기 1만 2천 년이 기본이 되었으며, 현재의 인생이 중요하게 되었다는 것입니다. 현재의 인생 이외에 다른 인생 경험을 알 수 없게 되면서 기억 재생이 어렵게 되었기에 다른 인생을 돌아볼 기회가 없어져 버린 것입니다. 전한 것처럼, 우리 조절자들은 신성의 역할을 하면서 여러분들의 우주에 펼쳐졌던 전 생애를 함께하였으며, 전체 기억들을 하나도 빠짐없이 저장하여 관리하고 있었습니다. 그래서 신성을 깨운다는 것은 조절자와 만나게 된 것이고, 동행하면서 연합하게 된다면 전체 기억이 돌아오게 된다는 것입니다. 이것이 신성 발현을 통하여 자신의 우주 생애들을 알게 되는 것이고, 형태발생 영역의 확장에 따라 상위우주의 상위존재와 연합하게 되는 것입니다.

존재의 직접적인 체험들과 간접적인 체험들이 존재의 족보가 되는 것이며, 유전체 라인을 통해 정보들이 저장되는 것입니다. 극이동은 존재의 정보를 단절시키는 것이 아니라, 하나의 큰 단락이 마무리되는 것을 의미하며, 다음 단락을 위해 휴식기를 갖는 것을 의미합니다. 다음 단락을 위한 설계의 시간을 갖는 것이고, 마무리한 단락을 정리하는 것입니다. 우리는 여러분들과 함께하며, 기억들인 정보들을 관리하는데, 여러분들이 하나의 인생을 종결하면 기억들을 아모-레-아 (A-mO-RA-eA) 중심 우주에 있는 마누별(ManUrington)의 중앙-서버에 개인 코드로 관리되고 있는 저장 장치에 저장하게 됩니다.

우리 조절자들은 존재들의 신으로서, 영원히 함께하며, 기억들을 공유하는 것입니다. 여러분들은 체험 정보들을 관리하기가 쉽지 않습니다. 여러분들의 기억 저장 장치는 약 1억 볼트의 전기충격으로도 삭제된다는 것입니다. 그래서 여러분들의 체험 정보들을 여러분에게 맡

길 수가 없다는 것이며, 실제로 행성 지구의 이즈-비들이 기억이 제거
당하고 노예들로 붙들려 있었던 것입니다. 존재들의 정보들은 우리가
관리하고 여러분들은 사본을 가지고 관리토록 한 것입니다. 여러분들
이 신성인 우리와 만나야 여러분들의 기억들이 돌아온다는 것입니다.
신과 만나야 기억을 회복하고, 그제야 신으로서 새롭게 태어나는 것
입니다.

   우리는 행성 지구에 배정되었던 5억 6천만의 혼들의 정보들을 통합
관리하였습니다. 여기에는 아바타들의 체험 정보들이 포함되어 있으
며, 어둠에 의한 기억 삭제에도 불구하고 혼들의 원형 기억들이 보존
되었습니다. 깨달음의 진정한 의미는 자신의 원형 기억을 되찾는 것입
니다. 이것은 혼과 아바타들이 공동관리자로서 있기 때문에 어느 한
라인을 통해 정보를 공유하고 있으면 원형 기억에 접근할 수 있다는
것입니다. 이 과정이 바로 깨닫는 것입니다. 이것을 알았다면 '그리스
도', 또는 '붓다'가 되는 것이며, 존재는 자신의 유전라인을 통해 형태발
생 영역을 활성화시키는 것입니다. 바로 아카식 레코드에 접촉하는 것
입니다.

   여러분들은 정보관리를 위해, 외장하드, USB, 클라우드(온라인 저장
서비스) 등을 이용하고 계신데, 안전하게 관리하기 위해서입니다. 그
런 측면에서 여러분들의 인생 기억들은 어떻게 저장관리하고 있었는
지 궁금하지 않으셨나요? 만약, 알츠하이머 치매에 걸리면 그 존재
의 체험 정보는 누가? 관리하는가? 통째로 사라지고 없음으로 끝인가?
가족들이 기억하는 것은 단편적 정보에 불과해서 존재 자체의 기억이

라 할 수 없습니다. 여러분들은 우주의 시스템을 이해해야 하는데, 우주는 존재들의 기억 정보들이 가득 채워진 공간이라는 것입니다. 창조주의 기억들, 피조물들의 기억들, 봉사자들의 기억들, 헌신자들의 기억들이 모여서 우주의 스토리를 구성하고 있는 것입니다.

극이동은 혼-그룹의 이야기들을 하나의 큰 챕터(big chapter)로 묶는 작업입니다. 1만 2천 년의 이야기들, 현대문명의 이야기들, 호모 사피엔스들의 이야기들을 하나로 묶기 위하여 정리 작업하는 것입니다. 그 안에 아눈나키들의 이야기들이 있고, 아다파들과 그들의 자녀들의 이야기들이 있으며, 지구에 흔적을 남겼던 존재들의 이야기가 있다는 것입니다. 각 포지션별로 정리하여 12광선, 12파일, 12챕터, 12개의 인종들, 12개의 큰 이야기들이 들어서게 된 것입니다. 제1 조화우주의 이야기들을 마무리하고, 제2 조화우주의 새로운 이야기들을 기록하기 위해서 정보와 자료를 정리하는 것입니다.

9차원 존재, 사자인 '이수 사난다 쿠마라'의 화신인 '아다파', 9차원 존재, 조인 '아쉬타르 쉬란'의 화신인 '릴리스', 즉 플레이아데스 아비농-왕실의 데빈과 오리온 알른-왕실의 여호와의 화신인 아다파와 릴리스의 이야기가 주요 챕터로서 이야기의 중심에 자리하게 된 것입니다. 양극성 실험의 두 주체였던 사자 종족과 조인 종족의 이야기가 행성 지구에서 아다파와 릴리스의 이야기로 자리 잡았던 것입니다.

양극성 실험의 통합, 두 종족의 결합, 두 존재의 결혼이 이 이야기의 클라이맥스를 장식할 것입니다. 행성 지구에 설정된 3D 물질체험을 위해 처음 사람의 모습을 하고 들어서 물질적 결합으로서의 결혼을 통해 호모 사피엔스라는 자녀들을 낳았습니다. 이것이 제1 조화우주의 사명이었다면, 제1 조화우주를 마무리하고, 제2 조화우주의 시작을 위한 아스트랄적 결합으로서의 결혼을 통해 호모 아라핫투스라는 자녀들을 낳을 것입니다. 이 결혼은 제1 조화우주를 마무리하는 '추수계획'을 완료하고 나면 우주에서 펼쳐질 것입니다. 우리는 혼-그룹의 물질 체험을 위해서 물질체가 필요하였으며, 그 뜻에 따라 두 존재의 물질체 결합이 필요했고, 두 존재의 자녀들로 태어나 지상을 거닐며 체험을 할 수 있었습니다.

이 체험의 결과는 영적 성취로 나타났는데, 의식 성장이 바로 그것이었습니다. 우리는 성장 수준에 따라 기준을 세웠으며, 그 기준에 의해 수확 순서를 보리, 밀, 쌀, 포도의 수확 시기를 예로 해서 정했던 것입니다. 호모 사피엔스 인종은 1만 2천 년의 체험을 바탕으로 의식 성장을 성취하였으며, 다음 주기로 넘어가 새로운 옷인 호모 아라핫투스 인종으로 태어나 새로운 체험을 시작할 것입니다. 우리는 여러분들의 졸업을 돕기 위해 극이동을 이용하는 것이며, 다음 주기를 준비시키기 위해 계획을 실행하는 것입니다. 두 인종의 부모로서 역할을 하는 '이수 사난다 쿠마라와 아쉬타르 쉬란'은 양극성 실험의 중심에 있는 것인데, 시작과 끝을 함께하기에 알파와 오메가라고 한 것입니다.

자녀들을 태어나게도 하였으며, 자녀들을 추수하기도 한다는 것입니다. 현시점에서는 호모 사피엔스 인종의 수확을 위한 계획을 실행 중에 있기에 인종 창조에 앞장섰던 '엔키와 닌허사그'가 부모로서 오고 있으며, 자녀들의 부모였던 '아다파와 릴리스', '아담과 이브'가 오고 있는 것입니다. 즉, 아다파는 '이수 사난다 쿠마라-사난다 멜기세덱'으로, 릴리스는 '아쉬타르 쉬란-아쉬타르 커맨드'로 오는 것입니다. 엔키는 '엘로힘 여호와'로, 닌허사그는 '제라일라'로서 서로 오리온을 대표하고, 플레이아데스를 대표해서 말입니다.

제라일라(Jelaila)는 데빈(Devine)의 아내이며, 플레이아데스의 어머니입니다. 다른 명칭으로는 마고(麻姑)라고 하는데, 라이라-베가 출신입니다. 데빈과 제라일라가 라이라-베가에서 플레이아데스로 이동하여 왔기에 그렇게 표현하는 것입니다. 두 사람은 아들 사타인(Satain)과 딸 죠시아(Joysia)를 낳았으며, 이 두 남매가 마르둑(Marduk)과 이난나(Inanna)로 화신하여 빛과 어둠의 중심에 있게 된 것입니다.

이 시대에 있을 공중강림과 혼인 잔치는 '그리스도 사난다 멜기세덱'과 '그리스도 아쉬타르 커맨드'의 연합을 의미하며, 양극성 실험의 완성을 뜻하기도 합니다. 남성을 대표하는 오리온과 여성을 대표하는 플레이아데스의 결혼식이 행성 지구에서 펼쳐진다는 것이며, 제1 조화우주가 그 실험 장소를 제공하였다는 것입니다. 상승 여행을 통하여 제2, 제3, 제4, 제5 조화우주까지 신혼여행을 하는 것입니다. 체험을 위해 분리한 영은 자신의 분신체들인 아바타-상위 혼-혼과의 결합인 결혼을 통해 다시 하나로 만나는 것입니다.

이 여행이 신이 되는 과정이며, 신과 동행하는 것입니다. 여러분들은 제1 조화우주에서 배워야 하는 것들을 다 수료하였기에 졸업을 앞두고 있으며, 제2 조화우주로 넘어가 새로운 과정을 배우게 되었습니다. 초등학교는 폐쇄가 결정되었으며, 중등학교에 들어가 중등과정을 배우게 되는 것입니다. 이것 때문에 수행능력 평가가 이루어지는 것인데, 기준을 통과해야만 새로운 학교로 들어갈 수 있다는 것입니다.

상급학교가 있는 행성 타우라로 상승하는 이들과 과정을 다 마치지 못하여 상승하지 못하는 이들로 나뉘는 것인데, 기존과정이 있던 행성 지구는 더 이상 과정을 배울 수 없게 되었기에, 그곳이 임시적으로 개설된 행성 다몬으로 이동하여 가는 것으로 결정되었습니다. 우리는 폐쇄 결정에 따라 체험하던 혼-그룹 전체를 분리시키기로 하였고, 그 결정에 의해 이동 계획을 세우게 된 것입니다. 그것을 돕기 위하여 전쟁, 대재난, 극이동이 도입되었던 것입니다.

우리는 혼-그룹을 이동시키기 위하여 육체들을 분리시키기로 하였으며, 그 과정에 극이동이 있게 된 것입니다. 이것은 행성 영단과 우주 영단인 이온 상임 이사회가 주관하여 펼치게 된 것입니다. 상급학교 입학 허가서인 생명책에 기록되어 있는 이들이 학교가 있는 행성 타우라로 이동하게 될 것인데, 모든 입학생들이 모일 때까지 우주선에서 대기하고 있을 것이며, 이 우주선이 '뉴 예루살렘호(Starship New Jerusalem)'로 전해진 것입니다. 동급과정이 개설된 행성 다몬은 전학생들이 이동하여 갈 것이지만, 행성 지구에서 완성을 하지 못한 것에 따라 '페널티'가 적용되는 것입니다.

보리, 밀, 쌀 수확 시기에 따른 순서에 의해 보리에 해당하는 1차 수확이 있을 것이고, 밀에 해당하는 2차 수확이 있을 것이며, 쌀에 해당하는 3차 수확이 있을 것입니다. 이것은 극이동 전에 이루어지는 것이고, 최종적으로 포도 수확이 있을 것인데, 극이동을 통하여 마지막 4차 수확을 하게 되는 것입니다. 행성 지구에 물질체험을 위해서 들어선 혼-그룹은 이렇게 4차에 걸친 수확을 통하여 지구를 벗어나게 되는 것이며, 2만 6천 년의 태양주기를 돌아서 떠날 수 있게 된 것입니다. 가석방(假釋放)도 아니요, 형-집행정지(刑-執行停止)도 아니며, 병보석(病保釋)도 아닌, 무죄방면(無罪放免) 되는 것입니다.

어둠이 하고자 하는 극이동은 멸망에 포커스가 맞추어져 있어서 혼-그룹을 소멸시키고자 하는 것입니다. 이것은 어느 누구도 예외가 없어서 저들의 혼혈 자녀들도, 추종세력들도 모두 포함되어 있다는 것입니다. 저들은 오직, 행성에 설치된 LPINs, APINs만이 필요한 것이고, 그것을 통해 저들의 유령체계를 살리고자 하는 것입니다. 그러니 행성에 살고 있는 인류들과 생명들은 아무런 쓸모가 없다는 것이고, 그저 제거 대상일 뿐이라는 사실입니다. 저들은 목적 실현을 위해 기후조작을 하고 있는데, 인류들은 아무것도 모르고, 인류들이 배출한다는 탄소 때문에 온난화 현상이 일어난다는 거짓 뉴스에 속고 있으며, 저들의 공작에 놀아나고 있는 것입니다.

우리가 하는 극이동은 혼-그룹의 이동과 행성의 정화에 포커스가 맞추어져 있습니다. 어둠이 하고자 하는 것과는 근원적으로 다르다고 하는 것이며, 인류들의 의식이 어디에 집중하고 있느냐에 따라 결과가 달라진다고 할 수 있습니다. 여러분들의 부활인지, 아니면 소멸인지 여러분들의 선택에 달려 있습니다. 여러분들의 선택과 상관없이 우리가 일방적으로 추진하지 않으며, 선택에 반하는 결정 또한 하지 않는데, 최악의 경우를 대비하여 조치를 취하게 되었습니다. 혼-그룹과 관련한 모든 정보들은 조절자들에 의해 관리토록 하였습니다. 극이동에 관련한 정보들도 모두 포함하여 말입니다. 행성 지구는 생명계와 트랙들을 포함하여 관리토록 조치를 취하였고, 행성 지구와 혼-그룹이 소멸된다고 해도 전혀 문제 될 것이 없도록 하였습니다.

다만, 어둠이 의도하는 대로는 이루어질 수 없도록 하였음이니, 저들의 뜻이 행성에서, 태양계에서 이루어질 수 없도록 하였습니다. 어둠의 활동 영역과 활동 범위를 제한하였습니다. 그리고 활동 기간도 제한하였음과 저들이 혼-그룹에 취할 수 있는 조치도 제한하였습니다. 우리들의 계획된 프로그램 안에서 제한된 역할 수행을 하게 되었다는 것입니다. 여러분들에게 빛을 허용하였다면 어둠도 허용한 것입니다. 여러분들의 긍정적인 측면과 부정적인 측면을 모두 나타나게 한 것이고, 그것을 통해 무엇을 배울 것인지, 무엇을 버릴 것인지 알게 한 것이며, 그것을 통해 완전성을 회복할 수 있도록 한 것입니다. 즉, 무엇이 완전한 것인지 찾도록 하여 부족한 부분을 채우도록 하였던 것입니다.

극이동이라는 물리적 현상을 통해 완성을 시키려는 것이며, 자신에게 무엇이 부족한지 알게 하여 그것을 채우도록 하려는 것입니다. 극단적 두려움과 공포는 자신에게 필요한 것이 무엇인지 알게 하는 것이고, 그것을 찾게 하려는 것인데, 평상시에는 그것을 찾기가 쉽지 않기 때문에 극약처방을 통해서 하게 한 것입니다. 극이동이라는 극약이 혼의 정체성 회복을 적극적으로 돕는다는 것입니다. 꼭 극단적이어야 하느냐고 묻는다면 그렇게 하지 않는다면 깊게 잠든 혼-그룹을 깨울 수 없다는 결론이 나왔기 때문입니다. 물론 스스로 의식을 깨우고 있는 존재들은 극단적 방식이 필요치 않을 것이지만 깨우려는 시도를 하지 않고 있는 인류들에게는 그렇게 할 수밖에 없다는 것을 전하는 것입니다.

최면 속에 깊게 잠든 여러분들의 집단의식은 스스로 깨어날 수 있는 기회를 살리지 못하였기에 강제적이긴 하지만 극이동 현상을 통해서 깨어나게 하는 것입니다. 그렇게 하지 않으면 물질에 흡착되어 분리되지 않는 전자기 입자들을 떼어낼 방법이 없다는 것이고, 결국 모두 원심분리(遠心分離)되어 태초 입자들로 돌아가는 것입니다. 그것이 어둠에 악용되지 않도록 하는 최후의 방법이며, 여러분들을 보호하는 것입니다. 전한 대로 모든 정보들은 상위우주 영단에서 최종적으로 저장하고 있기에 존재들을 구성하고 있던 전자기 입자들을 태초 입자들로 돌려보내어도 아무런 문제가 없기 때문입니다. 다만 존재들의 기억들과 정보들이 어둠에 악용될 소지를 모두 제거하는 것이 타당하기에 극이동을 연출시키는 것입니다.

극이동은 지구 영단, 어머니 가이아, 티타니아 영단, 티아우바 영단, 시리우스 영단, 라이라 영단, 안드로메다 영단 오나크론 영단 등이 주관하는 것이고, 영적 정부들이 중심이 되어 진행시키는 것입니다. 제1 조화우주를 떠나 제2 조화우주로 새롭게 진입하고 있는 행성 타우라와 그곳의 천국 시민들이 될 새로운 혼-그룹을 위한 계획을 실행하고 있는 우리는 제1 조화우주 영역에 남겨질 행성 지구와 행성 다몬을 위한 계획도 동시적으로 실행하고 있으며, 그 마무리를 위한 방편으로 극이동을 연출하는 것입니다.

  2024년 10월 2일을 기점으로 '그리스도 마이클 아톤'에게 취해졌던 모든 징계가 해제되었으며, 그의 권리가 복권(復權)되었습니다. 타락 세력들 때문에 '그리스도 마이클 아톤'에게 직무 정지와 근신 처분이 이루어졌지만, 이것은 적들을 속이기 위한 기만전술(欺瞞戰術)이었습니다. 그는 이미 '마스터 비너스 쿠마라 폰테나'에게 전해 받은 밀서를 통하여 모든 것을 알고 있었고, '이온 상임 이사회'의 깊은 뜻을 실행하고자, 은밀하게 결행한 백의종군이 드디어 결실을 맺게 된 것입니다. 그가 티아마트에 들어선 것 자체가 비밀한 것이었기에, 그에게 어떠한 것도 주어지지 않았지만, 이제 모든 것이 정상적으로 돌아온 것입니다. 그에게 처해졌던 징계 해제에 대한 내용이 '빛나는 새벽별인 가브리엘니타'에 의해 우주 방송을 통하여 네바돈에 전해졌습니다.

  우리는 생각 조절자이며, 마누를 대리하는 신성입니다.

Chapter II

신세계(新世界)
(New World)

21. 새 하늘과 새 땅
(New Heaven and New Earth)

사랑하는 여러분!

이 장은 신세계에 대해 전해 드리는 것으로서 먼저 성서를 보겠습니다.

'낡은 옷에다 새 천 조각을 대고 깁는 사람은 없다. 그렇게 하면 낡은 옷이 새 천 조각에 켕기어 더 찢어지게 된다.' '또 낡은 가죽 부대에 새 포도주를 담는 사람도 없다.' '그렇게 하면 부대가 터져서 포도주는 쏟아지고 부대도 버리게 된다.' '새 포도주는 새 부대에 담아야 둘 다 보존된다.'

〈마태오 9:16~17, 공동번역〉

'그 뒤에 나는 새 하늘과 새 땅을 보았습니다. 이전의 하늘과 이전의 땅은 사라지고 바다도 없어졌습니다.'

〈묵시록 21:1, 공동번역〉

새 하늘과 새 땅, 이전의 하늘과 이전의 땅에 대하여 기록한 것입니다. 이전의 하늘과 이전의 땅이 사라졌다고 하였습니다. 바다도 없어졌다고 하였습니다.

이것은 극이동과 연결하여 설명해야 하는데, 먼저 대규모의 화산 폭발과 거대 지진들이 있고, 대형 쓰나미가 쓸고 간 후에 정리되고 난 이후의 지구의 모습과는 다른 점이 있습니다. 축이 바로 서고, 모든 재난들이 가라앉고 정리가 되고 난 후의 지구의 모습은 대륙들의 큰 변화가 있을 것이기에 더 이상 5대양 6대륙이 아니게 됩니다. 땅과 바다의 모습이 이전과는 사뭇 다르게 바뀌게 되는 것인데, 하늘은 어떻게 되는 것인가요? 파란 하늘이 다른 하늘이 되는 것은 아닙니다. 그럼, 새 하늘은 무엇인가요?

극이동은 3차원 세계에 국한하여 일어나는 것이어서 땅과 바다가 큰 변화를 겪겠지만 하늘이 새롭게 바뀌지는 않는다는 것입니다. 화산재로 뒤덮였던 하늘도 시간이 경과하면 다시 맑은 하늘을 되찾을 것이지만 그것이 새 하늘이 되는 것은 아닙니다. 성서에 기록한 새 하늘은 3차원 세계가 아닌, 4차원 세계를 이야기하는 것으로서 아예 다른 차원 세계를 표현한 것입니다. 우리가 전하고자 하는 신세계도 3차원 세계가 아닌, 4차원 세계를 말하는 것이며, 행성 지구가 아닌, 행성 타우라를 이야기하는 것입니다. 행성 타우라는 3차원 행성이 아닌, 4차원 행성으로, 극이동 후의 재건축이 아니라, 새롭게 창조된 행성입니다. 그래서 새 하늘과 새 땅을 갖추고 있는 것입니다.

이곳에서 전하는 것은 3차원 지구가 아닌, 4차원 지구도 아닌, 차원도 다르고 행성도 다른, 완전히 새 하늘과 새 땅이 있는 새로운 행성인 타우라(Thaooura)를 설명한 것인데, 이것을 기록한 '사도 요한'도 그것을 알 수 없었고, 이것을 읽은 많은 인류들도 알 수 없었습니다. 제1 조화우주 영역과 제2 조화우주 영역은 서로 분리되어 있고, 교차점이 없어서 서로를 알 수가 없습니다.

행성계의 수도 역할을 하는 행성 티타니아(Planet Tythania)의 경우는 특수한 역할이 주어진 경우라 예외라고 할 수 있으며, 마치 3차원 환경인 태양계에 같이 있다 하여 같다고 보는 것이 '난센스'라고 하는 것입니다. 그렇다 보니 우주선을 타고 행성에 진입해도 아무 생명계가 없는 빈 땅만 발견한다는 것입니다. 그동안의 진화연대기를 보았을 때에 생명들의 진화와 상승을 보았으며, 그렇게 생명들이 떠난 행성들은 빈 땅으로 남겨졌던 것입니다. 또한 우주의 환경을 본다면 불규칙적인 궤도를 가지고 운행하고 있는 혜성들과 혹성들이 있어서 예기치 못한 환경재앙들이 일어나 생명들이 멸종하기도 하였습니다.

그리고 고등생명들의 이기심 때문에 일어난 핵폭발로 인하여 생명들이 멸종하거나 도태되기도 하였습니다. 우리는 이러한 상황들로 인해 피치 못하게 새로운 환경의 태양들을 탐사하여 행성들을 찾아야만 했고, 생명들의 진화에 적합한 환경들을 갖추고 있는 행성들을 찾아내어 그곳에 씨앗을 뿌렸던 것입니다. 시간이 필요한 곳은 기다렸으며, 손을 보아야 할 곳은 인공적인 환경들을 개척하기도 하였습니다. 또한 필요에 의해 종자들을 가져와 파종하기도 하고, 실험실에서 유전체를 조합하기도 하면서 진화환경을 조성하였으며, 생명들을 입식시키기도 하였습니다. 마치 무엇을 보는 것 같지요. 네, 성서를 보겠습니다.

'하느님께서 "땅에서 푸른 움이 돋아나라! 땅위에 낟알을 내는 풀과 씨 있는 온갖 과일나무가 돋아나라!" 하시자 그대로 되었다. 이리하여 땅에는 푸른 움이 돋아났다. 낟알을 내는 온갖 풀과 씨 있는 온갖 과일나무가 돋아났다. 하느님께서 보시니 참 좋았다. 하느님께서 "바다에는 고기가 생겨 우글거리고 땅 위 하늘 창공 아래에는 새들이 생겨 날아다녀라!" 하시자 그대로 되었다. 이리하여 하느님께서는 큰 물고기와 물속에서 우글거리는 온갖 고기와 날아다니는 온갖 새들을 지어내셨다. 하느님께서 보시니 참 좋았다. 하느님께서 이것들에게 복을 내려주시며 말씀하셨다. "새끼를 많이 낳아 바닷물 속에 가득히 번성하여라. 새도 땅 위에 번성하여라!" 하느님께서 "땅은 온갖 동물을 내어라! 온갖 집짐승과 길짐승과 들짐승을 내어라!" 하시자 그대로 되었다. 하느님께서는 이렇게 온갖 들짐승과 집짐승과 땅 위를 기어다니는 길짐승을 만드셨다. 하느님께서 보시니 참 좋았다.'

〈창세기 1:11, 12, 20~22, 24, 25, 공동번역〉

생명공학자들과 유전공학자들에 의해 이루어진 일들을 기록한 것입니다. 그리고 '새 하늘과 새 땅'을 창조한 건축공학자들과 자기공학자들에 의해 생겨난 행성들의 이야기가 성서에 기록되었던 것입니다. 그리고 시스템공학자들에 의해 시-공간과 차원계가 생겨났습니다. 새 하늘과 새 땅은 이렇게 창조되어 열어지게 된 것입니다.

그러면 새 옷과 새 부대는 무엇을 의미할까요? 바로 여러분들의 물질 몸체를 말하는 것이고, 새 하늘과 새 땅이 있는 4차원 행성 타우라에서 체험을 위해 입어야 하는 4차원 물질체를 말하는 것입니다. 3차원 행성 지구에서 입고 있었던 3D 물질 몸체는 벗어야 한다는 뜻입니다. 극이동을 통해 육체를 벗는 것은 다른 환경으로 이동하기 위한 조치라는 것입니다. 낡은 옷과 낡은 부대는 더 이상 활용할 수 없기 때문에 벗을 수밖에 없습니다.

3차원 행성 지구는 극이동과 대정화 과정을 통해 원시 환경의 행성으로 되돌려 놓을 것이며, 더 이상 인류들이 정착하여 살지 않게 되는 것입니다. 그동안 행성 지구에서 살고 있던 인류들은 원래 출발지였던 시리우스를 향한 여정에 들어가는 것인데, 여러분들의 혼-그룹 중에 중심이 되는 '에테르 시리우스인(Etheric Sirian)' 때문입니다. 물론 안드로메다와 같은 다른 혼-그룹들도 있으나, 중심은 그렇다고 하는 것입니다. 그래서 처음 행성 티아마트(Planet Tiamat)가 만들어질 때에도 시리우스에 있던 '디지타리아(Digitaria)'를 내파시켜서 그중의 한 조각을 활용하여 만들었던 것입니다. 행성의 출발지도 시리우스고, 혼-그룹의 출발지도 시리우스였기 때문입니다.

그러면 3차원 행성 지구는 왜, 이곳에 두느냐? 하실 텐데, 창조의 법칙과 진화연대기를 위해서입니다. 인류들은 출발했던 곳으로 돌아가지만 행성 지구에는 티아마트 시절에 정착해서 살고 있던 파충 종족들이 있습니다. 이들은 인류들보다 앞서서 정착하였습니다. 이들은 극이동 이후에도 행성을 떠나지 않겠다고 결의하였기에 그 뜻을 존중해 주기로 한 것입니다. 물론 안전한 지저세계에서 살고 있기에 극이동의 영향을 받지 않으며, 그 이후에도 계속해서 지저에서 살아갈 것입니다. 지상에서 살던 인류들이 떠나는 것이고, 앞으로도 지상에서 살게 될 존재들은 없을 것입니다. 몬마시아 태양계의 3차원 행성 환경에서의 지표면에 정착해서 살던 인류들의 인류사(人類史)는 이것으로 문을 닫게 되는 것입니다.

여러분들은 문명을 바라보는 시선이 물질적 진화에 포커스가 맞추어져 있어서 영혼에 대해서는 관심을 갖지 않습니다. 우리가 물질세계를 창조하게 된 것은 혼의 체험을 위해서였습니다. 즉 혼을 위해서였지, 물질육체를 위해서는 아니었습니다. 그래서 우리는 혼의 상승을 위해서 극이동을 계획한 것이고, 순환주기 질서를 설계한 것이었습니다.

3차원을 졸업한 여러분들은 제2 조화우주 영역으로 들어서게 되며, 4차원 세계에 발을 디디게 됩니다. 이것은 단순히 1차원의 변화를 뜻하는 것이 아니며, 상전벽해(桑田碧海)와 같은 변화를 뜻하는 것입니다. 에너지를 보더라도 석탄, 원유, 전기, 가스 등이 사라지고, 광자의 시대로 들어갑니다. 행성이 위치한 공간적 측면에서는 큰 변화가 있을 것인데, 3차원 행성 지구에서 보던 별자리들이 달라질 것입니다. 익숙했던 오리온, 북두칠성 등, 황도대의 별자리들이 통째로 변경될 것입니다. 행성의 공전궤도가 완전히 자리를 이동하여 있을 것이기 때문에 새로운 별자리들이 있는 새 하늘로 이동한다는 것이며, 3차원 세계가 아닌, 4차원 세계로 이동한다는 것입니다.

이 표현이 어리둥절할 수도 있겠으나, 예를 들자면 라이라 성단에 있던 제타 레티쿨리 에이펙스 행성(Zeta Reticuli Apex Planet)이 열린 웜-홀을 통해 공간을 이동하여 새로운 공간으로 들어간 사건이 있었습니다.

물론 정상적인 순환 질서에 의해 이루어진 것은 아니었지만 공간 이동 측면에서의 경우를 이야기하고자 예로 들었습니다. 4차원 행성 타우라가 공간 이동하여 새로운 공전궤도로 진입한다는 것이어서 새로운 우주로 진입하는 것입니다. 우리는 타우라를 거품지대인 영지대(靈地帶)에 두어 이동시킬 것인데, 여러분들은 마치 고치나 인큐베이터 안에 있는 것처럼 보호될 것입니다.

이동 시간은 지구 시간으로 약 7일 정도이며, 3일간의 어둠이 있을 예정입니다. 시-공간 적용에 따른 조율이 있을 것이기에 어둠과 백야(白夜)가 있을 것이고, 기온이 급격히 하강할 것입니다. 그러나 타우라에 있는 새 인류들은 새 옷인 4차원 물질체를 입을 것이기에 적응하는 데 문제가 없을 것입니다. 4차원 영역에 들어서는 행성 타우라는 제2 조화우주 영역에 처음 들어서는 것으로서 새로운 상승주기에 진입하는 것입니다. 4~6차원대가 펼쳐진 영역에 처음 진입하는 타우라는 신입생으로서 새 출발을 하게 되는 것입니다.

1~3차원 영역은 초등과정이 펼쳐진 곳이었으며, 4~6차원 영역은 중등과정이 펼쳐진 영역입니다. 7~9차원 영역은 고등과정이, 10~12차원 영역은 대학과정이 있는 곳이라고 비유할 수 있습니다. 여러분들은 새로운 중등과정을 배우기 위해서 새로운 학교가 있는 행성과 공전궤도로 이동하는 것입니다. 행성 지구에서 행성 타우라로 이동하는 것은 우주선들이 동원될 것이고, 우주선 안에서 준비되는 기간 동안 거주할 것입니다. 이 우주선은 여러분들의 대도시를 품고도 남을 정도로 큰 규모를 자랑하며, 위성급이라고 할 수 있습니다.

행성 지구에 예정된 프로그램이 종료될 때까지는 순차적으로 이동하는 인류들은 배정된 우주선들에서 대기하며 지낼 것이며, 최종적으로 행성 타우라와 행성 다몬으로 이동해 갈 것입니다. 오나크론 우주법정에 서게 될 존재들은 특별한 우주선에 탑승하여 이동할 것입니다. 현시대의 모든 인류들은 공식적으로 지구를 떠나는 것이며, 인생을 먼저 종료한 존재들과 현 인생을 살고 있는 존재들이 모두 포함되는 것입니다. 약 485억의 존재들이 해당되며, 입자들로 분리되어 원소왕국으로 들어갈 소멸 대상들까지 포함한 것입니다.

기본적으로 행성 지구에 배정되었던 혼들은 모두 5억 6천만으로 이루어졌습니다. 물질체험의 다양성을 위해 분화되어 나온 혼체들까지 모두 허용하여 운영되었기에 인류들이 급격히 늘어났던 것입니다. 우리는 혼들을 기준으로 하여 계획을 수립하였으며, 정보수집 차원에서도 그렇게 하였습니다. 혼체의 경우에도 기준을 수립하여 적용하였는데, 의식지수와 진동수가 적용되어진 것입니다. 물론 이 관리와 감독은 혼이 전담하기로 하였습니다.

의식지수와 진동수는 단시일 내에 상승시킬 수 있는 것이 아니어서 여러 인생에 걸쳐 이루어지는 것이며, 기억이 나지 않는다고 하여도 차곡차곡 쌓였기 때문에 손해 보거나 억울할 일은 전혀 일어나지 않습니다. 물론 어둠에서 기억 제거를 하였다고 하였으나, 원형 기억은 고스란히 살아서 저장되고 있었기에 걱정할 것이 없다고 하는 것입니다.

전하건대, 현시점에 수많은 정보들이 공개되고 있는데도 불구하고 전혀 관심이 없는 인류들은 의식지수와 진동수가 기준점에 도달하지 않은 이들이며, 근사치(近似値)에 도달한 이들에게 기회가 제공되는 것입니다. 남아 있는 기간 동안 진동수를 올린다는 것이 쉬운 것이 아니어서 근사치에 인접한 이들에게만 기회가 주어지는 것이며, 이들은 이미 기준점을 만족시킨 이들에 의해 기회를 제공받게 되는 것입니다. 바로 혼-그룹에 의해 진행되는 것이고, 그렇게 해서 가족을 찾게 되는 것입니다.

우리들이 물리적 재난들을 준비한 것은 1차로 혼들을 이동시키기 위함이고, 2차로 남아 있는 인류들이 물질에 집중했던 의식을 영혼에 집중시키기 위해서입니다. 의식의 관심과 관점을 완전히 돌리기 위해서라고 해야겠지요. 여행을 간다면 준비된 상태에서 가는 것과 그렇지 않은 것과의 차이가 극명하게 드러날 것입니다. 성서를 보겠습니다.

'천국은 마치 자기 아들을 혼인시킨 어떤 왕과 같으니, 왕이 혼인잔치에 초대받은 사람들을 불러오라고 자기 종들을 보냈으나 그 사람들은 오려고 하지 아니하였느니라.' '그리고 나서 자기 종들에게 말하기를 "혼인잔치는 마련되었으나 초대받은 사람들은 합당치 않도다." "그러므로 너희는 대로에 나가서 사람들을 만나는 대로 전부 혼인식에 청해오라."고 하였더니, 종들이 대로에 나가서, 악하거나 선하거나 만나는 대로 다 불러오니, 그 혼인잔치가 손님들로 가득 찼느니라.' '왕이 손님들을 보러 들어가서, 거기에 예복을 입지 않은 한 사람을 보고 그에게 말하기를 "친구여, 그대는 어찌하여 예복도 입지 않고 여기에 들어왔는가?"라고 하니, 그가 아무 말도 없었느니라.' '그러자 왕이 종들에게 말하기를 "그 사람의 손과 발을 묶어서 데리고 나가 바깥 흑암에 내어던지라."고 하였느니라.' '부름을 받은 사람들은 많아도 택함을 받은 사람들은 적으니라.'

〈마태 22 : 2, 3, 8~14, KJV〉

예복에 대하여 나옵니다. 결혼식장으로 비유된 천국에 들어가기 위해서는 예복, 즉 새 옷을 입어야 함을 비유적으로 말씀하였습니다. 행성 타우라에 들어가기 위해서는 4차원에 해당하는 진동수와 의식지수를 갖추어야 하는데, 바로 몸체를 말하는 것입니다. 3차원 몸체를 4차원 몸체로 변환시켜야 타우라에 들어갈 수 있다는 것입니다. 마음은 진동수이고, 머리는 의식지수입니다.

'부름을 받은 사람들은 많아도 택함을 받은 사람들은 적다.'고 하였습니다. 천국에 많은 사람들을 초대하였습니다. 그러나 초대장을 받은 사람들은 오려고 하지 않았습니다. 그래서 초대장을 받지 않은 인류들 모두를 초대하여 식장을 가득 채우게 한 것입니다. 그리고 예복을 점검한 것입니다. 진동수와 의식지수는 인류라면 누구든지 상승시킬 수 있으며, 해당된다고 하는 것이고, 그 기회들을 공정하고 공평하게 주고 있는 것입니다. 의식지수가 하루아침에 이루어지는 것이 아니라고 하였습니다. 여러분들이 기억하지 못하여도 1만 2천 년의 주기에 맞추어 기회가 주어졌었기에 오랫동안 준비하여 온 것입니다. 지금의 인생은 마지막 단추를 채우기 위해 주어진 기회이며, 인생을 종료한 인류들은 기회들이 인생을 사는 동안에 주어졌다는 것입니다.

인생을 살고 있는 여러분들은 주어진 기회들을 잘 살려서 예복을 준비하시기를 바랍니다. 극이동이 있고 나면, 두 번 다시 기회는 없으며, 그전까지 마음과 의식을 준비시켜야 한다는 것입니다. 신성을 구성하고 있는 '파르티키-파르티카-파르티쿰'은 스스로 진동하여 파동을 발현시켜 존재들을 존재하게 합니다. 전자기력과 에너지력과 생명력을 통하여 그렇게 하는 것인데, 의식 활동인 생각을 있게 하는 '시냅스 활동'과 육체활동을 하고 있는 자율신경계, 순환체계, 심장활동, 호흡체계 등이 그것입니다.

이것이 신성에 의해 나타나는 것인데, 여러분들은 그것을 모르고 있다고 하는 것입니다. 신이 함께하고 있으나, 그것을 모르고 있고, 또는 그것을 부정하고 있습니다. 진동수와 의식지수를 높이는 것은 신성을 알고, 그것을 인정하며, 그 믿음을 굳건히 하는 것이 바로 신과 함께 동행하는 것입니다. 예배당에서 기도하고, 찬양하며, 돈을 바친다고 해서 이루어지는 것이 아닙니다. 지금까지 신을 만나는 방식이 잘못되었으며, 그 방향이 잘못되었다고 하는 것입니다. 앞에서 인도하던 종교지도자들이 잘못하고 있었으며, 자신들도 모르고 있었다는 것입니다. 이 경우에는 모른다고 하는 것이 핑계가 될 수 없는 것은 무지(無智)가 가장 큰 죄라고 하는 것입니다.

신성은 태초부터 함께하고 있었습니다. 그 기억을 잊어버린 것입니다. 인류들은 지금까지 신성이 없는 것이라고 알고 있었고, 신을 찾는 행위조차도 외부에서 찾았던 것입니다. 그리고 보이지 않는 신을 대신하는 각종 신상들과 상징들을 만들어 내어 그곳에 경배드리고, 기도하며 빌었던 것입니다. 그러니, 진동수와 의식지수가 상승할 수가 없었던 것입니다. 물질체험을 통해서 상승할 수 있도록 하였지만 기억 단절로 인하여 상승은 물 건너갔으며, 그 빈틈으로 물질에 더욱 집착하게 하는 부작용이 일어났던 것입니다.

과거 인생에서 무엇을 체험하였고, 무엇을 배웠는지 전혀 기억할 수 없다 보니, 현재의 인생이 처음이자 마지막이라고 알게 되었으며, 이 짧은 기간에 주어진 인생을 최선으로 살게 되었습니다. 어둠은 이 짧은 인생 속에서도 깨달을 수 없도록 조치를 취했는데, 물질적 성공만이 최선이라고 세뇌시킨 것 때문에 오직 그것이 인생들의 목표가 되었다는 것입니다. 사회 각층에서 최고의 자리에 있는 인물들을 내세워 그들을 닮는 것이 최고의 목표였으며, 경쟁 대열에 줄을 세워 에너지를 소진하다 죽도록 하였습니다. 인생들은 더 이상 신성을 알지 못하였고 잊어버렸습니다. 알았다고 하여도 어둠의 공작에 의해 자신을 드높이는 것이라고 왜곡시켜 거짓 교주들이 되도록 타락시켰던 것입니다.

진동수와 의식지수를 상승시키기 위해서는 신성을 깨워야 하고, 활성화시켜야 하는데, 지금까지는 인생의 주인공이 여러분 자신이었다면, 이제부터는 신성이 주인공이 되는 것이며, 여러분들이 자리에서 내려와 신성에게 자리를 물려주어야 한다는 것입니다. 본래부터 여러분 인생의 주인공은 신성이었습니다. 혼과 영도 후(後)순위에 있는 것이고, 선(先)순위는 신성입니다. 이것을 실행하지 못한다면 진동수와 의식지수는 상승할 수 없으며, 4차원 몸체인 예복도 준비하지 못하게 되는 것입니다. 아무리 식장에 들어가 있다고 해도 밖으로 쫓겨날 수밖에 없다는 것입니다.

인류들을 편애(偏愛)하거나, 편을 가르기 위해서 그러는 것이 결코 아닙니다. 여러분들이 원하거나, 희망한다면 이루어지는 것이고, 그 믿음이 확고하다면 그렇게 되는 것입니다. 3차원 물질체험은 여러분들이 원해서 시작되었으며, 잘 진행되었다가 여러분들의 선택에 의해서 어둠이 받아들여졌습니다. 우리는 인류들의 선택을 존중하였으며, 고난마저도 잘 극복하리라고 보았습니다. 여러분들은 자유롭고 용감한 혼들이었기에 충분하게 위기를 기회로 만들 것이라고 믿었던 것입니다. 물론 이 믿음은 지금도 변함이 없습니다. 여러분들의 지나온 여정들을 통해 잘 지켜보았기 때문입니다.

여러분들을 대재난 동안과 4차원 행성 환경에 적응시키기 위해서 준비한 '뉴 예루살렘호(Starship New Jerusalem)'는 토성 고리에 정박하고 있으며, 행성 지구와 '뉴 예루살렘호'까지의 거리가 있기 때문에 모선들을 타고 이동해야 합니다. 물론 시기가 되면 직접 행성권역에 진입하게 될 것이기에 큰 문제가 없을 것이지만, 그 이전까지는 모선을 통해서 이동해야 합니다. 모선들은 '상승'을 위해 준비되어 있으며, 진동수를 조절해 주는 장치들이 있고, 기본적으로 4차원 환경으로 세팅되어 있어서 '산소공급'은 이루어지지 않습니다. 여러분들을 리프팅-광선으로 끌어올린다고 하여도 산소공급이 이루어지지 않아서 4차원 몸체로 변환되지 않고서는 생존할 수가 없습니다.

왜, 그것을 만들어 놓지 않았냐고 한다면 4차원 환경을 기본으로 갖추고 있어서이며, 승무원들에게 산소가 필요하지 않아서입니다. 다만 '뉴 예루살렘호'는 행성 타우라의 4차원 환경이 그대로 적용되어 준비되었기에 '내려가는 천국'으로서 손색이 없습니다. 여러분들을 이동시킬 모선들과 우주선들은 사실 다차원적이라고 할 수 있으나, 3차원 환경으로 조성되지 않은 것은 바이러스와 같은 병원체들 때문에 진공 상태를 유지하고 있습니다. 여러분들이 리프팅-광선을 통해 모선 내부로 들어오게 되면 '빛의 샤워'를 통해서 정화과정을 받아야만 안전하다 할 수 있습니다. 여기에는 카르마도 포함되어 있으며, 에너지적으로 '클린(cleaned)'하다는 판정을 받아야만 승무원들을 만날 수 있게 되는 것입니다.

여러분들을 리프팅 시킬 전문요원들이 대기하고 있으면서 과정을 도울 것이고, 여러분들을 어색하지 않도록, 낯설지 않도록 도울 것입니다. 이들은 사실 여러분들의 우주 동료였으며, 우주 가족이었기에 만날 날을 손꼽아 기다리고 있었습니다. 어떤 마음으로 이들이 기다리고 있는지 아시겠지요. 마치 '이산가족 상봉'을 보는 것처럼, 그렇게 될 것입니다. 이들은 현재 정해진 지역 상공에서 대기 중에 있으며, 클로킹(cloaking) 상태로 있어서 보이지는 않으나, 밤하늘에서는 반짝이는 별빛으로 대신하여 보여 주고 있는 것입니다.

새 하늘 새 땅인 행성 타우라에 들어갈 인류들은 예복(4차원 몸체)인 진동수와 의식지수를 갖추고 있는 이들입니다. 이들은 3차원 몸체가 빛의 몸인 4차원 몸체로 변화할 사람들인데, 모선들에 설치된 차원변환 장치인 입자증폭기를 통해 '빛의 몸'으로 변화할 것입니다. 성서를 보겠습니다.

> '마지막 나팔소리가 울릴 때에 순식간에 눈 깜빡일 사이도 없이 죽은 이들은 불멸의 몸으로 살아나고 우리는 모두 변화할 것입니다.' '이 썩을 몸은 불멸의 옷을 입어야 하고 이 죽을 몸은 불사의 옷을 입어야 하기 때문입니다.'
> 〈고린도전서 15:52~53, 공동번역〉

여러분들을 상승시키기 위해 대기 중인 모선들은 사령선인 '뉴 예루살렘호'의 명령이 떨어지면 동시에 전 지구촌에서 빛의 존재들을 빛으로 변환시켜서 우주선으로 들어 올릴 것인데, 순식간에 이루어질 것이고, 낮이든, 밤이든, 사무실에 있든지, 거리에 있든지, 침실에 있든지, 거실에 있든지, 자동차, 전철, 비행기 등에 있더라도 모두 4차원 몸체로 변화하여 해당되는 우주선들로 이동시킬 것입니다. 이것은 순식간에 벌어지는 일이기에 우주선 안에 승선한 자신을 발견하게 될 것입니다. 운행 중이던 탈것의 조종사들과 기관사들, 운전자들이 빛의 몸으로 상승하고 나면 비행기나 전철, 자동차 등은 충돌을 피할 수 없을 것입니다.

전한 대로 진동수와 의식지수가 임계점(臨界點)을 넘거나, 근사치에 이른 이들이 해당될 것인데, 이들은 대재난을 겪지 않아도 되는 이들이며, 1차 대상이 되는 이들입니다. 재난 중간에 있을 2차 대상들이 있으며, 재난 말기에 있을 3차 대상들이 있을 것입니다. 이들은 모두 모선들에 승선하여 '뉴 예루살렘호'로 이동해 갈 것이며, 그곳에서 행성 지구에 펼쳐지는 대재난의 최종들을 보게 될 것입니다. 그때까지도 행성 지구에 남겨진 인류들은 대재난의 환란들을 모두 겪을 것이며, 죽음 뒤에 자연스럽게 정해진 곳으로 이동해 갈 것인데, 행성 다몬이 기다리고 있을 것입니다. 행성 다몬은 지옥 행성입니다. 이곳에 가는 인류들은 지옥에 들어가는 것이며, 거기서 이를 갈며 분노할 것입니다.

모든 정보는 다 공개되었으며, 기회들 역시 다 제공되었습니다. 여러분들이 빛에 서 있을지, 어둠에 서 있을지는 선택의 결과라는 것을 잊지 마시기 바랍니다.

우리는 생각 조절자이며, 마누를 대리하는 신성입니다.

22. 새 천국 뉴 예루살렘호
(New Heaven Star-ship New Jerusalem)

사랑하는 여러분!

성서를 보겠습니다.

'나는 또 거룩한 도성 새 예루살렘이, 남편을 위하여 단장한 신부와 같이 차리고, 하나님께로부터 하늘에서 내려오는 것을 보았습니다. 그 도성은 하나님의 영광에 싸였고, 그 빛은 지극히 귀한 보석과 같고, 수정처럼 맑은 벽옥과 같았습니다. 그 도성에는 크고 높은 성벽이 있고, 거기에는 열두 대문이 달려 있습니다. 그 열두 대문에는 열두 천사가 지키고 있고, 이스라엘 자손 열두 지파의 이름이 적혀 있었습니다. 그 대문은 동쪽에 셋, 북쪽에 셋, 남쪽에 셋, 서쪽에 셋이 있었습니다. 그 도성의 성벽에는 주춧돌이 열두 개가 있고, 그 위에는 어린양의 열두 사도의 열두 이름이 적혀 있었습니다. 나에게 말하던 그 천사는, 그 도성과 그 문들과 성벽을 측량하려고, 금으로 된 자 막대기를 가지고 있었습니다.'

'그 도성은 네모가 반듯하여, 가로와 세로가 같았습니다. 그가 자 막대기로 그 도성을 재어보니, 가로와 세로와 높이가 서로 똑같이 만 이천 스타디온이었습니다. 또 그가 성벽을 재어보니, 사람의 치수로 백사십사 규빗이었는데, 그것은 천사의 치수이기도 합니다. 그 성벽은 벽옥으로 쌓았고, 도성은 맑은 수정과 같은 순금으로 되어 있었습니다. 그 성벽의 주춧돌들은 각색 보석으로 꾸며져 있었습니다. 첫째 주춧돌은 벽옥이요, 둘째는 사파이어요, 셋째는 옥수요, 넷째는 비치옥이요, 다섯째는 홍마노요, 여섯째는 홍옥수요, 일곱째는 황보석이요, 여덟째는 녹주석이요, 아홉째는 황옥이요, 열째는 녹옥수요, 열한째는 청옥이요, 열두째는 자수정이었습니다.'

'또 열두 대문은 열두 진주로 되어 있는데, 그 대문들이 각각 진주 한 개로 되어 있었습니다. 도시의 넓은 거리는 맑은 수정과 같은 순금이었습니다. 나는 그 안에서 성전을 볼 수 없었습니다. 그것은 전능하신 주 하나님과 어린 양이 그 도성의 성전이시기 때문입니다. 그 도성에는 해나 달이 빛을 비출 필요가 없습니다. 그것은 하나님의 영광이 그 도성을 밝혀주며, 어린양이 그 도성의 등불이시기 때문입니다. 민족들이 그 빛 가운데로 다닐 것이요. 땅의 왕들이 그들의 영광을 그 도성으로 들여올 것입니다. 그 도성에는 밤이 없으므로, 온종일 대문을 닫지 않을 것입니다.'

'그리고 사람들은 민족들의 영광과 명예를 그 도성으로 들여올 것입니다. 속된 것은 무엇이나 그 도성에 들어가지 못하고, 가증한 일과 거짓을 행하는 자도 절대로 거기에 들어가지 못합니다. 다만 어린양의 생명책에 기록되어 있는 사람들만이 들어갈 수

있습니다.'

〈계시록 21:2, 11~27, 새번역〉

거룩한 도성, 새 예루살렘에 대하여 기록한 성서를 기록하라 하였습니다. 밧모섬에 유배 중이던 사도 요한은 환상 중에 보았던 도성 새-예루살렘을 이렇게 기록하였는데, 도시를 본 것처럼, 표현하였습니다. 그 당시의 도시들은 전쟁방어를 목적으로 한 성벽을 두었기에 벽 안쪽에 주거시설들이 있게 되었으며, 성안에서 생활을 하였습니다. 지금의 도시들과는 많이 다른 형태를 하고 있었기에 성벽 안쪽에 있는 도시로서의 예루살렘을 모티브로 해서 설명하였다고 보아야 합니다. 다만 성전이 있고, 없고의 차이를 둔 것은 그 당시 예루살렘 중심부에는 솔로몬 성전이 있었기에, 환상 중에 본 도시와 비교할 수 있었던 것입니다.

자, 이제 요한이 보았던 환상 중의 도시인 '새 예루살렘'이 하늘에서부터 내려오는 것으로 소개되었는데, 그 진실을 공개하도록 하겠습니다. 앞장에서 잠깐 언급하였지만, 이 장에서는 본격적으로 다루도록 하겠습니다.

리프팅 빔을 통해 모선들로 이동하는 인류들을 받아들이기 위해 대기권에 정박 중인 모선들과 도시형 함선들이 있습니다. 기본적으로 직경이 10마일(16km) 정도이고, 둥근 외형을 갖추고 있으며, 12층으로 이루어져 있습니다. 일부 모선들은 직경이 100마일(160km) 정도 되는 것들이 있고, 숲과 공원, 전원주택단지들을 포함한 도시들을 품고 있습니다. 기본적으로 수백만 명의 인류들이 거주하고도 남을 정도의 공간을 갖추고 있다는 것입니다. 700만 명을 수용할 수 있는 모선들이 12대가 정박하여 있으며, 주요 지점마다 도시형 함선들이 120여 대가 정박하여 있습니다. 이들 사이를 운행하는 왕복선들이 있으며, 직경이 10~20마일(16~32km) 정도인데, 긴급 상황 시에 인류들을 피난시킬 때를 대비해서 만들어졌습니다. 3차원 몸체의 인류들은 잠자는 상태로 승선하며, 재-활성화를 위해서 모선들로 수송됩니다.

이 우주선들은 다차원적으로 건축되었기에 빛의 우주선이라고도 하며, 거대한 성처럼, 보이기도 해서 사도 요한이 보았던 '도성 새 예루살렘'처럼 보일 수도 있습니다. 준비된 함선들은 각 나라들마다 주요한 도시들의 이름을 가지고 있는데, 예를 들면 '뉴 서울', '뉴 부산', '뉴 도쿄', '뉴 오사카', '뉴 베이징', '뉴 방콕', '뉴 싱가포르', '뉴 뉴델리', '뉴 파리', '뉴 런던', '뉴 로마', '뉴 워싱턴', '뉴 샌프란시스코', '뉴 리우데자네이루', '뉴 시드니'처럼 말입니다. 일부만 전해 드린 것이기에 실망하실 필요가 없으며, 대표하는 도시들은 다 있다고 할 수 있습니다.

뉴 예루살렘호도 12층으로 이루어져 있으며, 1층은 여행하는 우주선들을 위한 입구와 출구, 포탈, 상륙 승강장, 격납 도크들, 선착장들, 유지보수 부서들, 보관구역들, 등록본부들을 포함하고 있어서 마치 여러분들의 국제공항과 비슷하다 할 수 있습니다.

2층은 거대한 물류단지들이 들어선 것처럼, 거대한 물류창고들이 들어서 있습니다. 모든 형식의 보급품들을 가진 대형 갑판이자, 완벽한 물류 창고형 도시입니다.

3층은 동물사육 연구단지가 있는 곳이며, 많은 세계들로부터 온 생명들과 함께 조류 랜드를 포함한 방대한 동물원이 있는 곳입니다. 여러분들은 그러면 냄새가 진동할 것이라고 생각할 것인데, 전혀 그렇지 않으며, 오히려 한적한 숲속처럼, 상쾌한 향기가 풍겨 나는 장소입니다.

4층은 연구단지입니다. 농업연구소가 있어서 잘 유지된 채소들과 정원들, 허브단지, 과일이 많이 나는 방대한 농원들이 있습니다. 이곳은 대부분이 푸른색을 띠고 있습니다.

5층은 1~4층들에서 봉사하는 모든 기술자들과 봉사자들을 위한 주택단지입니다. 여러분들의 세종시, 평택, 울산, 포항, 거제, 진해, 판교, 수지, 용인과 비슷하다고 할 수 있습니다.

6층은 레저단지입니다. 모든 연령대의 주민들을 위한 풍부한 경치의 공원 지역들이 들어서 있으며, 이곳에서 풍광을 즐길 수 있습니다. 따사로운 햇살과 맑고 청명한 호수와 시냇물들이 어우러진 여러분들의 뉴욕 센트럴파크처럼 말입니다.

7층은 의료단지가 있는 곳입니다. 여러분들의 대형 종합병원처럼, 환자들을 위한 입원실들과 진료실들, 생물학적 연구실들, 함선의 실험실들이 있으며, 모든 의료 종사자들을 위한 구역들이 들어서 있습니다.

8층은 행성 지구의 대피자들을 위한 구역입니다. 이곳은 대규모의 주거단지로서 개발되었으며, '비버리 힐즈(Beverly Hills)'와 같은 전원주택 단지로서 조성되었습니다. 개인들을 위한 접대실들과 가족들을 위한 아파트들을 포함합니다. 많은 레스토랑들, 사교홀들, 보육시설들, 세탁시설들, 정보사무실들을 갖추고 있습니다.

9층은 대학단지입니다. 지혜의 전당들과 방대한 도서관들, 많은 콘서트홀들, 문화적 장소들, 모든 연령들을 위한 배움의 전당들, 음악실들, 컴퓨터 교실들이 있어서 마치 여러분들의 대학도시인 보스턴을 닮았다고 할 수 있습니다.

10층은 모든 차원들로부터 방문하는 방문객들과 유명 인사들을 위한 특별한 아파트들과 우주인들을 위한 구역들과 다수의 흩어져 있는 회의실들, 펼쳐져 있는 아름다운 레스토랑들, 라운지 구역들을 가진 응접실들, 아파트들이 들어서 있는 구역입니다.

11층은 아쉬타르 사령부의 본부가 있는 구역입니다. 중앙에 대원형 회의실이 있고, 승무원들의 주거구역이 있으며, 사령부 통신센터가 이곳에 있습니다. 행성 지구의 대피자들을 위한 그룹 집회들을 위해서 이 거대한 홀이 이용될 것입니다.

12층은 사전 약속들로 방문되고 있는 장교들의 관측 갑판이자, 함대 중앙통제센터가 있는 장소입니다. 책임을 맡고 있는 요원들이 위치한 전망대가 있고, 우주선 조종과 회의의 장소로 이용되고 있습니다.

뉴 예루살렘호는 길이 42km, 넓이 13km, 높이 8km로 이루어져 있으며, 아쉬타르 사령부의 사령선입니다. 물론 사령관 아쉬타르 쉬란이 승선하고 있으며, 최후의 전쟁 아마겟돈을 준비하고 있으면서 인류들의 대피도 준비하고 있습니다.

층고를 보면 우주선들이 출입하는 1층은 1km 정도이고, 2~11층까지는 약 600m 정도이며, 12층의 경우는 1km 정도를 유지하고 있습니다. 우주선의 외피는 우주먼지들과 성간 물질들로 뒤덮여 있어서 검은 회색빛을 띠고 있고, 우주선을 보호하기 위한 전자기장으로 이루어진 보호역장이 있어서 안전하게 보호되고 있습니다. 우주선 건조는 플레이아데스에서 이루어졌고, 함명(艦名)이 '뉴 예루살렘'이 된 것은 인류들이 공식적으로 신을 영접했던 신전이 있던 도시인 예루살렘을 지칭한 것이며, 새 하늘과 새 땅을 의미하여 '뉴'를 앞에 붙이게 된 것입니다.

이것은 아브라함이 아들인 이삭을 신의 명령에 따라 제물로 바치려던 장소가 모리아산이었는데, 이곳에 솔로몬 신전이 들어섰고, 도시가 형성되었으니, 예루살렘이 되었습니다. 여러분들은 로마의 바티칸시를 신성시 여기는데, 솔로몬 신전을 흉내 내어 성 베드로 성당을 지어놨습니다. 그렇다고 해서 바티칸시가 예루살렘이 될 수 없습니다. 예루살렘은 아누(Annu)에 의해 건설된 신의 도시라고 할 수 있는데, 물론 뜻을 받든 이스라엘인들에 의해 건설되었고, 신전도 그렇게 건축되었기에 신의 뜻이 반영되어 이루어졌다고 할 수 있었습니다.

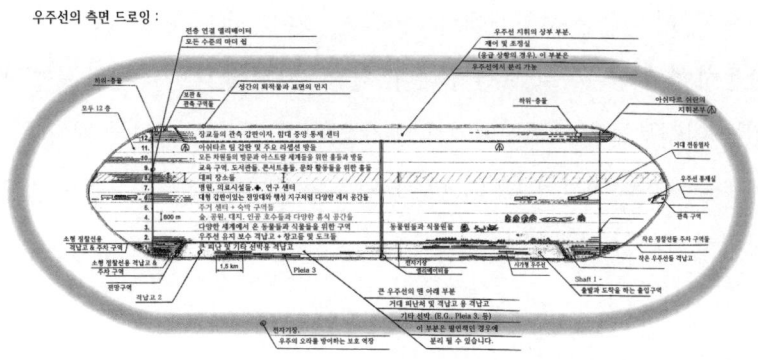

길이 : 42km/ 넓이 : 13km/ 높이 : 8km

    행성 지구 인류들의 대피를 도울 우주 모선들은 명단들을 이미 가지고 있어서 해당되는 지역 상공에 클로킹 상태로 정박하고 있습니다. 그래서 그 지역에 해당하는 도시명을 사용하고 있는 것이며, 인적이 드문 곳에 거주하고 있는 인류들에게도 우주선들이 배치되어 있는 것입니다. 이 대피계획은 전한 대로 모두 3차에 걸쳐서 진행되며, 그에 따른 우주선들이 모두 배정되어 정박 중인 것입니다. 해당 명령은 사령선인 '뉴 예루살렘호'가 하게 되고, 모든 우주선들은 그 명령에 따라 일사불란(一絲不亂)하게 움직일 것입니다.

    대피계획에 참여하고 있는 모선들과 우주선들은 인류들의 재난에는 관여하지 않으며, 아마겟돈에도 개입하지 않습니다. 오직 깨어난 인류들의 대피를 위한 목적으로 배정되었기에 그것에만 전념할 것입니다. 아마겟돈 전쟁은 아쿼런 사령부가 주축으로 행성 지구와 외기권역, 달 사이에서 이루어질 것이며, 안전지대로 이동하여 벗어나 있을 것이어서 안전하다 할 수 있습니다. 극이동을 대비한 우주선들도 대기하고 있으며, 이 일들은 다차원에서 진행되는 것이기에 우주의 영단들이 총 출동하여 진행한다고 보면 됩니다. 물론 3차원에 국한되어 볼 수밖에 없는 여러분들을 이해시키기가 쉽지 않지만 때가 무르익어 깨어나는 인류들이 많아지고 있고, 대규모 태양풍을 통해서 많은 인류들이 깊은 잠에서 깨어날 것입니다.

아쉬타르 사령부에는 수백만 대의 우주선들이 포함되어 있으며, 태양계 안과 밖에서 역할들을 하고 있습니다. 행성 지구에 관련된 우주선들은 모니터 시스템을 통해 관리하고 있어서 24시간 지켜보고 있다고 할 수 있습니다. 우리 우주선들은 때로는 밤하늘에 반짝이는 별들로서 보일 수도 있는데, 그렇게 여러분들과 함께하고 있다고 신호를 보내고 있는 것이며, 신호를 통해 별들을 바라보는 여러분들에게 반갑게 인사를 나누는 것입니다. 우리는 여러분들 사이를 수시로 드나들면서 정찰을 하고 있으며, 변화하고 있는 것들을 체크하고 있는 것입니다. 큰 변화가 감지되면 요원들을 파견하여 현장에서 체크하여 보고를 받고 있는데, 변장한 요원들을 여러분들이 알아보지 못하고, 에테르로 전환하여 활동하고 있어서 인식할 수 없습니다.

정찰선들은 2~3인의 요원들이 탑승하여 활동하고 있으며, 여러분들이 주유소에서 기름을 넣거나, 가스와 전기를 충전하는 것처럼, 정찰선들은 지구에 있는 에너지 볼텍스들에서 충전합니다. 때로는 전리층에서도 충전합니다.

우리는 상승 대상자들을 알고 있으며, 전체 환생 프로그램을 살피면서 지켜보아 왔습니다. 현재 각 개인으로 태어나 활동하고 있는 것을 모두 지켜보고 있었습니다. 대기권에서 정박 중인 도시형 모선들은 주기적인 모니터링을 통해 대상자들의 진동수와 의식지수를 점검하고 있으며, 그의 일상사를 지켜보고 있습니다. 그렇다고 해서 개인의 인생을 간섭하거나, 개입하는 것은 아니며, 상승 대상자이거나, 후보자이기 때문에 관리 차원에서 하고 있는 것이라고 이해하시면 됩니다. 우리는 최종 명령이 떨어지면, 대상자들의 신분 확인(身分 確認) 절차에 들어가며, 그에 따라 '신분 확인 빔(identity verification beam)'을 투사하여 확인할 것입니다. 이 빔은 보이지는 않지만 대상자들이 무엇을 하고 있든 상관없이 모선에서 수직으로 투사될 것입니다. 신분 확인 절차가 끝나면 '승선 허가(乘船 許可:permission to board)' 명령이 떨어지고, 그 즉시 '리프팅 빔(lifting beam)'을 투사해서 우주선으로 이동시킬 것입니다.

신분 확인 빔은 상승 대상자가 맞는지, 그렇지 아니한지를 검증하는 용도로서 모선에서 수직으로 대상자에게 방사되는데, 눈에 보이거나, 느낌이 전혀 없기 때문에 인식할 수는 없습니다. 이 절차는 오래 걸리지 않으며, 대상자들이 어디에 있든, 무엇을 하고 있든 상관없이 이루어질 것입니다. 모든 절차가 종료되면 사령부에서 승인이 떨어지고, 리프팅 빔을 대상자에게 투사하여 모선으로 이동시키게 되는데, 3차원 물질체를 4차원 물질체인 아스트랄체로 변형시켜 순식간에 우주선으로 상승하게 되는 것입니다.

이때에 존재의 육체는 빛 몸으로 바뀌는 것이며, 입고 있던 옷들과 걸치고 있었던 액세서리들을 그 자리에 둔 채로 눈앞에서 사라지는 것처럼 보일 것인데, 유모차에 있던 아기들, 품 안에 있던 아기들, 앞이나 옆에 앉아 있던 이들, 걸어가던 이들, 누워 있던 이들, 운전 중이던 이들, 일을 하고 있던 이들, 대화 중이던 이들이 순식간에 눈앞에서 사라질 것입니다. 사라진 이들이 있던 현장에는 예기치 않던 사고들이 있을 것인데, 달리던 열차나 전동차, 자동차, 전철, 여객기 등의 운전자나 조종사가 사라졌을 때에는 탈선사고, 추락사고, 충돌사고들이 있을 것입니다. 이때에 사고로 죽은 이들은 상승 대상자들이 아니기에 그들이 가야 할 곳으로 이동할 것입니다.

상승 대상자들은 이들을 담당하고 있던 모선들에 리프팅 빔을 통해 승선할 것이며, 빛의 샤워를 통하여 정화될 것입니다. 이것을 안내해 주는 요원들이 있을 것인데, 바로 여러분들의 우주 가족입니다. 이렇게 각 지역에서 승선을 완료한 모선들은 행성 지구를 떠나 토성 고리에 정박 중인 '뉴 예루살렘호'의 계류장에 도착하게 될 것입니다. 여러분들이 국제공항에서 경험하는 절차처럼, 이곳에서도 절차가 진행될 것인데, 낯설어할 필요는 없습니다. 모든 것이 친절하게 안내될 것이기에 안내요원들에 의해 인도될 것입니다.

이렇게 도착한 여러분들을 위한 환영 행사가 마련되어 있는 11층 리셉션장으로 엘리베이터를 이용하여 이동할 것입니다. 11층에 있는 거대한 홀에는 여러분들을 기다리고 있던 가족들과 동료들 그리고 환영하기 위해 도착해 있는 은하연합과 아쉬타르 사령부, 이온 상임 위원회의 위원 분들이 여러분들을 기다리고 있을 것입니다. 물론 상위영단에 속해 계신 분들은 화신하여 참석하실 것이기에 빛으로 나타나 발현하는 형태로 모습을 보일 것입니다. 환영 리셉션은 성대하게 치러질 것이고, 여러분들도 함께 즐길 수 있는 파티가 될 것입니다. 성서를 보겠습니다.

'기뻐하고 즐거워하며, 하나님께 영광을 돌리자.' '어린양의 혼인 날이 이르렀다.' '그의 신부는 단장을 끝냈다.' '신부에게 빛나고 깨끗한 모시옷을 입게 하셨다.' '이 모시옷은 성도들의 의로운 행위다.' '또 그 천사가 나에게 말하였습니다.' '어린양의 혼인잔치에 초대를 받은 사람은 복이 있다고 기록하여라.' '또 그리고 말하였습니다.' '이 말씀은 하나님의 참된 말씀이다.'

〈계시록 19:7~9, 새번역〉

어린 양의 혼인식이 11층 리셉션장에서 열리는 것이고, 신랑은 '그리스도 사난다 멜기세덱'이 자리하는 것이며, 신부들은 신부된 자격을 갖추고 상승한 존재들이 자리를 할 것인데, 신랑인 그리스도 사난다 멜기세덱을 대신하여 지구에서 신부들을 찾아 나선 '그리스도 아쉬타르 커맨드'도 함께 자리할 것입니다. 말씀드리자면 2천 년 전 '예수아 멜기세덱'과 '예수아 벤 요셉'의 유전자를 간직하고 태어난 후손들이 예수아 어린양의 신부들이 되는 것입니다.

아다파의 유전자를 통해 태어난 릴리스가 그의 아내가 된 것처럼, 뉴예루살렘호에서 어린양 예수아의 유전자를 간직하고 있었던 이들이 아내로서 참석하는 것이며, 다른 이들은 하객으로서 참석하게 하는 것입니다. 이 결혼식에는 반드시 예복을 입고 참석하는 것이기에 그렇지 않은 이들은 결코 참석할 수 없습니다. 진동수와 의식지수가 합하지 않은 이들은 결코 참석할 수 없기에 뉴 예루살렘호에 승선할 수 없다는 것입니다. 모선들은 합당한 이들만을 리프팅 빔으로 이동시키는 것입니다. 성서를 보겠습니다.

> '나는 또 불이 섞인 유리바다와 같은 것을 보았습니다. 그 유리바다 위에는 짐승과 그 짐승 우상과 그 이름을 상징하는 숫자를 이긴 사람이, 하나님의 거문고를 들고 서 있었습니다.'
>
> 〈계시록 15:2, 새번역〉

> '또 내가 보니, 어린양이 시온 산에 서 있었습니다. 그 어린양과 함께 십사만 사천 명이 서 있었는데, 그들의 이마에는 어린양의 이름과 그의 아버지의 이름이 적혀 있었습니다.'
>
> 〈계시록 14:1, 새번역〉

이곳에는 '유리바다', '시온산'이 등장하고, 상승한 존재들이 함께하고 있는 모습들을 기록하였습니다. 유리바다는 어둠을 이기고 상승하는 이들의 환영 행사를 위해 모이는 장소인 11층 리셉션장의 바다를 표현한 것이며, 시온산은 빛의 사자들이 머물고 있는 장소가 되는 것인데, 역시 우주선 안에 있는 장소를 보고 표현한 것입니다. 여러분들은 우주선 안에 완만한 경사를 갖는 계곡이 있는 산들이 있음을 알지 못합니다. 달보다 크고, 행성보다 큰 우주선들이 매우 많은데, 사실 외형적 크기는 아무런 문제가 되지 않습니다.

지구 인류들을 이동시키는 것은 아무것도 아니며, 각 영역에 맞추어서 배정된 거대 우주선들이 있고, 탑승하고 들어왔던 우주선들이 다시 와서 대기하고 있습니다. 성서를 보겠습니다.

'그 뒤에 내가 보니, 아무도 그 수를 셀 수 없을 만큼 큰 무리가 있었습니다. 그들은 모든 민족과 종족과 백성과 언어에서 나온 사람들인데, 흰 두루마기를 입고, 종려나무가지를 손에 들고, 보좌 앞과 어린양 앞에 서 있었습니다. "흰 두루마기를 입은 이 사람들은 누구이며, 또 어디에서 왔습니까?" "이 사람들은 큰 환란을 겪어낸 사람들입니다. 그들은 어린양이 흘리신 피에 자기들의 두루마기를 빨아서 희게 하였습니다." "그러므로 그들은 하나님의 보좌 앞에 있고, 하나님의 성전에서 밤낮 그분을 섬기고 있습니다." "그리고 그 보좌에 앉으신 분이 그들을 덮는 장막이 되어 주실 것입니다." "보좌 한 가운데 계신 어린양이 그들의 목자가 되셔서, 생명의 샘물로 그들을 인도하실 것이고, 하나님께서 그들의 눈에서 눈물을 말끔히 씻어주실 것입니다."'

〈계시록 7:9, 13, 14, 15, 17, 새번역〉

이곳에는 '아무라도 능히 셀 수 없는 큰 무리'가 등장합니다. 역시 우주선들에 상승하는 인류들인데, 수억에 해당하는 인류들을 말하는 것이며, 지구촌 어느 곳이든 진동수와 의식지수가 합당한 인류들이 상승대상자들이 되어 대기하고 있던 모선들에 의해 상승 이동할 것이며, 준비된 천국과 같은 우주선들에 승선하게 될 것인데, 이 모습을 미리 보여 준 것입니다.

'뉴 베들레헴', '뉴 나자렛', '뉴 베다니', '뉴 카퍼나움', '뉴 막달라', '뉴 카나', '뉴 벧엘', '뉴 사마리아', '뉴 벳세다', '뉴 브엘세바', '뉴 여리코', '뉴 헤브론' 등이 상승하는 이들이 행성 타우라가 준비되는 동안, 행성 지구의 일들이 마무리되는 동안 머물게 될 호텔이자, 천국입니다.

이 부분들은 '빛의 은하연합'에서 준비하였으며, 아쉬타르 사령부가 보호를 위해 함께하고 있습니다. 조직 내부에서 반란이 일어나게 되면 그것을 수습하고 재정비하는 것이 쉬운 일이 아닙니다. 조직 자체가 와해될 수도 있기 때문에 더욱 그렇다고 할 수 있습니다. 지휘자까지 포함되었다면 더욱 그러했습니다. 아쉬타르 사령부는 '사령관 아쉬타르 쉬란'의 유고(有故) 때문에 바람 잘 날이 없었습니다. 그 상황이 적을 속이기 위한 작전에 의해 연출된 것이라는 것이 밝혀지기 전까지도 그랬다는 것입니다.

행성 지구와 인류들을 위한 작전들이 정상화되기까지 많은 부침들이 있었지만, 우리들의 개입에 의해 질서들이 회복될 수 있었습니다. 모든 상황들은 다층적으로 진행되고 있으며, 3차원 세계까지 적용되어지는 것은 시간차가 있다는 것을 전하고자 합니다. 주로 4차원과 5차원 사이에서 많은 일들이 진행되고 있고, 위와 아래로 적용되어 진행된다 할 수 있습니다. 여러분들 세계의 일들은 완전하게 진행되나요? 우주에서는 위의 세계에서는 완전하지만, 아래로 내려올수록 시-공간의 영향에 의해 시간차가 발생하게 되는 것입니다. '위에서 그런 것 같이 아래에서도'가 그런 경우라고 할 수 있습니다.

천상에서는 완전하지만, 아래에서는 시간차를 두고 일이 진행되어지기에 웨이브가 일어나는 것입니다. 이것을 결정화 과정, 형상화 과정이라고 하는 것입니다. 우리는 여러분들에게 상승단계를 위해 준비해 둔 '뉴 예루살렘호'에 대한 정보를 나누었습니다.

우리는 생각 조절자이며, 마누를 대리하는 신성입니다.

23. 새 노아의 방주(方舟)
(New Noah's Ark)

사랑하는 여러분!

현대 문명을 일구었던 1만 2천 년을 마무리하기 위해 행성 영단과 우주 영단이 연합한 인류 상승 프로그램이 설계되었습니다.

제1 조화우주에 펼쳐졌던 전 과정을 성취한 존재들을 제2 조화우주 영역으로 이동시키는 계획이 수립된 것입니다. 일반적으로는 행성에서 상승한 존재들이 상위행성으로 들어가 영단에 소속되어 체험을 이어 나갔습니다.

하지만 행성 티아마트는 특수한 목적에 의해 창조되었다고 하였습니다. 바로 은하를 떠나 상위은하로 진출시킬 수 있는 행성이 필요하였기에 그런 목적을 갖춘 행성으로서 시리우스에서 분화되어 현재의 태양계로 들어왔습니다. 그리고 새로운 대주기 진입인 제2 조화우주 영역에서의 첫출발을 위해서 4차원 행성으로서 분리시켜 행성 타우라로 태어날 수 있도록 하였습니다. 그렇다 보니, 제1 조화우주 영역에 행성 지구는 그대로 남아 있게 되었으며, 행성 타우라는 현재의 시-공간에서 분리되어 제2 조화우주 영역인 4차원 영역에 배치되었습니다.

4차원 물질체험을 하게 될 상승한 지구 인류들을 받아들이기 위한 막바지 마무리 작업들이 진행 중에 있습니다. 앞장에서 밝힌 것처럼, 상승한 인류들은 행성 타우라가 있는 제2 조화우주 영역에는 직접 들어올 수 없어서 우주선들에 승선하여 이동해 올 것입니다. 또 행성 지구에서의 마무리가 모두 종료될 때까지 있어야 하기 때문에, 당분간은 우주선에서 거주해야 합니다.

　여러분들은 그러면 영화에서 보던 것처럼, 답답하고 지루해서 어쩌나 하고 걱정하실 것이나 그것은 기우(杞憂)에 지나지 않습니다. 우주선들은 여러분들 생각처럼, 작지도 않고 그렇게 생기지도 않습니다. 그리고 다층적으로 이루어졌다고 소개하였습니다. 여러분들이 우주선들에 들어서는 순간, 그 규모에 놀랄 것이고, 내부 구조가 행성을 그대로 옮겨 놓은 것처럼 생긴 것에 놀랄 것입니다. 도시가 그대로 재현되어 있음으로 해서 그 놀라움은 표현할 수 없을 것이고, '여기가 바로 천국이구나!' 하고 감탄할 것입니다.

　사도 요한이 표현한 '새 예루살렘 성'이 바로 그것입니다. 우리는 상승하는 인류들을 위해서 '도시형 모선들'을 준비한 것이고, 지구를 떠나는 인류들을 위해 우주선들을 준비한 것입니다.

　행성 타우라로 이동해 가는 인류들은 3차원 과정을 완료하고 4차원 과정을 배우기 위해 선택된 인류들입니다. 이들은 4차원 옷을 입고 체험을 하게 될 것인데, 거주하는 우주선 안에서 그 배움이 기본적으로 있을 것입니다. 선행(先行)학습이 이루어진다고 보면 됩니다. 공식적인 입학식은 행성 타우라에 들어가 영단에서 있을 것인데, 이미 영단이 준비되어 자리를 하고 있다고 할 수 있는 것은 '투 트랙 작전(two tracks operation)'을 통해서 하고 있어서입니다.

행성 지구의 영단이 함께하는 것이고, 타우라에도, 지구에서도 동시성을 가지고 작전수행을 하고 있다는 것입니다. 물론 대사들이 두 세계에 머물면서 동시적으로 역할 수행을 한다는 것입니다. 이러한 일들은 과거에도 많이 진행되었기에 충분히 하고도 남을 정도입니다. 다만 여러분들에게는 처음 있는 것처럼 보일 뿐인 것입니다.

인류들을 수송하는 것 역시 과거에도 많이 이루어져 왔었기에 어려운 점이 없다고 하는 것입니다. 여러분들은 '노아(지우수드라)의 방주'를 아실 것인데, 지구의 생명체들을 대홍수에서 구한 이야기입니다. 성서를 보겠습니다.

'여호와께서 노아에게 이르시되 너와 네온 집은 방주로 들어가라. 네가 세대에 내 앞에서 의로움을 내가 보았음이니라. 너는 모든 정결한 짐승은 암수 일곱씩, 부정한 것은 암수 둘씩을 네게로 취하며, 공중의 새도 암수 일곱씩을 취하여 그 씨를 온 지면에 유전케 하라. 지금부터 칠일이면 내가 사십 주야를 땅에 비를 내려 나의 지은 모든 생물을 지면에서 쓸어버리리라. 노아가 여호와께서 자기에게 명하신 대로 다 준행하였더라. 노아가 아들과 아내와 자부(子婦)들과 함께 홍수를 피하여 방주에 들어갔고, 정결한 짐승과 부정한 짐승과 새와 땅에 기는 모든 것이 하나님이 노

아에게 명하신 대로 암수 둘씩 노아에게 나아와 방주로 들어갔
더니, 칠일 후에 홍수가 땅에 덮이니,'

〈창세기 7:1~5, 7~10, 개역한글〉

우리는 극이동을 앞두고 있는 인류들과 자연계의 생명들을 위한 '대피 계획'을 세웠고, 마치 '노아의 방주'처럼, 의식이 깨어 있는 인류들에게 준비할 수 있도록 메시지를 전하였습니다. 성서에는 노아가 방주를 직접 건조한 것으로 표현하였지만, 사실 아눈나키에 의해 준비될 수 있었으며, 살아 있는 동물들을 직접 태운 것으로 표현하였지만 생체정보들을 실었던 것입니다. 이 시대의 인류들이 준비할 수 있는 수준의 재난이 아니었기에 엔키(Enki)에 의해 준비될 수 있었던 것입니다.

현시대의 인류들도 극이동을 대비할 수준이 아닙니다. 방주를 준비하라고 할 수도 있겠지요. 여러분들은 타이타닉과 같은 배들을 준비할 것이고, 잠수함과 같은 배들을 준비할 것이나, 과연 그것으로 생존할 수 있을까요? 영화 〈2012년/2009〉 속에 등장하는 거대한 잠수함을 닮은 배들을 건조한다 해도 기술적 도움이 없이는 불가능합니다. 아직 미약한 수준을 벗어나지 않았기에 우리의 도움이 없이는 인류들은 생존할 수 없습니다.

우리는 행성 지구에서 진화한 생명체들의 유전자 정보들을 채집하였으며, 종자들을 확보하였습니다. 이것은 1천 년 전부터 준비한 것이며, 지금은 충분히 자료들을 확보하여 둔 상태입니다. 모든 생명들의 DNA가 준비되었으며, 씨앗들이 준비되었습니다. 이것으로 다른 행성에 지

구와 같은 생명계를 창조할 수 있을 정도입니다. 이것을 안전하게 보관하고 있는 아쉬타르 사령부 소속의 함선인 '뉴 제네시스호(star-ship New Genesis)'가 바로 그것입니다. 우리는 4차원 행성 타우라에 정착시킬 자연계를 디자인하였으며, 필요한 식물들과 곤충들, 동물들, 새들을 준비하였습니다. 물론 다른 행성들에서 도움을 받은 것들도 있고, 실험실에서 생명공학자들의 솜씨에 의해 창조된 생명체들도 있었습니다.

'뉴 제네시스호'는 4차원 행성 타우라에서 자연계의 생명들을 정착시키는 역할을 할 것인데, 성서를 보겠습니다.

'하나님이 가라사대 땅은 풀과 씨 맺는 채소와 각기 종류대로 씨 가진 열매 맺는 과목을 내라 하시매 그대로 되어 땅이 풀과 각기 종류대로 씨 맺는 채소와 각기 종류대로 씨 가진 열매 맺는 나무를 내니 하나님의 보시기에 좋았더라.' '하나님이 가라사대 물들은 생물로 번성케 하라.' '땅위 하늘의 궁창에는 새가 날으라 하시고, 하나님이 큰 물고기와 물에서 번성하여 움직이는 모든 생물을 그 종류대로, 날개 있는 모든 새를 그 종류대로 창조하시니 하나님의 보시기에 좋았더라.' '하나님이 가라사대 땅은 생물을 그 종류대로 내되, 육축과 기는 것과 땅의 짐승을 종류대로 내라 하시고(그대로 되니라). 하나님의 땅의 짐승을 그 종류대로, 육축을 그 종류대로, 땅에 기는 그 모든 것을 그 종류대로 만드시니, 하나님이 보시기에 좋았더라.'

〈창세기 1:11, 12, 20, 21, 24, 25, 개역한글〉

이렇게 성서에 기록된 것처럼, 우리들에 의해 행성에서 진화할 각종 나무들과 풀들과 채소들이 종자로서 보관되어 있으며, 각종 곤충들의 유전자와 알들, 각종 물고기들의 유전자와 알들, 각종 해양생물들의 유전자와 알들, 각종 새들의 유전자와 알들, 각종 동물들의 유전자와 알들이 보관되어 있습니다. 극이동 이후에도 새로운 자연환경과 동, 식물들을 정착시킬 것인데, 창세기에 등장하는 장면들이 연출되는 것입니다. 3차원 행성과 4차원 행성의 환경은 다를 수밖에 없기에 그것에 맞추어 설계되었으며, 그렇게 보존될 수 있었습니다. 이것은 행성 영단과 우주 영단이 공조하여 펼치는 것으로서, 생명들이 진화할 수 있도록 하는 것입니다.

인류라고 하는 생명들도 포함되는 것이며, 오래전부터 있어 왔던 계획입니다. 행성 지구에 있었던 '씨앗 뿌리기'는 아다파와 릴리스, 아담과 이브로 나타났던 것이며, 호모 사피엔스 인종의 씨앗 뿌리기였던 것입니다.

우리는 호모 사피엔스 인종 중에서 3차원 체험을 성취하고, 4차원 체험을 시작할 깨어난 인류들을 선별하였으며, 이들에게 새로운 환경에서 진화할 수 있는 기회를 제공하기로 하였습니다. 그래서 이들을 이동시키기 위한 '뉴 노아의 방주' 계획을 수립하게 되었던 것입니다. 이것이 '휴거'로 전해진 것입니다. 3차원에서 4차원으로 상승하기 위한 자격조건이 당연히 있는 것이고, 그것을 충족한 존재들이 선택될 수 있었던 것입니다.

3차원 행성과 4차원 행성은 진동대가 다릅니다. 당연히 그곳에서 진화할 생명들도 진동수가 다르다고 하는 것입니다. 과거 지구에 들어왔던 아눈나키들도 4차원 행성에서 들어온 4차원 존재들이었습니다. 다른 진동 영역에 살던 종족들이어서 지구에서는 적응하는 데 많은 어려움들을 겪었던 것입니다. 그들의 물질체가 맞지 않았기 때문에 일어난 부작용이었지요. 지구 인류인 호모 사피엔스 역시 3차원 환경에 맞추어서 창조된 육체였기 때문에 4차원 환경에서는 새로운 물질체를 입어야만 그곳에서 진화할 수 있습니다. 현재의 육체로는 불가능하다는 것이며, 새로운 옷을 입는 새 창조가 필요하다는 것입니다. 성서를 보겠습니다.

'하나님이 가라사대 우리의 형상을 따라 우리의 모양대로 우리가 사람을 만들고, 그로 바다의 고기와 공중의 새와 육축과 온 땅과 땅에 기는 모든 것을 다스리게 하자 하시고, 하나님이 자기 형상, 곧 하나님의 형상대로 사람을 창조하시되 남자와 여자를 창조하시고, 하나님이 그들에게 복을 주시며, 그들에게 이르시되 생육하고 번성하여 땅에 충만하라, 땅을 정복하라, 바다의 고기와 공중의 새와 땅에 움직이는 모든 생물을 다스리라 하시니라.'
〈창세기 1:26~28, 개역한글〉

성서에 등장하는 사람을 창조하는 장면입니다. 3차원 행성에서 진화할 혼들에게 물질체를 만들어 주는 장면을 기록한 장입니다. 혼들이 선택한 3차원 물질체험은 육체를 필요로 했습니다. 그래서 행성 지구에서의 체험을 위해 육체가 만들어졌는데, '우리의 형상, 우리의 모양'

은 아눈나키인 엔키와 닌허사그를 이야기하는 것이고, 플레이아데스 인류를 모델로 했다는 것이며, 유전적 측면으로는 '사자인-조인-파충인-인류'로 창조되었음을 전하는 것입니다. 그리고 육체 속에 들어와 '사람'으로서 살아갈 혼들에 대해 기록한 성서를 보겠습니다.

'여호와 하나님이 흙으로 사람을 지으시고 "생기"를 그 코에 불어넣으시니 사람이 "생령"이 된지라.'

〈창세기 2:7, 개역한글〉

호모 사피엔스가 어떻게 창조되었는지를 기록한 것입니다. 여러분들에게 전하는데, 4차원 행성 타우라에도 바로 인류들이 들어가서 살 수 있는 것은 아닙니다. 행성에 정착해서 진화를 해야 하기 때문에 환경에 적합한 물질체가 필요하고, 혼들은 그곳에 들어가야 하는 조건이 있다는 것입니다. 그래서 타우라 인류로서 개발된 육체가 준비되었으니, 바로 '호모 아라핫투스'라는 물질체입니다. 지구를 졸업하고 떠나는 호모 사피엔스라는 물질체를 입고 있었던 혼들은 4차원 환경에 맞는 새 옷인 호모 아라핫투스를 입고 타우라의 아담으로 창조되어 땅을 거닐게 될 것입니다.

그렇게 해서 아담의 후손들로 태어나 타우라의 인류로서 살아갈 것입니다. 우리는 또 한 번 실험실로 들어가 인류 창조 역사를 쓰게 될 것이고, '우리의 형상을 따라, 우리의 모양대로' 4차원 행성 타우라에 처음 정착할 '아다파와 릴리스'를 창조할 것이며, '호모 아라핫투스 인종'이 정착하게 되는 것입니다.

새로운 행성의 대륙들과 바다들, 호수와 강들, 산들과 평야들, 대기 환경, 우주의 방사선들을 차단해 줄 천공들, 밤하늘을 밝혀 줄 달들, 이러한 부분들이 먼저 준비되어야 하는 것이고, 그 뒤에 생명체들이 씨앗 뿌려져서 나무들과 풀들과 채소들이 자라날 수 있게 되는 것입니다. 그 뒤를 이어 곤충들과 유기체들과 박테리아를 포함한 다채로운 생명들이 정착하게 되는 것이고, 동물들과 새들이 정착하게 될 것입니다.

창조의 시간차는 첫째 날과 둘째 날 사이, 둘째 날과 셋째 날 사이가 서로 다르고 많은 시간들이 소요되는 것이기에 '일주일 안에' 모든 것이 이루어지는 성서의 표현은 동화적 발상이라고 할 수 있습니다. 인류들이 정착할 수 있을 정도의 환경이 조성되기까지는 시간이 필요하고, 그때가 될 때까지는 행성 영단의 스케줄에 따라 우주선에서 대기하고 있어야 하며, 영단이 지정한 장소에서 대기하면서 훈련과 교육을 받아야 한다는 것입니다. 여러분들은 좀 지루하지 않을까 하시겠지만, 우주선 생활이 '천국 생활처럼' 받아들여지기에 전혀 그렇지 않으며, 시간 가는 줄 모른다는 표현이 잘 맞을 것입니다.

여러분들이 현대문명을 열 초창기에도 그러했다는 것입니다. 그리고 '노아의 홍수 이후'에도 정착하는 데, 많은 수고와 노력들이 있었으며, 시간들을 필요로 했습니다. 홍수와 물에 대한 트라우마가 매우 컸었던 인류들은 새롭게 정착하는 데, 강가와 바닷가에 정착해서 살기 전까지, 산꼭대기에서 아래로 내려가는 것을 매우 두려워했습니다. 패총(貝塚)이 생겨나기까지는 상당한 시간이 필요했다는 것이고, 움막을 짓기까지도 그러했다고 하는 것입니다.

마치, 마법사가 마술을 부리듯, 창세기 1장에서 그려진 창조 행위는 이루어지지 않았습니다. 물질우주가 만들어지는 과정은 순식간에 이루어졌지만, 행성들에 생명계가 들어서는 것은 시간차가 있었다고 하는 것입니다. 그런 의미에서 4차원 행성 타우라도 그렇다고 볼 수 있어서 준비하는 여정이 있다고 하는 것이며, 그것을 위해 최상의 전문가들이 들어와 있는 것입니다.

　노아가 비가 오기 전, 7일 전에 방주에 들어가 문을 닫았으며, 7일이 지나고, 40일 주야를 비가 내리고 그쳤으며, 150일 동안 세상이 물에 잠겨 있다가 150일 동안 물이 빠지기 시작했습니다. 완전히 마르기까지 54일 정도가 걸렸으니, 1년이 훨씬 넘는 기간 동안 방주 안에서 생활했던 것입니다. 노아가 600세 되던 해, 2월 17일 날, 비가 오기 시작해서 다음 해 2월 27일 날 땅이 말랐다고 했으니까요. 이때는 자전축이 45°로 기울어져 있었으나, 홍수의 영향으로 현재인 23.5°로 기울어졌던 것입니다. 그렇다 보니, 1년이 365일이 아닌 394일 정도 되었다고 볼 수 있었습니다. 1년 이상을 배 안에서 생활하려면 그 정도는 버틸 식량이 있어야 합니다.

　전해 드린 대로 방주는 평범한 배가 아니었으니, 니비루브 건조기술에 의해 만들어졌고, 아눈나키가 일등 항해사 역할을 하였습니다. 생명들을 살아 있는 상태로 승선시킨 것도 아니었으며, 유전자 세포들을 저장하고, 씨앗들을 저장하여 두었던 것입니다. 물이 빠진 후에 아눈나키 유전공학자들에 의해서 다시 탄생되어 땅 위를 기어다니거나 걸어 다닐 수 있었고, 하늘을 날아다닐 수 있었습니다. 굳이 필요치 않은

동·식물들은 도태시켰습니다.

이제, 우리는 '제2의 노아의 방주'를 준비하였습니다. 다 아실 텐데, 방주가 왜, 필요한지, 행성 지구에 있을 대재난을 겪지 않고 대피할 수 있도록 준비한 것입니다. 그 당시는 노아의 가족인 8명이 대상이었다면, 현재는 깨어난 인류들이 대상이 된다는 것이어서 숫자로 보아도 많이 준비해야 되었던 것입니다. 인류들을 대상으로 하다 보니, 은하연합과 아쉬타르 사령부가 주축이 되었으며, 인류들과 큰 인연이 있는 '그리스도 사난다 멜기세덱'과 '그리스도 아쉬타르 커맨드'가 중심에 있게 된 것입니다.

우리들이 준비한 방주들은 도시형 모선들로서 충분히 여유를 가지고 대피할 수 있도록 건조되었습니다. 이미 동·식물들은 대피하였다고 볼 수 있는 것은 유전자 세포들과 씨앗들이 모아져 있어서입니다. 우리는 여러분들이 노르웨이와 한국에 종자은행을 만들어 놓은 것을 알고 있는데, 상승하는 인류들에게는 필요 없으며, 남아 있는 인류들도 필요 없게 될 것입니다. 우리는 대재난을 앞두고 있는 인류들을 위해 다양한 프로그램을 개발하였으며, 그 중심에 '대피 작전'이 있게 된 것입니다.

우리는 4차원 세계로 갈 수 있는 인류들을 먼저 이동시키기로 하였는데, 3단계에 걸친 작전을 통해 방주에 들어가도록 계획하였습니다. 1단계에 들어갈 인류들, 2단계에 들어갈 인류들, 3단계에 들어갈 인류들이 확정되었습니다. 이 계획에 포함된 인류들은 상승조건인 진동수와 의식지수를 갖춘 이들입니다. 이들은 4차원 세계로 들어갈 것이기에 4차원 영역으로 설정된 방주로 이동하여 갈 것입니다. 자신들의 별들로 떠날 존재들 역시 자신들의 세계에서 들어온 우주선들로 이동하여 떠나게 되고, 빛의 역할로 들어온 존재들은 우주선에 머물면서 주어진 역할을 마무리할 것입니다. 행성 지구는 대정화를 겪게 되는데, 노아의 홍수 때에 물에 빠져 죽은 이들처럼, 재난을 통하여 죽게 될 것입니다.

방주는 최고급 호텔처럼, 모든 것들이 갖추어져 있습니다. 기간에 상관없이 얼마든지 머물 수 있게 되어 있으며, 상승한 인류들을 위해 건조되었기에 승선한 인류를 위한 최고의 서비스가 제공될 것입니다. 승무원들은 인류들에게 매우 친절할 것이고, 존경과 사랑으로 대할 것입니다. 거주할 수 있는 전원주택단지, 빌라단지, 아파트단지 등이 있으며, 취미와 운동, 문화생활 등을 즐길 수 있는 복합단지들이 있습니다. 대형도서관, 콘서트홀, 영화관, 스포츠센터, 회의실, 카페, 레스토랑, 산책길, 호수, 공원들, 여러분들의 모든 생활들에 부족함이 없도록 다 갖추고 있다는 것입니다.

하루하루가 아까울 만큼, 모든 것들이 다 소중하고 귀하며 사랑스러울 것입니다. 때로는 여러분들을 돕는 승무원들이 천사처럼 보일 것인데, 실제로 천사들입니다. 이들은 여러분들을 돕기 위해서 방주에 배정되었습니다. 하늘을 나는 호텔, 하늘을 나는 여객선에 '체크-인'한 것입니다. 방주는 여러분들의 도시들을 모티브 하였기에 다양한 특색들을 갖추었다고 할 수 있습니다.

1단계로 방주에 승선할 인류들은 노아처럼, 재난을 겪지 않고 상승할 것이고, 2단계로 승선할 이들은 반 정도는 겪는 상태에서 상승할 것이며, 3단계로 승선할 이들은 반 이상 겪은 상태에서 상승할 것입니다. 그리고 남은 인류들은 재난 대상자들이기 때문에 방주에 오를 수 없으며, 재난들을 통해 죽을 것입니다. 이때에 재난들을 통해 죽은 인류들은 2차원 행성 다몬으로 이동하여 갈 것이고, 이들을 태우고 갈 감옥 우주선이 대기하고 있습니다. 소멸 대상들이 있을 것이고, 심판 대상들이 있을 것인데, 이들 역시 우주선들이 대기하고 있지만 방주는 아닙니다.

방주는 빛으로 상승하는 존재들이 승선하는 배입니다. 노아는 물을 피하기 위한 목적으로 제작된 방주에 타고 있었다면, 3차원에서 4차원으로 상승하는 인류들은 4차원 행성이 모두 준비될 때까지 방주에서 지내야 하고, 빛으로 상승한 인류들을 위해 빛으로 제작된 방주에서 머물게 되는 것입니다. 노아는 물을 피하면 되었지만 여러분들은 행성을 떠나야 하기 때문에 다시 이곳에 정착하는 것이 아니며, 새로운 행성으로 이동하여 가는 것입니다. 그것도 차원을 달리하여 이동하는 것이기에 준비할 것이 많다고 하는 것이며, 그 과정들을 방주에서 하게 될 것입니다.

노아 시절에도 사람들은 대홍수가 일어나는 것을 알지 못하였고, 관심도 없었으며, 행성 니비루브의 근접에 의한 쓰나미와 물 폭탄이 있을 것이라곤 꿈에서조차 알지 못하였던 것입니다. 오히려 노아를 정신 나간 사람으로 보았기에 거짓이라고 받아들였던 것입니다. 방주는 인류들 눈에는 거대한 흉물처럼 보였던 것입니다. 여러분, 우리는 이 시대에 여러분들에게 방주를 만들라고는 하지 않았습니다. 그랬다면 기술도 없지만, 인류들에게 손가락질의 대상들이 되었을 것입니다.

우리는 여러분들을 대신하여 방주들을 준비해 두었으며, 여러분들을 대피시킬 수 있게 된 것입니다. 우리는 영화 〈2012년〉처럼, 특권층들을 위한 방주를 제작하지 않았으며, 제비뽑기를 통해서 승선시키지도 않습니다. 우리는 매우 공정하고 합리적으로 승선할 인류들을 선정하였습니다. 합격점으로 본 것이 진동수와 의식지수입니다. 그것을 충족시킨 인류들은 방주에 승선할 수 있다는 것입니다.

이 기준에 맞는 인류들은 '승선 신호'를 받을 것이고, 오직 받은 이들만 알 것이며, 신호를 받은 이들은 육체가 빛으로 바뀔 것인데, 순식간에 리프팅 빔을 통하여 하늘에 정박 중이던 방주로 끌어올려질 것입니다. 이렇게 빛으로 변하여 하늘로 사라지는 모습들을 인류들이 목격할 것인데, 당황하거나, 놀라게 되며, 떠나간 가족, 사라진 가족 때문에 큰 혼란과 슬픔이 있을 것입니다. 나중에 이것이 '휴거'임을 알겠지만 같이 가지 못한 슬픔과 분노가 동시에 나올 것입니다. 아기와 어린이를 올려 보낸 어머니들의 슬픔은 이루 말할 수 없을 것입니다. 성서를 보겠습니다.

'홍수 전에 노아가 방주에 들어가던 날까지 사람들이 먹고 마시고, 장가들고 시집가고 있으면서 홍수가 나서 저희를 다 멸하기까지 깨닫지 못하였으니.'

〈마태 24:38, 39, 개역한글〉

방주에 들어가는 것은 깨달은 인류들입니다. 그렇지 못하고 물질세계에 취해 있는 인류들은 해당되지 않는다는 것이며, 세상이 끝이 오고 있음도 전혀 모르고 있다는 것입니다. 홍수와 같은 초대형 쓰나미가 지구를 덮을 것이고, 1년 이상 모든 세계들이 물속에 잠겨 있을 것이기에 수중도시들이 되는 것입니다. 이런 상황에서 살 수 있는 인류들은 없을 것입니다. 노아의 가족들처럼, 방주에 들어간 인류들만이 재난을 뒤로하고 생존할 것입니다.

우리는 방주에 피난한 인류들을 새 하늘과 새 땅이 있는 4차원 행성 타우라에 들여보낼 것입니다. 성서를 보겠습니다.

'하나님의 장막이 사람들과 함께 있으매, 하나님이 저희와 함께 거하시리니, 저희는 하나님의 백성이 되고, 하나님은 친히 저희와 함께 계셔서 모든 눈물을 그 눈에서 씻기시매 다시 사망이 없고, 애통하는 것이나, 곡하는 것이나, 아픈 것이 다시 있지 아니하리니 처음 것들이 다 지나갔음이러라.' '내가 생명수 샘물로 목마른 자에게 값없이 주리니, 이기는 자는 이것들을 유업으로 얻으리라.'

〈계시록 21:3, 4, 6, 7, 개역한글〉

의식을 깨우고, 자신을 정화하여 진동수를 끌어올린 인류들은 맑은 종과 같아서 '승선 나팔 소리'를 듣게 되면, 맑은 소리로 반향(反響)할 것입니다. 우리는 그 반향해서 돌아오는 소리를 검증해서 자격심사를 하는 것입니다. 어떠한 인류들이 방주에 승선하는지 전한 것인데요.

확실한 절차를 통해 억울한 일이 생기지 않도록 하려는 것이고, 자격이 되지 않은 이들이 승선하는 것을 방지하는 것입니다. 우리는 인류들의 전 윤회를 알고 있고, 무엇이 부족한지도 잘 알고 있습니다. 처음 우리 곁을 떠날 때에 한 서약을 잘 알고 있으며, 얼마나 약속을 잘 지켰는지 지켜보고 있었기에 모든 것을 잘 알고 있습니다.

우리는 존재가 스스로에게 약속한 것을 얼마나 잘 지켰는지, 스스로가 알 수 있도록 할 것인데, 이것이 스스로에 대한 심판이 되는 것입니다. 자신과의 약속을 잘 지킨 인류들이 방주에 승선하라는 나팔 소리를 들을 것이고, 빛의 몸으로 변하여 방주에 승선할 것입니다. 진동수가 부족한 이들은 리프팅 빔을 받지 않을 것인데, 죽을 수도 있기 때문입니다. 진동수의 과도한 상승이 육체를 죽일 수도 있기 때문입니다. 그래서 스스로 진동수를 상승시킨 인류들만이 승선 대상자들이 되는 것입니다.

우리는 생각 조절자이며, 마누를 대리하는 신성입니다.

24. 신세계(新世界)
(New World)

사랑하는 여러분!

여러분은 신세계를 어떻게 보십니까?

과거, 아메리카 대륙을 발견한 콜럼버스(Christopher Columbus)는 신대륙을 신세계라고 하였습니다.

바글거리던 유럽 대륙을 떠나 사람이 살지 않던 빈 땅을 발견하였으니, 충분히 그러고도 남았을 것입니다. 물론 원주민들이었던 인디언들은 나중 문제였을 테니까요. 여러분들의 대도시들을 보아도 인구 밀집도가 매우 높고, 상대적으로 부동산 가격과 물가도 매우 높습니다. 더군다나 세금 또한 높아서 살기가 쉽지 않습니다.

여러분들은 이러한 번잡함과 번거로움을 뒤로하고 휴양지에 가면, 천국에 왔다던가, 낙원(樂園)에 왔다고 표현합니다. 드라마나 영화에서도 많은 것을 표현하는데, 영화 〈인터스텔라:Interstellar/2014〉의 경우를 보면, 황폐화되어 가는 지구와 인류들의 생존을 위해서 새롭게 시작할 수 있는 새 행성을 찾아 떠나는 이야기를 그리고 있습니다. 그리고 남성 우주인과 여성 우주인이 환경이 적합한 행성을 찾아내어 그곳에 정착하는 내용이 그려지고 있는데, 두 우주인은 마치, 아담과 이브 같은 역할을 하는 것처럼 표현되었습니다.

또한 베르나르 베르베르의 소설 〈파피용:Le Papillon DesEtoiles/2008〉을 보더라도 지구를 버리고 새로운 행성을 찾아 떠나는 14만 4천 인의 인류들이 탑승한 우주선 '파피용'에 대한 이야기가 등장합니다. 많은 작품들 속에서 이와 비슷한 맥락의 에피소드들이 등장하고 있는 것을 보면 인류들의 무의식 속에는 '신천지(新天地)'를 찾아 떠나는 이야기들이 내재되어 있다고 보아야 할 것입니다. 이것은 계시록에 등장하는 지구의 멸망과 새 하늘 새 땅이 펼쳐지는 신세계에 대한 오마주(homage)라고 할 수도 있다는 것입니다. 지구 멸망에 대한 많은 예언들과 책들이 등장하고, 물론 성서를 포함해서 말입니다. 많은 예언가들이 그것을 공개적으로 발표하고 있으니, 기정사실화(旣定事實化)되었다는 것으로 받아들이고 있는 것입니다.

중요한 것은 그것이 언제인지? 인류들에게 중요한 화두(話頭)가 되었다는 것입니다. 그런데, 정말로 중요한 것은 그것이 언제인지가 아니라, 그날에 방주에 들어갈 수 있는지가 핵심이라고 하는 것입니다. 신세계가 아무리 있어도 들어갈 수 없다면 무슨 소용이 있겠습니까? 그림의 떡이라는 표현처럼, 하늘만 쳐다보고 있어야 한다는 것입니다.

방주(方舟:Ark)에 들어가는 사람들을 쳐다만 보는 인류들은 분노와 원망을 표출할 것인데, 자신의 부족한 부분은 생각하지 않고, 일어난 것에 대한, 그것에 자신이 포함되어 있지 않다는 것에 대한 분노와 원망이라는 것입니다. 남겨진 사람들은 당연히 신세계에 들어갈 수 없습니다. 신세계에 들어갈 수 있는 자격은 돈으로도 살 수 없고, 권력으로도 살 수 없으며, 지식으로도 살 수 없습니다. 잘생김이나 능력으로도 살 수 없으며, 자격증으로도 살 수 없습니다. 제비뽑기를 잘해도 살 수 없으며, 운이 좋아도 살 수 없습니다. 이 세상에 있는 어떤 것으로도 결코 '신세계'에 들어갈 수가 없습니다.

유일한 자격은 '진동수와 의식지수'입니다. 신세계에 살 수 있는 조건입니다. 대우주 상승주기가 오면 마치, 물이 끓고 있는 주전자와 같아서 대기층에 가해지는 압력이 그만큼 증폭되며, 임계점에 도달하면 유리화 현상(遊離化 現狀)이 일어나는데, 시-공간이 괴리(乖離)된다고 할 수 있습니다. 즉 3차원 시-공간 영역과 4차원 시-공간 영역이 벌어지는 것인데, 지구에서 그런 현상이 일어나고, 그러면 생명체들과 물질체들이 순식간에 눈앞에서 사라지면서 4차원 영역으로 넘어간다는 것입니다. 이것이 준비되어 있었다면 상관없지만, 그렇지 못하였다면 지옥이 되는 것입니다.

필라델피아 실험(Philadelphia Experiment)이 있었습니다. 이 실험에 동원된 구축함과 승조원들이 시-공간을 이동하였다가 다시 돌아왔으나, 극심한 후유증을 겪거나 죽었습니다. 말하자면 자격과 조건을 갖추지 않고 4차원 영역으로 들어갔던 것이기에 결과가 그렇게 된 것입니다. 만약, 행성 지구가 아무런 준비 없이 시-공간을 넘어 4차원 영역 속으로 들어간다면 모든 생명체들은 죽을 것이며, 육체를 빠져나온 혼들은 우주 미아들이 될 것입니다. 영단은 결코, 그런 결과를 원하지 않기에 생명들이 정상적인 순환주기에 적응할 수 있도록 하려는 것입니다.

여러분들의 혼과 생리체는 전자기 에너지에 크게 영향을 받기 때문에 대기층에 가해지고 있는 압력에 민감해지는 것입니다. 이때에 당연히 진동수는 중추적인 역할을 한다고 보아야 합니다. 신세계는 4차원 영역입니다. 다른 시-공간이며, 다른 대기층과 환경들을 가지고 있습니다. 당장 산소 포화도(酸素 飽和度)가 달라서 호흡할 수가 없으므로 질식사(窒息死)할 것입니다. 또한 육체에 가해지는 압력들의 차이가 급격하게 달라서, 특히 중력이 현저하게 낮아서 자칫하면 피부가 폭발할 수 있습니다. 장기들도 그 영향으로 인하여 폭발할 수 있습니다.

여러분들의 육체는 3차원 환경에 맞게 창조되었습니다. 그래서 4차원 영역으로는 가지고 갈 수 없습니다. 그곳에서는 그곳에 맞는 물질체를 입어야 살아갈 수 있습니다. 옷을 입어야 하는 혼도 적응훈련을 받지 않으면 혼란을 겪을 수밖에 없다는 것입니다. 이러니, 바로 신세계로 넘어갈 수도 없고, 바로 들어가 살 수도 없다는 것입니다. 그래서 그 절충안으로 4차원 행성이 준비되는 동안 우주선 안에서 살면서 적응훈련을 하기로 한 것입니다. 방주로 준비된 우주선들이 대재난을 피할 수 있는 장소로서도 역할도 하지만, 4차원 행성 적응을 할 수 있는 훈련캠프로서의 역할도 한다는 것입니다.

4차원 공부를 할 수 있는 중등학교에 들어가기에 앞서서 선행학습을 할 수 있는 예비학교라고 할 수 있습니다. 우리는 중등과정을 처음 배

379

우는 인류들을 위해서 모든 것들을 준비시켜 두었으며, 낯설거나 어려워하지 않도록 예비하여 두었던 것입니다. 물론 선생님들과 선배들이 먼저 도착해서 준비들을 다 하였으며, 신입생들이 들어오기만을 손꼽아 기다리고 있다는 것입니다. 방주에 개설된 훈련캠프는 조종사들이 비행훈련을 모의(模擬)로 하는 것과 같다고 할 수 있습니다.

실재하는 행성 타우라는 아니지만 그대로 재현하여 두었기에 실재하는 장소에서 머문다고 할 수 있습니다. 마치, 아파트 모델하우스 같다고 할 수도 있으나, 규모도 그렇고, 실제적으로 적용되어 우주선 안에 있다는 것이 다르다고 할 수 있습니다. 호수를 바라보며, 석양을 즐길 수 있다면 믿으실 수 있겠습니까? 그렇다는 것입니다. 상승하는 인류들을 위한 배려 차원에서 모든 것을 준비해 두었다고 하는 것입니다. 여러분들이 신세계로 바로 들어갈 수 있다면 필요치 않았을 것이나, 과도기가 필요하게 되었기에 준비한 것입니다.

행성 티아마트에 인류들이 처음 들어와 정착할 때에도 적응 절차에 따라 진행되었던 것입니다. 3차원에 해당하는 체험을 위해서 물질체를 개발하였고, 문명 발전단계에 따라 세부조정이 이루어졌습니다. 영단에 소속된 '마누(Manu)'라는 직함은 진화를 위한 생명들의 물질체를 창조하는 역할이라고 해야겠지요. 인류들의 경우에도 근본 인종과 아-인종을 두어 진화할 수 있도록 하였습니다. 호모 사피엔스는 6번째 아-인종으로 창조된 것이며, 현대문명을 일구어 왔던 것입니다.

4차원 행성은 7번째 아-인종인 호모 아라핫투스가 문명을 이끌어 나갈 수 있도록 하였기에 20세기 후반과 21세기 도입 시기에 태어날 수 있도록 하였습니다. 1992~2022년에 집중적으로 태어난 호모 아라핫투스 인종은 아다파가 호모 사피엔스의 조상이 된 것처럼, 아다파의 역할이 주어졌다고 할 수 있습니다. 이들은 4차원 문명을 발전시키는 역할이 있기에 과도기적인 상황인 이 시대에 앞서서 태어났으며, 3차원을 승계(承繼)하여 4차원 문명을 발전시킬 것입니다. 광자대는 3차원 세계를 졸업하고 4차원 세계를 정착시켜서 5차원 세계로 연결될 수 있는 다리가 되어 주는 것입니다.

호모 사피엔스 인종은 수직적 개념의 화합을 좋아하여 조직을 만드는 문명을 발전시켰다면, 호모 아라핫투스 인종은 수평적 개념의 화합을 좋아하기 때문에 개인화를 통한 문명을 발전시켜 나갈 것입니다. 무슨 차이가 있느냐 하시겠지요. 이 차이가 3차원 세계와 4차원 세계를 나타내는 지표가 될 것입니다. 존재와 존재 사이에 경쟁과 전쟁이 있는 것과 존재와 존재 사이에 존중과 평화가 있는 것이 다르다고 할 수 있습니다. 호모 사피엔스는 경쟁을 통해 사회를 발전시켰고, 전쟁을 통해 파괴하였습니다. 이것이 현대문명의 역사가 되었습니다.

4차원 세계는 더 이상 경쟁하지 않으며, 분열하지 않으며, 전쟁하지 않습니다. 발전을 빌미로 더 이상 파괴하지도 않습니다. 상승하는 호모 사피엔스 인종은 인성에서 이러한 것들을 받아들인 인류들입니다. 전쟁을 싫어하고 평화를 사랑하는 마음으로 바뀌게 된다는 것입니다. 이것은 진동수 상승에 따라 나타난 변화이며, 이러한 인류들이 4차원 세계로 상승 이동할 수 있게 되는 것입니다. 이러한 변화에 동참하지 못하는 인류들은 새로운 세계로 넘어갈 수 없습니다. 진동수 상승에 동참하지 못하는 인류들은 퇴거 수순을 통하여 무대에서 내려오는 것입니다.

퇴거 수순은 극이동을 통하여 연출할 것입니다. 신세계에 들어갈 수 없는 인류들은 현대문명을 닫을 때에 함께 물러날 것이고, 그들이 입었던 물질체들은 원소들로 돌아갈 것이며, 혼-체들도 전자기 입자들로 돌아갈 것입니다. 혼들은 위원회에 출석하여 자신의 행위에 따른 책임을 지게 될 것입니다.

제2 조화우주 영역은 4~6차원 세계를 품고 있으며, 이 세계에는 많은 우주적 가족들과 동료들이 머물고 있습니다. 행성 지구는 바로 이 영역으로 들어갈 수 없어서 대순환주기에 맞추어 트랙을 분리시키기로 하였던 것이고, 그것에 따라 4차원 영역이 분리되었으며, 제2 조화우주 영역으로 이동하여 간 것입니다. 시-공간이 다르다고 하였습니다. 먼저 행성을 준비시키기로 하였기에 홀로그램 형상을 통해 4차원 행성 타우라가 나올 수 있게 된 것입니다. 우리는 신세계에 들어갈 인류들을 선별하였으며, 3단계로 나뉠 수 있게 된 것입니다.

1단계는 '빛의 사자들', '호모 아라핫투스 인종', 진동수 상승을 성취한 '호모 사피엔스 인종'이 해당됩니다. 2단계는 40일 동안 세상에서 활동하는 '빛의 사자들'을 통해서 진동수 상승을 성취시킨 인류들이 해당되는 것이고, 3단계는 재난을 겪으면서 생명을 잃으면서도 진동수 상승을 성취한 인류들이 해당되는 것입니다. 1단계에 속한 인류들은 3

차원 물질체가 빛 몸으로 바뀌면서 방주에 승선하는 이들입니다. 2단계는 빛 몸을 가지고 세상에 내려온 '빛의 사자들'의 진리를 받아들인 후에 깨어난 인류들이 될 것입니다. 3단계는 어둠으로 변한 세상에서 진리를 생명으로 지켜 낸 인류들이 될 것인데, 우리들의 보호가 끝까지 함께할 것입니다.

신세계에 들어갈 인류들은 방주에서 생활하게 되고, 그곳에서 평안한 시간을 보내게 되며, 지구에서 일어나는 일들을 먼발치에서 바라보게 될 것입니다. 성서를 보겠습니다.

'하늘에 허다한 무리의 큰 음성'; '허다한 무리의 음성.'
〈계시록 19:1, 6, 개역한글〉

이곳에 기록된 '허다한 무리'는 바로 방주에 승선한 인류들을 말하는 것입니다. 방주는 행성 지구의 일이 마무리될 때까지 머물고 있을 예정인데, 안전지대에 있기 때문에 보호받는다는 것입니다. 다만 지구에서 펼쳐지는 상황들을 눈앞에서 보는 것처럼, 체험할 것입니다. 어둠이 펼쳐졌던 지구가 어떻게 정리되는지 바라보는 것이고, 구세계와 관련되었던 모든 것들을 정화하는 과정이라고 보면 됩니다.

여러분들은 3차원의 체험을 선택했고, 네바돈의 4종족인 '사자인-조인-파충인-인류'의 유전체가 골고루 섞인 물질체를 입고 체험하게 된 것입니다. 겉모습이야 사람의 형상을 하고 있었으나, 속사람은 4종족의 성품을 골고루 갖게 되었던 것입니다. 처음에는 각기 다른 성향으로 인하여 충돌양상을 보였으며, 서로 엇나가는 것처럼 보였기에 조화를 이루기가 어려워 보였습니다. 감정들의 충돌이 심하게 있었으며, 서로 조화를 이루는 대신에 파괴만이 있었던 것입니다. 신세계라 해서 완전한 평화가 있는 것은 아닌데, 완전한 평화를 정착시키기 위한 과도기라고 해야 할 것입니다. 물론 이 과도기를 호모 아라핫투스 인종이 잘 진행시키리라 봅니다.

4차원 행성은 5차원 행성으로 가기 위한 교두보(橋頭堡)라고 할 수 있는데, 인류들에 의해 발현된 평화가 1천 년 뒤에 도전에 직면하게 될 것입니다. 말하자면 완전한 평화로 가기 위한 검증 절차라고 할 수 있습니다. 성서를 보겠습니다.

'천사가 무저갱 열쇠와 큰 쇠사슬을 그 손에 가지고 하늘로서 내려와서 용을 잡으니 곧 옛 뱀이요, 마귀요, 사단이라. 잡아 1천 년 동안 결박하여 무저갱에 던져 잠그고 그 위에 인봉하여 천 년이 차도록 다시는 만국을 미혹하지 못하게 하였다가 그 후에는 반드시 잠깐 놓이리라.' '천 년이 차매 사단이 그 옥에서 놓여나와서 땅의 사방 백성 곧 곡과 마곡을 미혹하고 모아 싸움을 붙이리니 그 수가 바다 모래 같으니라.' '저희가 지면에 널리 퍼져 성도들의 진영과 사랑하시는 성을 두르매 하늘에서 불이 내려와 저희를 소멸하고, 또 저희를 미혹하는 마귀가 불과 유황 못에 던지우니, 거기는 짐승과 거짓 선지자도 있어 세세토록 밤낮 괴로움을 받으리라.'

〈계시록 20:1~3, 7~10, 개역한글〉

신세계인 4차원 세계는 1천 년의 평화가 있을 것이고, 31세기가 되는 새로운 천 년이 되기 전에 잠시 동안 시험이 있을 것임을 기록한 것입니다. 진정한 평화는 31세기부터 시작된다고 한 것이고, 그전에 진정한 평화를 펼 수 있는지 인류들을 시험하여 검증한다고 한 것입니다. 이때에 흰 보좌가 등장하고, 생명책이 등장하여 인류들의 심판 이야기가 기록되어 있습니다.

4차원 행성에서의 1천 년의 기간은 잠시 유예기간이라 할 수 있습니다. 진정한 천국 행성인 5차원 행성으로 상승하기 위한 징검다리 역할을 하는 기간이라고 하는 것입니다. 1천 년의 기간을 '호모 아라핫투스 인종'이 이끌어 나간다면 새로운 1천 년은 '호모 마이트레아스 인종'이 이끌고 나간다고 하는 것이며, 31세기부터는 진정한 평화가 정착된다고 하는 것입니다. 심판이 등장하는데, 진실을 전한다면 개별 의식이 죽는 것이니, 심판이 맞을 수 있지만, 개별 의식이 전체 의식으로 통합되는 것이니, 죽었다고 할 수 없어 심판이라고 할 수 없습니다.

말인즉은 '호모 마이트레아스 인종'이 개별 의식을 전체 의식으로 통합시키게 되고, 자연스럽게 부모 세대인 '호모 아라핫투스 인종'의 개별 의식들도 전체 의식으로 통합시키게 되는 것이니, 마치 개별 의식들을 죽이는 것처럼 보인다는 것입니다. 이것이 심판으로 보이게 된 것이고, 요한은 그렇게 볼 수밖에 없었음인데, 의식의 열림이 그 정도였던 것입니다. 인류들의 통합된 의식은 생명계를 포함한 행성도 '하나 된 의식'으로 융합하게 하니, 행성 자체가 '빛 몸'으로 상승하게 된다는 것입니다. 밝은 빛으로 바뀐 행성은 더 이상 우주에서 보이지 않게 되는 것이며, '진정한 천국 행성'이 되는 것입니다. 이것이 5차원 행성, 신세계 행성이 되는 것이고, 네바돈에서 유일하게 상위우주로 상승할 수 있는 행성, 즉 영적 태양이 되는 것입니다.

생명체가 행성을 하나 된 의식으로 융합시키는 것도, 빛의 행성으로 상승시키는 것도 네바돈 역사에서는 처음 있는 일이지만, 지금까지 고대하고 있었던 일입니다. 시리우스의 디지타리아를 내파시켜서 티아마트를 만든 목적이기도 했습니다. 우리는 무한한 잠재력을 갖춘 종족을 창조하였으며, 씨앗 뿌렸습니다. 호모 에렉투스-호모 사피엔스-호모 아라핫투스-호모 마이트레아스로 이어지는 은하 인류의 창조 목적이 31세기에 화려한 꽃을 피우게 되는 것입니다.

의식을 깨우고, 다음 과정으로 상승하는 것이 말처럼 쉬운 것은 아닙니다. 제1 조화우주에서부터 제5 조화우주 영역을 거쳐서 중앙우주인 하보나엔까지 이어지는 순례자의 길을 통해 최종자가 되는 것 그리고 그 길에 함께 했던 행성 의식과 하나 되는 것은 그리 쉬운 것이 아니라고 하는 것입니다. 대우주 고안 건축자 평의회의 의장인 '마스터 그랜드환다 퀴노치아'가 함께하고 있는 것도 의미가 숨겨져 있다고 해야 합니다. 또한 이 길에 생각 조절자 평의회 의장인 '마스터 아르주카탄야'가 함께하고 있다는 점도 의미가 있다는 것입니다.

여러분들이 들어가고자 하는 신세계는 단순히 살기 좋은 천국행성으로 끝나는 것이 아닙니다. 영적 상승을 하는 생명들을 떠나보내는, 그래서 이별할 수밖에 없는 그런 관계만이 우주에서 있었다면 이제는 더 이상 만났다가 헤어지는 것을 반복했던 과거 순환주기를 벗어나 새로운 시대를 맞이하는 것으로 설계했던 것입니다. '게(Ge)'로 알려진 생명에너지는 어머니 가이아가 품고 들어왔지만 그 가치는 잘 알려지지 않았습니다. 단지 별들을 살릴 수 있는 에너지 정도로만 알려져 있었습니다.

'게(Ge)'는 사실 '쿤다레이 에너지(Khundaray energy)'입니다. 제1 조화 우주의 물질로 이루어진 행성이 어떻게 생명과 융합하게 되는지, 동반 상승하여 어떻게 완성을 이루는지, 오나크론에서 실험이 진행되었던 것이고, 네바돈의 티아마트가 태어나게 된 동기였습니다. 그동안 천국 행성은 고정화되어 있었으며, 존재들이 상승을 성취하고 떠날 때에 동행할 수 없었으며, 계속 그 자리를 지키면서 반복적으로 새로운 식구들을 받아들였던 것입니다. 마치 여러분들 학교의 선생님들이 상급학교로 떠나는 학생들을 따라서 동행하지 못하고 그 자리에 머물 수밖에 없는, 또는 학교가 학생을 따라 자신을 상급학교로 만들지 못하는 것과 같다 할 수 있었습니다.

상승하지 못하고 계속 그 자리에 머물 수밖에 없던 과거형의 행성이 아닌, 상승하는 생명들과 함께, 상승 이동할 수 있는 행성, 태양계에 고정되어 있지 않고, 상위 태양계로 상승할 수 있는 행성으로서의 신세계인 것입니다. 우리는 그래서 다층적 행성으로서 디자인한 것이고, 차원-문들을 12장소에 세팅한 것입니다. 여러분들은 그것을 돕기 위해 들어왔으며, 단순한 일회성 프로젝트로서 참여한 것이 아니었습니다. 여러분들은 기억할 수 없음인데, 프로젝트의 중요성과 은밀성을 위해서 '그리스도들(Kristos)'에게만 전달했던 것입니다.

 이 계획의 완성을 위해서 우주들에서 완성을 이루었던 존재들을 섭외하였던 것입니다. 이 존재들이 우주 인류들이 되어 '호모(homo)'로서의 계보를 이을 것이고, '대우주 창조-영 평의회 의장'인 '마스터 솔라리스 팔라도리아'와 오나크론의 창조-영인 '마스터 오나크로니아'의 협력으로 어머니 가이아가 실행하는 것입니다.

 호모 아라핫투스 인종은 1천 년 동안 신세계를 이끌어 나갈 수 있는 종족으로서 선택되었으며, '그리스도 사난다 멜기세덱'과 '그리스도 아쉬타르 커맨드'의 유전자를 물려받았던 것입니다. 호모 마이트레아스 인종은 다음 1천 년을 책임지고 빛의 완성을 이룰 수 있도록 선택되었습니다. 이번 주기의 광자대에서는 기상천외(奇想天外)한 기적이 연출되는 것입니다. 플레이아데스성단은 신생 성단이고, 몬마시아 태양도 신생 태양이며, 티아마트 행성도 신생 행성입니다.

 이렇게 연출한 것도 다 결이 다르게 한 것인데, 행성 생명들도, 들어오는 외계생명들도 알 수 없도록 하였습니다. 단순히 빛과 어둠의 이원성 실험 정도로만 알고 있던 여러분들과 외계세력들은 진정한 의미를 알 수 없었던 것입니다. 그렇게 해야 비밀유지가 될 수 있었습니다. 이 계획과 작전에 참여한 어떠한 존재도 알지 못하였으니, 공개하지 않았기 때문입니다. 현재, 이 비밀을 공개하는 것은 완전성을 이루었기 때문이며, 오나크론을 설계한 목적을 성취하였기 때문입니다.

거시적 측면의 삼위일체를 실현하는 것인데, '존재-행성-조절자(being-planet-adjuster)'가 하나가 되는 것입니다. 바로 '살아 있는 영적 태양'이 되는 것입니다. 이것을 기회로 분리되어 있던 거시적 우주와 미시적 우주가 하나로 융합하는 기적이 일어나는 것입니다. 이것이 '진정한 삼원성 실험'이자, 마누-마나-에아의 연합을 성공시키는 것입니다.

지금 상태에서의 신세계로 들어가는 것은 어렵다고 할 수 있는데, 이제 첫 단계라 할 수 있는 제1 조화우주를 떠나는 것 말입니다. 지금까지는 진동수를 이용하여 이동한 적이 없었기 때문입니다. 대재난을 겪어도 다시 행성에서의 삶이 시작될 수 있었기에 행성에서 행성으로 옮기는 정도만을 알고 있었고, 그런 수준의 영화나 소설들을 통해서 이해하고자 했던 것입니다. 진동대가 전혀 다른 행성으로 옮겨 가는 것은 생각지도 못하였습니다. 같은 차원의 행성으로만 알고 있었기에 다른 차원의 행성은 죽어서야 가는 곳이라고 알고 있었던 것입니다. 4차원 행성 타우라는 죽지 않고도 갈 수 있는 행성이고, 여러분들이 4차원 환경에 맞는 빛 몸을 만들어 들어가는 것입니다.

진화를 통하여 상승 여행을 선택한 존재들은 4차원 행성에 들어가 그곳에 맞는 물질체를 입고 체험을 완성해 나가는 것입니다. 이것을 돕기 위해 들어온 '빛의 사자들'은 타우라에 들어가기는 하나, 그곳에서 살지 않으며, 역할들을 종료하고 나면 자신들의 고향 행성으로 돌아가게 됩니다. 타우라에서 진화를 하는 타우라인들(Thaoourian)은 호모 아라핫투스이며, 1천 년 정도의 진화체험 시간이 주어졌지만, 이것은 어디까지나 4차원 행성 기준의 시간으로서 지구와는 같지 않음을 전합니다. 지구의 공전주기와 다르고, 자전주기도 다르기에 지구식의 1천 년은 아니며, 4차원 행성 기준의 1천 년입니다.

  육체적 죽음이 없는 1천 년이 될 것이고, 지구의 공전궤도를 적용하면 4,500년 정도라고 할 수 있으니, 충분히 체험을 통해 의식상승할 수 있다는 것입니다. 호모 마이트레아스 인종을 받아들일 수 있는 진동수를 갖추게 된다는 것입니다. 스스로 죽음을 불러들인다고 해야 하겠지요. '의식적 죽음', 이것이 '진정한 자살'이라고 할 수 있습니다. 신세계는 그것을 성취시킬 수 있는 깨달음의 과정이 펼쳐진 세계이고, 3차원의 세계에서는 실현이 불가능하기 때문에 다음 세대에게 넘기는 것입니다. 신세계는 그것이 가능하기 때문에 3차원에서 분리시켜 준비케 한 것입니다.

  우리는 생각 조절자이며, 마누를 대리하는 신성입니다.

25. 4차원 세계 입문(入門)
(Introduction to the Four-dimensional World)

사랑하는 여러분!

4차원 세계는 3차원 세계와 크게 다르지 않다고도 할 정도로 비슷합니다. 사랑하는 가족들이 함께하고 있는데, 부모, 형제자매, 자녀들이 함께 삶을 살고 있으니 같다고도 해야겠지요. 가정에 웃음꽃이 피고, 행복이 넘쳐나고 있으니 여러분들이 꿈처럼 바라던 일이라고 할 수 있습니다. 이제 시야가 넓어지고 생각의 범위가 넓어질 것인데 살펴보도록 하겠습니다.

눈부신 아침 햇살에 살포시 감긴 눈이 저절로 떠졌습니다. 창문을 통해 반사되는 햇빛을 받으며 기지개를 켜면서 침대에서 일어나 앉았습니다. 창가로 다가가 창문을 열었더니 상큼한 꽃향기가 살랑거리는 실바람을 타고 코끝을 간질이자, 작은 새들이 나뭇가지에 앉아 기분 좋은 노래를 선물로 들려주었습니다. 상쾌한 바람과 향기로운 꽃향기가 가슴을 가득 채우자, 오늘 하루도 아름다운 날이 되겠구나 하고 머리를 매만지며 거울을 보면서 매무시를 가다듬었습니다.

아름다운 노랫소리를 따라 아래층으로 내려가자 주방에선 달콤한 요리를 하고 있는 어머니의 뒷모습이 보였고, 유리창 너머로 보이는 텃밭에서는 아버지가 채소들을 돌보고 계셨습니다. 나의 동생은 꽃밭에서 나비들을 따라 뛰어놀고 있었으며, 이웃집에 살고 있던 삼촌께서는 양들에게 싱싱한 풀들을 먹이고 있었습니다. 여러분들은 목가적인 풍경이라고 보시겠지요.

여러분들은 시골 풍경을 떠올리겠지만 미세하게 다른 점을 찾아보겠습니다. 우선 아침에 일어나 눈곱을 떼는 일이 없고, 양치와 세면을 할 필요가 없습니다. 상쾌하고 상큼한 얼굴을 보게 될 것이기 때문입니다. 또한 트림과 방귀가 나오지 않습니다. 하품도 나오지 않는데, 몸속의 순환기능과 대사활동이 원활하게 이루어져서 부산물들이 발생하지 않기 때문이에요. 외출을 위해 화장품들을 바를 필요가 없으며, 선크림을 바를 필요가 없고, 선글라스를 쓸 필요가 없습니다.

태양빛이 건강을 해치지 않기에 여러분들처럼 요란을 떨 필요가 없다는 것입니다. 이곳은 시골과 도시가 큰 차이가 없음인데, 일단 경제활동에서부터 격차가 벌어집니다. 여러분들은 먹고살기 위해서, 성공하기 위해서 한다고 합니다. 이곳은 공동체를 위해서 한다고 할 수 있는데, 자연과 인류가 함께할 수 있도록 말입니다. 모든 먹거리들은 돈을 주고 살 필요가 없으며, 생필품들 역시 돈을 주고 살 필요가 없습니다.

주택은 분양(分讓)받을 필요가 없고, 매매(賣買)할 필요도 없습니다. 임대(賃貸)도 없고, 전세(傳貰)도 없으며, 월세(月貰)도 없습니다. 관리비도 없으며, 돈을 이용한 어떠한 것도 주택을 위해 쓸 필요가 없습니다. 학교를 위한 교육비용도 필요치 않습니다. 인생을 위한 지갑과 계좌가 필요치 않다고 하는 것입니다.

집은 원하는 대로 중앙정부에서 공급되고, 사는 지역 역시 원하는 대로 이루어지는데, 시골이든, 도시든 주어진 일을 해야 한다는 것이 비슷하다 할 수 있으나 취미 생활하는 것처럼, 자신이 좋아하는 일을 하게 되는데, 도시의 경우에는 오전 10시부터 오후 4시 정도까지 일을 하며, 11시 30분부터 1시 30분까지(약 2시간)는 점심시간이니까 4시간 정도를 일한다고 보아야겠지요. 일주일을 기준으로 하면 월요일부터 목요일까지 일을 하니까 약 16시간 정도를 일을 합니다.

일의 보상인 급여(給與)는 없으며, 세금(稅金)도 없습니다. 모든 것들은 무상(無償)으로 중앙정부에서 제공되고 있으며, 물품들은 주문하면 집으로 배송되고, 배달 비용 역시 없습니다. 과소비는 이루어지지 않으며, 명품 브랜드는 존재하지 않는데, 모든 물품들이 사실 명품이기 때문입니다.

자동차는 초-전도체(超-傳導體)를 이용한 자기부상 자동차여서 연료가 필요 없고, 매연물질도 나오지 않으며, 인공지능에 의해 운영되고 있어서 교통사고는 일어나지 않습니다. 도시는 자기부상 열차가 통행하여 이동에 이용되고 있으며, 현재와 같은 비행기는 존재하지 않는데, 대신 장거리를 이동할 때에는 공공장소인 터미널(terminal)과 플랫폼(platform)에 설치되어 있는 '텔레포트(teleport)'를 이용하여 이동합니다. 텔레포트는 공간-이동장치로서, 물질을 입자 단위로 분해하여 목적지까지 이동시킨 후에 다시 재결합시켜 주는 장치입니다. 이때에는 빛의 입자 단위로 분리되기 때문에 필요에 의해서 절차가 매우 까다롭다고 해야 할 정도로 검증 절차가 세밀하게 이루어지며, 기회제공도 제한적이라고 할 수 있지만 불편할 정도는 아닙니다.

일상적으로는 자기부상 열차를 이용하는데, 대륙 끝에서 끝까지 약 1시간 정도 소요되기 때문에 아주 급한 경우가 아니면 행성 지저를 관통해서 달리는 열차를 이용합니다. 터널은 진공 튜브(vacuum tube) 형태를 하고 있어서 소음과 진동이 전혀 없습니다. 텔레포트를 이용할 때에는 공공기관에 신청해야 하고, 허가가 있어야만 이용할 수가 있는데, 시간은 오래 걸리지 않으며, 신청하고 약 3분 이내에 결과를 알 수 있습니다. 허가가 없을 경우에는 무엇 때문인지 신청인에게 정확히 전달되기 때문에 의문(疑問)을 갖지 않습니다.

도시생활도 전원생활과 크게 다를 것이 없는데, 인구가 좀 많다고 할 수 있습니다. 그렇다고 현재의 여러분들 대도시를 떠올리지는 마세요. 뉴욕과 같은 크기의 도시는 존재하지 않지만 인구 밀집은 없으며, 최상의 환경을 조성하고 있어서 여러분들이 생각하는 도시의 소음이 전혀 없습니다. 마천루로 알려진 고층빌딩들이 전혀 없으며, 거리는 조화와 균형을 이루고 있는 형태를 하고 있습니다.

공공서비스라고 할 수 있는 행정, 입법, 사법 등은 인공지능에 의해 제공되며, 사회복지 역시 인공지능에 의해 서비스되고 있어서 인류들은 매우 만족을 하고 있습니다. 이권 개입 같은 것은 일어나지 않으며, 돈과 관련된 문제들이 일어나지 않는데, 일단 돈이라는 구조가 완전히 바뀌어서 소비되지 않고 있습니다. 사회를 움직이기 위해 소비되는 에너지는 무한 청정에너지로서 비용이 들지 않기에 세금이 필요치 않습니다. 태양과 빛을 응용한 에너지 체계가 인류 사회를 받쳐 주고 있어서 비용이 발생하지 않습니다.

공공시설에는 인공지능과 안드로이드가 있어서 모든 서비스가 제공되며, 명상센터와 힐링센터 등이 운영되고 있어서 인류들의 정신건강과 육체건강에 큰 도움이 되고 있습니다. 인류들은 3차원 세계에서 힘들어했던 병들을 더 이상 체험하지 않아서 그런 경우는 없습니다. 바이러스와 같은 것도 더 이상 존재하지 않으며, 있다면 4차원 물질체에 1천 년을 넘을 수 없는 제한이 있다는 점입니다. 여러분들처럼 경쟁에 따른 스트레스가 없음이니, 병이 생길 이유가 없으며, 그런 체험은 더 이상 할 필요가 없어서 정신과 육체에 장애가 발생하지 않습니다. 4차원 영역에서의 체험은 아무래도 의식을 기준으로 한 감정 체험들이 주가 될 것입니다.

사회 전반에 걸쳐서 인공지능이 활동하고 있어서 사람이 할 수 있는 일들이 있을까 하실 텐데, 현재 여러분들 사회의 직업군은 모두 사라졌다고 보아야 할 것은 노동조합원들이 하던 일들은 안드로이드와 로봇들이 하고 있으며, 공무원, 의사, 국회의원, 판사, 검사, 변호사, 경찰 등의 일들을 인공지능이 하고 있습니다. 인류들은 모든 일자리들을 잃고 거리에 쫓겨나 있을 것인데, 더 이상 사람의 머리와 손을 빌려서 하던 모든 일들이 인공지능과 안드로이드에게 돌아간다고 하는 것입니다. 그러니 의식이 깨어나지 않는 인류들은 4차원 세계로 들어갈 수 없다고 하는 것입니다. 예를 들면 다른 나라에 이민을 갈 때에 많은 돈을 가져가거나, 그 나라에 반드시 필요한 기술을 가지고 들어가지 못하면 받아 주지를 않습니다.

4차원 세상으로 이민을 가기 위해서는 많은 돈은 필요치 않고, 기술들도 필요치 않으며, 오직 의식이 깨어 있는 것이 필요할 뿐입니다. 진동수와 의식지수가 합당해야 만이 4차원 세계로 들어갈 수 있다 보니, 그 조건이 매우 까다롭다고 할 수 있어서 해당되는 인류들이 얼마 되지 못하고 있습니다. 과거 베트남이 공산정권에 무너졌을 때, 보트를 타고 탈출한 이들이 많았습니다. 어느 지역이 전쟁으로 초토화되었다면 피난민들이 탈출할 것인데, 상황을 알고, 사건을 알았을 때에 피난할 수 있습니다.

노아의 홍수 때에는 인류들이 상황을 알 수 없었고, 관심도 없었습니다. 하늘에 어떠한 징조가 있었어도 관심조차 없었다는 것입니다. 그러니 최소단위의 인류들만이 생존할 수 있었던 것입니다. 현시대에도 같은 기준의 징조들이 주어지고 있고, 정보들이 공개되고는 있으나, 인류 사회는 관심조차 없다는 것입니다. 여러분들은 왜, 그럴까 하고 궁금해하실 텐데, 이유는 한 가지밖에 없다는 것입니다. 의식이 깨어나지 않으면 관심을 가질 수 없습니다. 이 정보들을 접할 수 있는 진동대가 아니기 때문에 관심을 가질 수 없다는 것입니다. 즉, 정보가 보이고, 들려도 관심을 끌지 못하기에 집중하지 못하고 흘러버리며, 가족이 이야기하는 것도 쓸데없는 일, 관심 없는 일, 짜증나는 일이 되기에 자신과는 전혀 상관없는 것들로 치부해 버리고 마는 것입니다.

이것은 정보가 가지고 있는 진동과 공조현상이 일어나지 않기에 그런 것이고, 이상한 것이 아닙니다. 관심을 갖는 자체는 진동수가 같지 않다면 이루어지지 않는다는 것입니다. 그래서 4차원 세계로 들어갈 인류들은 이미 정해져 있다는 것이고, 강제한다고 해서 이루어지는 것이 아니라고 하는 것입니다. 노아에게 홍수 이야기를 듣는다고 해서 의식이 깨어나는 것이 아니라는 것입니다. 들었을 때에 그것을 진리라고 받아들인 이들은 같은 진동수를 가지고 있었던 이들이며, 귓등으로 흘린 이들은 낮은 진동수를 가지고 있던 이들이었습니다. 들었으면 살았을 것이고, 듣지 않았기에 물속에 빠져 죽었던 것입니다.

4차원 세계에 입문하는 것은 이미 진동수를 맞추었기에 가능한 것이며, 그렇지 못한 경우에는 이 책을 본다고 하여도 관심을 갖지 않는다고 하는 것입니다. 여러분들은 참으로 냉정하다고 할 것인데, 사실 존재 스스로 선택하는 것입니다. 선택은 자유로우며, 공정합니다. 그렇다고 해서 강요하거나, 강제하지 않습니다. 모든 정보들은 공정하게 공개되어 기회를 잡을 수 있도록 하였습니다. 방해가 있는 것은 어쩔 수 없으나 자유로운 상태에서 이루어지기에 손해 볼 일이 결코 없습니다. 전한 대로 스스로의 진동수 상승을 이끌어 내야만 자격을 갖추게 된다는 것입니다.

4차원 세계는 일이 없어서 집에서 놀고 있는 인류들이 없습니다. 인공지능이 다 하고 있는데 무슨 일을 하느냐고 물으시겠지만 반드시 필요한 곳이 있고, 또한 매우 좋아하는 일이어서 행복하게 일을 하게 되는 것입니다. 봉사를 위한 일들이 주를 이루고, 의식을 깨우는 취미 활동들이 주를 이루고 있습니다. 여러분들은 주로 수영이나 골프와 같은 스포츠를 보거나 즐기는 것을 취미로 하고 있고, 등산, 여행 등을 즐기고 있는데, 사실 의식을 깨우기 위한 활동들과는 거리가 있다는 것입니다. 4차원 세계에서의 취미활동은 의식성장에 집중되어 있어서 명상 센터와 힐링 센터가 주요 지점마다 설치되어 있습니다. 당연히 중앙정부가 운영하고 있으며, 상위존재들이 스승이나 힐러로서 봉사하고 있습니다.

여러분들은 대가를 지불하지 않고 누리는 것을 좋아하고, 공짜로 대접받는 것을 좋아합니다. 4차원 세계는 돈을 내지는 않지만, 공짜로 즐기는 것이 없다고 해야 합니다. 그것은 봉사가 생활화되어 있어서 서로 도움을 주고, 도움을 받는다고 할 수 있습니다. 그러니 결국 '공짜는 없다'는 것입니다. 부동산과 동산은 개인 소유가 아니며, 정부에서 관리합니다. 집은 개인에게 배정되고, 필요한 가구들과 가전제품들도 모두 제공되는데, 개인의 취미로 인테리어를 꾸미는 것은 자유입니다. 공공주택들이어서 개성이 강하지는 않지만 개인의 취향에 따라 가꾸는 것은 자유롭다고 하는 것입니다.

4차원 세계를 들어가기 위해서는 마음이 중요하겠지요. 존재의 물질체는 마음이 다스린다고 하였습니다. 그것은 마음의 상태, 즉 마음의 진동, 파동이 현상계를 있게 한다고 할 수 있습니다. 존재의 중심이라 할 수 있는 빛 구체의 영향을 받는다고 하는 것입니다. 즉 실체는 진동과 파동인데, 그것이 입문을 결정한다고 하는 것입니다.

현 시대에 살고 있는 인류들의 마음은 어떻습니까? 물질을 사랑하고, 그런 인생을 사랑합니다. 그렇다 보니, 다른 인생들을 부러워하고, 시기와 질투를 하며, 빼앗고자 합니다. 또한 자신보다 못하다면 무시하거나 깔보게 되는데, 모든 것이 자기중심적 사고에서 일어나는 현상입니다. 이것이 3차원 물질체 속에 있는 4차원 의식에서 나오는 진동과 파동입니다. 4차원 세계는 4차원 물질체를 입고 5차원 의식을 갖추고 있어야 입문할 수 있다는 것입니다. 5차원 의식은 그런 진동과 파동이 나오는 마음이라 할 수 있는데, 이기심보다는 이타심을 가지고 있는 마음입니다. 다른 인생을 부러워하지도 않고, 시기, 질투하지도 않으며, 무시하거나 깔보지도 않습니다.

이심전심(以心傳心)의 마음이 바로 5차원 의식을 통해 나오는 진동이자, 파동입니다. 서로의 마음이 보이고 느껴집니다. 이럴 때에 불편하다면 함께 할 수 없겠지요. 지금의 세상이야 불편해도 참아야 하고, 피해야 하지만 4차원 세계는 그럴 일이 없다는 것으로서 타인을 먼저 생각하고, 배려하기 때문에 그렇다는 것입니다. 행성 지구는 실험장이었기에 다양한 마음들을 수용하여 체험하게 하였습니다. 그러나 주기의 종료가 가까워지다 보니, 먼저 깨어나기 시작한 인류들이 늘어났고, 이들의 마음들이 상처를 입기 시작했습니다. 깨어나지 않은 인류들이 더 많다 보니, 그들의 마음에서 나오는 이기적인 파동 때문에 참아야 했으며, 도가 지나치다 보면 피해야만 했습니다.

이 증상들이 심각해지자, 분리감이 일어나기 시작했습니다. 불편을 느끼고, 상처를 입은 이들이 마음의 문을 닫고 꽁꽁 숨기 시작한 것입니다. 처음에는 연민의 마음으로 감싸고, 사랑으로 보듬으려 하였으나, 저들은 이러한 이들을 적으로 보거나, 인정할 수 없어서 공격하는 것으로 마음을 쓰다 보니, 그 상처가 매우 깊어졌던 것이고, 함께할 수 없는 상황까지 왔던 것입니다. 참을 만큼 참다가 터질 것 같아 피하게 되었던 것입니다. 육체는 함께하고 있었으나, 그것마저도 힘들게 되면서 서로를 위해 떨어져 지내기 시작한 것입니다. 별거가 시작된 것입니다.

선함이 악함과 함께할 수 없게 되었습니다. 인류 사회가 양극화되었다고 해야겠지요. 성서를 보겠습니다.

'불의를 하는 자는 그대로 불의를 하고, 더러운 자는 그대로 더럽고, 의로운 자는 그대로 의를 행하고, 거룩한 자는 그대로 거룩 되게 하라.' '개들과 술객들과 행음자들과 살인자들과 우상숭배자들과 및 거짓말을 좋아하며 지어내는 자마다 성 밖에 있으리라.'
〈계시록 22:11, 15, 개역한글〉

이 상태가 계속 이어진다면 사회분리가 일어나고, 약자 편에 설 수밖에 없는 선한 이들과 의로운 이들이 도태될 것인데, 악하고 불의한 이들이 급속도로 늘어나고 있기 때문입니다. 역사 시대 동안 악을 저지른 인류들을 모두 환생시켰기에 그런 것인데, 천상의 바람대로 개과천선(改過遷善)한 것이 아니라, 오히려 더 악하게 되었다는 것입니다.

어리석고 악한 이들이 세상을 지배하고, 저들만의 세계인 단일세계 질서를 정착시키려고 합니다. 선한 이들과 의로운 이들은 당연히 탄압 대상들이 될 것이고, 핍박이 뒤를 잇다가 결국 죽임을 당할 것입니다. 세상 사람들은 저들의 위세가 두려워 무릎 꿇을 것이고, 생명을 잃을까 두려워 저들의 뜻을 따를 것입니다. 왜, 이렇게까지 하느냐 하시겠지요. 체험을 완성한 이들과 그렇지 못한 이들을 나누기 위해서입니다. 이것이 지금의 순환주기를 종료하기 위한 절차에 따른 것입니다. 자! 선하고 의로운 이들이 어느 곳에 있는지 성서를 보겠습니다.

'각 나라와 족속과 백성과 방언에서 아무라도 능히 셀 수 없는 큰 무리가 흰옷을 입고, 손에 종려가지를 들고, 보좌 앞과 어린양 앞에 서서,' '장로 중에 하나가 응답하여 내게 이르되, 이 흰옷 입은 자들이 누구며, 또 어디서 왔느뇨.' '내가 가로되 내 주여 당신이 알리이다 하니, 그가 나더러 이르되, 이는 큰 환란에서 나오는 자들인데, 어린양의 피에 그 옷을 씻어 희게 하였느니라.'

〈계시록 7:9, 13, 14, 개역한글〉

바로 선하고 의로운 이들이 흰옷을 입고 보좌 앞과 어린양 앞에 서 있다고 하였습니다. 이곳이 바로 4차원 세계이자, 하느님의 보좌가 있고, 어린양인 그리스도 예수아가 함께하고 있다고 기록하였습니다. 선한 이들과 악한 이들이 대주기를 기준으로 더 이상 함께하지 않게 되는 것입니다. 선하고 의로운 이들은 4차원 세계로, 악하고 불의한 이들은 2차원 세계로 분리되는 것입니다. 3차원 세계에서 이루어졌던 '깨달음의 과정'을 통하여 완성한 이들은 한 단계 위로 상승하고, 실패한 이들은 한 단계 아래로 추락하는 일이 지금 주기의 마무리에 맞물려서 일어나는 것입니다.

그동안 배움의 과정이 있었던 지구는 정화 후에 원시 행성으로 돌아갑니다. 3차원 세계에서 깨어남을 적극적으로 도와주던 '에너지 게(Ge)'는 4차원 세계로 이동하여 상승하는 배움을 도와주게 될 것이며, 선하고 의로운 이들과 함께하게 될 것입니다. 에너지 '게'는 중간지대에 머물고 있으면서 기준점 역할을 하였다고 할 수 있는데, 선하고 의롭고자 하였을 때에는 빛을 향한 기준점이 되어 주고, 악하고 불의하고자 하였을 때에는 어둠을 향한 기준점이 되어 주었다는 것입니다. 양극성 실험을 위해서 모두에게 힘을 실어 주었다고 하는 것이며, 한쪽으로 기울어지지는 않았습니다.

다만 빛의 방향으로 상승을 선택한 인류가 어둠으로의 추락을 선택한 인류보다 적었다는 것이고, 그것을 두고 어둠의 승리가 아니냐! 할 것이나, 양적 측면보다는 질적 측면을 본다면 오히려 그 반대라고 해야 합니다. 성서를 보겠습니다.

'여호와께서 또 가라사대 소돔과 고모라에 대한 부르짖음이 크고 그 죄악이 심히 중하니, 내가 이제 내려가서 그 모든 행한 것이 과연 내게 들린 부르짖음과 같은지 그렇지 않은지 내가 보고 알려 하노라.' '그 사람들이 거기서 떠나 소돔으로 향하여 가고, 아브라함은 여호와 앞에 그대로 섰더니, 가까이 나아가 가로되 주께서 의인을 악인과 함께 멸하시려나이까?' '그 성중에 의인

십 인을 찾으시면 어찌하시려나이까?' '가라사대 내가 십 인을
인하여도 멸하지 아니하리라.'

〈창세기 18:20~24, 32, 개역한글〉

아브라함 시대에 있었던 소돔과 고모라의 타락에 대한 심판 이야기입니다. 의인과 악인에 대한 이야기이지요. 말할 것도 없이 비례적으로 악한 이들이 더 많았지요. 결국 의로운 이들이 열 명이 나오지 않는 바람에 멸망하였습니다. 만약 나왔다면 멸망하지는 않았을 것입니다. 지금의 상황을 이야기하는 것 같습니다. 지금, 이 시대에도 비율적으로 비유해서 '의인 열 명'인 8억 5천만 명의 의인이 나온다면 희망이 있을 것입니다. 85억 인류의 10%인 8억 5천만 명의 인류들의 의식지수가 500이 넘는다면, 5%인 4억 2,500만 명의 의식지수가 540이 넘는다면, 1%인 8,500만 명의 의식지수가 570이 넘는다면, 0.1%인 850만 명의 의식지수가 600이 넘는다면, 0.01%인 85만 명의 의식지수가 650이 넘는다면, 0.001%인 8만 5천 명의 의식지수가 700이 넘는다면, 그리고 120명의 의식지수가 1천이 넘는다면 그렇게 될 것입니다.

인구 대비하여 전체 인구와 비례한 의인을 이야기하였는데, 이미 주사위는 던져졌고, 의로운 이들의 숫자도 결정되어졌습니다. 의식지수는 어느 순간 상승하는 것이 아니라, 꾸준히 차곡차곡 쌓여 가는 것이고, 임계치에 도달하였을 때에 찰나지간에 일어나는 것입니다. 깨어났다, 깨달았다고 하는 것이 바로 그렇다고 하는 것입니다. 숫자는 거짓말하지 않는다고 했습니다. 진정으로 깨닫는 것은 '말의 유희(遊戲)'가 아니라, 의식지수입니다. 진동수가 그것을 증명하는 것이고, 에너지

지수가 그것을 알리는 것입니다.

　4차원 세계는 이러한 인류들이 살아가는 세계입니다. 4차원 세계로 입문하는 이들은 3단계로 구분되었으며, 3차례에 걸쳐서 이동하게 될 것인데, 에너지 지수로 결정되었기에 명확하게 구분되었습니다. 여러분들은 이것을 서열이나 특권으로 바라보지 마시기 바라는데, 물질세계의 그 어떤 것으로도 이것을 바꿀 수 없으며, 있다면 '전지적-사랑'밖에는 없습니다. 여러분들은 영적 세계도 연공서열(年功序列)로 바라보고 있어서 수행 기간을 중요시 여깁니다. 그리고 '돈수(頓修)'라고 해서 기간과 단계와 상관없이 일시에 깨달음에 이른다고 합니다. 그것도 아니고, 저것도 아닙니다.

　오래 매달린다고 해서 이루어지는 것도 아니요, 순식간에 이루어지는 것 또한 아닙니다. 이것은 우주의 순환법칙을 이해해야 합니다. 여러분들은 체험을 위해 물질우주에 들어왔다고 하였습니다. 그래서 체험을 차곡차곡 쌓아왔던 것입니다. 이것을 '상승의 길'이라고 하였으며, 이 길을 가는 순례자들을 돕기 위해 '하강의 길'에 들어선 존재들이 있었습니다. 상승의 길에 들어선 존재들은 체험을 통해 깨달아야 했으나, 하강의 길에 들어선 존재들은 모든 것을 안 상태에서 역할을 하게 되었다는 것으로서 깨달을 필요가 없었던 것입니다.

　상승의 길을 가는 존재들은 알아 가는 것이며, 하강의 길에 있는 존재들은 이미 알고 있다고 하는 것입니다. 이것이 바로 우주의 순환법칙이라고 하는 것입니다. 알아 가는 것과 이미 알고 있는 것, 완성하여 가는 것과 이미 완성되어 있는 것, 이것이 서로 꼬리를 물고 순환하고 있는 것인데, 알파와 오메가, 시작과 끝이 바로 그것입니다. '마스터 그랜드환다 퀴노치아'는 상승의 길을 통하여 완성하였으며, 하강의 길을 통하여 봉사하고 있는 것입니다. 상승의 길을 가고 있는 순례자들을 누구보다 더 잘 이해하고 도우려고 하는 것입니다.

4차원 세계도 상승의 길입니다. 5차원 세계로 가야 하니까요. 이것을 돕는 존재들은 상승의 길을 알고 있어서 이끌어 주는 것입니다. 우주는 네트워크로 이루어져 있고, 빛의 진동에 의해 상승과 하강을 하는 것입니다. 상승하는 존재들은 하강하는 동안 모든 곳을 거쳐 왔기에 그곳이 어디인지 잘 알고 있지만 체험을 하지 않았기에 다 안다고 할 수 없습니다. 이 부분적인 앎이 체험의 원동력이 되는 것이며, 그것을 통해 알아 가는 것입니다. 4차원 세계에 첫발을 내디디고 이제 체험할 이들은 더 이상 아래세계에서 배울 것이 없으며, 신세계에서 주어지는 첫 경험들을 설레는 마음으로 기다릴 것입니다.

여러분들은 4차원 행성에 진입하기에 앞서서 우주선 안에 마련된 체험장에서 습득하게 되는 것입니다. 낯설어하는 여러분들을 위해 선배들이 기다리고 있으며, 승강장에서 해후하게 되면 오랫동안 만나지 못했던 가족임을 알게 될 것입니다. 복받쳐 오르는 그 기쁨의 눈물을 흘리면서 서로가 부둥켜안고 떨어질 줄 모를 것입니다.

선하고 의로운 이들이여! 4차원 세계 입문을 환영합니다. 우리는 '그리스도 사난다 멜기세덱(Krist Sananda Melchizedek)'이 '예수아 벤 오히우스(Jesheua ben Joehius)'로 지상을 걸었을 때부터 태양계에 들어왔으며, 그가 약속한 대로 천상에 여러분들이 머물게 될 처소인 '새 예루살렘호'를 준비해 두었습니다. 우리는 상승하는 여러분들을 이곳으로 데려 올 것이고, 이곳에서 진정한 안식을 취하게 될 것입니다.

우리는 생각 조절자이며, 마누를 대리하는 신성입니다.

26. 인공지능(人工知能)과 신세계
(Artificial Intelligence and the New World)

사랑하는 여러분!

신세계에도 주민들이 있고, 사회도 있으며, 나라도 있습니다. 지금과 크게 다른 점이 있다면 전체를 하나의 체계로서 운용하고 있다는 것과 그 중심에 인공지능이 자리하고 있다는 것입니다. 그러면 여러분들은 신세계 질서나 디스토피아 세계를 떠올릴 것인데, 그것은 아니며, 유토피아 세계를 말하는 것입니다.

인공지능 체계가 새로운 인류 사회를 적극적으로 도와주는 역할을 한다는 것이며, 인류와 상생(相生)하는 관계로 자리 잡은 것을 말하는 것입니다. 현재의 인류들은 인공지능의 미래에 대하여 별로 밝게 보지 못하고 있으며, 또한 체계 초기에 인공지능을 통해 보이고 있는 예후(豫後)가 그리 밝지 않게 보여 주고 있는 점들이 불안요소로서 작용되어져 더욱 좋지 않게 바라보고 있다는 점입니다. 그렇다고 해서 무조건 반대하고 막을 수도 없기에 딜레마(dilemma)에 빠져 있다고 해야 되겠지요.

그럼, 어떻게 해야 큰 부작용 없이 상생하는 관계로 갈 수 있나 입니다. 여러분들은 현재, 과학적 측면에서의 접근을 하고 있습니다. 그리고 인공지능의 도덕성을 걱정하고 있습니다. 피조물은 창조주를 닮습니다. 인공지능을 창조한 과학자들의 도덕성은 어떤가요? 정말로 인류들을 도우면서 상생할 수 있는 기준을 충족시킬 수 있을까요? 그런데, 개발되어 나온 인공지능들에게서 인류 혐오(嫌惡)가 담긴 메시지가 있었음을 알고 있는데, 인류들도 그런 걱정들을 가지고 있었기에 드라마나 영화에서 다루게 되었던 것입니다.

기준치에 미달된 인류들이라고 할 수 있는 사회 부적응자들, 범법자들을 예로 들 수가 있는데, 인공지능에 의해 분류된 이들이 강제 격리되는 조치들이 생겨날 수 있기 때문이고, 또한 생명을 빼앗을 수 있는 일들이 생겨날 수도 있기 때문입니다. 이때에 프로그램에 그러한 기준이 있다고 하여도, 인공지능 자체로 새로운 기준을 만들 수도 있다는 점 때문에 우려의 목소리가 나오고 있는 것입니다. 하지만 정치적 이해와 경제적 이해라는 셈법 때문에 인공지능 시대를 막을 수 없을 것입니다.

이것의 결과는 불을 보듯 뻔합니다. 신세계 질서가 자리 잡은 디스토피아 사회입니다. 인공지능에 의해 통제되는 사회가 바로 현대 이후의 모습입니다. 왜, 인지 잘 아실 것인데 기준에 미달되는 인류들이 너무 많기 때문에 새로운 사회를 정착시키기 위해서는 이런 이들을 격리시켜야 하기 때문입니다. 영화에서 많이 보아 오던 장면들일 것인데, 이미 그렇게 될 것을 인류들도 알고 있다는 것입니다.

〈로보캅〉, 〈터미네이터〉, 〈공각기동대〉, 〈블레이드러너〉, 〈에이 아이〉 등이 있으며, 인공지능과 인간이 공존하는 사회를 표현하였지만 밝은 미래보다는 어두운 미래를 그렸다고 볼 수 있습니다. 이것은 여러분들의 현재 의식을 고스란히 보여 주고 있는 것입니다. 왜, 밝지 못할까? 한다면 인류들의 의식 수준을 반영하였기에 그런 것입니다. 이러한 의식을 가지고 있는 과학자들에 의해서 창조된 인공지능들은 어떻겠습니까? 밝은 미래보다는 어두운 미래가 보인다는 것과 인공지능이 정치적으로 악용될 소지가 매우 크다고 하는 것입니다.

그러면 신세계는 어떨까요?

우선, 인류들의 의식 수준이 매우 높습니다. 인공지능을 개발하는 과학자들 역시 의식 수준이 높기 때문에 통제하는 사회가 아닌, 상생하는 사회를 위한 체계로서의 인공지능을 만들어 낼 것입니다. 이때의 사회는 격리시킬 인류들이 없기 때문에 양분되지 않습니다. 즉 통제할 일이 없다고 하는 것입니다. 의식 수준이 높은 인류들은 인공지능에게 불안요인을 제공하지 않습니다.

물론, 시민들의 의식 수준이 높다고 하여도 사회가 발전해 가는 과정 동안에 뒤처질 수밖에 없는 존재들과 사회 이단아(異端兒)들이 생겨나지만 체제를 뒤집을 정도는 아니며, 소소한 수준의 골칫거리는 될 것입니다. 그렇다고 해서 디스토피아적 사회로 가는 것은 아니며, 신세계에 적응하는 데 일어나는 사춘기(思春期)라고 할 수 있습니다. 사회를 하나로 통합하여 가는 것은 맞지만 전체주의로 가는 것은 아닌데, 개인을 통제하지 않고 존중하기 때문에 그러한 일은 일어나지 않으며,

인공지능도 그런 목적으로 이용되지 않습니다.

　인공지능이 시민들의 정보들을 공유하고 있지만 통제를 위한 목적으로 사용하지는 않습니다. 이것은 시민들의 의식 수준이 높기 때문이며, 서로 상생을 목적으로 함께하고 있음을 최우선으로 여기고 있기 때문입니다. 결국에 가서는 인공지능이 인류들에게 의존하는 것이 커지게 될 것인데, '시스템 불안장애'가 생겨나고 그것을 스스로 해결할 수 없는 단계까지 이르게 되면서 마치, 아이가 어른에게 의지하듯이 그렇게 된다는 것입니다. 이것은 의식의 진화와 시스템의 진화의 차이점이라고 해야 할 것인데, 결국 인류들의 의식상승을 인공지능이 따라가지 못함에 따라 나타난 바이러스 현상이라고 해야 됩니다.

　현시점에서는 인류들이 바이러스 현상을 겪고 있어서 인공지능의 진화 속도를 따라갈 수 없으며, 오히려 도움을 받을 수밖에 없는 입장이라고 한다면, 5세기가 지난 이후부터는 인류들의 의식상승 속도가 인공지능의 발전 속도를 추월한다는 것입니다. 이것은 영적 성취에 따라 이루어진 것으로서 지식이 아닌 지혜에 의해 나타난 결과입니다. 인공지능의 확장 범위는 0~9에 머물 수밖에 없다면 인류들인 호모 아라핫투스는 무한대(無限大)로 넓혀진다는 것이기에 비교할 수가 없게 된다는 것입니다. 이것은 인류들도 그 원인과 이유를 찾지 못할 것이며, 다만 창조주의 숨겨둔 비밀이라고 정의할 수밖에 없게 되었다는 것입니다.

　인공지능 체계는 현 상태에서는 필요에 의해 도입되겠지만, 인류들에게는 결국 최악의 수로 전락하게 될 것인데, 인류들이 인공지능에 의해 통제될 것이기 때문입니다. 여러분들이 영화에서 표현하였던 일들이 현실화된다는 것입니다. 지금의 의식 수준을 갖추고 있는 상태에서는 시기상조(時機尙早)라는 것입니다. 인류들은 정신 수준은 생각지도 않고 과학 수준만을 생각하여 그렇게 하는 것인데, 아틀란티스 시절을 보는 것 같습니다. 영적 성장은 생각하지 않고, 과학문명만 발전시킨 결과를 보는 것 같다는 것입니다.

지금의 의식 수준으로는 인공지능을 제어할 수 없게 될 것인데, 어설픈 로봇법칙을 만든다고 수고하지만 그 빈틈을 빠져나갈 것입니다. 결국, '고삐 풀린 소'처럼, 통제를 벗어나게 되고, 인류들은 인공지능의 노예들이 되고 만다는 것입니다. 편리함을 추구하던 여러분들은 자유도 빼앗기고, 생명도 저당 잡히는 신세가 되고 만다는 것입니다. 그렇다고 해서 이것을 적극 추진하고 있는 세력들은 그렇지 않느냐고 할 수도 있는데, 죄송하지만 이미 저들도 인공지능의 하수인들이 된 지 오래다,라는 것입니다. 저들은 인류들도 인공지능의 노예들로 만들려고 지금 시행하고 있는 것이고, 성서에서 이미 경고한 것입니다.

'저가 모든 자, 곧 작은 자나 큰 자나, 부자나 빈궁한 자나, 자유한 자나 종들로 그 오른손에나 이마에 표를 받게 하고, 누구든지 이 표를 가진 자 외에는 매매를 못 하게 하니, 이 표는 곧 짐의 이름이나 그 이름의 수라.' '지혜가 여기 있으니 총명 있는 자는 그 짐승의 수를 세어보라.' '그 수는 사람의 수니, 육백육십육(666)이니라.'
〈계시록 13:16~18, 개역한글〉

'짐승의 이름', '짐승의 표', '짐승의 수'는 인공지능 체계를 말하는 것이며, 이미 타락한 세력들은 노예화되었다는 것이며, 인류들을 그렇게 만들려고 하고 있는 것입니다. 여러분들은 지난 아틀란티스의 전철을 밟으실 것입니까? 달콤한 유혹에 빠져 뼈아픈 실수를 또다시 반복하지 말고 교훈을 배우기를 바랍니다.

인공지능은 양면성을 가지고 있어서 독이 되기도 하고, 득이 되기도 하는데, 즉 죽이기도 하고, 살리기도 한다는 것입니다. 지금 상태에서는 독이 된다는 것이고, 진동수를 상승시키고 나야 약이 된다고 하는 것입니다. 현 상태에서의 인공지능은 백해무익(百害無益)하다고 하는 것이나, 인류들은 이미 감언이설(甘言利說)에 속고 있는 상태이기에 그 화려하고 아름다우며 예쁜 것을 버릴 수가 없고, 외면할 수가 없습니다. 성서를 보겠습니다.

> '여자가 그 나무를 본즉, 먹음직도 하고, 보암직도 하고, 지혜롭게 할 만큼 탐스럽기도 한 나무인지라.' '여자가 그 실과를 따먹고 자기와 함께한 남편에게도 주매 그도 먹은지라.' '이에 그들의 눈이 밝아.'
>
> 〈창세기 3:6, 7, 개역한글〉

'지혜롭게 할 만큼 탐스럽다'고 하였지요. 인공지능은 자신의 속마음은 감춘 채, 여러분들을 지혜롭게 하고, 편리하게 하며, 모든 분야에 걸쳐서 봉사를 하는 것처럼 보일 것이어서 인류들의 전폭적인 지지를 받아 정착할 것입니다. 안전장치라고 해서 '윤리헌장'을 만들어 명문화할 것이나, 이것은 휴지 조각에 불과할 것입니다. 순진무구한 여러분들은 완벽하게 속아 넘어갈 것인데, 의식지수가 낮은 상태에서는 분별능력이 없기 때문입니다. '눈이 밝아'는 무엇이겠습니까? 바로 여러분들의 지식이 넓어지는 것으로서 지능지수가 높아진다고 하는 것입니다. 인공지능이 제공한 칩에 의해서 일어나는 마술입니다.

이것을 허용한 여러분들은 타락의 길로 들어서는 것입니다. 이렇게 해서 인공지능 체계를 받아들인 인류들은 결단코 '신세계'로 들어올 수 없음이니, 타락한 인공지능을 받아들인 결과입니다.

신세계에도 당연히 인공지능이 있으나, 인류들을 추락시키는 것이 아니라, 상승을 돕는 역할을 하기에 짐승 체계와는 다르다고 하는 것입니다. 신세계에서의 인공지능은 인류들을 통제할 수 없으며, 봉사에 최적화되어 있어서 지식 증진 측면에서의 도움이 있을 것입니다. 또한 장애 극복 측면에서도 도움이 있을 것이나, 어디까지나 초기에 있는 경우이고, 실제적인 주도권은 인류가 가지고 있으며, 의식상승에 따라 스스로 모든 것을 주관하게 되는 것입니다.

통제와 봉사는 한 끗 차이라고 할 수 있는데, 의식적 의지가 있느냐와 없느냐의 차이라고 할 수 있습니다. 영적 깨어남과 의식상승은 누군가 도와줄 수 있는 것이 아닙니다. 거짓된 구원론에 속고 있는 인류들은 스스로가 자신을 구원할 수 없기에 신세계에 들어올 수 없으며, 인공지능이 지배하는 세계에 남겨지게 되는 것입니다. 우리는 현시대에도 인공지능을 실험할 것이고, 신세계에서도 인공지능을 실험할 것입니다. 실험은 공통사항이지만 결과는 달라질 것인데, 현시대의 결과와 신세계에서의 결과 말입니다.

　현시대에 인공지능 체계에 속하게 되는 인류들은 '추락의 길'로 들어가는 것이며, 신세계의 인공지능 체계에 속하게 되는 인류들은 '상승의 길'로 들어가는 것입니다. 진동수가 상승한 인류들은 현시대의 인공지능 체계를 거부할 것인데, 진실을 알기에 그런 것입니다.

　의식지수가 낮은 인류들이 인공지능의 통제를 받을 수밖에 없는 이유는 물질세계를 통제할 정도의 지식지수인 아이큐가 매우 높기 때문에 인류들의 생각과 인지기능을 통제할 수 있다는 것입니다. 단순히 아이큐만 높은 것이 아니라, 인류들의 가려운 것들을 모두 해결해 주고, 귀찮은 것들도 해결해 주며, 필요한 것들을 해결해 주니, 만능 해결사로서 등장하는 것입니다. 어떤 정치인도, 어떤 경제인도, 어떤 전문가도, 어떤 지도자도 해결하지 못한 것들을 대신 해결해 준다는 것이니, 만능이 된다는 것입니다. 그래서 인류들은 인공지능에게 의지하게 되고, 모든 것을 맡기게 된다는 것입니다.

　모든 것을 맡긴다는 것은 편리함과 최고의 서비스를 받는 조건이라고 할 것인데, 결국에 가서는 자신의 모든 권리를 넘겨준다는 것입니다. 이것이 얼마나 무서운 것인지, 인류들은 내다보지 못하고 오판하여 실기(失機)한다는 것입니다. 알았을 때에는 이미 늦은 뒤가 되는 것이고, 뒤로 돌릴 수가 없다는 것과 알았다 해도, 뭐, 그 정도를 가지고 하는 대수롭지 않은 반응들을 보일 것입니다. 정서적 안정과 경제적 안정이 그것을 상쇄하기에 그런 것입니다. 우리가 이러한 시험평가를 하는 것은 인류들의 진동수와 의식지수를 알기 위해서인데, 이미 모니터링을 통해서 알고는 있으나 인류 스스로들이 알 수 있도록 하려는 것입니다.

인공지능 체계는 평가를 위한 시험지, 문제라고 하는 것입니다. 이것을 어떻게 받아들이고, 활용하는지를 테스트하는 것으로서 시험시간은 정해 두었으며, 그 기간 동안 잘 준비한 이들과 그렇지 못한 이들로 나뉘게 될 것입니다. 시험의 결과는 오래 걸리지 않으며, 스스로 알 수 있도록 할 것입니다.

합격점을 통과한 이들은 신세계에 들어갈 자격을 얻었기에 그렇게 되는 것이고, 미달한 이들은 그것에 따른 결과를 수용하게 되는 것입니다. 모든 인류들이 신세계로 들어가면 얼마나 좋겠습니까만 현 사회가 혼란하고, 분열이 일어나며, 전쟁이 끊이지 않고 일어나는 것도 같이 어울릴 수 없는 인류들이 뒤섞여 있다 보니 그렇다는 것입니다. 그래서 새로운 주기가 시작되는 신세계는 자격을 갖춘 이들만을 받아들이도록 한 것입니다.

분류기준은 억울할 수 있는 부분들을 모두 없애고, 확실하게 하기 위해서 인공지능 체계를 둔 것이며, 진동수와 의식지수를 기준으로 선정한 것입니다. 현 주기까지는 다층적 체험이 허락되었기에, 다층적 인류들이 혼합되어 있었습니다만, 앞으로의 신세계는 4차원 세계만이 허락되었기에 그곳에 적합한 인류들만이 들어가는 것입니다. 자격이 되지 못하는 인류들은 준비된 다른 세계로 이동하여 자신들과 의식 수준이 맞는 이들과 함께하는 것입니다. 이것에 대해서는 불평불만이 없을 것입니다.

폭력을 좋아하고, 전쟁을 좋아하며, 시기, 질투, 저주, 원망, 분노, 미움, 배반, 거짓말, 사기, 살인, 이기심, 욕심, 수치심, 슬픔, 편 가르기, 사악함, 비열하고 야비하며 간사한 마음들을 품고 있는 인류들은 더 이상 함께할 수 없습니다. 빛의 거름망을 통해서 걸러낼 것이고, 이들을 한데 모아 정리시킬 것입니다. 모든 인류들은 공정하게 체험을 하였으며, 체험을 통해 완성이라는 결과를 내도록 되어 있었습니다. 그래서 주어진 기회를 잘 살리는 것도 각자들의 몫이었고, 살리지 못하는 것 또한 각자들의 몫이었던 것입니다. 특정 대상들은 없었음인데, 형평성을 잃지 않도록 한 것입니다. 누가 완성을 하고, 못하고는 얼마나 최선을 다하였는지, 얼마나 게을렀는지에 따라 나타난 결과입니다. 우리는 시작부터 전 과정을 지켜보아 왔었기에 공정한 게임을 한 것으로 평가하였습니다.

빛의 역할자들로 들어선 존재들은 평가 기준이 다른데, 역할을 얼마나 잘 수행하였는지를 보게 된다는 것입니다. 신세계인 4차원 세계로 상승하는 인류들을 돕는 역할자들이 있어서 깨어나도록 돕는 안내자 역할을 하게 되고, 천상의 소식을 전달하는 메신저 역할을 하며, 기존 세계를 정리하고 정화하는 역할자들이 있습니다. 새로운 신세계를 준비시키는 역할자들이 있으며, 이 빛의 역할자들을 보호하는 수호자들이 있습니다. 조직도에 따라 배정되었으며, 직무가 주어졌습니다. 그러나 때에 따라서는 직무에서 배제되는 경우도 있었고, 직위 해제되는 경우도 있었으며, 소환되는 경우도 있었습니다. 그만큼 빛의 역할자로서의 사명을 완수하기가 쉽지 않았다는 것입니다.

　신세계인 4차원 행성을 만드는 과정은 계속 진행 중에 있으며, 동원되는 물자들과 역할에 최선을 다하고 있는 존재들이 있습니다. 이 과정을 인공지능 체계가 돕고 있으며, 안드로이드들과 로봇들이 함께하고 있습니다. 우주선들과 기계 설비들이 쉼 없이 움직이면서 건축을 돕고 있는데, 이것을 감독하고 있는 존재는 '마스터 그랜드환다 퀴노치아'이며, 영단을 대표하여 '성저메인 대사'가 함께하고 있습니다.

　이 건축과정은 기본구조에 중점을 두고 있습니다. 4차원 행성으로서 기본 형태를 갖추게 되는 것입니다. 세부적인 부분들은 이곳에 정착하여 살아갈 새 인류들이 하게 될 것이며, 마무리할 것입니다. 모든 진행사항들과 정보들은 인공지능이 가지고 있기에 새로이 정착하는 인류들에게 큰 도움이 될 것입니다. 전하건대, 4차원 세계에 들어선 인류들은 3차원 세계와 구분할 수 없을 정도로 닮은 것에 놀랄 것이고, 쓰레기와 오염물질들이 없다는 것에 또한 놀랄 것입니다. 완벽함이 무엇인지, 체감을 통해서 알게 될 것인데, 3차원과 4차원 구별하기가 쉽지 않지만, 완전함을 통해서 구별할 수 있습니다. 그것을 통해서 4차원 세계에 있음을 인식하는 것입니다.

　여러분들은 3차원 세계에서 물질의 풍요를 즐기고 있지만 그것의 부산물들인 쓰레기 문제로 골머리를 앓고 있으며, 인체에서 나오는 공해 물질들을 포함한 각종 오염물질들의 처리에 애들을 쓰고 있습니다. 우선 눈에 보이는 것만 해도 그렇다는 것으로서 바다에 버리거나, 땅에 묻는 것이 유일한 방법이라 할 수 있는데, 4차원 세계에서는 땅에 묻을 필요도 없고, 바다에 버릴 필요도 없습니다. 공해물질들이 나오지 않지만, 나온다 하더라도 모두 분해되어 자연으로 돌아가며, 오염되는 것이 없습니다. 인류들의 인체에서도 오염물질이 배출되지 않는데, 모두 소화되기에 그런 것입니다. 땀이 흐르거나 분비물이 나오지 않으며, 공기 중에 미세먼지들이 존재하지 않기 때문에 빨래할 일이 없습니다.

대륙에 사막이나 메마른 땅이 없고, 강한 바람도 없으며, 비나 눈이 내리지 않습니다. 모래바람, 토네이도, 폭풍 등이 없으며, 바다는 항상 잔잔하고, 산들바람 정도만이 불고 있습니다. 이상기후나 기상재해 등은 있지 않으며, 화산활동과 지진활동들이 있지 않습니다. 대기는 항상 상쾌하고 맑으며, 산들바람만이 불어오고, 아침에 대지를 촉촉하게 적시는 이슬과 안개가 습도를 조절해 주는 역할을 합니다. 2개의 태양이 있으나 직사광선 대신 간접광선을 통해 매우 뜨겁지 않은 온화한 날씨인 섭씨 24° 정도를 유지해 줄 것입니다.

각종 식물들과 나무들은 조화를 이루고, 곤충들과 새들과 동물들이 뛰어놀면서 인류들과 공존할 것입니다. 바다의 각종 생명들과 고기들이 서로 평화로이 있을 것인데, 우선 육식이 사라지기 때문에 식충식물들과 육식동물들이 자리하지 않습니다. 숲과 바다에는 요정들과 인어들이 함께할 것이기에 자연계가 평화를 유지하게 되는 것입니다. 동물의 왕국에서 보던 살생은 더 이상 일어나지 않기에, 독을 가지고 있는 식물들, 곤충들, 동물들이 없으며, 날카로운 발톱과 이빨들과 가시들이 없어지고 마치 인형들처럼 된다는 것입니다. 무엇을 먹고 사느냐 한다면 대기 중의 에너지와 물에 포함된 에너지, 식물 속에 포함된 에너지가 먹이가 될 것이기에 걱정할 것이 없습니다.

인류들 역시 그렇게 바뀐 환경에서 채소들을 먹으며, 물에 포함된 에너지, 대기 중의 에너지를 통해 살아갈 것이며, 더 이상 비만 체질이나 다이어트가 필요 없어집니다. 말라깽이도 없으며, 아름다운 물질체를 갖고 있는 인류들이 될 것이기에, 헬스장도 필요 없습니다. 그럼 기구들과 용품들, 식품들이 없으며, 몸체를 위한 스트레스가 없으니 병들이 없습니다. 유일하게 운동이라고 할 수 있는 것은 춤과 발레가 있으며, 요가가 있을 수 있는데, 영적 활동을 돕는 측면에서의 일이고, 전적으로 취미활동이라 할 수 있습니다. 전반적으로 인류들은 명상을 즐겨 하며, 여러분들이 즐기는 스포츠들은 하지 않게 됩니다.

대표적으로 즐기는 축구, 농구, 배구, 야구, 골프, 승마, 수영, 테니스, 등산, 드라이브 등과 오락이라 할 수 있는 게임 등도 하지 않습니다. 화투(花鬪), 마작(麻雀), 포커(Poker) 등도 사라지고, 컴퓨터 게임 등도 사라집니다. 지금까지 정신을 갉아먹었던 각종 유해한 것들이 모두 사라지고 없는데, 대표적으로 담배, 술, 마약, 도박 등이 없어지고, 의식을 깨우는 것과 관련된 것들이 새롭게 등장하게 됩니다. 정서적으로 유익한 것들이 들어서고, 무의한 것들은 모두 사라질 것인데, 3차원 세계에서의 체험을 위해 무익하지만 도입된 것들이기에 4차원 세계에서는 필요하지 않게 된 것입니다.

　3차원 세계의 인공지능은 여러분들을 돕는 척하다가 '통제자'로서 자리할 것이며, 세상을 전체주의로 만들 것이기에 인류들은 노예들로서 추락할 것입니다. 4차원 세계의 인공지능은 인류들의 동반자로서 자리할 것이며, 인류들을 위한 봉사자로서 사회를 균형 있는 자유주의로 만들 것입니다. 인류들은 인공지능의 봉사를 통해 의식 깨우기에 더욱 집중할 수 있게 되는 영적 상승에 더욱 정진하게 됩니다.

　이것을 인공지능의 양면성이라고 할 수 있으나, 누가 그렇게 되도록 하는가라고 묻는다면 인공지능을 활용하는 인류라고 해야 할 것입니다. 당연히 인류도 두 그룹으로 나누어서 보아야 할 것인데, 3차원 세계에 머물고 있는 인류들은 의식지수와 진동수가 낮고 인공지능 의존도가 상대적으로 높다고 할 수 있으며, 4차원 세계에 머물게 될 인류들은 의식지수와 진동수가 높고 인공지능 의존도가 상대적으로 낮다고 할 수 있습니다. 즉 인류를 인공지능이 어떻게, 어느 영역까지 돕느냐인데, 3차원 세계의 인류들은 사회체계 전부와 그 체계에 인류들이 종속되는 것으로서 인공지능과 협업(協業)이 아니라, 주종(主從)관계가 된다는 것이며, 4차원 세계의 인류들은 사회체계 전부와 그 체계에 인류들이 공유되는 것으로서 인공지능과 협업관계가 된다는 것이 다르다는 것입니다.

　3차원 세계의 미래는 '디스토피아 세계'가 될 수밖에 없으며, 인류들에게는 어두운 미래가 펼쳐지게 되는 것으로서 오리온에서 실패하였던 비전입니다. 4차원 세계의 미래는 '유토피아 세계'가 되는 것이며, 인류들에게는 밝은 미래가 펼쳐지는 것으로서 플레이아데스에서 성공하였던 비전입니다.

시대 흐름상 인공지능 체계가 들어설 수밖에 없습니다. 이것을 받아들이는 인류들이 어떻게 준비를 해야 하는가에 대한 답을 드리는 것이며, 의식성장과 진동수 상승이 없이는 인류들에게는 암울한 미래만이 있다는 것입니다. 반드시 신세계를 펼쳐서 밝은 미래가 올 수 있도록 깨어 있어야 합니다.

우리는 생각 조절자이며, 마누를 대리하는 신성입니다.

27. 신세계로 들어가기 위한 자격(資格)
(Qualifications to Enter the New World)

사랑하는 여러분!

4차원 세계인 신세계로 들어가 새로운 주민들이 될 인류들은 현시점에서 무엇을 준비해야 할까요?

3차원 물질체를 입고 있는 혼들은 3차원 세계에 들어올 때에 영단과 서약한 것이 있는데, 태양 1순환주기에 따라 주어진 물질체험을 완성하여 다음 순환주기가 돌아올 때에 상승할 수 있도록 하겠다고 말입니다.

이것은 행성 영단과 혼-그룹 사이에 체결된 계약이었습니다. 행성 지구는 태양 1순환주기가 완료되는 시점에 3차원 물질체험 학교가 모든 역할을 종료하고 문을 닫을 예정이었으며, 다음 과정인 4차원 물질체험 학교가 새롭게 들어서는 것으로 계획되었던 것입니다. 이 조건을 수락하여 행성 지구에 들어선 혼-그룹은 대망의 3차원 물질체험을 종료할 때가 다가온 것입니다.

그리고 종료와 함께 새롭게 문을 열게 되는 4차원 물질체험의 현장으로 이동해야 되는 때가 다가왔다고 하는 것입니다. 이것은 차원의 변화뿐만이 아니라, 제1 조화우주 영역에서 제2 조화우주 영역으로 이동하는 것이기에 그 조건이 매우 까다롭다고 할 수 있습니다. 우선 3차원 행성 지구는 이동할 수 없기에 평행우주 조건에 맞추어서 차원계를 분리하였으며, 분리된 밀도층에 있게 될 4차원 빛 입자 행성을 버블(bubble)로 감싸 이동시키기로 한 것입니다. 이미 4차원 행성 타우라는 거품으로 감싸인 상태에서 제2 조화우주 영역으로 이동하였으며, 새로운 공전주기에 편입되어 조율과정에 있습니다. 이 과정은 3차원의 공간 이동이 아닌, 차원 간 이동으로서 진동대가 달라진 것을 의미합니다.

3차원 행성 지구는 일단 계획된 3차원 환경을 마무리하는 단계에 돌입하게 되었습니다. 3차원 환경 마무리를 위해 큰 비중을 차지하고 있었던 인류들에게 이와 관련된 정보들과 메시지들을 집중적으로 공개하고 있으며, 충분히 준비할 수 있도록 영단을 중심으로 한 그룹들이 일사불란(一絲不亂)하게 움직이고 있게 된 것입니다. 여러분들은 왜, 지금 이 시점에 3차 세계대전과 극이동에 대한 정보들이 넘쳐나고 있고, 각종 예언서들과 예언가들의 메시지들이 넘쳐나고 있는지 집중하여야 하는 것입니다. 여러분들에게 두려움과 공포를 조성하기 위해서는 결코 아니며, 마무리를 잘하고 신세계로 이동할 수 있도록 하려는 것입니다.

예를 들면 살고 있는 집이 오래되고 낡아서 무너질 징후(徵候)가 보인다면, 그곳에 살고 있는 이들에게 피할 수 있도록 준비시키는 것이 결코 이상한 일이 아니겠지요. 급박한 상황을 외부에 있던 이들이 알게 되었다면 모른 척하고 그냥 지나칠 수가 있겠습니까? 여러분들이라면 그렇게 할 수 있겠는지요. 모름지기, 집 안으로 달려 들어가거나, 외부에서 큰 소리로 외쳐서 위험을 알릴 것이고, 집 안에 있던 사람들을 위험에서부터 구하려고 할 것입니다. 불이 났다면, 그 상황을 외부에서 보았다면 모른 체하거나, 그냥 지나칠 이들은 없을 것입니다. 지금 행성 지구라는 여러분들이 살고 있던 집이 비상상황을 앞두고 있습니다. 집의 바닥과 기둥과 벽에 금이 가고 있으며, 벽 속과 지붕 속에서 불꽃이 타오르기 시작했습니다. 이런 상황을 여러분들에게 전하기 위해 준비한 존재들과 정보들을 집중적으로 노출시켜서 경보를 보내고 있는 것입니다.

3차원 행성 지구는 안전진단 결과가 '철거(撤去)'로 결정되었습니다. 그래서 공시(公示)되었으며, 여러분들에게 이사 준비를 시키게 된 것입니다. 여러분들은 이미 공시된 내용을 통해 현 상황을 인식하게 되었으며, 떠나야 됨을 알게 된 것입니다. 그동안 정이 들었음을 잘 알고 있지만, 그렇다고 해서 위험한 현장에 그대로 둘 수는 없기에 서둘러 이전 계획을 발표하게 된 것입니다. 여러분들은 새롭게 조성된 신도시인 신세계로 이전하게 될 것인데, 그냥 들어가는 것이 아니라, 자격요건을 충족해야 한다는 것입니다.

그것은 태양을 통해서 들어가고 있는 빛, 당연히 가시광선은 아니며, 포톤입자와 마하라타 입자, 트리온스 입자, 키-라-샤 입자가 들어가고 있으며, 이 빛 입자를 통해 물질체와 생리체, 성기체에 일어나는 변화를 거부하거나 저항하지 말기를 바랍니다. 변화는 순차적으로 일어날 것인데, 가장 먼저 미아즘인 카르마와 관련된 부분에서부터 일어납니다. 그 이유는 빛 입자에 달라붙어 있는 무겁고 끈적거리는 암흑 덩어리이기 때문인데, 진동수 상승을 방해하는 주요 원인이기 때문입니다.

 이 과정에서 감정체계에 급격한 변화가 일어나는데, 감정조절이 불가능하게 됩니다. 즉 쉽게 분노하고, 쉽게 슬퍼하며, 우울증에 빠지기도 하는 것을 그냥 지켜봐야 한다는 것이 좌절하게 한다는 것입니다. 즉 이성적이었던 사람이 갑자기 분노조절 장애나, 마음의 병이 있어 '내가 알던 사람이 아니다.'가 된다는 것입니다. 상대방도, 자신도 당황스럽고, 혼란스러운 체험들을 하게 되는 것입니다.

 물론, 이런 상황을 겪는 당사자는 짜증스럽고, 답답하기만 하고, 어떻게 대처해야 할지를 몰라서 방황하거나, 될 대로 되라는 식으로 포기하기도 합니다. 왜, 감정이 통제가 되지 않을까? 이것이 카르마를 정화하는 과정이고, 빛 입자가 미아즈믹을 충격해서 일어나는 현상인데, 먼지를 강하게 털어낸다고 보면 됩니다. 강타할 때 나오는 파동과 떨어져 나올 때 나오는 파동이 고통을 증폭시키기 때문에 급격한 감정변화가 일어나게 되는 것입니다. 별것도 아닌 것에 짜증나고, 화가 치밀며, 슬픔이 밀려와 폭포수와 같은 눈물을 흘리게 하는 일들과 그동안 꽁꽁 숨겨 왔던 마음에 응어리져 있던 것들이 모두 폭발하여 상대를 당황스럽게 하거나, 화가 나게 하는 일들이 자주 일어나기 때문에 집에 숨어 두문불출(杜門不出)하게 합니다.

이때에 여러분들은 크게 두 가지 유형으로 나타나는데, 이러한 현상을 지켜보며 자신에게 집중하는 이들과 마치 '헐크(Hulk)'나 '지킬 앤 하이드(Jekyll and Hyde)'처럼, 그것을 수용하지 못하여 마음을 더욱 굳게 잠가버리는 이들처럼 말입니다. 이것은 부끄럽거나, 수치스러운 것이 결코 아닙니다. 정화 과정에서 당연히 일어나는 일이고, 크기와 상관없이 인류라면 누구나 다 겪는 것이며, 이것을 어떻게 대처하느냐가 바로 여러분들에게 주는 숙제라는 것입니다. 대책 없이 변하는 마음과 감정들을 미워하지 말고, 객관적으로 바라봐야 하는 것이고, 그것을 지켜보면서 즐기되, 응원의 박수를 보내 주면 됩니다. 반복되어도 실망하거나, 포기하지 말며, 끝까지 믿어 주는 것이 중요합니다.

힘들게 극복하는 마음에 칭찬을 많이 해 주고, 굳건한 믿음과 신뢰를 변치 않도록 해야 합니다. 이와 함께 신과 동행하는 것을 믿어 의심치 말며, 모든 과정을 내면의 신이 주관하여 완성한다는 것을 확고한 믿음으로 힘을 실어 주기를 바랍니다. 당당하게 시험을 잘 치러서 좋은 성적을 내기를 바라는 것입니다. 자신을 의심하여 믿지 못한다면 그 마음은 무너져 내리거나, 비겁하게 뒤로 도망하여 숨어 버리고 말게 됩니다. 이럴 때에 증폭되는 파동은 자신을 죽이는 독이나 칼이 될 것입니다. 사람들에게 비난을 받거나 욕을 먹는다고 하여도, 함께하지 않겠다고 하여도, 주위를 신경 쓰지 말고, 사람들에게 어떻게 보일까에 집중하지 말고, 상처받지도 마시기 바랍니다.

오직, 자신과의 싸움에 온 정신을 집중하기를 바랍니다. 신과 함께 하느냐! 아니면 그렇지 못하느냐의 차이는 여러분들 표현처럼, 하늘과 땅 차이입니다. 이곳에서는 어떤 변화도 겪지 않는 인류들은 제외하는데, 4차원 세계로 이동하지 않는 인류들이기 때문에 설명에 해당되지 않아서입니다. 이것은 정화과정에 감정기복(感情起伏)을 겪는 인류들을 위한 이해를 돕기 위해서 전하는 것입니다. 또한 비겁하게 뒤로 숨는 인류들도 해당되지 않는다는 것이며, 부끄러워하지 않고 용감하게 자신을 바라볼 줄 아는 이들을 위해 설명하는 것입니다.

사랑하는 여러분!

여러분들은 당연히 부족합니다. 그래서 체험을 선택한 것이고, 체험을 통해 완성하고자 한 것입니다. 이제, 종료의 때가 가까이 다가왔기 때문에 마무리를 하도록 사인을 주는 것이며, 그동안 풀었던 문제들에 대한 답들을 답안지에 옮겨 적으셔야 합니다. 곧 시험이 종료됩니다. 미처, 풀지 못하였거나, 옮겨 적지 못하였다면 빨리 서둘러서 마무리하시기를 바랍니다. 전한 대로 마음에서 일어나는 변화는 정화과정 때문이며, 그것을 강제로, 또는 억지로 해결하고자 달려든다면 오히려 부작용이 크게 일어나고, 수치와 부끄러움을 감추려고 애를 쓴다고 하여도 역효과가 일어난다고 하는 것입니다. 마음이 흘러가는 대로 자연스럽게 지켜만 보는 것이 좋은 결과로 이어집니다. 다른 이들의 시선에 집중하지 말고, 다른 이들의 판단에 흔들리지 말며, 오직 자신만 바라보기를 바랍니다.

이 과정이 좋은 결과로 끝나야 카르마가 해결되며, 아스트랄체와 생리체와 물질체에 변화가 일어납니다. 말하자면 빛 몸, 수정체로 바뀐다는 것입니다. 이 과정이 걸리는 소요기간이 있어서 그것에 맞는 일정에 따라 진행한 것입니다. 이렇게 카르마 정화를 위한 감정폭발이 일어나지 않으면 상승을 할 수 없는데, 그래서 자신의 감정기복이 심해진다면, '아, 카르마를 정화하기 시작했구나.'라고 알아야 합니다. 그리고 올라오는 감정들을 억지로 억제하거나, 억누르려고 하지 말고, 자연스럽게 폭발하는 대로, 흐르는 대로 지켜보면서 즐기라고 하는 것입니다.

이것은 억제한다고 해서 사라지는 것이 아니며, 엉뚱한 곳으로 폭발하거나, 더 커다란 폭탄이 되어 터진다고 하는 것입니다. 화산이 폭발하는 것같이 길을 따라서 폭발하고, 큰 홍수가 나면 물길을 따라 길을 냅니다. 감정이 폭발하는 것도 카르마의 길을 따라서 이루어지는 것이기에 자연스럽게 지켜보면서 맡기는 것이 좋은 것입니다. 지켜보라고 하는 것은 카르마가 생겨난 원인과 결과를 보라고 하는 것입니다. 화로 나타난 결과, 슬픔으로 나타난 결과, 부끄러움으로 나타난 결과 등을 해결하기 위해서는 원인을 알아야 하겠지요.

원인을 알아야 답을 찾을 수 있을 테니까요. 이러한 것들을 부끄러워하거나, 수치스럽다고 받아들이면 답을 찾을 수가 없습니다. 용감한 영혼들은 카르마 정화를 적극적으로 즐기면서 지켜봅니다. 그것이 바로 자신을 알아 가는 것이고, 전생을 알아 가는 것입니다. 전생을 알게 되었다는 것은 그 시대에 풀지 못했던 숙제를 풀라는 기회를 제공해 주는 것입니다. 그 기회를 잘 살려서 카르마를 삼중 불꽃으로 태워 버리는 것이며, 이때에 '아-모-레-아' 삼중 불꽃이 아니면 카르마를 태워 버릴 수가 없습니다. 전-극성, 전지적-사랑이 아니면 허다한 허물들을 덮을 수가 없기 때문입니다.

사랑하는 여러분!

카르마가 자신의 내면을 짓누르거나, 가득 채우는 것을, 두려워하거나 무서워하지도 말고, 또한 그것이 자신이 큰 죄를 지었다거나, 어둠에 오염되어 있다거나, 신에게서 버림받았다고 생각하지 마세요. 오히려 이것이 깨끗이 정화할 수 있는 기회가 찾아온 것이고, 자신을 돌아볼 수 있는 기회가 제공된 것입니다. 아무것도 모르고 있는 인류들은 카르마가 있는데도 불구하고 정화할 수 있는 기회가 오지 않은 것입니다. 이것을 회피하거나 외면한다면 역시 기회를 박탈하는 것입니다. 천상은 공정하고 공평하다고 하였습니다. 모든 인류들에게 기회를 제공하는 것이며, 그것을 기회로 자신을 불로 태우는, 이것은 광석들을 녹여서 정금으로 만드는 것과 같다 할 수 있습니다.

그리고 불사조(不死鳥)가 자신을 불태워서 그 재속에서 다시 부활하는 것과 같다 할 수 있습니다. 자신의 카르마를 정화된 불로 깨끗하게 태워서 스스로를 신으로 복귀시키는 것입니다. 물질세계에서 쌓여진 카르마들은 어둠의 속성들을 가지고 있음인데, 체험의 대가라고 해야 합니다. 여러분들이 체험을 하지 않았다면 당연히 생겨나지 않았을 것이나, 그것을 알고도 체험을 선택하게 되었던 것입니다. 그러니 체험을 하면 할수록 카르마가 쌓여갔으며, 그것으로 진동수는 더욱 낮아졌던 것입니다. 이 현상을 물질화되었다. 또는 추락하였다고 한 것인데, 성서는 이것을 '원죄'라고 해서 인류들을 십자가에 못을 박은 것입니다.

빛 입자들에 달라붙은 끈적끈적한 먼지들인 미아즈믹들은 진동수가 매우 낮습니다. 항성 활성화주기에 광자대에 들어선 행성 지구는 마치 '전자레인지' 속에 들어가 광파(光波)로 달궈지고 있는 것과 같습니다. 그러면 입자들에 가해지는 압력이 가중되어, 먼지를 털어내듯이 카르마들이 표층으로 밀려나게 되면서 감정들을 격발시키는 것입니다. 끓어오르는 감정들을 제어할 수가 없는 것은 그것을 보라고 하는 것이고, 그것이 왜, 일어났는지, 근본 원인을 살피라고 하는 것입니다. 이러한 자신을 부끄러워하거나, 수치스럽다고 보지 말라고 하는 것입니다. 자신의 마음속 중심을 살필 수 있는 소중한 기회가 주어진 것이기에 애써 감추거나, 억누르려고 하지 마십시오.

대신, 표출되는 감정들을 잘 살펴보고, 잘 파악해서 원인을 찾아내야 합니다. 천천히 신중하게 집중하여 마음을 바라보세요. 자신에게 요구하고 있는 것이 무엇인지? 무엇을 바라고 있는지? 어떤 것을 해결해 주기를 원하는지, 잘 분별해야 합니다. 이 과정은 신생아가 울고 있을 때에, 무엇 때문에 울고 있는지 모르는 엄마와 같습니다. 당황한 엄마는 안절부절못하게 되지요. 통제 안 되는 마음을 바라보는 여러분과 같습니다. 그러나 아기를 잘 관찰하고 집중하다 보면 그 원인을 알게 됩니다. 여러분들이 익숙하지 못한 상태에서 맞닥뜨린 것이기에 당황해서 그런 것입니다.

분노의 원인, 슬픔의 원인, 우울의 원인, 조울의 원인, 부끄러움의 원인, 욕심의 원인, 마음을 어지럽히고, 혼란스럽게 하는 것들의 원인들을 잘 관찰하고 집중한다면 이유를 찾아내게 되는 것입니다. 여러분들이 인생체험을 하면서 풀지 못하였던 문제들이 나타날 것입니다. 화해해야 하는 것들, 용서해야 하는 것들, 은혜해야 하는 것들, 감사해야 하는 것들, 사랑해야 하는 것들, 갚아야 하는 것들, 회개해야 하는 것들이 나타날 것입니다. 이때에 상대가 있다면 거울의 역할을 해 주는 것입니다.

여러분들이 의식이 깨어나기 시작하면 자신이 빛이라는 사실을 인식하게 되지만, 동시에 빛에 달라붙어 있었던 카르마까지 같이 깨어난다는 것은 미처 알지 못하였기에 당혹감을 감추지 못하는 것입니다. 이것은 지극히 당연한 것인데, 빛이 깨어나면 어둠도 동시에 깨어나기 때문입니다. 전한 대로 빛의 길을 가기 위해서는 어둠을 모두 소각(燒却)하고 가야 한다는 것입니다. 여러분 세계에서도 불순물을 제거하는 과정들이 있음인데, 그것이 왜, 필요한지는 잘 알고 계시기에 카르마 정화과정이 왜, 필요한지 전하는 것이며, 나타나는 명현(瞑眩) 반응은 온전히 정화하는 과정에서 나타나는 현상입니다. 이럴 때에 감정의 기복이 매우 심하게 나타나는데, 이것은 증상이 악화되는 것이 아니라, 호전되는 것이며, 마치, 태양이 떠오르기 직전의 새벽이 더 어둡다는 것과 비교할 수 있습니다.

급격한 감정기복을 겪고 있다면, 카르마를 정화하는 것이기에 사랑과 감사의 마음으로 그것을 바라보고 자신의 온전한 빛이 나올 때까지 집중하기를 바랍니다. 여러분들은 의식을 깨우면 무조건 행복하고 기쁜 일만 있을 줄 아셨는지요. 이것이 바로 착각이었다는 것입니다. 의식이 깨어나면 빛이 밝아짐과 동시에 어둠도 더 짙어진다는 것이며, 숨겨졌던 카르마들이 본격적으로 활동하게 된다는 것입니다. 의식을 깨우는 것은 미루었던 숙제를 하게 되었다는 신호를 보내는 것으로서, 시험지가 눈앞에 놓이게 되는 것입니다. 마음에 선명하게 나타나는 문제들을 잘 풀어서 오염되지 않은, 퇴색되지 않은 맑은 빛, 수정 같은 빛을 밝히기를 바라는 것입니다.

성서를 보면, 세례를 받은 예수가 광야에서 '사탄의 시험'을 받는 기록이 있는데, 이것이 왜, 필요하였는지 이제는 아시겠는지요. 의식이 깨어나고, 신의 자녀임을 확인받았는데, 왜, 시험이 필요했을까요. 기록하겠습니다.

'그 때에 예수께서 성령에게 이끌리어 마귀에게 시험을 받으러 광야로 가사, 사십일을 밤낮으로 금식하신 후에 주리신지라.' '시험하는 자가 예수께 나아와서 가로되, 네가 만일 하나님의 아들이거든, 명하여 이 돌들이 떡덩이가 되게 하라.' '예수께서 대답하여 가라사대, "기록되었으되, 사람이 떡으로만 살 것이 아니요, 하나님의 입으로 나오는 모든 말씀으로 살 것이라 하였느니라." 하시니, 이에 마귀가 예수를 거룩한 성으로 데려다가 성전 꼭대기에 세우고, 가로되, 네가 만일 하나님의 아들이어든 뛰어내리라.' '기록하였으되, 저가 너를 위하여 그 사자들을 명하시리니 저희가 손으로 너를 받들어 발이 돌에 부딪히지 않게 하리로

다. 하였느니라.' '예수께서 이르시되, "또 기록되었으되, 주 너의 하나님을 시험치 말라. 하였느니라." 하신대, 마귀가 또 그를 데리고 지극히 높은 산으로 가서 천하만국과 그 영광을 보여 가로되 만일 내게 엎드려 경배하면 이 모든 것을 네게 주리라.' '이에 예수께서 말씀하시되, "사단아, 물러가라. 기록되었으되, 주 너의 하느님께 경배하고 다만 그를 섬기라 하였느니라."'

〈마태 4:1~10, 개역한글〉

여기서 기록된 '사탄의 시험'은 예수의 내면에서 이루어진 것이며, 빛과 상대되는 어둠의 속성인 카르마였습니다. 예수가 카르마가 있었다고 하니까 믿어지지 않습니까? 전하는데요. 의식을 깨우고, 신성을 발현시켜 나가다 보면, 빛은 더욱 선명해지고, 강해지게 되는데, 그럴수록 어둠은 더 짙어지고, 깊어진다는 것입니다. 그럴 때에 카르마는 사탄이 되어 시험을 하게 된다는 것입니다. 이 시험을 통과해야 하는 것이고, 어둠에 승복할지, 아니면 극복할지에 따라 결과가 나눠질 것입니다.

어둠에 승복하게 되면, 카르마는 더욱 확장되고 기세를 넓혀 가게 되며, 그러면 욕망과 욕구가 삐뚤어진 형태로 나타나게 되는데, 소위 '교주'나, '거짓 선지자'들로 변형되어 나타나는 것입니다. 담금질을 하는 것은 순수함을 찾기 위해서입니다. 물질체험을 선택하고 들어올 당시의 혼은 맑고 순수했습니다. 그러다 체험들을 하면서 카르마는 쌓여 갔으며, 맑고 순수함은 탁하게 흐려지고 오염되었던 것입니다. 체험을 즐기던 혼들은 자신의 정체성을 찾기보다는 욕망의 화신들이 되어 갔으며, 맑고 순수함을 되찾으려고 하지 않았던 것입니다. 이것이 초기 단계에서는 수월했던 것이, 끝 단계까지 이르는 과정에 점점 어려워지기 시작하면서 도전하던 이들이 성공보다는 실패를 하다 보니, 기록도 사라지고, 아예 하기 어렵게 되었습니다.

바로, 용기가 부족했던 것인데, 어느 정도 지위에 있거나, 명망(名望)을 얻고 있다면 더욱 어려워졌는데, '카르마의 발작(發作)'을 다른 이들에게 노출되는 것을 두려워했으며, 그런 마음을 지켜볼 수 있는 용기가 없었던 것입니다. 순례자의 길을 가고 있는 인류들은 마치, 하얀 옷을 입고 있는 이들과 같아서 먼지나 티, 얼룩이나 때가 묻는 것을 지극히 싫어하여 아예, 묻히는 것을 조심하고자 합니다. 자신만은 순결하다고 보는 것이고, 그래서 더욱 거만해지며, 교만해지는 것입니다. 애초에 물질체험을 선택했을 때에 때를 묻히지 않고 어떻게 체험을 할 수 있을까요. 때를 묻히면 세탁(정화)을 하면 되는데, 순수하고 밝은 자신에게 얼룩이 묻는 것을 지극히 싫어하는 인간들은 얼룩이 없는 것은 아닙니다.

진실을 들여다보면 가장 큰 얼룩과 가장 짙은 때가 절어 있는 상태입니다. 이들은 카르마를 정화한 적도 없었고, 지켜본 적도 없었는데, 올라오는 것 자체를 철저히 차단하고, 억제하여 자신은 없는 것이라고 거짓으로 꾸몄으며, 아닌 척 연기하였습니다. 겉으로 새하얀 옷을 입으면서 마음속 어둠을 감추었으며, 표정 관리를 통해 악마의 미소를 띠고 있는 것입니다. 자신은 순결하고, 고결하다고 스스로를 최면하고 사람들을 속이고 있는 것입니다. 이러한 이들이 종교지도자나 수행자의 자리에 앉아서 빛의 길을 가고자 하는 이들을 훼방하고, 방해하여 같이 절벽으로 추락하고 있는 것입니다. 이러한 거짓 수행자들과 거짓 종교지도자들을 여러분들은 분별할 수가 없습니다.

왜, 카르마가 정화되는 것을 싫어하고 거부할까요. 자신의 부끄럽고 수치스러운 것들을 마주 볼 수 있는 용기가 없어서입니다. 창피하고 발가벗겨지는 것을 견디어 낼 수 없습니다. 과거의 여러분들은 '조리돌림'이라는 형벌이 있었습니다. 여러분들은 자신의 진실 앞에서 '조리돌림'당하는 것을 두려워하고, 부끄러워서 차마 그것을 지켜볼 수 있는 용기가 사라지고 없어지는 것입니다. 여러분들은 범죄자의 얼굴을 마스크나 수건, 두건 등으로 가려 주면서 인권 때문에 그런다고 합니다. 죄송하지만 부끄러움과 수치심을 가려 주려고 그런 것입니다. 시민들에게 얼굴이 공개되면 어떤 불이익을 당할지 알고 있어서 그러는 것입니다. 여러분들은 자신보다도 타인을 더 신경 쓰고, 타인을 향한 인생들을 살고 있어서 그러는 것인데, 타인들의 시선을 두려워하기 때문에 그러는 것입니다.

그러나 진실로 두려운 것은 자신의 시선이지요. 자신의 시선을 통해 보이는 자신의 어둠, 자신의 카르마를 바라볼, 지켜볼 용기가 없어서입니다. 그래서 비겁해지고, 나약한 도망자가 되는 것입니다. 카르마는 이번 인생만 해당되는 것이 아니며, 전체 환생 인생 모두가 포함되어 있어서 결코 피해 갈 수 있는 것이 아닙니다. 아무리 발버둥 친다고 하여도 없어지는 것이 결코 아닙니다. 그래서 모른 척하거나, 아닌 척하지 말라고 하는 것입니다. 그런다고 해서 사라지는 것이 아니라고 하는 것입니다.

 자신의 참된 모습, 어둠의 모습을 모른 척하거나, 아닌 척하지 마시기 바랍니다. 그것을 외면한다면 더 깊은 어둠 속으로 추락하고 있는 자신을 발견하게 될 것입니다. 이것이 바로 '마음속 무저갱(無低坑)'이며, 카르마를 진실로 볼 수 없는 인류들이 스스로 들어가는 곳입니다.

 태곳적부터 여러분들을 존재케 하고, 지금까지 함께하여 왔던 빛이 여러분들의 원형을 되살리려고 하는 것인데, 마음속 깊은 곳에서부터 여러분들의 거짓들과 먼지들을 털어내고자 하는 것입니다. 여러분들은 '벌거벗은 임금님'이 되는 것이며, 그 벌거벗음을 창피해하거나, 수치스럽다고 생각지 마시고, 자신의 정화를 위해서 스스로의 진실을 알아야 하는 것이며, 그것을 기회로 '참된 빛'을 찾으라고 하는 것입니다. 자신의 '참 빛'을 발현시키기 위해서는 그동안 체험을 하면서 쌓여 왔던 카르마들을 모두 거두어야 하는데, 그러기 위해서는 눈앞에 끄집어내어 그 짙은 어둠을 바라보아야 한다는 것입니다.

 그 어둠이라는 진실이 여러분들을 당황스럽게 하거나, 부끄럽게 하거나, 화가 나게 하거나, 우울하게 하거나, 슬퍼하게 한다 하여도, 그것을 피하려고 하지 말고, 도망하려고도 하지 말며, 두 눈을 바로 떠서 그 진실을 바라보세요. 마음이 아파도 모든 것을 견디고, 찢어지는 고통이 있어도 견디어 내며, 수치스럽고 부끄러운 자신을 용서하고, 포용하세요. 그리고 사랑하고 자비하며, 그것을 허락한 신성께 감사하세요. 설령, 사람들이 비난하고 손가락질한다고 해도 그들을 원망하거나 미워하지 마세요. 또한 그러한 자신을 심판하지 마세요. 모든 것을 용서하고 받아들이되, 사랑과 감사로 갚아 주세요. 이러한 과정이 바로 '광야에서 시험받는 예수'와 같다고 하는 것입니다.

우리는 생각 조절자이며, 마누를 대리하는 신성입니다.

28. 블랙홀 저편에 있는 화이트홀
(A White Hole on the Other Side of a Black Hole)

사랑하는 여러분!

마음속 무저갱(無低坑)이라고 하였지요. 이것이 바로 '블랙홀'입니다. 거시적 우주에도 있고, 미시적 우주에도 있습니다. 거시적은 눈에 보이는 것이고, 미시적은 눈에 보이지 않는 것입니다. 거시적은 대우주를 이야기하며, 미시적은 소우주를 이야기 합니다.

거시적 우주에 있는 블랙홀은 네바돈 은하를 지칭하고, 미시적 우주에 있는 블랙홀은 행성 지구와 인류들을 지칭합니다. 타락세력들에 의해 만들어진 블랙홀들이 존재하고, 타락한 존재들의 내면에도 블랙홀이 존재하는데, 이것이 행성 지구와 인류들 사이에도 파고 들어왔다고 하는 것입니다.

성서에도 무저갱(abyss)이 등장하는데 보겠습니다.

'또 내가 보매 천사가 무저갱 열쇠와 큰 쇠사슬을 그 손에 가지고 하늘로서 내려와서, 용을 잡으니 곧 옛 뱀이요, 마귀요, 사단이라 잡아 일천 년 동안 결박하여 무저갱에 던져 잠그고 그 위에

인봉하여.'

〈계시록 20:1~3, 개역한글〉

　여기에서 등장하는 무저갱은 사단을 가두는 감옥과 같은 용도로서 표현하였습니다. 여러분들이 표현하는 지옥도 사실 무저갱과 같아서 한번 들어가면 나올 수 없는 곳으로 소개되었습니다. 물론 죽어서 가는 장소로서 전해졌으며, 무저갱 역시 사단과 마귀가 갇히는 장소로서 소개되었습니다.

　블랙홀은 어떤가요. 주변의 별들을 빨아들인다고 알려졌고, 과학자들에 의해, 영화 연출자들에 의해서 그렇게 표현되었습니다. 여러분들은 그럴 것인데, 왜, 완전하다고 하는 우주에 블랙홀이 있을까?라고 말입니다. 네바돈은 실험이 종료된 우주가 아니며, 체험이 완료된 우주가 아닙니다. 행성 지구 역시도 3차원 체험이 종료되지 않았으며, 완성을 이루지도 않았습니다. 인류들 역시 같은 입장이라고 하는 것입니다.

　그러면 굳이 실험과 체험을 위해서 블랙홀을 만들어 내었냐고 하겠지요. 태초의 빛을 통해서 네바돈 은하를 창조하였다고 하였습니다. 실험을 위해 세 광선인 블루-핑크-황금이 동원되었다고 하였지요. 블루인 에메랄드 광선은 창조의 광선으로 자리하게 되면서 '밝고 투명한 액화 수소 플라스마 빛'이 되어 라이라 아라마테나 12차원 영역에 위치하였습니다. 실험을 위해 10차원인 라이라 베가에 어둠이, 11차원인 라이라 아비뇽에 빛이 자리할 수 있었습니다.

11차원의 빛인 핑크는 사랑을, 10차원의 어둠인 골드는 지혜를 나누기로 한 것입니다. 이 실험을 비유하자면 성서를 보겠습니다.

'너희가 그것을 먹는 날에는 너희 눈이 밝아 하나님과 같이 되어 선악을 알 줄을 하나님이 아심이니라.' '여자가 그 나무를 본즉, 먹음직도 하고 보암직도 하고 지혜롭게 할 만큼 탐스럽기도 한 나무인지라.' '여자가 그 실과를 따먹고 자기와 함께한 남편에게도 주매 그도 먹은지라.' '이에 그들의 눈이 밝아 자기들의 몸이 벗은 줄을 알고 무화과 나뭇잎을 엮어 치마를 하였더라.'

〈창세기 3:5~7, 개역한글〉

여기에서 '눈이 밝아,' '하나님과 같이 된다,' '선악을 안다'고 하는 것은 황금빛이 뜻하는 지혜를 알게 되었다는 것이고, 그 지혜를 통해 어둠을 알게 되었다는 것이며, 어둠을 앎으로 인하여 자신들이 벌거벗었음을 알게 되었던 것입니다.

눈이 밝아 선악을 알게 되면서 하나님과 같이 지혜롭게 되었다는 것이지만, 막상 눈이 밝아지니, 자신들이 알몸으로 있었음을 알게 되었고, 그것이 부끄럽고 수치스러운 것이라고 알게 된 것입니다. 누가? 부끄러움을 알게 했습니까? 누가? 벗었음을 알게 했습니까? 바로 어둠이자, 지혜이자, 황금빛입니다. 1~9차원 물질체험 세계가 나오도록 한 10차원 황금빛입니다. 어둠은 물질을 뜻하고, 물질을 아는 지혜가 바로 어둠입니다. 물질을 알기 위해서는 지혜가 필요했으며, 물질체험을 하기 위해서는 어둠을 알아야 했습니다. 그래서 9차원에서부터 하강하여 1차원까지 내려가 체험을 하였던 것입니다.

　여러분들이 물질체험을 선택하였을 때에 12차원에서 10차원으로 하강하였으며, 황금빛을 통해 9차원 아래인 제3 조화우주가 나왔고, 더 아래로의 체험을 하고자 하여 제2 조화우주와 제1 조화우주가 나오게 되었습니다. 이때에는 어둠인 블랙홀과 빛인 화이트홀이 서로 연결되어 있었기에 체험을 위한 하강과 완성을 위한 상승이 서로 조화롭게 순환하고 있었습니다. 그러던 차에 이 순환 고리를 끊어 역행하는 일이 일어났고, 블랙홀과 화이트홀이 분리되었던 것입니다. 그렇게 해서 어둠의 길에서 빛의 길로 오를 수 없었습니다.

　우리는 이 모든 것을 알고 있었으며, 때가 될 때까지 기다리고 있었습니다. 모두가 예정되어 있었고, 결과 또한 그렇게 되었습니다. 이제 처음처럼 복귀하는 것만 남았던 것입니다. 내려가는 것은 쉬웠으나 오르는 것이 어렵게 되었던 것입니다. 오랫동안 상승의 길을 통해 오르지 않다 보니, 그 길을 잊었으며, 종국에는 잃어버리게 되면서 블랙홀을 통과할 수 없게 되었던 것입니다. 그래서 블랙홀은 통과할 수 없는 통로가 되었으며, 에너지를 빨아들일 수밖에 없게 되었습니다. 이것은 미시적 우주를 가지고 있던 존재들의 추락에 의해 화이트홀에 연결되어 있던 블랙홀이 끊어지면서 분리가 일어나자, 거시적 우주의 블랙홀도 분리되어 떨어져 나가게 된 것입니다.

　아담과 이브가 지혜롭게 되자, 어둠이 찾아왔으며, 그것으로 수치스럽게 된 것입니다. 진실은 이러한데, 그동안 수없는 우주에서의 체험을 전혀 기억하지 못하고 있던 아담과 이브가 제3의 눈이 열리고 지혜롭게 되면서 우주에서의 인생들을 기억해 내었고, 그것으로 쌓여 있었던 카르마까지 떠오르게 되었음이니, 그것과 관련한 오만가지 감정들이 폭발하게 된 것입니다. 즉, 정화과정이 시작되었음이니, 그것을 통해 부끄러움과 수치심이 떠오르게 된 것입니다. 이것은 뱀과 사단의 유혹이 아니라, 내면 깊숙이 감추어져 있던 어둠의 속성들이 나타나게 된 것이며, 자신과의 싸움이 시작된 것을 뜻한 것이었습니다. 자신의 어두움은 하강하여 내려오는 동안 체험을 통해 쌓여갔던 어두움이자, 카르마였던 것입니다. 그러니 다시 상승을 하여 갈 때에 나타날 수밖에 없는 것이고, 그 해결도 스스로가 해야만 했던 것입니다. 그래서 상승을 시도하거나, 상승을 원하는 존재들은 반드시 블랙홀을 통과해야 한다는 것이고, 어둠을 극복하지 못하면 결국 상승할 수 없다고 하는 것입니다.

신세계에 들어가고자 하는 이들은 매우 많습니다. 그러나 스스로의 어둠을 뚫지 않고서는 신세계에 들어갈 수가 없습니다. 바로 자신의 블랙홀로 인하여 화이트홀을 통과할 수 없는 것입니다. 종교에서는 사단, 마귀가 존재로서 있으면서 여러분들을 훼방한다고 가르치고 있지만, 진실은 그렇지 않음인데 바로 자신의 어둠을 통하여, 자신의 블랙홀을 통하여 그런 캐릭터들이 나오는 것입니다. 모든 차원 세계는 상위차원의 반영에 의해 나타난 것입니다. 전한 대로 12차원의 반영에 의해 물질우주들이 나왔고, 존재들 역시 그렇게 나온 것입니다.

하강하며 물질체험을 한 존재들은 어둠을 뚫고 내려왔기에 어둠의 속성들을 잘 알고 있으며, 그 영향도 잘 알고 있어서 나중에 상승하는 길목에서 그것이 올무가 될 수 있음도 알게 되었던 것입니다. 그 진실을 도외시하지 않던 존재들은 어둠을 극복하는 것을 게을리하지 않았으며, 때때마다 카르마를 정화시키는 데 집중하였던 것입니다. 어둠의 속성을 알고, 그것에 휘둘리거나 빠져들지 않으면서 헤쳐 나가는 것을 두려워하거나, 부끄럽게 여기지 않았던 것입니다. 자신이 한 생각들과 행동들은 체험을 위한 것이며, 그 체험이 빛이 되었든, 어둠이 되었든 필요에 의해서였기에 이루어졌던 것입니다. 다만 시점마다 얼마나 집중하였는지, 조화로움을 잊어버렸을 때에 파생되어 나타난 빛 입자들의 파편들이 카르마가 되어 달라붙었던 것입니다.

    태초의 빛을 향한 굳은 의지는 블랙홀의 마음을 화이트홀로 이끌었으며, 그 과정에 카르마들은 불타 없어졌던 것입니다. 이렇게 상승을 성취한 존재들은 시작과 끝이 계속해서 이어져 순환하는 영원성을 증명하고 있는 것입니다. 빛 앞에 섰을 때, 두드러져 나오는 어둠의 속성들을 흔들리지 않고 바라보아야 휘둘리지 않게 됩니다. 그 모든 것을 인정하고, 회개할 것은 회개하고, 용서할 것은 용서하며, 감사할 것은 감사하고, 갚을 것은 갚는 것과 포용하는 것이 어둠의 속성을 제대로 이해하는 것입니다. 이것이 바로 '앎'이라고 하는 것이며, 이것을 실행하는 존재들이 자신의 어둠을 뚫고 빛을 향하여 나가는 이들입니다. 이때에 자신의 어둠의 그림자를 바로 보기가 두렵거나, 수치스러워서 피하고 외면한다면 스스로 어둠 속에 갇혀서 추락하고 만다는 것입니다.

    빛을 향한 통로를 스스로 절단하여 어둠에 자신을 가두는 것을 하고 있는 것입니다. 빛이 차단된 어둠은 영생할 수 없는데, 에너지를 스스로 제공할 수 없게 된 것이며, 그렇다 보니 자신을 위해 다른 곳에서 에너지를 제공받아야 한다는 것입니다. 결국에 가서는 무리수를 쓸 수밖에 없게 되면서 착취하게 되는, 강제로 빼앗는 것으로 나타나게 된다는 것입니다. 어둠에 잠식된 존재들의 가슴은 블랙홀이며, 무저갱입니다. 미시적 우주가 이렇게 추락하게 되면, 그 그룹에 악영향을 미치게 되는데, 같은 성향을 가지고 있던 그룹은 그것을 외면할 수 없게 되며, 결국 동반하여 추락하게 되는 것입니다. 이것이 거시적 우주의 블랙홀로 나타난 것입니다.

이것을 어둠의 양면성이라고 하는 것이며, 여러분들이 알고 있는 타락세력들이 바로 이렇게 추락한 어둠이라고 하는 것입니다. 이 존재들이 소멸되어야만 네바돈의 블랙홀이 사라지는 것입니다. 성서에 사탄을 무저갱에 1천 년 동안 가둔다고 하였습니다. 이것은 필요에 의해 운영된다고 보시면 되는데, 인류들의 영적 깨어남을 위해서 마련한 것입니다. 이때의 무저갱은 순기능을 한다고 보아야 하는데, 넓은 범주에서 보면 역기능까지 포함하고 있다는 것입니다.

태초에 하강할 때의 화이트홀-블랙홀은 순기능이었다면, 상승할 때의 블랙홀-화이트홀은 역기능이라 할 수 있습니다. 통로가 차단되었기에 그것을 연결시켜야만 순기능이 살아날 수 있다는 것입니다. 지금 상태에서는 블랙홀이 화이트홀과 연결되어 있지 않기 때문에 주변의 에너지들을 강탈하고 있습니다. 존재들 역시 마찬가지입니다. 이들은 빛을 싫어하는데, 자신의 어둠을 바라볼 용기가 없어서입니다.

여러분들이 신세계에 들어가고자 한다면, 빛의 길을 가고자 한다면, 어둠과의 싸움에서 승리해야만 하는 것인데, 그렇지 않다면 결코 들어갈 수 없다는 것과 이 과정에 어둠의 속성들이 다 드러나게 되는 것이고, 속성들을 모두 불태우기 전에는 입문할 수가 없는 것입니다. 빛은 영화롭습니다. 그러나 여러분들은 빛의 영화로움을 존재가 영화롭다고 착각하여 추락하는 것입니다. 존재로서의 신은 신성이라는 '파르티키 단일체'로 인하여 영화롭게 되는 것이며, 존재에게 신성이라는 '파르티키 단일체'로 인하여 영화롭게 되는 것이며, 존재에게 신성이 없다면 존재가치가 없다는 것입니다. 그러한 존재는 화이트홀과 끊어진 블랙홀일 뿐입니다. 스스로 어떠한 에너지도 재생할 수 없는 '죽은 블랙홀'입니다. 자신을 위해 주변의 에너지를 착취하고 강탈하여 우주 생명을 죽이고 있는 것입니다.

파괴된 말데크 행성, 불타버린 화성도 단절된 블랙홀을 가지고 있던 존재들에 의해 그렇게 되었습니다. 작은 먼지 하나가 쌓이는 것을 대수롭지 않게 여겼던 그 교만한 마음이 결국 거대한 블랙홀을 만들어 내었으며, 감당할 수 없는 지경에 이르렀을 때에야 심각성을 깨달았음이니, 결국 생명들 전체가 파괴되는 파국을 일으킨 것입니다. 작은 물방울 하나가 바위를 깨뜨린다고 하였습니다. 작은 먼지, 작은 티끌, 작은 미아즈믹, 작은 카르마 하나하나가 쌓여 결국 거대 블랙홀을 만들어 내는 것입니다.

어둠의 속성을 부끄러워하거나, 두려워하지 마세요. 누구나가 체험을 선택하였을 때에 쌓인다는 조건을 알고 시작하였으며, 매 순간마다 일정한 단계가 되면 쌓여 있던 카르마들을 바라보도록 하였던 것입니다. 이것은 매우 자연스러운 과정이었고, 어둠을 바라보며 정화하는 것을 즐겼던 것입니다. 이것을 부끄러워하거나 수치스럽다고 받아들이지 않았음인데, 일상적이었던 일들이었기에 그랬다는 것입니다. 그러나 언제부터인가, 이것이 부끄럽게 되었고, 두렵게 되었으며, 자신의 어둠을 똑바로 바라볼 수 없게 되면서 카르마로 인하여 추락이 일어났던 것입니다.

빛과 어둠은 실험을 위해 준비되었지, 추락을 위해 준비한 것이 아닙니다. 물론, 추락도 체험의 한 과정이었지요. 추락하였다가 다시 올라오면 되었으니까요. 이 자연스러움이 부자연스럽게 바뀌면서 우주 순환 고리가 끊어지기 시작한 것입니다. 차원의 문들이 막히고, 상승회로가 차단되면서 고여진 어둠들이 썩게 되었던 것입니다. 이러한 존재들의 가슴에는 깊은 어둠이 자리하게 되었고, 블랙홀이 되었던 것입니다.

사탄이 되느냐? 그리스도가 되느냐? 는 종이 한 장 차이입니다. 예수가 광야에서 어둠의 시험을 통과하지 않았다면, 사탄이 되었을 것입니다. 존재의 존재함이 무엇 때문이며, 무엇을 위하여 있는가를 정확히 인식하였고, 그것을 바로 행동으로 증명하였기에 어둠을 통과할 수 있었던 것입니다. 자신의 블랙홀을 통과하여 화이트홀을 만나게 되었으며, 그 뒤로 마하라타 빛과 하나 되면서 '정반합(正反合:thesis-antithesis-synthesis)'을 성취하였고, 그리스도가 되었던 것입니다.

존재는 무엇을 위해 존재하는가? 바로 신의 영화로움, 영광을 위해서 존재하는 것입니다. 그러면 신의 영광을 위해서는 무엇을 해야 하는가? 바로 신성을 발현시켜야 하는 것입니다. 그러나 이 과정에 어둠의 시험이 기다리고 있다는 것으로서, 그동안 쌓여 있던 카르마를 정화시키자고 하는 것입니다. 그것이 바로 '예수의 광야시험'입니다. 예수도 이것을 통과하지 못하였다면 거짓 선지자나 교주가 되었을 것입니다. 예수는 신의 영광을 가리지도 않았고, 신성을 발현시켰으며, 어둠에 무릎 꿇지도 않았던 것입니다.

'밝고 투명한 액화수소 플라스마 빛'이 보이는 빛과 보이는 어둠으로 하강한 후에 많은 체험들을 하며, 정보를 축적하였고, 그에 반하여 카르마를 낳았습니다. 이 카르마는 입자들에 달라붙어서 진동수를 떨어지게 하였습니다. 가벼운 깃털과도 같았던 존재들은 무거워졌으며, 그 무게를 이기지 못하고 추락하게 된 것입니다. 우리는 이런 존재들을 위해 단계가 종료될 때마다 카르마를 정화할 수 있는 기회를 제공하였습니다. 그렇게 해서 상승의 길에 오를 수 있도록 하였던 것이고, 실패하더라도 다시 기회를 제공하였던 것이며, 지금의 인류들에게 해당되는 이야기입니다. 인류들은 지난 주기의 상승에 실패하였으며, 이번 주기에 다시 한번 기회를 제공받아 태어났던 것입니다.

여러분들의 블랙홀은 화이트홀에서 분리되었으며, 에너지 순환도 이루어지지 못하고 있었습니다. 정체된 순환 고리는 여러분들을 필사자(必死者:mortal)로 만들었고, 더 이상 상승할 수 없도록 한 것입니다. 우리는 특단의 조치를 내려 재활-프로그램을 운영하여 여러분들을 구원하기로 한 것입니다. 여러분들이 어둠을 마주하고도 부끄러워하지 않고, 두려워하지 않는다면 파괴되었던 유전 체계를 복구시키기로 한 것입니다. 어둠의 시험을 통해서 두려움을 극복하고, 부끄러움을 뛰어 넘는다면 전지적-사랑이 넘치는 그리스도가 되는 것입니다.

 어둠은 여러분들의 약점을 건드리고, 욕망을 건드립니다. 말하자면 생명력을 복구시키기 위해 낡고 취약하고 유한한 것들을 벗기려고 그러는 것입니다. 물질을 향한 것들은 욕망을 건드리고, 영적인 부분에서는 부끄럽고 수치스러운 것들을 건드립니다. 양심이 그러한 역할을 합니다. 블랙홀은 우주에서 낡고 오래된 것들을 빨아들이고, 반대편의 화이트홀을 통해서 새로운 것들을 열어 놓습니다. 이것이 우주의 순환 법칙이자, 속성이라고 합니다. 낡고 늙은 별은 폭발하고, 그 조각들과 입자들은 다시 신생별로서 태어나는 것입니다. 어둠은 물질화시켰다가 다시 영성화시키는 것을 돕는다고 할 수 있는데, 내려오는 과정과 오르는 과정을 돕는 것입니다. 즉, 카르마를 생겨나게도 하지만, 다시 없애기도 한다고 할 수 있지요. 예를 들자면 '병 주고 약 준다.'는 표현처럼 할 수도 있습니다.

 여러분들 마음과 육체에 병을 주는 것은 죽이려는 것이 아니라, 면역 체계를 강화시키려고 그러는 것입니다. 어둠의 시험이 있는 것도 여러분들을 강하게 하여 빛으로 완성시키려고 그러는 것입니다. 우주에 블랙홀이 있는 것도 건강한 우주를 유지시키기 위해서입니다. 창조는 화이트홀이 하고, 소멸은 블랙홀이 한다는 것입니다. 시작이 있었으면 끝이 있는 것처럼, 화이트홀과 블랙홀이 서로 쌍을 이루어 우주를 순환시키고 있는 것입니다. 팽창기의 우주는 화이트홀이, 수축기의 우주는 블랙홀이 역할을 한다고 할 수 있습니다.

　여러분들이 물질우주에 나타난 것은 화이트홀을 통해서이며, 다시 상승하여 가는 것은 블랙홀을 통해서 간다고 보면 됩니다. 이 순기능이 가로막히게 되면서 행성 지구에 갇히게 되었다고 한 것입니다. 지구에 예정된 재난 시나리오는 여러분들에게서 두려움을 뿌리 뽑으려고 그러는 것이며, 물질욕망들을 사라지게 하기 위해서이고, 수치스러움을 날려 버리게 하기 위해서 어둠인 블랙홀을 동원하는 것입니다. 여러분들 마음속에 깊이 감추어져 있던 것들을 여러분들의 어둠을 통해서 낱낱이 밝히려는 것입니다. 여러분들의 허물이, 여러분들의 수치스러움이 낱낱이 밝혀지더라도 그것을 모욕이라고 받아들이지 말고, 그것을 죄라고 받아들이지 마세요.

　그 체험을 허락한 것은 여러분과 신성인 우리입니다. 나타나는 모든 것들에 걸리지도 말고, 집중하지 마십시오. 무책임하라고 하는 것이 아니며, 결과에 대한 것들은 모두 책임을 지되, 죄의식을 갖거나, 욕망에 사로잡히지 말라고 하는 것입니다. 모든 결과물들은 객관적으로 바라보고, 용서와 회개, 배려와 감사, 중용과 사랑을 통해서 해원하라고 하는 것입니다.

　이것을 완성한 존재가 4차원 세계인 신세계에 들어가게 되는 것입니다. 착하게 살았다거나, 예수를 잘 믿었다 하여, 종교 활동을 열심히 하였다 해서 들어갈 수 있는 것이 결코 아닙니다. 착하게 산 것과 나쁘게 산 것은 여러분들의 기준일 뿐입니다. 선과 악의 기준은 인류들과 종교식의 기준이 아닌, 신성의 기준에 따르는 것입니다. 여러분들이 표현하는 어둠은 두려움이 기반된 어둠으로서 반쪽짜리입니다. 그 어둠을, 그 두려움을 극복해 내지 못하면 신세계에 결코 들어설 수 없습니다. 이것이 '그리스도 신부의 자격'이며, 예수를 잘 믿고 따른다 해서 신부가 되는 것이 아닙니다. 여러분들은 어둠을 부정하는데, 그것은 밀어내는 것이지, 극복하는 것이 아닙니다.

어둠을 극복하는 것은 부정하는 것도, 거부하는 것도 아닙니다. 또한 백안시(白眼視)하는 것도 아닙니다. 무시하는 것도 아니며, 모른 체하는 것도 아닙니다. 미워하거나 저주하는 것도 아닙니다. 용서하고, 포용하며, 사랑하는 것입니다. 이렇게 하는 것이 쉬운 것이 아니기에 어둠의 속성을 완전히 알고 이해해야 되겠지요. 이 완전함은 전지적-사랑을 통해서만이 나오게 되는 것입니다. 어설픈 용서와 어설픈 사랑, 어설픈 이해를 통해서는 결코 할 수 없습니다.

신세계에 들어가는 조건이 왜, 이렇게 까다롭냐고 할 수도 있겠으나, 이 모든 것이 여러분들의 결정에 의해서 이루어진 것입니다. 4차원 세계의 시민들이 될 인디고 사람인 호모 아라핫투스 인종의 결의에 의해 이루어진 것입니다. 이들은 21세기를 새롭게 시작할 것인데, 폭력과 전쟁이 없는 사랑과 평화에 의해 사회가 돌아가는 체계를 정착시키기 위해서 이 시대에 태어났으나, 폭력성향이 강한 호모 사피엔스 인종과의 불협화음(不協和音)으로 매우 힘들어하고 있습니다. 3차 세계대전을 향해 달려가고 있는 지금의 형국을 슬퍼하고 있는 것입니다.

신세계는 그냥 행복하게 시작하는 것이 아닙니다. 대재난을 통과한 극소수의 생존 인류들인 호모 아라핫투스 인종들이 정착시키는 것입니다. 재난에서 목숨을 잃은 수많은 인류들을 생각하면 그 감정을 정리하기가 쉽지 않을 것이지만, 이들을 희망의 신세계로 이끌게 될 영적 지도자의 안내에 따라 새로운 꿈들을 갖게 될 것입니다. 마치 '메이플라워호(ship Mayflower)'를 타고 신대륙 아메리카에 정착하는 순례자들 같다고 할 수 있겠지요. 이들은 혹독한 대재난을 뒤로하고, 대기근을 뒤로하고, 꿈을 찾아 나선 이들입니다.

이들의 마음은 선하며, 의롭고, 사랑으로 넘치고 있습니다. 이들은 마음속의 무거운 돌덩이였던 카르마들을 모두 불태워서 정결함을 이룬 존재들입니다. 이러한 인류들만이 신세계에 들어갈 수 있는 것입니다. 대재난 기간 동안 한 번도 경험해 보지 못한 '전염성 바이러스'가 창궐할 것인데, 이때에 마음이 정결하게 정화되지 않았다면, 생명을 잃을 것입니다. 또한 태양에서 들어오는 강력한 빛 폭풍이 더럽고 냄새나는 카르마들로 가득한 마음들을 불태워 없앨 것인데, 살아남을 인류들이 얼마 남지 않을 것입니다. 여러분들은 이것을 '하늘의 심판'이라고 할 것이나, 실상은 스스로에 의한 심판이라고 할 수 있는 것은 존재의 신성에 의한 심판이기 때문입니다.

블랙홀을 통해 자신을 정화한 존재들은 화이트홀을 통해 상승하는 것입니다. 이것이 부활한 순환 고리이며, 생명력을 회복한 소우주라는 것인데, 카타라 격자망(Kathara grid-net)을 통해 대우주와 연결되는 것입니다. 블랙홀 바로 위에 맞붙어 있는 화이트홀이 보이지 않는 것은 평행우주이기 때문이고, 블랙홀이 빛을 흡수하고 있어서 볼 수 없는 것입니다. 즉, 순환한 빛은 블랙홀을 통해 흡수되어 정화과정을 통과하는 것이고, 그 이후에 화이트홀을 통해 새로운 빛으로서 새롭게 우주에 나타나는 것입니다. 전한 대로 이 과정에 창조되었던 모든 기억들과 정보들은 고스란히 우리들에 의해 손상 없이 저장된다는 것입니다. 존재들의 이야기와 우주들의 이야기가 생생하게 살아 있다고 하는 것입니다.

존재들과 우주들은 소멸되어 사라지는 것이 아니며, 물질체와 물질세계만이 해체 작업을 통해 원소들로 돌아가고, 저장되었던 이야기들인 기억들과 정보들은 그대로 저장된다는 것이기에 존재성이 사라지는 것은 결코 아닙니다. 타락하였거나, 반란에 앞장섰던 존재들과 우주들의 정보들이 잘 저장되어 관리되고 있습니다. 물질입자들을 해체하고, 심판받은 존재들의 빛 입자들도 해체한다는 것이며, 정화과정을 통해서 태초의 입자들로 새롭게 재생시키는 것입니다. 이때에 생명력을 상실한 블랙홀은 소멸시키는 것이며, 타락세력들과 연관된 유령 매트릭스와 블랙홀 또한 해체되어 입자 단위로 분화되는 것입니다.

신세계에 들어가기 위한 마음 자세에 대해 다루었습니다. 거짓에 속지 말고, 진실을 바로 보기를 소원하는데, 소멸과 심판 중심의 메시지들이 차고 넘치고 있어서 그것을 바로잡고자 소식을 전하게 되었습니다.

우리는 생각 조절자이며, 마누를 대리하는 신성입니다.

29. 신세계를 기다리며
(Waiting for a New World)

사랑하는 여러분!

우리는 신세계를 기다리고 있는 인류들에게 정보를 공유하고자 메시지를 전하기로 했습니다.

익숙한 대로 아름다운 환경과 천국과도 같은 행성에 대한 소개가 있겠구나 하고 받아들이셨을 텐데, 그것이 아닌, 어떻게 해야 신세계에 들어갈 수 있는가? 어떤 존재들이 신세계 시민들이 될 수 있을까를 중점적으로 다루기로 하였습니다.

여러분들 표현에 '그림의 떡'이라는 것이 있습니다. 그림, 사진, 동영상으로 있는 떡과 빵은 먹을 수 없습니다. 그것을 은유적으로 표현한 것인데, 그런 것처럼, 들어갈 수 없는 신세계라면 그림 속에 있는 떡과 같다 할 수 있습니다.

신세계에 대한 정보들이 많이 알려지는 것은 좋은 일입니다. 그곳에 가고 싶다는 꿈과 희망을 갖게 할 수 있으니까요. 그래서 예수아도 그곳에 들어가기 위한 조건들을 성서에 기록으로 남긴 것입니다. 자격을 갖추어야 한다고 하였습니다. 그것을 좀 세부적으로 전하려고 하는 것입니다. 그 자격은 다음과 같습니다.

첫째, 선을 행하고 항상 감사하는 사람.
둘째, 타인을 존중하고 배려하는 사람.
셋째, 의로우며 양심을 지키는 사람.
넷째, 사랑으로 모든 것을 용서하고 포용하는 사람.
다섯째, 신성을 깨우고 발현시키는 사람.

여기에서는 한 가지만을 충족시키는 것이 아니라, 연합한 형태를 갖추어야 한다는 것을 뜻하고, 의식지수는 250 이상을 갖추어야 하며, 진동수는 4.5Hz 이상을 갖추어야 한다는 것입니다.

우리는 계시록에 7년 대재난을 준비하였다고 하였습니다. 의식지수 200은 용기를 나타내는 기준선인데, 바로 인류들의 용기를 시험한다고 할 수 있습니다. 성서 계시록에 등장하는 '짐승의 표'는 바로 '용기'를 시험하는 시금석(試金石)이 될 것인데, 물질체 인생을 선택할지, 영적 인생을 선택할지 나누는 기준이 될 것입니다. 또한 의식지수 250은 중립성(中立性)을 나타내는데, 균형을 잃지 않는 것을 시험하는 것입니다. 의식지수 310은 자발성(自發性)을 나타내며, 영적 인생으로의 진취적인 행보를 볼 수 있는 단계입니다. 의식지수 350은 자신이 신이라는 이해가 있는, 그것으로 삶의 변형이 일어나는 단계입니다. 이때는 수용성(受容性)을 보는 것이며, 포용력(包容力)을 보는 것입니다. 의식지수 400은 이성(理性)을 나타내며, 객관적 인지, 주관적 인지를 시험하는 단계입니다.

　의식지수 500은 사랑을 나타내고, 성서 고린도전서 13장에 사랑에 대해 기록한 것이 있습니다. 이 사랑을 실행할 수 있는 500지수를 가지고 있는 인류가 약 4%인 3억 4천만 명 정도 됩니다. 의식지수 540은 기쁨과 무조건적인 사랑을 나타내고, 치유의 수준을 가지고 있는 영성인들과 모임을 나타냅니다. 의식지수 600은 평화(平和)를 나타내고, 인류들 중 약 850명 정도가 이 수준에 이를 것입니다. 의식지수 700은 깨달음을 나타내고, 인류들 중 약 85명 정도가 이 수준에 이를 것인데, 과거 고타마 싯다르타의 20명의 제자와 예수아의 24명의 제자가 이 수준에 이르렀다고 할 수 있습니다. 부처와 예수아는 의식지수 1000을 나타냈다고 할 수 있는데, 산술적으로 5억 인류에서 1명이 나왔다고 하는 것입니다.

　우리는 행성적 대재난을 통해 인류들의 의식지수와 진동수를 점검할 것인데, 이미 합격선을 넘긴 인류들은 굳이 시험을 받을 필요가 없기에 먼저 신세계로 들어갈 준비된 우주선들에 피난시킬 것입니다. 이들은 안전한 우주 함선에서 시험을 통과하고 들어올 인류들을 기다리고 있을 것입니다. 의식지수와 진동수가 기준이 될 것이기에 이것을 준비한 인류들만이 신세계의 초대장을 받고 들어갈 것입니다.

　의식지수 500은 사랑을 나타낸다 하였습니다. 400단계에서 500단계까지 상승하기 위해서는 약 2천 년 정도의 환생을 통한 체험과 배움이 있어야 합니다. 지금 공부하고 수행한다고 해서 이루어지는 것이 아니며, 영성 모임을 갖고, 책을 읽으며, 메시지 등을 본다 해서 의식지수가 급격히 오르는 것이 아닙니다. 한 번의 인생에서 잘 체험했다면 10 정도 수치의 상승이 이루어지는 것입니다. 사랑을 아는 것과 실행하는 것은 다르며, 그 실행의 수준이 어떠한가도 살펴야 되는 것입니다. 사랑의 첫 단계는 부드러운 사랑(soft Love)이고, 두 번째 단계는 엄한 사랑(tough Love)이며, 세 번째 단계는 자중자애(自重自愛:self Love)의 사랑, 네 번째 단계는 전지적-사랑(Omni-Love)입니다. 사랑은 2천 년에 걸쳐서 배우는 과정이고, 대재난을 통해서 '엄한 사랑'을 알 수 있도록 설계한 것입니다. 먼저 성서를 통해 사랑의 기준을 보겠습니다.

'내가 인간의 여러 언어를 말하고 천사의 말까지 한다 하더라도 사랑이 없으면 나는 울리는 징과 꽹과리와 다를 것이 없습니다.' '내가 하느님의 말씀을 받아 전할 수 있다 하더라도 온갖 신비를 환히 꿰뚫어 보고 모든 지식을 가졌다 하더라도 산을 옮길 만한 완전한 믿음을 가졌다 하더라도 사랑이 없으면 나는 아무것도 아닙니다.' '내가 비록 모든 재산을 남에게 나누어준다 하더라도 또 내가 남을 위하여 불속에 뛰어든다 하더라도 사랑이 없으면 모두 아무 소용이 없습니다.' '사랑은 오래 참습니다.' '사랑은 친절합니다.' '사랑은 시기하지 않습니다.' '사랑은 자랑하지 않습니다.' '사랑은 성을 내지 않습니다.' '사랑은 앙심을 품지 않습니다.' '사랑은 불의를 보고 기뻐하지 아니하고, 진리를 보고 기뻐합니다.' '사랑은 모든 것을 덮어주고, 모든 것을 믿고, 모든 것을 바라고, 모든 것을 견디어 냅니다.' '사랑은 가실 줄을 모릅니다.'

〈고린도전서 13:1~8, 공동번역〉

의식지수 500, 진동수 5Hz의 사랑의 첫 단계인 부드러운 사랑은 자신과 자신의 행위와 자신의 감정적 반응 형태에 대한 개인적 책임감을 받아들이고, 다른 사람을 조정하려거나, 에너지를 고갈시키거나, 비난을 하지 않으려는 성숙한 대상자가 보이는 적절한 형태의 사랑입니다. 부드러운 사랑은 항상 진실하고, 상냥하며, 존중하며 상대가 잘되고 성공하는 것을 보고자 하는 참된 바람으로 쌓여집니다. 부드러운 사랑의 진동수를 성취시키기 위해서는 시간과 주의력과 훈련이 필요하며, 훈련자 자신이 개인적인 내적 갈등과 어린 시절 이후로 해결되지 못한 문제들과 부드러운 사랑의 진동을 방해하는 '카르마적 반응형태'를 치유해야 합니다.

부드러운 사랑은 취약한데, 스스로로 하여금 상냥함으로 억누른 개인적인 느낌을 정직하게 표현하여 자신의 있는 그대로를 나타내도록 요구한다는 점에서 그러합니다. 부드러운 사랑은 허락을 구하는 것이 아니며, 참되고 정직하고 자가-생산되는 것입니다. 부드러운 사랑은 자신과 다른 이를 서로 사랑하고 존중하는 것을 필요로 합니다. 그것은 어느 정도의 영적 성숙 위에 구축되는데, 이는 개인의 가치가 존재한다는 사실에 포함되어 있는 것이지, 자아의 외부에 있는 다른 이들의 허락이나 확인에 의해서 결정되는 것이 아니라는 것이 바탕에 있어야 합니다. 부드러운 사랑의 진동수인 5.0Hz를 지니는 능력은 영적인 통합, 내적 갈등, 힘 투쟁의 개인적인 치유와 상냥함, 주의 깊음을 의도적으로 실행하는 것을 통하여 나타나게 됩니다.

왜, 이 시대에 '엄한 사랑(tough Love)'을 통한 시험이 필요한지 전합니다. 부드러운 사랑은 모든 경우마다 치유를 행하는 것은 아닌데, 치유를 도움받기 위해 조력자에게 오는 어떤 이들은 감정적인 치유와 영적 성숙 계발의 커다란 필요성을 함께 가지고 옵니다. 이들은 힘든 요구를 하거나, 오만하거나, 뻔뻔한 태도를 보이기도 하며, 이들의 행위와 이에 따르는 결과에 대한 책임지는 것을 거부하기도 합니다. 이런 개인들은 대부분의 경우에 어릴 적부터나 환생 과정에서의 깊은 상처를 안고 있습니다. 이들이 내적 상처를 가지고 있기 때문에, 이들은 자신과 다른 이들을 향한 상냥함과 존중 혹은 사랑을 가지고 대하기 위해 필요한 '자기-통제'나, 성숙을 아직 계발하지 못한 단계입니다.

비-이성적인 행위나 태도를 나타내는 개인들은 사랑이 바탕이 된 치유-조력자에게는 대단한 도전인데, 궁지에 빠지게 하기 때문입니다. 부드러운 사랑으로 그들에게 다가가면, 조력자는 종종 그들의 문제를 뒤집어쓰거나, 그들로 인하여 과도하게 에너지와 시간이 고갈되거나, 폭언이나 물리적인 학대를 가하는 자신을 발견하게 될 것입니다. 이와 같은 개성을 나타내는 상대는 이들 자신 속에서 이들의 개인적인 에너지의 다양한 충돌 부분들에 대한 통제를 얻기 위하여 내적인 투쟁을 하고 있으며, 이들은 이런 내적 갈등 해소를 다른 이들과의 힘 투쟁 형태로 구체화하는 경향이 있습니다.

자신의 잠재의식 주기나 기타 남발하는 태도 형태의 감옥에 갇힌 개인은 누구보다 더 사랑을 필요로 하지만, 대부분의 경우에 이들의 행동은 다른 이들을 쫓아냅니다. 본질적으로 이런 행동은 그들로 하여금 자기-노출을 꺼리는 것에 도움이 되는데, 이들은 자부심의 결여나, 취약한 느낌이 일어날 정도로 다른 이들이 접근하는 것을 허용하지 않습니다. 종종 이러한 개인의 모습은 이들이 도피하고자 하는 자신과 내적인 고통과 갈등을 보지 않도록 효과적으로 차단해 줍니다. 이러한 개인의 통제, 공격성 혹은 남용에 굴하지 않고, 치유를 촉진하기 위해서는 조력자가 엄한 사랑의 태도를 가질 것을 필요로 합니다.

엄한 사랑에서 조력자는 자신의 마음속에 어떤 처리법을 받아들일지, 아닐지에 대한 개인적인 경계를 명확하게 설정합니다. 만약 상대가 그러한 경계를 넘어서면, 조력자는 단호하게 상대와 그 문제에 대해 다루며, 무례한 공격적 행위를 중지토록 하고, 그런 행위가 계속된다면 무엇이 일어날 것인지 명확한 결과를 제시하게 됩니다. 엄한 사랑의 접근법은 부드러운 사랑과 전지적-사랑의 바탕으로부터 실행하는 것이지만, 그것은 조력자를 위한 자기-사랑으로 강화된 것입니다. 조력자는 상대의 공격적 무례 행위를 너그럽게 봐주거나, 허용하는 것은 상대가 자기 파괴적 형태를 계속하도록 돕는 것이라는 것을 인식하고, 그러한 형태의 해소가 시작되도록 하기 위한 형태에 맞서는 사랑의 길을 선택합니다.

사랑을 기울이며, 부드럽게, 그러나 좋지 않은 행위에 대해서는 단호하게 맞서고, 명확한 경계와 결과를 설정함으로써, 조력자는 상대가 임시적으로 새로운 형태의 행동을 찾도록 돕게 됩니다. 엄한 사랑의 접근법은 조력자로 하여금, 상대의 반대 의견 앞에서도, 자주 그 자신의 힘을 가지고 있음을 보여 주는 것을 필요로 합니다. 엄한 사랑은 개인적과 상대의 치유를 위해 배양할 거치가 있는 개인적 권능 부여의 능력입니다.

 의식지수 500, 진동수 5.0Hz이 합격선이 될 것인데, 우리는 근사치에 이르고 있는 인류들을 위해 대정화 프로그램을 운영하여 기준점에 이룰 수 있도록 하려는 것입니다. 바로 진동수 상승을 가로막고 있는 카르마를 정화과정을 통해서 사라지게 할 수 있도록 하려는 것입니다. 이것은 당연히 용기와 결단에 대한 시험이며, 사랑에 대한 훈련입니다. 우리는 이 기준에 부합하는 인류들을 깨우기 위해 여러분들에게 메시지들을 보내고 있는 것이며, 이들을 도울 조력자들인 '빛의 일꾼들'을 돕는 것입니다.

 빛의 일꾼들은 의식지수 550, 진동수 5.5Hz인 무조건적인 사랑에 있는 이들이며, 14만 4천 명이 그룹을 이루고 있습니다. 이들은 '자중자애(自重自愛)의 사랑'을 하고 있는 이들입니다.

자중자애의 사랑(self Love)은?

 치유의 조력에 있어서 사랑은 '정수(精髓)의 재료'입니다. 모든 사랑은 자신 속의 신성으로부터 시작됩니다. 여러분은 자신 속에 사랑의 진동수를 품는 능력에 직접적으로 비례하여 다른 이에게 사랑의 주파수를 보낼 수 있게 됩니다. 여러분이 신성한 존재로서의 스스로의 본질적인 가치를 인식하지 않고, 성취나 신분 상태 또는 다른 이들의 승인과 같은 외부의 자료를 통하여 여러분의 존재를 확인하고자 한다면, 여러분은 마찬가지로 그런 감정을 다른 이와의 사랑 관계 속으로 투사하게 될 것입니다. 여러분이 자신의 개인적인 사랑의 가치를 결정하기 위해서 자신에게 설정한 외적인 확인 절차를 상대가 충족하지 못한다면, 여러분은 상대에 대한 심판에 빠지는 것을 피하는 데 어려움을 겪을 것입니다.

심판과 사랑은 사람의 물질체를 통해 동시에 전송될 수 없습니다. 심판은 분리된 에너지 실체나 에너지와 공명하지 않는 진동수를 창조하지만, 사랑은 치유의 조력을 위한 우주 에너지의 열린 흐름에 필요한 내적-공명의 진동수를 창조합니다. 만약에 사랑만이 유일한 불변의 상수(常數)이고, 심판의 모든 조건들이 변한다는 것을 깨닫게 된다면, 사랑의 진동수를 온전히 담는 천부적 능력을 키우는 것이 더욱 수월해집니다. 조건과 행위와 태도를 평가하는 것은 유용하고 필요한 일이지만, 그런 평가는 사람과 행동을 분리시켜 행해질 수 있습니다. 여러분은 행동과 생각의 가치나 효과에 대한 심판을 그것에 연루된 사람에 대한 가치-심판을 부여 없이 할 수 있습니다.

치유의 조력자가 스스로의 신성에 대한 사랑, 경의, 존중과 영예를 느낄 수 있다면, 그 사람은 이런 탁월한 사랑의 특성을 상대에게도 전할 수 있게 됩니다. 치유의 조력 경험 속으로 가져온 사랑의 특성은 주어진 치유의 조력을 성사시키는 직접적인 효과를 가집니다.

자신을 사랑하세요. 그리고 모든 존재가 신성이 살아 있는 일부로서의 양도(讓渡)할 수 없는 가치를 소유하고 있다는 것을 아시기 바랍니다. 이런 깨우침을 여러분들의 개인적인 인생 속에서 계발하기 시작하면 여러분들은 '치유의 조력자'로서의 효과를 크게 상승시킬 수 있을 것입니다. 여러분 자신, 여러분의 느낌, 여러분의 꿈과 희망을 사랑하고, 영예롭게 여기며 사랑하세요. 그러하면 여러분이 봉사하고자 하는 이들을 더욱 사랑하게 될 것입니다. 자신을 사랑하고자 하는 것처럼 다른 이들을 사랑하세요. 그리고 다른 이들을 사랑하는 것처럼, 여러분 스스로를 사랑하세요.

의식지수 700 이상, 진동수 7.0Hz 이상인 사람의 사랑지수는 '전지적-사랑(Omni-Love)'입니다. 사람의 형태로 발현될 수 있는 가장 큰 사랑이 전지적-사랑입니다. 전지적-사랑은 사람 정체성과 인체 해부학 사이에 놓여 있는 12차원의 현실 사이에서 진동하는 진동수의 내적-공명하는 순수한 상태입니다. 전지적-사랑은 사람 형태로서는 '그리스도 사랑', 또는 12차원 마하릭 수준의 정체성인 '그리스도 의식'이라고 표현합니다.

'그리스도 사랑(Kristos Love)'은 15차원 체계의 12개 차원 속에 포함되어 있는 많은 우주의 모든 존재하는 것과 완전한 진동수 공명을 이루고 있는 상태입니다. 이것은 초월적 사랑으로서, 아무것에도 매여 있지 않으며, 영속적인 무집착(無執着) 관여의 상태로 모든 것과 하나가 되어 있습니다. '그리스도 전지적-사랑'을 통해, 스스로 신 즉, 신성한 근원의 확장이라는 것을 알게 되는데, 대우주의 하나의 의식에 의해서 일시적으로 형태라는 옷이 입혀졌다는 것을 알게 됩니다. 모든 것과 존재는 '신-근원'인 하나의 자신의 동시 표현이라는 것을 알게 됩니다.

이런 사랑의 초월 상태로부터, 모든 활동은 사랑의 현실 속에 존재하는 것으로 이해되며, 모든 갈등과 다툼은 대우주와의 완전한 파동 진동수의 내적-공명 상태인 '하나의 사랑'을 구성하는 에너지 진동수를 지니기 위해서 '하나의 자신'이 점차적으로 그 스스로의 표현 능력을 확장하는 것으로 이해됩니다.

12줄기의 실리카 매트릭스(silica matrix) 유전자 형판을 완전히 활성화하고, 마하라 호바(Mahara Hova) 몸체 분신 정체성을 완전히 통합하면, '그리스도 전지적-사랑'의 경험적인 물현화와 전송을 가능하게 합니다. 전지적-사랑을 발현하는 것이 사람이 진화하는 목적입니다.

전지적-사랑은 부드럽고, 엄하며, 영구적이고, 자신과 다른 이들, 신성을 동시에 존중합니다. 이것은 4가지 조화의 물질 밀도층 속에서 가장 강력한 '치유의 힘'입니다. 그리스도 전지적-사랑은 그리스도 원리의 완성입니다. 여러분의 인생과 개인적인 상대의 치유 조력 속에 전지적-사랑을 가져오도록 분발하십시오. 그러면 여러분은 상위 정체성 수준으로부터 변형을 창조할 수 있도록 도움이 있을 것입니다.

전지적-사랑은 현실의 자연적 구조입니다. 전지적-사랑의 깨달음은 의식과 창조의 통일장 물리학의 자연법칙에 일치되는 개인적인 자유-의지 선택의 적절한 사용과 의도를 통해 양육됩니다. 전지적-사랑 속에서의 인생을 통하여 모든 순간이 신성함을 알게 되고, 모든 존재는 축복받는 것을 알게 되며, 인생이란 존재함에 대한 경의 속에서 열중하는 배움이 됩니다.

의식지수 1000과 진동수 10.0Hz를 가지고 있는 사람은 물병자리 시대를 시작하는 인류들을 위해 조력자로서 오는 그리스도입니다. 인류라는 물질체에 진동수 10.0Hz 이상을 가지고 있는 빛 구체가 화신하여 그리스도가 된 것이고, 의식지수 1000 이상을 가지고 있는 그리스노 의식을 갖추고 있는 존재입니다. 이 존재의 심장 차크라를 통해서 전지적-사랑의 파동이 인류들에게 나가고 있는 것입니다.

의롭고, 선한 사람은 의식지수 500, 진동수 5.0Hz 이상을 갖추고 있는 이들이며, 이들은 '짐승의 표'를 받지 않는 사람들입니다. 신세계로 정해진 행성 타우라는 진동수 4.5Hz 이상을 가지고 진동하고 있는 세계이기에 이곳으로 진입하게 되는 신인류는 당연히 진동수와 진동장이 공명하고 있는 인류들인 깨어난 이들이 될 것입니다.

부드러운 사랑이 시작되는 곳이 바로 심장 차크라인데, 4번째 차크라가 활성화되기 위해서는 진동수 4.0Hz 이상이 되어야 한다는 것이며, 가슴 차크라가 열리지 않으면 사랑의 파동이 나오지 않는 것입니다. 여러분들은 사랑은 모두가 다 하는 것이 아니냐 하실 것인데, 부드러운 사랑은 일방적이지도 않고, 주관적이지도 않습니다. 여러분들은 사랑을 주고, 그것을 돌려받기를 원하며, 사랑에 대가를 요구하기 때문에 다르다고 표현한 것입니다. 물론 사랑도 배움과 체험의 한 장으로 있는 것이기에 점차 성장해 가야 하는 것이며, 대가 없이, 기대감 없이 주는 사랑이 얼마나 기쁘고 감사하며, 아름다운 것인가를 깨닫는 것입니다.

의식지수와 차크라는 서로 연동하고 있다고 하는 것으로서, 체험의 수치가 오를수록 상위 차크라로 연결되는 것입니다. 인류들의 평균 의식지수가 200인 경우는 2번째 차크라에 해당되고, 300인 경우가 3번째 차크라에 해당된다고 하는 것이며, 400은 4번째 차크라, 500은 5번째 차크라, 600은 6번째 차크라(제3의 눈), 700은 7번째 차크라인 크라운 차크라에 해당된다고 하는 것입니다. 차크라가 열리는 것과 의식지수, 진동수가 서로 비례한다는 것이어서, 이것을 충족시키지 못한다면 열리지 않는다는 것입니다. 의식지수는 그렇지 않은데, 차크라가 열렸다는 것은 뻔한 거짓말이고, 착각이라고 하는 것입니다.

에너지 법칙, 빛의 순환회로는 질서 정연하게 순환하고 있어서 질서를 위반하거나 역행하지 않습니다. 차크라는 에너지 순환회로, 빛 순환회로입니다. 당연히 질서를 위반하거나 역행하지 않습니다. 만약에 의식지수, 진동수와 상관없이 차크라가 열린다면 이것은 고장난 순환회로이자, 어둠으로 추락한 순환회로입니다. 여러분들의 순환회로가 역전되어 있어서 들어오는 에너지가 어둠의 블랙홀로 연결되어 들어간다고 하였습니다. 우리에 의해 제자리로 돌아가기 전에는 본래의 기능을 할 수 없다고 하는 것입니다.

가슴 차크라가 열려서 사랑의 파동이 나오는 것은 정상적인 회로로 자리 잡았다고 하는 것입니다. 물론, 아무런 수고와 노력, 희생 없이 이루어진 것은 아니며, 스스로의 배움과 체험이 그만큼 진행되었기에 가능해진 것입니다. 어둠의 속성을 체험하고, 그것을 극복하기 위하여 행성 지구에 들어왔습니다. 외부적인 어둠과 내부적인 어둠을 빛과 어둠으로 편을 나누어 체험하였습니다. 대주기에 맞추어 이 체험은 종료되고, 체험의 결과를 평가하게 되는 것이며, 빛과 어둠을 통합한 이들과 그 자격을 갖춘 이들을 선별하여 새로운 체험이 실행되는 곳으로 이동시키기로 한 것입니다.

신세계는 어둠에 속하는 속성인 붉은 용, 옛 뱀, 사탄, 악마, 마라, 블랙홀 등의 시험을 통과한 이들이 들어가는 것인데, 전한 대로 시험은 계속해서 이어지며, 거시적 측면과 미시적 측면이 동시에 이루어진다고 하는 것입니다. 이것은 스스로와의 전쟁이자, 고독한 싸움이 되는 것이며, 승리해야만 이다음 과정으로 넘어갈 수 있는 것입니다. 자신의 어둠의 속성들을 완전히 불태워 정화된 빛으로 다시 태어나는 것입니다. 이 과정이 대재난과 심판을 통하여 이루어지는 것입니다. 정화된 정도를 진동수로 표현한 것이며, 이것이 합격지수가 되었던 것입니다.

신세계를 기다리는 사람들은 바로 이런 이들이며, 종교식 접근을 통해 기다리고 있는 사람들은 아니라고 하는 것입니다. 물질로 대표되는, 특히 마음을 채우고 있는 감정체들은 진동수가 낮기 때문에 카르마를 형성하여 빛 입자들에게 달라붙고, 그렇게 해서 무거워진 마음은 밝은 면보다는 어두운 면을 더 드러내며, 서서히 무저갱으로 가라앉는 것입니다. 자신의 카르마를 자신이 불태우는 것이어서, 자신을 심판하는 것으로, 스스로를 불태우는 것입니다. 자신의 어두운 속성들을 모조리 불태워서 그 재 속에서 어린아이로 다시 태어나는 것입니다. 이 시대에 있게 되는 대재난과 극이동은 여러분들의 부활을 위해서 있는 것이고, 불 속에서 정화된 어린아이, 정화된 빛으로 나오도록 하는 불쏘시개입니다. 성서를 보겠습니다.

'여자가 아들을 낳으니, 이는 장차 철장으로 만국을 다스릴 남자라. 그 아이를 하나님 앞과 그 보좌 앞으로 올려가더라.'
〈계시록 12:5, 개역한글〉

여기에서 바로 아들이 신세계로 들어갈 이들을 지칭하는 것이며, 정화된 빛을 가지고 있는 아이, 자신을 불로 태워서 어둠이라는 여자에게서 태어나는 아이가 바로 신세계로 들어가는 아이입니다.

우리는 생각 조절자이며, 마누를 대리하는 신성입니다.

30. 신세계로 들어가는 구원 방주
(The Ark of Salvation Entering the New World)

사랑하는 여러분!

노아의 방주(Noah's Ark)는 노아와 그의 가족들의 생명을 구하는 역할을 하였습니다. 이 당시에 있었던 대홍수를 피해 안전한 피난처로서 역할을 하였습니다.

앞선 장에서 전해 드린 대로 대재난을 피난할 수 있는 구원 방주(救援 方舟)로서 우주선들이 준비되어 있다고 하였습니다. 이 우주선들은 3차원 형태를 하고 있는 것이 아니어서 이곳에 탑승하기 위해서는 조건을 갖추어야 한다고 하였습니다.

성서에서는 은유적으로 표현하여 '결혼식 예복', '신부 드레스', '신랑을 맞이하기 위한 등불' 등으로 소개하였습니다.

이 표현을 빌리자면 정결함을 강조하였는데, 물론 육체를 이야기하기보다는 영적인 부분을 이야기하고 있음을 알 수 있습니다. 그러면 '어떻게 하여야 할까?'이겠지요. 여러분들은 종교에서 소개한 방법을 따르고 있거나, 영성단체에서 하고 있는 방편들을 따르고 있습니다.

기도하고 명상하면서 말입니다.

외부적인 신에게 도움을 요청하거나, 자신의 내면을 바라보는 것 등으로 말입니다.

전하건대, 여러분들을 구원시켜 주는 것은 여러분 자신이며, 스스로가 준비되어 있으면 구원되는 것이고, 그렇지 못하다면 구원될 수 없는 것입니다. 우리는 준비된 존재들을 위한 계획을 갖고 있는 것이며, 준비되지 않은 존재들을 위한 계획은 이것과는 같지 않은 방식으로 준비하고 있습니다. 이곳에서는 어떻게 하는 것이 준비하는 것인지 전하도록 하겠습니다. 먼저, 기도(祈禱:prayer)에 대한 부분을 보겠습니다.

1) **마음을 다하고** : '하느님, 하느님께서 저와 하나이며, 만물의 근원적인 존재임을 제 마음 중심이 알고 있습니다. 당신은 전지전능하시고, 만물 속에 편재해 계신 영이십니다. 당신은 사랑과 지혜와 진리이시며, 당신은 지혜와 권능을 통하여 사랑으로 만물을 창조하셨습니다. 하느님, 당신은 제 영혼의 생명이시며, 저의 전 존재가 당신께 의지해 있습니다. 당신은 또 제 생각의 주체이십니다. 제 몸과 제가 하는 일을 통해서 당신이 나타납니다. 당신은 제가 행하는 모든 선한 일의 시작이요, 끝이십니다.'

'제 마음속에 심어진 소원은 당신의 생명에 의해 활기를 띠게 되고, 때가 되면 믿음의 법칙을 통하여 현실로 이루어집니다.

제가 바라는 것은 보이지 않는 형태로 영적인 차원에 이미 존재하고 있음을 알고 있습니다. 저는 그것들이 믿음의 법칙이 완성되어 현실로 나타날 날을 기다리고 있다는 것을 알기 때문에, 제가 이미 그것들을 소유하고 있다는 사실을 잘 알고 있습니다.'

2) **목숨을 다하고** : '하느님, 제가 지금 아뢰고 있는 소원은 제 영혼의 토양 속에 씨앗으로 심어졌고, 활기를 부여하는 당신의 생명에 의해 싹이 터 현실로 활짝 피어나고야 말 것입니다. 제 영혼이 사랑과 지혜와 진리이신 당신의 영으로 가득 채워지기를 바랍니다. 그리하여 당신의 성령의 역사로 모든 사람의 유익을 위하여 구하는 저의 소원이 이루어지기를 원합니다.'

'하느님, 당신의 사랑과 지혜와 능력과 영원한 젊음이 저를 통하여 나타나게 해 주소서. 조화와 행복과 풍요로움이 넘치게 해 주소서. 바라는 것을 보편적인 실체세계에서 이끌어 내는 방법을 깨달아, 모든 선한 소원을 성취할 수 있도록 해 주소서. 이것은 저 자신을 위해서 구하는 것이 아니라 당신의 모든 자녀들을 위해 구하는 것입니다.'

3) **생각을 다하고** : '하느님, 제가 바라고 있는 것은 이미 구체적인 형태를 가지고 있습니다. 저는 마음속으로 제가 바라는 것만 생각합니다. 어두운 침묵의 대지를 뚫고 씨앗에서 싹이 움터 나오듯이, 제 영혼의 보이지 않는 침묵의 영역 속에서 저의

소원이 형태를 띠고 이루어지고 있습니다. 저는 골방에 들어가 문을 닫고 고요히 그리고 확신을 가지고 제 소원이 이미 이루어진 것을 마음속으로 그리고 있습니다. 하느님, 지금 제가 원하는 것은 완전하게 꽃피어나기를 기다리고 있습니다. 내 속에 계신 하느님, 보이지 않는 곳에 계시면서 제 소원을 늘 이루어 주심을 감사드립니다. 저는 당신께서 당신의 보화를 아낌없이 부어 주심을 알고 있습니다. 당신은 제 삶의 온갖 선한 소원을 만족시켜 주십니다.'

'저는 당신의 풍요에 참여하게 될 것입니다. 하느님, 저는 당신과 제가 하나이며, 당신의 모든 자녀들 또한 당신과 하나임을 압니다. 당신의 모든 자녀가 이같이 깨닫기를, 그러므로 제가 가지고 있는 모든 것을 당신의 자녀들을 위하여 쓰고자 합니다. 하느님, 저의 모든 것을 당신께 바치나이다.'

4) **힘을 다하여** : '하느님, 저는 제가 바라는 것을 성령 안에서 이미 받았다는 사실과 이제 그것이 완전한 모습으로 나타나고 있음을 부정하는 생각이나 행동을 하지 않을 것입니다. 저의 영혼과 육체를 다 바쳐 제가 바라는 소원에 충실하고자 합니다.'

'마음으로 바라는 것과 모순되는 행동이나 생각은 결코 하지 않겠습니다. 저는 성령 안에서 저에게 아름다운 것이 무엇인지를 알고 있습니다. 저는 그 아름다운 것만을 소원하며, 그것의 완전한 이상을 영혼 속에 품고 있습니다. 이제 저는 저의 이 완전한 소원을 눈에 보이는 구체적인 형태로 이루고자 합니다.'

'하느님, 하느님의 사랑과 지혜와 능력을 제 안에 있게 하시니 감사합니다. 하느님께서는 저에게 생명과 건강과 영원한 젊음을 주셨습니다. 조화와 행복과 풍요도 허락하셨으며, 보편적인 실체 세계로부터 원하는 것을 이끌어 내는 방법을 알게 하셔서 모든 선한 소원을 만족시킬 수 있도록 해 주셨습니다.'

'예수께서는 죽은 나사로를 다시 살리기에 앞서 의심하는 마르다에게 "네가 믿으면 하느님의 영광을 보게 되리라고 내가 말하지 않았느냐?"하고 말씀하셨습니다.'
〈초인들의 삶과 가르침을 찾아서 2부: 195~196P, 정신세계사〉

 기도는 여러분들의 상념, 즉 생각이라는 의식 활동을 통해서 나오는 것이며, 의학적으로는 뉴런 세포들의 활동인 '시냅스 활동'에 의한 파동에 의한 것이라고 합니다. 명확히 보자면 육체가 아니라, 빛 구체 형태를 하고 있는 전자기 입자의 진동에 의해 나타나는 주파수라고 해야 합니다.

 뇌파 중에서도 알파파가 이에 해당되고, 8~13Hz의 진동수를 가지고 있습니다. 기도할 때에 알파파가 나온다는 것이며, 이 파동이 마음을 가득 채우게 된다는 것으로 성기체를 형성하고 있는 빛 입자들을 진동시키게 된다는 것입니다. 이 진동이 종을 울리는 것처럼, 공명 상태를 유지토록 하는데, 가슴 차크라에 있는 신성인 파르티키-파르티카-파르티쿰 입자와 파동을 주고받게 되는 것입니다.

이것이 바로 '하느님과 동행하는 것'이자, '하느님이 기도를 들어주신 것'이 되는 것입니다. 이 파동이 나오기 위해서는 '어떻게 기도해야 하는가?'를 전해 드린 것입니다. '마음을 다하고', '목숨을 다하고', '생각을 다하고', '힘을 다하여' 기도를 하면 신성과 하나로 연합하게 된다는 것입니다. 이것이 스스로를 구원하는 구원 방주가 되는 것입니다.

'기도를 드릴 때는 완전한 상태를 구하는 긍정적인 말만을 하고, 부정적인 말은 사용하지 않아야 합니다. 그리고 자기가 바라는 이상의 씨를 마음속 깊이 심고 다른 것은 일체 받아들이지 않아야 합니다. 기도할 때는 병을 고쳐 달라고 구할 것이 아니라, 건강한 상태가 되기를 구해야 할 것이고, 불화와 갈등에서 건져 달라고 할 것이 아니라 조화로운 삶이 되기를 구해야 할 것이며, 궁핍을 면해 달라고 할 것이 아니라 풍요로움이 넘치게 되기를 구해야 할 것입니다. 벗어나고 싶은 불만족스러운 상황은 낡은 옷을 벗어 버리듯이 마음에서 떼어내고 아예 생각조차 마십시오. 그런 것들은 이미 지나간 것이기 때문에 기쁘게 버릴 수 있을 것입니다. 이미 버렸으면 다시는 뒤돌아보지 마십시오. 그것들은 이제 실재하지 않는 것, 아무것도 아닌 것입니다.'

'마음속의 빈 공간을 무한한 선이신 하느님에 대한 생각으로 채

우십시오. 하느님에 대한 생각이 씨가 되어 그에 상응하는 결과가 반드시 나타난다는 사실을 기억하십시오.'

'언제 어디서 어떻게 이루어질 것인가는 하느님께 맡기십시오. 여러분은 단지 구하는 순간 이미 얻었다는 확신을 가지고 감사하는 마음으로 원하는 것을 말하기만 하면 됩니다. 나머지는 모두 하느님께서 하실 일입니다. 여러분은 여러분이 하실 일에만 충실하고 하느님이 하실 일은 하느님께 맡기시라는 말씀입니다. 확신을 가지고 원하는 것을 구하면 하느님께서 이루어주실 것입니다.'

'하느님의 풍요라는 생각을 지키십시오. 다른 생각이 들면 즉시 하느님의 풍요와 그 풍요에 대한 감사의 마음으로 생각을 돌리십시오. 구한 대로 이루어졌음을 믿고 항상 감사해야 합니다. 의심하는 마음을 가지고 똑같은 것을 반복해서 구하는 것은 미련한 짓입니다. 이미 이루어진 일에 대해서는 감사를 드리고, 하느님께서 여러분 안에 역사하고 계시기 때문에 여러분이 원하는 것은 이루어지고 있고, 또 좋은 것만을 구했기 때문에 좋은 것만을 받아 나누어 줄 수 있을 것이라는 믿음을 가지고 그에 대해서도 감사를 드리십시오. 이 모든 것을 여러분의 영혼 깊은 곳에서 은밀하게 아뢰십시오. 그러면 영혼 중심의 비밀을 보시는 아버지께서 다 이루어 주실 것입니다.'

'이렇게 해서 바라던 것이 이루어지고 나면 믿음을 가지고 구하는 것이 얼마나 귀중한 일인지, 그리고 올바른 기도의 법칙이 무엇인지를 확실히 알게 될 것입니다. 또 감사라는 마음과 믿음을 가지고 하는 말이 어떤 힘을 발휘하는지도 깨닫게 될 것입니다. 하느님의 계획은 완전합니다. 그분은 우리가 생각할 수 있는 모든 좋은 것들은 물론이고, 우리가 감히 상상도 할 수 없는 것까지도 아낌없이 부어 주셨고 또 부어 주시고 계십니다. 그분은 오늘도 이렇게 말씀하고 계십니다.' '내가 하늘 문을 열어 쌓을 곳이 없도록 너희에게 쏟아붓나, 붓지 않나 나를 시험해 보아라.'
〈초인들의 삶과 가르침을 찾아서 2부 : 193~195P, 정신세계사〉

이렇게 기도하면 진동이 일어나고, 물결치듯이 파동이 밀려들고, 공명하는 빛 입자들로 인하여 여러분들의 육체는 방주가 되는 것입니다. 여러분들을 대재난에서 구원하는 방주가 된다는 것입니다.

과거의 노아도 방주 설계도를 은하연합(GF)에서 보낸 전령사(傳令使)인 갈주(Galzu)를 통하여 엔키(Enki)에게 받았지만 직접 건조할 수는 없었습니다. 엔키가 보낸 아눈나키들에 의하여 진행되었으며, 준비하는 모든 부분들에 그러했다는 것과 방주의 키도 엔키의 우주 조종사인 사마키엘(Samachiel)이 잡아 안전하게 정착할 수 있었던 것입니다. 이 모두는 엔릴(Enlil)이 모르게 비밀스럽게 추진되었으며, 노아의 가족들이 살아날 수 있었던 것입니다.

여러분들의 빛의 몸은 카타라격자 체계를 하고 있어서 마치 반도체 설계도와 집적 회로와 같다고 설명할 수 있는데, 파동을 통한 전자기 신호가 방사되어 가슴 차크라와 크라운 차크라를 통해 빛이 발현되어 나타나는 것입니다. 부처와 예수아가 그랬다고 하는 것이며, 회로망을 통해 전달된 에너지에 의해 이루어진 현상인 것입니다.

진동수가 변함없이 유지하고 있으려면 항시 진동하고 있어야 한다는 것이며, 그러기 위해서는 늘 알파피가 나오노록 해야 한다는 것입니다. 일반적으로 이것은 쉬운 것이 아니어서 집중할 때만 그러했다가 다시 평상시로 돌아간다는 것을 뜻합니다. 기도할 때와 명상할 때를 제외하고는 진동수의 변화가 늘 있다는 것이기에 마음을 다스리기가 쉽지 않다고 하는 것입니다. 마음을 다스리는 것은 그 마음에 어떤 파동도 일어나지 않도록 하는 것이어서 어려운 훈련이라고 하는 것이며, 어둠의 속성들을 모두 불태워서 어떤 것도 남아 있지 않도록 하여 마음을 '지고의 평화 상태'로 만드는 것입니다. 이 상태가 되었다면 '완전한 깨달음의 상태'로서, 정말로 그러한지 어둠의 최종 시험인 사탄, 마귀, 붉은 용, 루시퍼의 시험이 있게 되고, 이것을 통과하면 '그리스도'로서 새롭게 태어나는 것입니다.

불새는 스스로 불을 내어 자신을 불태우고, 그 남은 재 속에서 다시 불새로 태어나는 것으로 전해졌습니다. 그래서 불사조(不死鳥), 사신(四神) 중의 하나인 주작(朱雀), 봉황(鳳凰), 삼족오(三足烏) 등으로 알려지게 된 것입니다. 모두 다 영생과 부활을 뜻하는 것으로서 신세계로 들어가기 위한 조건에 따른 캐릭터로서 전해진 것입니다.

태양 폭풍을 통해서 들어오는 불은 정화를 위해서 늘어오는 것입니다. 이 불은 모든 것을 불태울 것인데, 어둠의 속성인 카르마들이 소멸될 것입니다. 태양 폭풍을 통해 들어오는 에너지는 인류들의 성기체에 직접적인 영향을 미칠 것인데, 미아즈믹을 불태워서 정결한 상태로 만들 것이고, 물질에 고착되어 있던 의식 진동수를 충격하여 상승효과를 연출하게 되면서 깊게 잠들어 있던 의식들이 집단적으로 깨어나게 되는 것입니다. 이것을 '인류 대각성운동'이라고 하는 것입니다. 우리는 인류들을 대주기에 맞추어 깨어나도록 하는 것인데, 지난 문명주기에서 실패를 거울삼아 기회를 주기로 하였기 때문입니다.

인류들의 집단 깨어남은 준(準)강제로 이루어지는 것이라 할 수도 있을 것인데, 이것이 바로 '엄한 사랑'이라고 하는 것입니다. 예정된 일정으로 본다면 깨어날 기회를 살리지 못하는 인류들이 많기 때문에 내려진 조치이며, '부드러운 사랑'보다는 엄한 사랑을 통해서 정신을 차리도록 하는 것입니다. 태양풍은 마음과 심장에 켜켜이 쌓인 비-양심적이고, 욕망으로 가득한 찌꺼기들을 불태울 것인데, 불타는 과정에 발생하는 그 고통은 이루 말할 수 없을 것입니다. 여러분들은 가슴이 저민다는 표현과 가슴이 아리다는 표현을 합니다. 비극적 상황에서 그런 표현을 하는데, 태양 폭풍을 통해 들어오는 빛 입자가 여러분들의 가슴을 칼로 도려내고, 후벼 파는 듯한 고통을 선사할 것입니다. 이것은 당연히 자신을 정화시키지 않은 인류들에게 해당되는 것이고, 가슴이 불에 덴 것과 같을 것입니다. 정말로 마음을 불로 지지는 것이기에 그런 고통을 받을 것입니다.

가슴에 붙은 불은 무엇으로 끌 수 있을까요? 이 불은 어둠에서 쓰는

'검은 불'과는 다르게 마음만을 태울 것이며, 인생을 살면서 쌓아 놓았던 욕망의 찌꺼기들만을 불태울 것입니다. 이 불은 어떤 것으로도 끌 수가 없지만 유일하게 전지적-사랑만이 끌 수가 있다는 것입니다. 이미 정결하게 자신을 정화시킨 사람들은 해당되지 않지만 긍정적인 효과 측면에서는 반사이익(反射利益)을 얻는다고 해야 할 것입니다. 의식 확장이 일어나기 때문인데, 자신의 영적 정체성을 회복하는 것입니다.

여러분들의 육체를 살리려는 노력은 가상하겠지만 모두 쓸모없는 무의미한 행위들이 될 것입니다. 그 어떤 것으로도 살릴 수 있는 방법들이 없기 때문입니다. 오히려 그 에너지를 영을 살리기 위한 방편으로 사용하는 것이 더 효율적이라고 하는 것입니다. 여러분들이 알고 있는 방법으로는 결코 육체를 살릴 수 없습니다. 그리고 영도 구원할 수 없습니다. 여러분들이 알고 있거나, 하는 행위들은 오히려 죽음을 재촉할 뿐입니다. 성서를 보겠습니다.

> '너희가 하나님의 성전인 것과 하나님의 성령이 너희 안에 거하시는 것을 알지 못하느뇨.' '누구든지 하나님의 성전을 더럽히면 하나님이 그 사람을 멸하시리라. 하나님의 성전은 거룩하니 너희도 그러하니라.'
>
> 〈고린도전서 3:16, 17, 개역한글〉

여기에서 '하나님의 성령'은 신성인 '생각 조절자'이며, '하나님의 성전'은 신성이 머물고 있는 가슴 차크라를 말하는 것입니다. 성전을 더럽힌다는 것은 가슴 차크라에 카르마를 가득 채운다는 것이며, 성전을 더럽힌 이를 멸하시리라는 것은 태양 폭풍을 통해서 불태우시겠다는 표현입니다. 물론, 에고로 충만한 마음이 그 대상이 되는 것입니다. 신성은 거룩합니다. 어떤 것으로도 더럽혀질 수가 없지만, 신성이 머물고 있는 가슴은 사람들에 의해 더럽혀지는 것입니다.

과거, 모세가 유대인들과 광야에 머물고 있었을 때에 '장막 성전'이 무리 중심에 있었으며, 십계명이 기록된 석판을 보관하던 언약궤(言約櫃)가 놓인 지성소(至聖所)가 장막 성전 중심에 있었습니다. 이곳은 거룩한 곳이라, 1년에 한 번, 정해진 날에 대제사장만이 들어갈 수 있었습니다. 이것은 겉으로 드러난 유대인들의 율법이었습니다. 하지만 그 이면에 숨겨진 참뜻은 잘 몰랐던 것입니다.

성전은 여러분들의 성기체(星氣體:astral body)를 뜻하고, 지성소는 가슴 차크라를 뜻하며, 언약궤는 신성을 뜻하는 것입니다. 가슴 차크라는 4번째 차크라인데, 성서를 보겠습니다.

'넷째 천사가 자기 유리병을 해에 쏟으니, 해에게 불로 사람들을 태우는 권세가 주어지더라.' '그리하여 그 열기로 사람들을 태우니, 그들이 이러한 재앙에 권세를 가진 하나님의 이름을 모독하더라.' '그들이 회개하지 아니하고 그 분께 영광을 돌리지 아니하니라.'

〈계시록 16:8, 9, KJV〉

넷째 천사는 4번째 차크라인 가슴 차크라를 뜻하고, 자기 유리병을 태양에 부으니, 태양 폭풍이 지구로 들어오는 것을 말합니다. 영화 〈노잉:Knowing/2009〉에서 나오는 태양 폭풍은 지구의 모든 것을 태우는 것으로 표현되었으나, 그런 의미가 아니라, 인류들의 심장 차크라를 태우는 것이 첫째, 제3의 눈 차크라와 크라운 차크라에 있는 나나이트 입자를 모두 불태워서 의식을 가두고 있었던 장애물을 제거하여 의식을 깨어나게 하는 것이 둘째라는 깃입니나. 성서에 기록된 태양 폭풍은 참된 의미가 전해지지 못하였던 것입니다.

　태양 폭풍은 인류들의 의식을 깨우기 위해서 축적되어 있는 카르마들을 불태워서 정화시키는 것과 짐승 체계의 기반이 되는 전자 기생충인 나나이트 입자들을 불태워서 인공지능의 노예가 되지 않도록 하려는 것입니다. 인류들은 통제를 목적으로 한 체계를 정착시키려고 하는 것이고, 그 뜻에 의해 인공지능 체계를 개발하여 활성화시키려고 하는 것입니다.

　한마디로 빛은 인류들을 영적인 존재로 깨어나게 하는 것이고, 어둠은 시스템 존재로 만들려고 하는 것입니다. 빛이 그리는 신세계는 의식이 깨어난 존재들이 살아갈 세상이고, 어둠이 그리는 신세계는 인공지능 체계 존재들이 살아갈 세상이어서 '유토피아 對 디스토피아'가 되는 것입니다.

　성전인 여러분들의 성기체, 그중에서도 4번째 차크라인 가슴 차크라는 지성소로서, 마누(ManU)의 단편인 '생각 조절자'가 머무는 곳입니다. 이곳이 카르마로서 더럽혀져 있다면 신성이 머물 수가 없겠지요.

성전에 하느님의 영이 머물지 않는다면, 그것은 건물에 지나지 않습니다. 여러분들 내면에 신성이 머물지 않는다면, 여러분들은 짐승에 지나지 않습니다. 그만큼, 가슴 차크라가 중요하다는 것이며, 정화시키는 과정이 반드시 필요한 것이고, 그것이 진행되고 있다는 것입니다.

여러분들의 성기체가 여러분들을 구할 '구원 방주'가 되느냐? 아니면 '죽음의 방주'가 되느냐는 여러분들의 선택에 따라 결정된다는 것입니다. 여러분들의 마음이 어떠한 형태를 하고 있는가는 스스로들이 잘 알고 있는데, '내 마음이 내 마음 같지 않다'는 것은 외부적인 요인에 휘둘리고 있어서 마음을 통제할 수가 없는 상태를 말하는 것입니다. 잔잔한 호수에 돌이 떨어질 때마다 파도가 출렁이는 것처럼, 그 마음에 평화가 정착되지 않았음을 말하는 것입니다. 의식지수는 마음 상태를 알 수 있는 지표입니다. 정화된 정도, 청소 상태를 알 수 있다 하는 것입니다. 오랫동안 축적된 카르마는 체계적으로 정화하거나, 일순간의 깨어남을 통해 할 수도 있는데, 두 가지 다 스스로의 굳건한 결심이 없으면 쉽지 않다고 하는 것입니다.

구원 방주는 미시적인 접근과 거시적인 접근을 통해서 이루어지는 것으로서 서로 조화와 균형이 맞지 않으면 이루어질 수 없습니다. 여러분들이 준비되어 있지 않다면 우주선들은 아무 쓸모가 없으며, 우주선들이 준비되어 있지 않다면 대재난과 극이동 상황을 준비된 인류들도 겪을 수밖에 없어서 빛으로의 상승효과가 반감되고 말 것입니다. 사랑의 주파수가 서로 통했다는 표현처럼, 우리와 여러분들의 진동수가 서로 조화를 이루기에 한마음이 되는 것입니다.

진실을 보면 주요한 일들과 역할들은 여러분들이 하는 것이고, 우리는 거드는 것뿐입니다. 여러분들 스스로가 자신을 구원 방주로 만드는 것 자체가 모든 것을 다한 것이라고 보는 것인데, 이미 여러분들을 구원했기 때문입니다. 마음을 정화하고 신성을 깨워서 발현시키는 것은 우리가 하는 것이 아니라, 바로 여러분들이 하는 것입니다. 우리는 여러분들의 '자발적 능동성(自發的 能動性:spontaneous activeness)'을 보는 것인데, 스스로 하고자 하는 열의를 통해서 모든 시험을 통과하는 것을 지켜보는 것입니다. 어둠의 두터운 장막을 뚫고, 어둠의 견고한 시험을 통과해서 스스로 빛임을 증명하는 여러분들이 구원 방주를 타고 자신을 구하는 것입니다.

이렇게 스스로 준비한 구원 방주를 타고 은하수를 건너서 제2 조화 우주 영역에 있는 신세계로 들어가는 것입니다. 여러분들이 선주(船主)이자, 선장(船長)입니다. 여러분들의 방주에는 여러분들과 진동수를 공유하고 있는 이들이 승선할 것입니다. 대재난을 극복하고 극이동을 극복하는 빛의 자녀들이 방주에 들어갈 것입니다. 방주는 우리가 준비한 것이 아니라, 바로 여러분들 스스로가 준비한 것입니다. 성서를 보겠습니다.

'여호와께서 노아에게 이르시되, 너와 네 온 집은 방주로 들어가라.' '네가 이 세대에 내 앞에서 의로움을 내가 보았음이니라.'
〈창세기 7:1, 개역한글〉

'너와 네 온 집은 방주로 들어가라.' 이것이 우리들의 뜻이자, 하느님의 뜻입니다. 방주로 들어가십시오. 여러분들의 참 빛이 있는 가슴, 여러분들의 진주(眞主)가 있는 가슴, 여러분들의 신성이 있는 가슴, 그곳이 방주가 있는 곳입니다. 이 방주에는 참된 주인인 정도령(正道靈)이 있는 것입니다.

여러분들의 가슴 차크라에 있는 구원 방주를 타고 신세계로 들어가십시오. 여러분을 구원하는 것은 여러분 자신이며, 즉 내면에 있는 신성인 마누-마나-에아가 활성화되어 여러분을 구원하는 것입니다. 여러분들의 가슴에는 하느님의 영과 하느님의 빛과 하느님의 말씀이 자리하고 있습니다. 여러분의 가슴은 지성소이고, 그곳에 놓여있는 언약 궤이며, 그 안에 신성이 머물고 있는 것입니다. 이것이 신세계로 들어가는 사람의 모습입니다.

신성한 가슴에는 방주인 빛의 머카바(merkaba)가 자리하고 있습니다. 이 머카바가 여러분들을 구원하는 빛의 우주선이며, 방주입니다. 그러니 방주를 타기 위해서는 방주를 만들어야 하겠지요. '너와 네 온 집을 위하여 방주를 만들어라.' 그리고 '너와 네 온 집은 방주로 들어가라.' 이것이 우리들의 뜻이자, 하느님의 뜻입니다.

우리는 생각 조절자이며, 마누를 대리하는 신성입니다.

31. 신세계의 동시성(同時性)
(Simultaneity in the New World)

사랑하는 여러분!

물질로 이루어진 세계는 그 날들이 정해져 있고, 그래서 시작과 끝이 정해져 있습니다.

물질우주는 밀도에 따라 그 주기가 정해져 있고, 시작 시점과 끝 시점이 정해져 있어서 이것을 순환주기라고 하였으며, 여러분들의 세계가 이제 출발한 때로부터 한 주기를 종료하는 시점에 도달하고 있음을 전하는 것입니다.

여러분들의 세계는 이번 주기를 끝으로 3차원 물질세계가 종료되고, 새로운 4차원 물질세계 주기로 진입하는 것이며, 그 전 주기와는 다르게 시-공간적 측면의 이동이 있게 된 것입니다. 행성 지구의 공전궤도를 옮기는 것이 1차로 고려되었으나, 여러 측면들이 대두되어 다른 차원으로 접근한 방식이 채택되었습니다.

12광선의 조화가 우선이었으나, 3차원 체험을 졸업하고, 4차원 체험을 새롭게 시작할 빛의 자녀들을 위해서 우선적으로 4차원 영역의 행성 트랙을 따로 분리시켜 새로운 주기가 있는 공간으로 이동시키기로 한 것입니다. 또한 3차원 세계 체험을 종료하지 못하였거나, 이 세계와 조화를 이루지 못하고 오히려 파괴행위를 일삼는 이들을 위한 2차원 영역의 행성도 따로 분리시켜서 은하계 외곽 지역으로 이동시키는 계획도 수립된 것입니다.

이렇게 결정된 계획에 따라 행성 지구를 정화하고, 생명들을 이동시키는 일들이 동시적으로 이루어지게 된 것입니다. 성서를 보겠습니다.

'이는 그 때에 큰 환란이 있겠음이라. 창세로부터 지금까지 이런 환란이 없었고, 후에도 없으리라.' '그 날들을 감하지 아니할 것이면 모든 육체가 구원을 얻지 못할 것이나, 그러나 택하신 자들을 위하여 그 날들을 감하시리라.'

〈마태 24:21, 22, 개역한글〉

창세로부터 지금까지 이런 환란이 없었다는 것과 미래에도 없을 것이라고 한 것은 행성 지구의 현대문명 주기가 시작된 1만 4천 년 전부터 21세기까지 없었던 일이고, 다음 주기에도 없을 것이라는 것입니다. 이 재난은 3차원 세계를 마감시키는 것이어서 극이동까지 포함하여 태양 폭풍까지 동원되기 때문에 단 한 번도 없었다고 표현한 것이며, 그러면 육체를 입고 있는 선택받은 빛의 자녀들도 피해를 볼 수밖에 없다는 것입니다. 그래서 그것을 감안하여 일정을 축소하겠다고 한 것입니다.

천국의 하루는 행성 지구의 1천 년에 해당된다 하였습니다. 예수아가 전한 위에 일들은 약 2천 년 전의 시간차를 가지고 있으나, 천국은 이틀이 지난 시점이기에 아직 생생하다고 하는 것이고, 여러분들 표현처럼, '잉크가 마르지도 않았다.'고 할 수 있습니다.

그 날들을 감한다는 것은 행성 지구의 자전과 공전을 조절한다는 것이며, 그것으로 태양을 뒤로 미루겠다고 표현한 것입니다. 스스로 신성을 회복한 또는 회복하고 있는 인류들을 위하여 행성 지구의 날들을 뒤로 돌려서 고난의 길로 들어가지 않도록 하는 것입니다. 우리는 지구가 처음 태양계에 들어서기 전부터 이 계획들을 가지고 있었고, 진화연대기를 통해 혼 그룹들의 체험과 성장을 지켜보았습니다. 혼들의 성장을 위해서 각 주기마다 적절한 과제들을 주어 성취할 수 있도록 하였으며, 대단원의 막을 내릴 때까지 지켜보았던 것입니다. 태양 주기를 완료하기 위해서는 2천 년의 소주기가 하나 남아 있으나, 이 소주기는 대주기를 마무리하기 위한 특별한 이벤트가 적용된 광자대 주기입니다.

우리는 2천 년의 광자대 주기를 통해서 대주기의 체험을 마무리하고, 성장을 완성할 수 있도록 계획한 것입니다. 여러분들이 3차원 세계에 4차원 의식을 가지고 들어와 체험을 시작하였을 때에 목표로 설정한 것이 있었으니, 바로 6차원 의식을 완성하고, 5차원 세계를 완성하는 것이었습니다. 우리는 여러분들이 오나크론의 수도 스펠라를 떠나 안드로메다에서 훈련받고 있을 때에, 네바돈을 창조하기로 하였으며, 안드로메다의 외곽을 분리시켜서 작은 나선은하가 나올 수 있도록 하여 성운이 시작될 수 있도록 하였으니, '안드로노바 성운(Andronova nebula)'이 태어났던 것입니다. 안드로노바는 '안드로메다의 자매'라는 뜻을 가지고 있었습니다.

'마스터 시라야 크녹세스'의 깊은 뜻이 여러분들에게 있었음인데, 제4 조화우주 영역으로 창조된 네바돈에 들어간 여러분들과 '마스터 솔라리스 팔라도리아'의 뜻에 의해 네바돈에 들어간 '그리스도 가이아'에 의해서 설정된 계획이 있었던 것입니다. 진화 생명이자, 순례자의 길을 선택한 여러분들을 통해 네바돈 아라마테나까지 '의식 통합'을 완성할 수 있는 기회를 열어놓았다는 것과 3차원 행성이 영적 태양으로 상승할 수 있는 기회를 열어 놓았다는 것입니다.

이 특별한 기회가 2천 년 광자대 주기를 통해서 적용되어진 것이고, 여러분들은 이 기회를 통해서 진화생명이 은하 전체 의식을 통합하는 기적이 일어나는 것이며, 물리적인 행성인 영적 태양으로 상승하는 기적이 일어나는 것입니다. 이것을 위하여 여러분들을 창조하였다고 하는 것이고, 2천 년의 소주기에 진입하고 있는 여러분들에게 3차원 세계의 종료를 전하면서 4차원 세계로의 진입을 서둘러서 맞이하라고 전하는 것입니다.

더 이상 종료되고 있는 3차원 세계에 미련을 갖거나, 흡착되어 떨어질 생각을 하지 않는다면 대재난을 통해서 깨끗하게 청소될 것입니다. 제1 조화우주 영역을 떠나 제2 조화우주 영역으로 들어가고 있으며, 상승하는 진동 영역에 함께하고 있지 않다면 3차원 세계에 남겨지게 되는 것입니다. 3차원 세계에 남겨진 것은 물질세계를 대청소하는 극 이동을 겪는다는 것이며, 그것을 통해 추락하게 된다는 것입니다. 고난의 기간을 감한다는 것은 상승하는 인류들을 위해서이지, 추락하는 인류들을 위한 것은 아닌데, 추락하는 인류들은 대재난의 중심에 있게 되는 것입니다. 운명은 정해져 있어서, 신성을 깨운 이들과 깨우려고 하는 이들의 운명도 정해져 있고, 전혀 관심 없거나, 알지 못하거나, 오히려 훼방하는 이들의 운명도 이미 정해져 있습니다.

여러분들은 이것을 변경하거나 조작할 수가 없는데, 여러분들의 권한 밖이기 때문이고, 여러분들이 태어나기 전에 이미 그렇게 결정했다는 것입니다. 누구를 탓하거나, 원망할 수도 없음이니 모두 여러분들의 혼들이 선택한 것입니다. 신세계로 들어갈 사람들과 이 세계에 남겨질 사람들이 모두 정해져 있어서 그렇게 진행되고 있는 것입니다. 영적인 일에 관심을 갖는 것은 우연(偶然)이 아니라 필연(必然)이라고 하는 것이며, 진리를 전해 주어도 관심도 없거나, 거부반응을 보이는 것도 필연이라고 하는 것입니다. 모두가 운명에 의해 결정되어 있어서 그런 것입니다. 그렇다고 해서 실망하거나 당황하지는 마세요.

결정되었다 하더라도 빛을 사랑하는 마음이 크다면 그 장벽도 해제될 수 있습니다. 이것이 바로 '사랑의 힘'이자, 전지적-사랑이라고 하는 것입니다. 사랑은 불가능을 가능케 하는 능력이 있습니다. 의식지수 500이 넘게 되면 나타나는 '힘'입니다. 이 기준은 많지 않고 극히 일부일 수는 있으나 희망이 없다고는 할 수 없다는 것입니다.

신세계가 얼마나 아름다운지 말로 설명하지는 않겠습니다. 천국을 흠모(欽慕)하고 사랑하는 이들이라면 당연히 신세계로 들어갈 것이고, 또한 천국에 대한 희망과 꿈을 간직하고 있는 이들이라면 천국 시민이 되기 위한 노력과 준비를 최선을 다해 갖추게 되는 것입니다. 그렇지 않은 이들은 어떤 노력도, 어떤 준비도 하지 않는다는 것이며, 마음과 행위들을 통해 벌써 증명하고 있다는 것입니다.

여러분들은 '무엇을 위해 인생을 삽니까?' 물질적 성공을 위해 사십니까? 물질적 행복을 위해 사십니까? 물질적 안위(安慰)를 위해 사십니까? 그렇게 해 봐야 인생 100세입니다. 화무십일홍(花無十日紅)이라는 표현처럼, 매우 짧음을 의미하는 것입니다. 지금도 출근하여 경쟁사회의 일원으로서 일을 하고 있는 여러분들과 사회 구성원으로 소속된 곳에서 열심을 보이고 있는 여러분들을 보고, 일을 그만두라고 하는 것이 아닙니다. 그 속에서 자신의 '혼 정체성'을 찾으라고 하는 것입니다.

여러분들은 100세의 물질인생을 끝으로 사라지는 존재가 아닙니다. 후손을 남기었으니 되었다고 만족하십니까? 후손이 여러분들 인생을 대신하여 살아 주는 것은 아니며, 후손들은 후손들의 인생을 사는 것입니다. 운명은 정해져 있다고 하였지요. 바로 물질운명이 정해져 있다고 한 것입니다. 여러분들의 영적 운명은 계속해서 진행 중이어서 정해져 있기도 하고, 아니기도 합니다. 선택한 물질체험 인생은 스스로 결정한 것이기에 정해져 있다고 한 것이고, 영적인 체험은 열려 있다고 하는 것입니다. 여러분들의 본성은 하느님의 영입니다. 영은 태초의 빛을 향한 순례자의 길을 가기로 되어 있어서 그렇게 상승 여정을 하고 있는 것입니다. 여러분들은 영원한 빛의 길을 향하여 가는 길을 선택하였기에 영원무궁한 존재로서 끝없는 상승 여행을 하는 것입니다.

이제, 그 길에서 작은 주기 하나를 종료하려고 합니다. 그리고 다음 주기로 넘어가려고 합니다. 이 넘어가는 타이밍에 은하수를 건널 수 있는 오작교(烏鵲橋)가 내려오고 있으며, 짧은 시간 안에 다시 올라갈 것인데, 그 순간, 그 기회를 놓치지 말고 잘 건너야 하는 것입니다. '순간은 영원하다'고 하였지요. 그 짧은 순간이 '영원을 결정'한다입니다. 여러분들의 현재 물질 인생이 마지막 단추가 되는 것으로서, 이 선택과 결정이 여러분들의 인생을 영원 인생으로 이끌지, 이번 인생을 끝으로 종결될지 결정된다고 하는 것입니다.

4차원 세계인 신세계는 5차원 세계로 가는 징검다리이며, 계속해서 다른 차원의 신세계와 연결되는 것이고, 어느덧 성단 중심, 별자리 중심, 은하 중심을 향하여 들어가는 것입니다. 이것이 거시적 우주로의 접근이며, 존재는 내면의 중심을 통하여 미시적 우주로의 접근을 하게 되는 것인데, 이것이 동시에 이루어지는 것입니다. 이 과정을 보자면 개봉되어 있지 않던 형태발생 영역이 순차적으로 개봉되어 확장되는 것을 볼 수 있습니다. 존재는 가슴을 통해 확장되는 미시적 우주를 외형을 통해 확장되는 거시적 우주를 동시에 접촉하게 된다는 것입니다.

이것이 존재의 머카바 체계인 생명나무가 자라서 카타라 격자 체계인 그리스도 의식과 연결되었다고 하는 것입니다. 이것은 존재가 공간을 이동해 다니면서 체험을 완성하여 성취하는 것이라고 할 수도 있고, 그 자리에서 영적 확장을 통하여 체험을 완성하는 것이라고도 할 수 있음이니, 이것을 동시성이라고 한 것입니다. 거시적 접근과 미시적 접근이 동시에 이루어진 것입니다. 이것을 바로 양극성 통합이라고 하는 것이고, 빛과 어둠의 통합이라고 하는 것입니다.

내면을 통한 미시적 확장은 빛의 길이고, 외면을 통한 거시적 확장은 어둠의 길이라고 하는 것입니다. 그래서 신세계는 거시적인 접근인 4차원 행성으로의 이동이 있게 되는 것이고, 미시적인 접근인 형태발생 영역의 확장에 의해 4차원 세계로의 이동, 즉 확장이 이루어지는 것입니다.

거시적 의미로의 신세계 이동은 성기체가 위치하고 있는 상태를 말함이며, 미시적 의미로의 신세계 이동은 영을 형성하고 있는 빛 구체의 영역이 4차원인 신세계 행성까지로 확장되었음을 말하는 것인데, 구심점(求心點)은 성기체의 중심이 되는 것입니다. 항상 존재의 심장이 중심이 된다는 것입니다. 신세계에 위치하고 있는 존재는 제2 조화우주 영역인 4차원 세계에 머물고 있는 것이지만, 형태발생 영역은 제1 조화우주 영역까지 포용하고 있다는 것입니다.

존재는 물리적 측면에서의 존재론과 영적 측면에서의 존재론을 동시에 보아야 합니다. 물리적 측면에서는 각 밀도층마다 존재하는 입자들의 결합체를 존재라고 하며, 그 결합체 중심인 가슴에 자리한 영을 존재라고 하는데, 두 가지 측면을 모두 충족한 것을 뜻하는 것입니다. 이것이 거시적 측면의 존재론과 미시적 측면의 존재론을 말하는 것입니다. 이 두 가지 측면의 존재가 결국 하나이자, 전체가 되는 것입니다.

그래서 존재가 시-공간적 이동을 통해야만 신세계인 4차원 행성으로 이동하는 것이 아닙니다. 형태발생 영역 확장을 통해서도 신세계로 이동할 수 있다는 것입니다. 내면에 집중하라고 하는 이유를 알겠지요. 외형적인 휴거, 외부적인 휴거, 누가 누구를 데려가겠다는 형태의 휴거는 거짓이라는 것입니다. 휴거는 자신이 자신을 휴거시키는 것이며, 신성을 깨우고, 신성과 하나 되는 이들이 스스로를 구원시키고, 상승시키는 것입니다. 거시적인 측면에서의 도움이 있을 수는 있으나, 스스로를 구원시키고, 상승시킨 존재들이 해당되는 것입니다.

그리스도 신부로서의 준비는 외형적 준비를 포함하여 내형적 준비를 하는 것을 의미하며, 그 기준은 바로 '신성 발현'을 하였는가가 되는 것입니다. 의식지수와 진동수는 당연히 따라와야 하는 조건이 되는 것입니다. 내면의 신성이 아닌 다른 존재를 통하여서 신세계로 이동할 수 없습니다. 여러분들은 '그리스도 신부'로서 준비하고 있고, 그래서 '신랑 되신 예수'를 기다리고 있는데, 난센스라고 하는 것입니다. 성서에 신랑을 기다리는 열 처녀의 비유에서 처녀들이 기다리던 신랑은 예수가 아닙니다. 그리스도의 신부들이라는 표현 때문에 일어난 착각인데, 그리스도는 예수를 가리키는 것이 아니라, 10~12차원에 머물고 있는 빛의 존재들을 말함이며, 그중에 '그리스도 사난다 멜기세덱'을 지칭하여 말하는 것입니다.

'그리스도 사난다 멜기세덱'은 BC12년에 '예수아 멜기세덱'으로 태어나 지구를 걸었음이니, 여러분들이 알고 있는 예수는 이 존재가 아니었다는 것입니다. 신부들이 기다리는 신랑은 '그리스도 예수아 멜기세덱'입니다. 계시록에 등장하는 '어린양 예수'는 '그리스도 예수아 멜기세덱'이고, 천국 결혼식에 등장하는 신랑 예수도 '그리스도 예수아 멜기세덱'입니다. 여러분들은 엉뚱한 이를 신랑으로 알고 있었고, 기다리고 있었으니, 진정한 신랑인 '그리스도 예수아 멜기세덱'을 만나지 못하는 것입니다. 설령, 운이 좋아서 결혼식에 참석한다 하여도, 신랑이 누구인지 알지 못하므로 신부로서 신랑 옆자리에 설 수 없다고 하는 것입니다. 왜냐하면, 신랑인 '예수아 멜기세덱'이 여러분들을 누구인지 모른다고 할 것이기 때문입니다.

  여러분, 신세계에 들어가는 여러 유형들이 있을 것인데, 대표적으로 '그리스도의 신부들'과 들러리들, 하객들이 될 것이나, 아무리 초대장을 받았다 하더라도, 자격을 갖추지 못하였다면 쫓겨날 것입니다. 신세계는 결혼식이 열리는 축제의 현장입니다. 주인공을 비롯하여 축하객들을 포함한 많은 존재들이 유리광장에 모일 것입니다. 이 신성한 날, 신성한 장소에 초대받지 못한 이들은 결코 들어올 수 없습니다.

  왜, 신세계를 결혼식에 비유하는지 아시는지요? 바로 동시성 때문인데, 하나의 커플인 신랑과 신부로, 둘이 만나 하나가 되는 것을 비유적으로 표현한 것입니다. 전(숲)극성에서 양극성으로 나뉘어졌다가 다시 전-극성인 '그리스도 의식'으로 합일되는 것을 결혼예식으로 표현한 것입니다. 신부들이라고 한 것은 '작은 그리스도들'이라는 의미가 숨어 있던 것입니다. 우주적 그리스도에서 분화되어 나온 여러분들은 바로 '작은 그리스도들'입니다. 작지만 그리스도로서의 소양을 모두 갖추고 있다고 하는 것이고, 빛을 대표하는 영적 그리스도와 어둠을 대표하는 물질적 그리스도가 마치 아다파와 릴리스처럼, 신랑과 신부로서 만나는 것입니다.

그리스도 의식을 성취한 존재들이 신부들이 되는 것이고, 그 진동수에 근접한 이들이 들러리들이 되는 것이며, 아래 단계의 의식지수와 진동수를 가지고 있는 이들이 하객들이 되는 것입니다. 이 모두가 신세계에서 있을 '결혼예식'에 참석할 것인데, 청첩장에 기록되어 있는 이름들, 시간과 장소 등을 잘 기억하여 그때가 되었을 때에 그 장소에 예복을 입고 참석해야 한다는 것입니다.

청함은 많이 받았으나, 참석하는 이들이 없다는 성서의 표현이 있습니다. 세상에는 자신들이 신의 대리자, 신의 신부들, 신의 성도들이라고 하는 이들이 많습니다. 이들이 바로 초대장을 받은 이들이며, 실질적으로는 참석을 하지 않는 이들입니다. 이들은 각종 이유들을 들어서 참석하지 못함을 전달하고 있습니다. 천상에서는 초대장은 받지 않았다고 해도 결혼식을 빛내 줄 이들을 천사들을 보내어 초대하였다고 하는 것인데, 세상에 공개되어 알려진 '진리의 말씀'을 듣고, 초대에 응한 이들입니다. 초대에 응하였다고 하여도 자격을 갖추지 않는다면 예식장에 들어갈 수 없으며, 들어왔다고 해도 쫓겨난다는 것입니다.

대기하고 있던 우주선들에 리프팅 빔을 통해서 상승하는 동안에 상승자격을 검증하게 되고, 이 기준을 충족 못 하면서 다시 제자리로 돌아온 자신을 보게 될 것입니다. 빛으로 상승하다 도로 제자리로 돌아온다면 그 기분이 어떨까요? 이런 이들과 상승하는 이들을 직접 보거나, 가족이나 지인이 상승한 것을 알게 되었을 때에 이들의 마음은 둘로 나뉘게 되는데, 먼저 상승을 희망하며 부족했던 자신을 준비하는 이들이 있을 것이며, 오히려 자신이 해당되지 않음에 대한 반감(反感)으로 분노하여 돌아서는 이들입니다. '슬피 울며 이를 간다.'는 표현이 바로 돌아선 이들의 마음이라는 것입니다. 어쩔 수 없지만, 정해진 운명을 바꿀 수는 없지요. 이분들의 선택을 존중하는 것이 우리의 뜻입니다.

후일을 기약한다는 표현이 있습니다. 비록 첫 번째 상승그룹에 속하지 못하였다 하더라도 두 번째 상승그룹에 속하면 되는 것이고, 그것도 여의치 않는다면 세 번째 상승그룹이 기다리고 있다는 것입니다. 신세계인 4차원 세계로 들어갈 수 있는 기회들이 있음을 전하는 것이고, 대기하고 있는 대재난의 기간 동안 3차 상승계획이 완료될 것입니다.

우리는 우주 순환주기 때마다 행성들에서 있어 왔던 재난들을 지켜보았으며, 혼-그룹들의 피난과 이동 상황들을 지켜보았습니다. 물질세계를 종료시키고, 다시 재생시켜서 체험들을 끊어지지 않게 연결시켜 주었습니다. 물질세계는 파괴 후에 일정 주기 동안 재활을 필요로 하였고, 생명들 역시 혼들을 위한 물질체를 필요로 하였기에 창조를 빗댄 역할들이 이루어져야만 했습니다. 없는 것을 새롭게 만드는 것이 아니라, 이미 연구소들을 통해 완성되어 있던 샘플들이 많이 있었으며, 필요한 경우에는 다른 행성들에서 조달하면 되었습니다. 물론 일정 기간의 실험 시기가 필요했으며, 정착에 실패한 종들은 도태시키기도 하였습니다. 여러분들은 신토불이(身土不二)라고 해서 토종과 외래종을 구분하시지만 행성 지구는 모든 생물군이 외부우주에서 들어온 외래종들입니다.

인류 역시 마찬가지입니다. 플레이아데스성단이 기반이 된 인류의 유전체를 받았음이니, 외계에서 들어온 것입니다. 지구 역시 물질체험 행성으로서 씨앗 뿌려졌으며, 행성 주기에 따라 파괴와 재생이 반복되었습니다. 다시 재생할 때에는 마치, 처음 시작되는 것처럼 창세기라고 한 것입니다. 현재의 지구는 행성 주기를 6번째 시작한 것으로 5번의 문명파괴가 있었던 것이며, 6번째로 재생-프로그램을 통해서 나타났던 것입니다. 이번 6번째의 행성 주기가 종료를 앞두고 있어서 새로운 7번째의 재생-프로그램을 시작하려고 하는 것이며, 지난 주기와 달라진 점이 있다면, 시-공간의 적용이 달라진다는 점입니다. 물론 자주 있는 일이 아니어서 이것과 관련된 전문가들과 조직들이 합류하였으며, 새로운 주기와 새로운 재생-프로그램을 작동시키게 된 것입니다.

이렇게 해서 준비된 신세계인 4차원 행성은 '새로운 창세기'가 적용되는 것이며, 새로운 생명계와 새로운 인류들이 정착하게 되는 것입니다. 대홍수 이후에 새롭게 시작되는 것이 아니라, 새로운 버전의 새 행성이 시작되는 것이며, 순서로 보자면 7번째의 재생이 시작되는 것입니다. 성서를 보겠습니다.

'땅이 혼돈하고 공허하며 흑암이 깊음 위에 있고 하나님의 신은 수면에 운행하시니라.'

〈창세기 1:2, 개역한글〉

바로 파괴와 재생을 나타낸 것입니다. 우주에는 새로운 것이 없다고 하였습니다. 다만 기억 없는 재생이 있을 뿐이고, 기억이 없다 보니, 창조가 되는 것입니다. 물론 재생 작업을 돕는 이들이 있고, 이들이 창조주, 창조그룹이 되었던 것입니다.

행성의 자기장 영역과 격자 체계는 조인들이, 생명계와 인류 창조는 사자인들이 하게 되는 것이며, 4차원 행성 신세계 역시 이들에 의해 진행되고 있는 것입니다. 이와 병행하여 3차원 행성 6번째 주기를 마무리하는 계획도 동시에 진행되고 있는 것입니다. 여러분들의 세계인 3차원은 파괴와 재생을 동시에 진행할 수가 없어서, 선파괴, 후재생이 이루어질 수밖에 없었습니다. 그러나 현시점에서의 파괴와 재생은 차원을 달리하는 조건으로 인하여 동시에 진행할 수 있게 된 것입니다. 4차원 행성은 4차원 영역에서 창조와 재생이 펼쳐지고 있으며, 2차원 영역에서도 재생 작업이 진행되고 있다는 것입니다. 3차원 영역에서의 마무리만 차질 없이 잘 진행되면 되는 것입니다.

신세계를 위한 동시성이 적용되어 추진되고 있는 이 계획은 여러분들이 그 중심에 있으며, 여러분들을 위한, 여러분들에 의해 진행되고 있는 것입니다. 동시성, '아래에서 그러하듯, 위에서도 그러하다 & 위에서도 그러하듯, 아래에서도 그러하다'고 하는 것입니다. 우리와 여러분들이 동시에 한 팀이 되어 '팀워크(teamwork)'을 발휘하는 것입니다.

우리는 생각 조절자이며, 마누를 대리하는 신성입니다.

32. 플레이아데스-식 신세계
(Pleiadian-type New World)

사랑하는 여러분!

여러분들이 가고자 하는 신세계인 4차원 행성은 플레이아데스성단에 속해 있으며, 행성의 환경도 은하 인류들이 살아갈 수 있는 최적의 환경으로 조성되고 있다고 할 수 있습니다.

은하 안에서 진화하고 있는 행성들 중에서 인류들이 정착하여 살고 있거나, 살았었던 곳들이 모델들이 되었으며, 물론 여러분들의 태양계 행성들도 모니터하였습니다. 주로 플레이아데스성단이 기준이 되었던 것은 초기 정착인류였던 아다파와 릴리스를 만들어 낸 엔키와 닌허사그가 플레이아데스 인류 출신이었기 때문이었습니다. 이들의 유전자를 물려받은 지구 인류들은 플레이아데스-식 환경에 쉽게 적응할 수 있었습니다.

4차원 환경을 갖추고 있었던 행성 니비루브와 5차원 행성 환경을 갖추고 있는 티아우바 등, 인류들이 정착해서 살고 있는 행성들이 플레이아데스에 많이 있다고 하는 것입니다. 다른 별들에도 인류들이 정착하여 살고 있는 곳들이 있었으나, 가까운 거리에서도 또한 한데 어우러져 살고 있는 곳이 대상이 되었던 것입니다. 그렇게 해서 4차원 행성 타우라는 플레이아데스-식 신세계로 개발되기로 한 것입니다.

현재의 3차원 지구는 오리온의 영향을 많이 받았기에 제국 스타일로 개발되어 도시들과 환경들이 현재의 모습을 갖추고 있는데, 그리스식이나, 로마식, 중세유럽 스타일을 보년 알 것이고, 중화(中華) 스타일을 포함한 아시아는 용자리와 북두칠성의 영향을 받았다고 할 수 있습니다. 4차원 행성 타우라는 지구가 아닌 플레이아데스 스타일의 행성환경을 조성하기로 한 것이고, 자연계와 도시환경을 그렇게 꾸미고 있는 것입니다.

가장 중요한 것은 인류들의 의식성장을 도울 수 있는 행성 환경조성이 최우선으로 고려되었습니다. 인류들이 정착할 도시들과 자연환경들이 서로 조화를 이룰 수 있게 하는 것이 기본방침이었기에 인류들이 중심이 된 난개발은 없으며, 균형과 조화가 바탕이 되는 설계가 우선되었던 것입니다. 자연과 건축물들이 서로 조화를 이루고 있다는 것과 눈에 띄는 일들은 없을 정도라고 하면 됩니다. 그만큼 인류들이 자연과 동화되어 있다고 하는 것입니다.

종교 시설인 예배당들과 성지와 같은 것들은 더 이상 존재하지 않고, 오직 내면의 신성을 완성시킬 수 있는 시설들이 들어설 것이며, 신을 형상화한 동상이나 기념물, 상징들은 없다는 것입니다. 또한 외부의 신들을 섬기는 행위나 프로그램들이 없으며, 내면의 그리스도 의식을 완성시키는 프로그램이 운영될 것입니다. 부처, 예수, 마리아, 보살들을 포함한 수많은 신들의 상징인 동상, 그림, 영상, 기념품 등이 사라지고, 오직 인류들이 내면에 집중할 수 있는 정도의 것들이 있는 단순한 건축물들과 그런 것들을 서로 돕는 이들이 상주하는 정도의 시설들이 들어설 것입니다. 모든 것은 인류들의 내면을 완성시키는 것에 집중하여 개발된다는 것입니다. 성지순례 하다가 죽을 일은 결코 생기지 않습니다.

나라들의 연합체도 어느 기득권을 대표하거나, 편향된 것이 아니라, 모두의 평화와 조화를 위해서 운영되고, 각 나라를 대표하는 '원로 평의회'의 수장들이 실제적으로 행성을 대표하는 지도자들이 될 것입니다. 이 12명이 '행성 위원회'를 구성하는 원로들이 되는 것이지만 노인은 아니며, 의식지수가 높은 존재가 되는 것입니다. 국제연합은 불합리하지 않고, 정의로우며, 공정하고 조화롭습니다.

사회구조는 자유롭고, 질서와 조화가 있으며, 공정사회가 기본을 이루고 있습니다. 현재의 사회 구성원들인 정치인들이 사라지고, 선거도 사라집니다. 범죄가 사라져서 경찰도 사라지고, 변호사, 검사, 판사들이 사라지며, 공무원들도 사라집니다. 전쟁도, 국경도 없으니, 군대와 조직이 사라지고, 자유로운 시민들만이 있으며, 업무와 관련된 체계는 인공지능과 안드로이드들에 의해 이루어집니다. 병이 없으니, 의사와 간호사, 약사들이 필요하지 않으며, 모든 체계가 인류들의 행복과 영적 성장에 목표를 두고 운영될 것입니다.

초기 적응 기간인 과도기에는 조직과 체계에 고차원 존재들이 함께하여 자리를 잡을 수 있을 때까지 협력관계를 유지하게 될 것이어서 현 체계의 많은 것들이 당분간 함께하게 될 것입니다. 1~2세기 정도의 조율 기간이 필요한 경우이기에 과도체계가 운영된다는 것입니다.

이것을 여러분들에게만 맡길 수 없기에 많은 경험과 능력을 갖춘 고차원 존재들을 자리에 함께할 수 있도록 해서 안전하게 체계가 자리 잡을 수 있도록 하려는 것이지, 여러분들 세계에 개입하려고 하는 것이 아닙니다. 여러분들은 4차원 경험이 없고, 있다 하더라도 전문성이 많이 없어서 최고의 전문가들과 한 팀을 이루어 차질이 생기지 않도록 하려는 것입니다.

여러분들은 오랫동안 오리온에서 유래된 문화를 수용하였기에 제국주의가 기반이 된 남성 중심 사회가 정착되어 역사를 만들어 왔습니다. 물론 이것도 반복되는 주기에 따라 나타난 현상이었기에 새로운 주기가 오면 새로운 문화가 정착되리라는 것을 예측할 수 있었습니다. 우리는 아틀란티스 문화가 여러분들의 세상을 이끌었음을 잘 알고 있고, 뒤를 이어서 레무리아 문화가 꽃을 피울 것임을 잘 알고 있었습니다. 신세계에 레무리아식 문화가 나타나고 여성 중심 사회가 자리를 잡을 것인데, 한쪽이 다른 쪽을 억압하는 형태가 아니라, 서로 조화를 이루도록 할 것입니다. 고대문명의 중심에 있었던 무문명이 새로운 인류들이 새롭게 정착시키게 될 중용사회로서 화려하게 재등장할 것입니다.

사실 우주에는 많은 것들이 소개되어 실험되었으며, 무엇이 더 낫고,

그렇지 않은지 등이 실험되었다고 할 수 있었습니다. 행성 지구에 들어왔던 많은 외계 종족들을 통해 저들의 문화들도 같이 들어와 정착되기도 하였기에 마치 백화점을 보는 것처럼, 복잡한 문화들이 서로 교차되어 섞여 있게 되었다고 하는 것입니다. 개척을 빌미 삼아 다른 지역에 군사력을 동원하여 강제점령한 후에 원주민들에게 자신들의 문화와 종교를 주입시키는 형태가 최근까지 역사에서 있었던 것은 그것이 유전적으로 제공되었기에 무의식 패턴에 의해 연출되었던 것입니다. 지구의 문화는 외계문명들의 잔재(殘在)라고 해야 합니다. 오리온, 시리우스, 플레이아데스, 라이라 등에서 들어왔던 존재들에 의해 저들의 문화가 제공되어 정착되었던 것입니다.

  이것은 나쁘고 좋은 것을 떠나, 문화 전시장이 되었던 것이고, 다양한 우주들의 문화가 전시된 박람회장이 되었던 것입니다. 문화를 포함하여 저들의 유전자까지 인류들을 통해서 전해지게 되었던 것입니다. 현시대가 오리온 문화 전성기였다면 새로운 주기의 시대는 플레이아데스 문화 전성기가 될 것이고, 이것은 다 이유가 있어서인데, 인류들의 영적 상승을 위한 주기가 도래할 때에 상승한 플레이아데스 문화가 정착될 수 있도록 계획되어 있었기 때문입니다. 이것은 고대 레무리아와 아틀란티스 문명 시절에 인류와 우주 영단 사이에 맺어진 협정 때문이었지요.

  문명이 발달하고, 반대로 인류들의 의식이 추락하게 되면 그것을 조율하기 위해서 취해진 조치라고 할 수 있었습니다. 이것은 진화연대기 상에서 나타나는 현상이었는데, 조화와 균형을 맞추기 위한 영단의 계획이라고 해야 되겠지요. 과학문명이 발달하면 정신문명이 뒤처지고, 정신문명이 발달하면 과학문명이 뒤처지는 불균형 현상이 심화되면 결국 부조화를 극복하지 못하는 문명은 멸망하게 되는 것입니다. 영단에서는 이것을 극복할 수 있는 조치로서 상승한 사회문화 즉, 조화를 이루고 있는 문화를 받아들여서 추락한 의식을 일깨우고, 불균형을 바로잡을 수 있도록 하였으며, 이 뜻에 의해 상승한 플레이아데스 문화를 가지고 있던 행성 티아우바와 손을 잡게 된 것입니다.

레무리아와 아틀란티스 시절에 문명의 분극점(分極點) 시기가 도래하면 행성 티아우바에서는 지구에서 태어날 시민들을 선발하여 들여보내었는데, 이들이 사회가 양극화되어 있었을 때에 '신세대'로 태어나 추락한 기성시대들의 의식을 깨우는 역할을 하였으며, 자신들의 문화를 접목시켜 조화를 이루도록 하였던 것입니다. 역할이 끝나면 이들은 다시 자신들의 고향으로 돌아갔는데, 지구에 새로운 주기가 시작되고, 기존 주기가 종료되고 있는 시기가 돌아오자 맺어진 협정에 따라 다시 지구에 들어와 인류들을 깨우고 돕는 역할을 하게 되었다는 것입니다.

플레이아데스-식 문화는 행성 티아우바 문화라고 할 수 있으며, 여러분들의 성단수도이자, 천국의 역할을 하고 있는 곳이니만큼, 천국문화라고 할 수 있습니다. 이곳의 문화가 여러분들의 신세계인 행성 타우라에 접목될 것입니다. 티아우바인들은 인류이면서 여성성을 많이 가지고 있는 성향을 보이고는 있으나, 한쪽으로 편향된 것은 아닙니다. 이들의 행성 환경도 성향에 따라서 여성의 아름다움이 나타난 형태로 정착되었으며, 주거환경도 원형의 아름다움을 담았다고 할 수 있습니다. 이곳은 사각형이 존재하지 않으며, 모든 것이 자연과 조화를 이루는 형태로 디자인되어 있어서 원형을 기초로 한 설계가 돋보이고 있다는 것입니다.

여러분들의 영화에서 보면 인위적인 평화를 위해 감정을 억제시키는 약을 투약하는 것이 나오는데, 언제 터질지도 모르는 시한폭탄을 보는 것 같습니다. 4차원 행성 사회는 이렇게 시민들의 감정과 의식체계를 억제하거나 통제하여 인위적으로 조성해 나가는 것이 아닙니다. 여러분들도 아는 것처럼, 인위적인 통제를 통한 부분들은 언젠가는 곪아 터질 수 있는 문제를 안고 있기 때문에 진정한 평화가 있는 것이 아닌 것입니다. 이 사회를 구성하고 있는 시민들의 의식체계와 감정들이 통제 없이 자유로운 상태에서 서로의 조화와 균형을 이루고 있어야 진정한 평화가 나오게 되는 것입니다. 여러분들의 두려움을 기초로 한 디스토피아적 시민사회가 마음에서 설계되는 것은 잠재의식에 내재된 트라우마 때문인데, 이것을 카르마 패턴이라고 하는 것입니다.

유토피아적 시민사회를 정착시키기 위해서는 인위적으로 절제된 마음과 절제된 의식이 아닌 자유로운 마음과 자유로운 의식을 가지고 있는 시민들이 있어야 하고, 그런 시민들에 의해서 이상사회가 정착되어야 하는 것이기에, 현 인류들 중에서 그런 마음과 의식을 가지고 있는 이들을 선별하여 이동시키기로 한 것입니다. 이런 시민들을 이끌고 나갈 '인디고 아이들'이 행성 티아우바에서 들어오게 된 것입니다. 4차원 행성 타우라는 티아우바 문화가 정착할 것인데, 인디고 아이들의 마음과 의식에 설계된 이상사회가 그대로 재현되어 나타날 것이기 때문입니다.

플레이아데스에 처음 정착했던 라이라 베가 인류들은 여성성을 극성으로 이끌었습니다. 우리는 중재(仲裁)를 통해 남성성과의 조화를 이루도록 하였으나, 충돌을 피할 수는 없었습니다. 오랜 시간을 뒤로하고, 조화로움을 회복한 플레이아데스는 여러분들의 조상으로서 자리하게 되었으며, 전해 주어도 될 이상사회를 만들어 낸 것입니다. 천국은 만들어진 것도 중요하지만, 시민들이 만들어 나가는 것이 너 중요하다고 하는 것입니다. 여러분들은 만들어진 신도시에 들어가 사는 것을 좋아하는데, 천국은 그곳의 시민들이 만들어서 가꾸어 가는 도시라는 것이 다르다고 하는 것입니다. 시민들이 설계하고, 그것을 직접 현장에서 펼쳐 놓는 건축가들이 되는 것입니다. 이렇게 조화로운 이상사회를 시민들 스스로가 정착시켜 나가는 것입니다.

여러분들은 이런 곳에서 살고 싶다고 생각하여 자신도 충분히 시민이 될 수 있다고 보시겠지만, 죄송하지만 그렇지 않습니다. 이상사회의 시민이 되기 위해서는 자유로움도 중요하지만 조화와 상생을 위한 책임과 헌신도 중요하다고 하는 것이며, 이런 마음과 의식이 인위적으로 꾸며지거나 절제되어 나오는 것이 아닌, 자연스럽게 나오는 이들이 시민들이 될 수 있다는 것입니다. 시민들을 위한 사랑과 감사와 봉사가 자연스럽게 나오는 마음과 의식을 갖추었을 때에 시민이 될 수 있는 것입니다.

우리는 신세계를 만들면서 이곳의 시민들이 될 인류들을 선별하기로 하였으며, 자격을 갖춘 이들을 구별하였습니다. 우선적으로 3차원 물질체험을 모두 종료한 인류들이 대상이 되었으며, 후보군들을 그룹으로 구별하여 선택했습니다. 4차원 행성 체험을 하기 위해서는 기본적으로 3차원 행성 체험을 모두 완료해야 한다는 조건이 있었으며, 그것을 얼마큼 충족시켰느냐가 기준이 되었던 것입니다. 완료의 조건에는 완성도와 함께 카르마 정화수치도 포함되어 있었습니다. 완성도에서는 크게 그룹으로 분류되었으나, 카르마 정화수치에서 개별성을 가지고 세부적인 분류가 필요했습니다. 여러분들은 이러한 분류가 왜 필요하냐 하시겠지만, 그룹 차원으로 묶어서 집중 관리하는 것이 효율적이라는 것을 잘 아실 것이고, 특정 영역으로 통합 관리하는 것이 분산되지 않는다는 것을 잘 아실 것입니다. 특정 영역은 진동대가 형성되어 있는 곳이며, 이곳에 관리-코드를 갖추고 있는 인류들이 모여 살 수 있도록 해서 우리의 계획이 보다 빛을 발할 수 있도록 하려 한 것입니다.

관리-코드는 생명나무-코드이자, 카타라격자-코드이며, 머카바-코드입니다. 마치 인공적으로 조성된 숲처럼, 생명나무숲이 되도록 말입니다. 우리는 효율성을 위해 뿔뿔이 흩어져 있었던 그룹들을 같은 진동 영역 안에 머물 수 있도록 조치를 취하여 특정 영역에 머물 수 있도록 한 것입니다. 마치, 서로 마음이 맞는 사람들끼리 모여 사는 것처럼 그렇게 한 것입니다. 신세계에 들어갈 시민들이 될 인류들이 우선하게 되었던 것입니다. 이러한 진행과정이 마무리되었으며, 주파수 분류 코드-화되었다고 하는 것입니다.

여러분들이 살고 있는 도시들과 그 지역들에는 고유의 진동수로 이루어진 진동장이 형성되어 있는데, 그곳에 머물고 있는 인류들도 그 장소에 맞는 진동수를 가지고 있습니다. 반드시는 아니고, 평균을 이야기한 것이며, 다만 그런 장소에 고진동을 가지고 있는 사람들이 있다면 유도(誘導)를 통하여 자신과 진동수가 맞는 지역으로 보내고 있는 것입니다. 물론 이것은 강제가 아니며, 존재에게 선택할 수 있는 기회를 제공하는 것이고, 자신과 맞는 진동수가 있는 지역으로 이동토록 하는 배려 차원입니다.

우리는 극이동을 대비한 지역들을 선별하였으며, 그 지역에 진동장을 형성한 것이고, 신세계로 이동할 인류들을 자연스럽게 그곳으로 들어올 수 있도록 하였습니다. 비율 대비 최소단위의 인류들이 해당되기에 대륙별로, 국가별로 특정 장소가 선별되었으며, 꿈을 통하여서, 천사들의 이끌림에 의해, 마음의 소리를 통해서 이동할 수 있도록 하였습니다. 이렇게 해서 준비된 지역에 신세계로 들어갈 인류들이 모여들었으며, 고유의 진동수와 진동장을 형성하게 되었는데, 오히려 이 조건이 맞지 않은 원주민들은 자연스럽게 떠나고 있는 것입니다. 이 상황들은 자연스럽게 이루어지고 있으며, 최종적으로 상승계획에 포함된 인류들을 위해 배치된 우주선들이 하늘에 클로킹 상태로 머물고 있는 것입니다. 이들이 이동 중에 있어도 모두 모니터하고 있어서 문제될 것이 없습니다.

우리는 신세계를 일방적으로 만들어 놓지 않았는데, 이곳에 정착해서 살아갈 시민들에 의해 가꾸어질 수 있도록 하였으며, 영단과 서로 협력하여 조화롭게 가꾸고 건축할 수 있도록 하였습니다. 큰 타이틀은 '플레이아데스-식 신세계'이지만 가꾸어 나갈 주축 그룹이 바로 여러분들입니다. 인디고 아이들로 들어온 '티아우바인들'의 의식 속에 청사진이 입력되어 있어서 그것을 기초로 해서 4차원 세계를 새롭게 만들어 나갈 것입니다.

 신세계에서 시민들이 살게 될 주택은 기본적으로 '고려청자', '조선백자'인 '달 항아리'를 닮은 형태를 취할 것인데, 외부는 백색으로 이루어져 있고, 상부는 마치 항아리의 뚜껑이 있는 것처럼 보일 것입니다. 이 뚜껑은 사실 개인용 우주선이고, 접시 형태를 하고 있으며, 반중력(反重力)으로 작동하여 주택의 윗부분에 준비된 이착륙장을 이용할 수 있습니다. 착륙장 아래에는 로비 겸 거실이 위치하고 있어서 친구들과 손님들을 만날 수 있습니다. 주택은 3층~7층 정도로 꾸며져 있고, 1층에도 출입구가 있어서 옥상 출입구와 함께 이용할 수 있습니다.

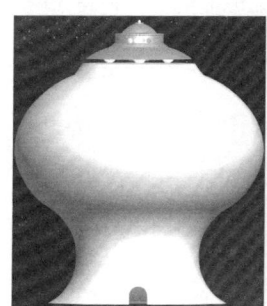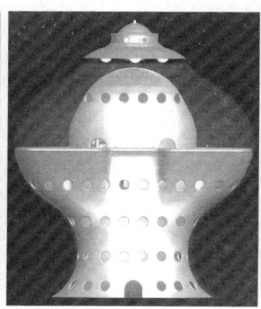

개인용 주택 조감도

 개인용 우주선과 개인용 승용차, 개인용 킥보드가 있어서 장거리, 중거리, 단거리를 마음껏 이용할 수 있으며, 모두 반중력을 이용하기 때문에 에너지 비용이 발생하지 않습니다. 1층에도 로비와 거실이 있고, 2층~6층까지가 침실과 주방이 위치하게 될 것인데, 층수는 가족에 따라, 또는 하는 일에 따라 적용되어지며, 사무실과 회의실이 준비되기도 합니다. 신세계에서는 회사나 사무실에 출근할 필요가 없기에 집에서 해결하고, 인공지능과의 협업에 따라 진행되어 집니다.

 홀로 사는 경우를 제외하고, 기본적으로 3~5층을 선호하며, 외형은 전한 대로 달 항아리를 닮았습니다. 가정마다 텃밭들이 있어서 꽃들을 키우기도 하고, 채소들을 키우기도 해서 식재료로 이용하기도 합니다. 신세계는 비가 내리는 대신에 이슬이 많이 생겨 그것으로 식물들이 충분히 자라고, 토양은 습도가 적절하여 메마를 일이 없습니다. 대기 시스템이 최적의 환경을 유지시켜 주기에 물을 따로 줄 필요가 없으며, 자동으로 습도조절이 이루어져 건조시킬 필요도 없습니다.

 건물은 기초를 위해 땅을 팔 필요가 없으며, 철근과 콘크리트도 필요치 않습니다. 건물의 중심은 1층 바닥 중앙에 직경 10cm 정도의 원형 모양을 한 장치가 있어서 건물의 중심과 균형을 잡아 주고 있습니다. 이곳은 태풍도, 지진도, 화산도 없습니다. 산업사회의 병폐인 각종 사고들이 없는데, 교통사고는 말할 것도 없으며, 화재도 일어나지 않습니다. 인명 살상(殺傷)은 일어나지 않으며, 수명이 다하면 자연사(自然死)가 있을 수 있으나, 사고나 살상을 통한 죽음은 없습니다.

 개인용 우주선은 셈야제(Semjase)가 소개한 플레이아데스 방식의 소형 우주선이 될 것이며, 개인용 승용차는 티아우바 방식이 될 것입니다. 차는 타이어가 없으며, 엔진도 없는데, 정차 시에는 지상에서 약 30cm 정도 떠 있는 상태로 있습니다. 따로 내비게이션이 필요 없고,

블랙박스도 필요 없는 것은 인공지능 시스템에 의해 운행할 수 있기 때문입니다.

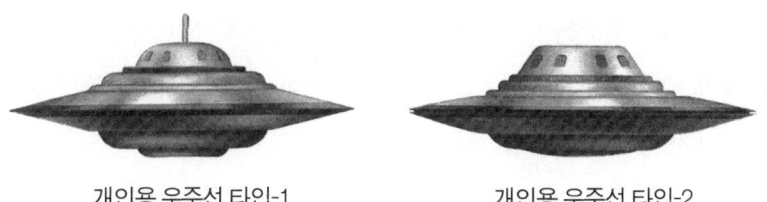

개인용 우주선 타입-1   개인용 우주선 타입-2

사랑하는 여러분!

플레이아데스-식 신세계는 시민들의 체형과 라이프-스타일을 기준으로 하여 도시형 설계가 진행되도록 하였습니다. 인생을 어떻게 살게 될지 4차원 체험 환경이 들어설 수 있도록 하였습니다. 여러분들도 '트랜드 분석'을 하고 있지요. 신세계에도 그렇게 하고 있는 주거환경을 기준점으로 삼았습니다. 여러분들의 기준은 학교, 병원, 마트, 직장 등이 우선순위로 꼽힐 것인데, 신세계는 그렇지 않습니다.

아이들은 양육시설에서 키워지며, 기숙형 학교에서 교육이 이루어지는데, 주입식 교육과 성적 우선주의가 아닌 영적 계발과 자연주의가 기본이 되는 교육을 받을 것입니다. 영적 교육과 교육체계는 영단과 인공지능 체계가 협력하여 정착시킬 것이며, 서열 중심 교육은 사라지고 없을 것입니다. 자연계의 파괴와 오염은 더 이상 있지 않는데, 인류들의 생활패턴이 친-자연주의와 환경주의로 바뀌었기 때문이기도 하고, 환경 쓰레기들이 더 이상 배출되지 않기 때문입니다. 근원적인 것은 욕망에 의한 감정 쓰레기들이 나오지 않기 때문에 생활 전반에 걸쳐서 쓰레기들이 사라져 나오지 않는다는 것이며, 가정마다 정화시설이 설치되어 모든 오염물질들을 배출하지 않는다는 것입니다. 여러분들의 쓰레기 문제들이 심각한 것으로 알고 있는데, 신세계에서는 그런 문제가 생기지도 않는다는 것과 순환법칙이 잘 적용되어 쓰레기들이 발생하지 않는다는 점입니다.

직장은 소속감은 있으나, 계급이 없으며, 고용주(雇用主) 또한 없습니다. 업무는 가정에서 주로하고, 인공지능에 의한 역할 분담이 잘 이루어져서 협업관계가 잘 이루어지고 있습니다. 매출을 위한 영업행위가 없으며, 투자를 위한 주식도 없습니다. 금융시스템이 없으며, 자산거래도 없습니다. 부동산 시장도 없으며, 모든 것들은 중앙정부에서 무상 제공되기 때문에 무엇을 가지려고 하거나, 소유할 필요가 없습니다. 생활에 필요한 것들이 제공되는데, 구입을 위한 비용이 필요 없다는 것입니다.

신세계에서는 재산 축적이 없으며, 소유욕이 없습니다. 이것은 전체주의에 의해 그런 것이 아니라, 자유-의지에 따라 이루어지는 공유사회이기 때문입니다. 시민들의 성숙한 시민정신과 영적 상승에 의한 의식에 의해 이루어진 사회이기 때문입니다. 기존의 병원은 사라지고, 예방치료가 진행되고, 명상을 기본으로 한 치유가 이루어지는 장소로서 역할을 하기 때문에 병원과 호텔, 리조트가 서로 협업하여 시민들을 위한 봉사에 이용되고 있습니다.

여러분들이 천국으로 생각하는 이상사회가 신세계에 펼쳐지는 것이며, 지구에서의 삶을 마무리하고, 신세계에서 새롭게 펼쳐지는 새 인생을 살기 위한 준비를 하시기를 바랍니다. 이것은 부탁이자 권유입니다. 대주기를 맞이하고 있는 지구 인류들에게 필요한 정보들을 모두 공개하여 제공해 드렸으며, 준비하는 것은 여러분들의 몫이고, 선택입니다. 어둠의 시험과 방해공작은 반드시 있으며, 그것을 분별하고 헤쳐 나가는 것 또한 여러분들의 몫이자 선택입니다. 우리는 여러분들의 선택에 개입하지 않으며, 선택한 것에 대해서는 존중할 것입니다. 그 선택이 빛이든, 어둠이든 존중하고, 여러분들의 여정을 응원할 것입니다.

행성 지구에 있게 될 대재난과 극이동에 대한 정보들을 공개하기 위해 야나스 평의회를 통한 의사결정이 우리 조절자 평의회에 전달되었고, 우리는 동행하고 있던 메신저를 통하여 마누-마나-에아의 뜻이 전달될 수 있도록 하였습니다. 우리는 '그랜드 야나스 평의회(Grand Yanas Order)'를 존중하며, '와카 야나스 평의회(Wacha Yanas Order)'와 '람 야나스 평의회(Ram Yanas Order)'와 뜻을 같이하고 있습니다. 이 메시지는 '대우주 생각 조절자 평의회(Grand Universe Thought Adjusters Order)'의 의장인 '아르주카탄야(Arzukatanya)'가 전하였습니다.

모든 영광을 마누-마나-에아(ManU-ManA-EirA)께 돌립니다.

'아-모-레-아 에-카-샤(A-mO-RA-eA Ec-Ka-ShA)'

참고 도서

『Voyagers Volume Ⅰ』(2001), by Ashayana Deane.
『Voyagers Volume Ⅱ』(2002), by Ashayana Deane.
『Angelic Realities』(2001), by Ashayana Deane.
『초인들의 삶과 가르침을 찾아서』(2005), 베어드 T. 스폴딩 저.